本书由大连大学科研平台项目资助出版

This book is sponsored and published by the Dalian University Research Platform Project

文体旅融合背景下辽宁省冰雪旅游发展研究

王 恒◎著

中国财经出版传媒集团

经济科学出版社

Economic Science Press

·北 京·

图书在版编目（CIP）数据

文体旅融合背景下辽宁省冰雪旅游发展研究／王恒
著．--北京：经济科学出版社，2024.3
ISBN 978 - 7 - 5218 - 5647 - 7

Ⅰ.①文… Ⅱ.①王… Ⅲ.①冬季 - 旅游业发展 - 研
究 - 辽宁 Ⅳ.①F592.731

中国国家版本馆 CIP 数据核字（2024）第 049973 号

责任编辑：杜　鹏　胡真子
责任校对：易　超
责任印制：邱　天

文体旅融合背景下辽宁省冰雪旅游发展研究

王　恒◎著

经济科学出版社出版、发行　新华书店经销
社址：北京市海淀区阜成路甲 28 号　邮编：100142
编辑部电话：010 - 88191458　发行部电话：010 - 88191522
网址：www. esp. com. cn
电子邮箱：esp@ esp. com. cn
天猫网店：经济科学出版社旗舰店
网址：http://jjkxcbs. tmall. com
固安华明印业有限公司印装
710×1000　16 开　22.25 印张　360000 字
2024 年 3 月第 1 版　2024 年 3 月第 1 次印刷
ISBN 978 - 7 - 5218 - 5647 - 7　定价：118.00 元
（图书出现印装问题，本社负责调换。电话：010 - 88191545）
（版权所有　侵权必究　打击盗版　举报热线：010 - 88191661
QQ：2242791300　营销中心电话：010 - 88191537
电子邮箱：dbts@ esp. com. cn）

前　　言

　　党的二十大报告将文化建设摆在突出位置，对文化和旅游工作作出重要部署，充分体现了以习近平同志为核心的党中央对文化建设和旅游发展的高度重视。党的二十大报告在"推进文化自信自强，铸就社会主义文化新辉煌"中，明确把"坚持以文塑旅、以旅彰文，推进文化和旅游深度融合发展"作为繁荣发展文化事业和文化产业的重要要求。这既是对新时代以来我国旅游业发展路径、发展经验的高度总结，也为新时代旅游业高质量发展提供了重要遵循、指明了发展方向。从实现中国式现代化角度看，要坚持以文塑旅、以旅彰文，推进文化和旅游深度融合发展，要与创新、协调、绿色、开放、共享的新发展理念相匹配，做好内容挖掘，加大文化资源转化力度，以壮大市场主体和推动文旅融合创新，以科技赋能拓展文旅融合增量，以业态创新提升文旅产业竞争力，以扩大消费助推文旅产业转型升级，以区域协同构建文旅产业发展新格局。

　　近年来，党和国家领导人高度重视冰雪旅游工作，多次对冰雪旅游工作进行深入阐述。2014年，习近平总书记出席索契冬奥会开幕式，并会见国际奥委会主席巴赫。正是在这次出访期间，习近平总书记首次提出了"带动三亿人参与冰雪运动"的构想："在中国，冰雪运动不进山海关。如果冰雪项目能在关内推广，预计可以带动两三亿人参与，由此点燃中国冰雪运动的火炬。"① 2016 年，习近平总书记在全国两会期间参加黑龙江省代表团审议时提出"冰天雪地也是金山银山"的重要论述。② 2018 年，习近平总书记在吉林考察时再次提出"绿水青山、冰天雪地都是金山银山"，强调了"冰天雪地"的独特价值，对于人们重新认识冰雪资源、发展冰雪经济、弘扬冰雪文化具有重要指导意义。③ 2022 年，习近平总书记在北京冬奥会、冬残奥会总结表彰大会上的讲话中明确指出，要继续推动冰雪运动普及发展，强化战略规划布局，建设利用好冰雪场地设施，发展冰雪产业，丰富群众冰雪赛事活动，把群众冰雪运动热情保持下去。要充分挖掘利用北京冬奥文化资源，坚定文化自信，更加自信从容传播中国声音、讲好中国故事。④

2019 年，中共中央办公厅、国务院办公厅印发的《关于以 2022 年北京冬奥会为契机大力发展冰雪运动的意见》中指出，"优化冰雪产业结构。加快发展冰雪健身休闲产业，推动冰雪旅游产业发展，促进冰雪产业与相关产业深度融合，提供多样化产品和服务"。2021 年，文化和旅游部、国家发展改革委、国家体育总局联合印发的《冰雪旅游发展行动计划（2021—2023 年)》中指出，"到 2023 年，推动冰雪旅游形成较为合理的空间布局和较为均衡的产业结构，助力 2022 北京冬奥会和实现'带动三亿人参与冰雪运动'目标。冰雪旅游市场健康快速发展，打造一批高品质的冰雪主题旅游度假区，推出一批滑雪旅游度假地，冰雪旅游参与人数大幅增加，消费规模明显扩大，对扩内需贡献不断提升。促进冰雪旅游发展同自然景观和谐相融"。2021 年，国

① 点燃冰雪运动的火炬——以习近平同志为核心的党中央关心北京 2022 年冬奥会、冬残奥会筹办纪实 [EB/OL]. http://www.southacademic.com/dgzn/content/post_255933.html.

② 习近平参加黑龙江代表团审议：冰天雪地也是金山银山 [EB/OL]. http://www.xinhuanet.com//politics/2016-03/07/c_128779874.htm.

③ 一湖之新 一城之变 一省之进——来自查干湖的调研报告 [EB/OL]. http://big5.news.cn/gate/big5/www.news.cn/2023-09/25/c_1129882973.htm.

④ 在北京冬奥会、冬残奥会总结表彰大会上的讲话 [EB/OL]. https://www.gov.cn/xinwen/2022-04/08/content_5684205.htm.

务院印发的《"十四五"旅游业发展规划》中指出，"东北地区推进旅游业转型升级，提升旅游服务水平，大力发展寒地冰雪、生态旅游等特色产业，打造具有国际影响力的冰雪旅游带""大力推进冰雪旅游发展，完善冰雪旅游服务设施体系，加快冰雪旅游与冰雪运动、冰雪文化、冰雪装备制造等融合发展，打造一批国家级滑雪旅游度假地和冰雪旅游基地"。2022 年的《政府工作报告》提出，用好北京冬奥会、冬残奥会遗产，发展冰雪运动和冰雪产业。在一系列相关政策的推动下，我国以扩大冰雪旅游的优质产品供给和深挖消费潜力等任务为工作抓手，促进了冰雪旅游的高质量发展，更好地满足人民群众冰雪旅游消费需求，助力构建新发展格局。

发展冰雪旅游是贯彻落实习近平总书记"冰天雪地也是金山银山"的重要指示精神，是实现"带动三亿人参与冰雪运动"目标的重要途径。如果说 2015 年北京冬奥会申办成功为大众广泛参与冰雪运动制定了"三亿人参与冰雪运动"的奋斗目标，那么 2016 年习近平总书记提出的"冰天雪地也是金山银山"理念则为全国冰雪旅游高质量发展吹响了冲锋号。2015～2022 年，北京冬奥会申办成功的 8 年见证了我国冰雪旅游的全面升级。冰雪旅游实现了从 0 到 1、从北到南、从小到大、从冬季到四季、从规模到品质、从小众竞技运动到大众时尚生活方式、从冷资源到热经济的升级。冰雪旅游正在从新时尚、新民俗转变为老百姓常态化生活方式，冰雪旅游"向内而生"，"三亿人参与冰雪运动"从愿景变为现实，"小区域、低消费、高频次、旅游本地生活化、服务自助化、冰雪观光和滑雪休闲度假并重"成为冰雪旅游市场结构调整的重要特征和趋势。冰雪旅游的快速发展，跃动着经济社会发展的脉搏，讲述着千家万户的美好生活故事，向世界描绘着美丽中国的好风景。

辽宁省冬季平均气温为 −7.3℃，最冷月 1 月平均气温为 −9.7℃，拥有较为适宜游客户外活动的温度，冬季旅游"不冻手"，气温可以与世界著名冰雪胜地相媲美，更容易被冬季户外活动爱好者和南方游客所接受。冬季时间长、降雪量大，雪质厚实松软，雪场多设置于丘陵向平原过渡带，坡度适合初学者体验冰雪运动。地理区位更靠近客源市场，交通基础设施完善，高速与高铁叠加，适合冬季旅游出行。同时，辽宁地区人文资源丰富，冰雪文化源远流长，不仅有"冰嬉"文化，还拥有冰灯艺术、冬季渔猎等丰富的传统冰雪文化，融合开展冰雪旅游优势明显。近年来，冰雪更与体育运动等结合，形成了众多时尚冰雪文化。特别是在 2022 年北京冬奥会上，辽宁籍冰雪健儿披荆斩棘，为国家取得多项殊荣，在国内外引起强烈反响，辽宁冰雪文化已形成强大吸引力。根据 2022 年国家体育总局发布的《"带动三亿人参与冰雪运动"统计调查报告》，辽宁参与冰雪运动达 0.23 亿人，排名全国第四；辽宁冰雪运动参与率为 53.83%，排名全国第三。根据文化和旅游部数据中心发布的《中国冰雪旅游消费大数据报告（2022）》，辽宁在 2021～2022 冰雪季冰雪旅游热门省份中位居全国第八。

本书较为系统地回顾和梳理了冰雪旅游的发展背景、理论探索与国内外实践。从辽宁省冰雪旅游发展的实际出发，全面分析了区域冰雪旅游的供给、需求、优势、劣势、机遇与挑战，深入研究了辽宁冰雪运动与区域旅游的融合发展，提出了促进区域冰雪旅游高质量发展的具体路径，并以辽宁省各城市为例，针对各自的具体情况提出了促进冰雪旅游发展的对策建议。

全书共分为九章，具体内容如下。

第一章结合"冰雪旅游"时代与"文体旅融合"发展，分别从国家层面与区域层面详细阐述了冰雪旅游发展的时代背景。

第二章阐述了研究的理论体系部分，深入解析了冰雪旅游的概念与特点，梳理并评述了国内外相关研究进展。重点总结归纳了冰雪旅游、冰雪体育、冰雪文化、冰雪产业融合以及冰雪产业链等方面的相关理论研究。

第三章全面分析了国内外冰雪旅游的发展实践，主要包括：瑞士、加拿大、日本等国，以及我国的东北、京津冀、西北、青藏高原、中西部等冰雪旅游带。

第四章深入探讨了辽宁省冰雪旅游供给，分别从冰雪体育、冰雪文化、冰雪温泉三个方面，全面分析了辽宁省冰雪旅游产品的供给现状。

第五章系统研究了辽宁省冰雪旅游需求，基于有序 Logistic – ISM 模型研究方法，采用意向调查数据分析，在深入探讨区域冰雪旅游市场现状、冰雪旅游者偏好及冰雪旅游者满意度的基础之上，提出了辽宁省冰雪旅游开发导向及提升区域冰雪旅游满意度的应对措施。

第六章全面开展了辽宁省冰雪旅游发展态势分析，基于 SWOT 分析方法，从优势、劣势、机遇、挑战四个方面，全面分析了辽宁省冰雪旅游的发展态势，并依据 SWOT 分析结果矩阵提出辽宁冰雪旅游的发展策略。

第七章深入研究了辽宁省冰雪运动与区域旅游的融合发展，在构建了冰雪运动与区域旅游融合发展的理论框架基础上，采用 PEST 分析法从全局上审视东北三省冰雪运动与区域旅游融合发展的宏观环境，评判各类要素对两者融合发展的影响，进而提出优化路径；并使用赫芬达尔—赫希曼指数法（*HHI*）测算了冰雪运动与区域旅游融合发展的程度，探寻促进辽宁省冰雪运动与区域旅游深度融合发展的对策建议。

第八章系统研究了辽宁冰雪旅游发展路径，根据冰雪旅游发展 SWOT 分析及冰雪运动与区域旅游融合发展的研究结果，提出区域冰雪旅游发展的具体路径，包括：加强政府引导，明确发展方向；引育市场主体，壮大龙头企业；构筑产品体系，优化冬游线路；实施文体旅融合，突出地域特色；延长产业链条，创新旅游业态；加大宣传力度，推广冰雪产品；健全服务体系，提升服务质量；实施保障措施，完善运营机制。

第九章深入开展了辽宁省冰雪旅游发展案例研究，主要包括沈阳市、大连市、营口市及丹东市四个城市的冰雪旅游发展案例分析，并针对各城市的具体情况提出了相应的对策建议。

本书基于对辽宁冰雪旅游的系统研究，能够深化产业融合理论的运用程度，实现冰雪经济理论研究内容与方法的拓展，完善冰雪产业发展的理论体系；能积累经济学、管理学、文化学、体育学、旅游学、地理学等相关学科融合的理论实践经验，而且能够尽快跟踪到学术前沿，拓展相关理论研究的深度和广度；在实证研究基础上提出具有本地区特色的实现路径，在"冰天雪地也是金山银山"发展理念指导下实现一定的理论积累，能够为辽宁省冰雪经济的高质量发展提供科学依据与理论支撑，具有一定的理论价值。同时，本书能够为辽宁省落实创新驱动发展，发展新产业新业态，培育发展新动能；发展绿色经济，提高资源开发能力，建设生态文明，保护生态环境，助力碳达峰碳中和，实现美丽中国目标；挖掘、保护和利用区域冰雪文化，以文化推动冰雪产业发展，增强国家文化软实力，实现文化强国；落实全民健身国家战略，助力健康中国建设，实现健康强国；巩固"三亿人参与冰雪运动"成果，实现体育强国；深挖冰雪消费潜力，扩大优质冰雪产品供给，为相关宏观政策提供理论支持，具有一定的实际应用价值。

本书适用于文化、体育和旅游管理部门的决策参考，亦可供全国旅游行业从业人员、大专院校旅游专业师生、旅游研究人员以及关注冰雪旅游、文化旅游、体育旅游和辽宁旅游的相关人士阅读参考。

王　恒

2023 年 10 月

目　　录

第一章

冰雪旅游发展背景

第一节 "冰雪旅游"时代与"文体旅融合"发展

一、"冰雪旅游"时代

2015 年 7 月，北京市和张家口市联合取得了 2022 年冬季奥林匹克运动会的主办权。在申办冬奥会的过程中，我国政府向国际奥委会作出了"三亿人参与冰雪运动"的庄严承诺。在我国获得 2022 年冬奥会举办权后，以冰雪旅游为代表的冬季旅游成为旅游者的新选择。随着人们生活水平的提高和生活观念的改变，冰雪旅游正成为新的时尚生活方式，冰雪旅游者的数量逐年递增，冰雪旅游消费也已成为大众冬季消费的常态化选项。

2019 年，中共中央办公厅、国务院办公厅印发的《关于以 2022 年北京冬奥会为契机大力发展冰雪运动的意见》，明确提出大力发展冰雪旅游，为我国冰雪旅游跨越式发展提供了政策保障。与此同时，国务院及相关部委密集出台了一系列涉及支持冰雪旅游发展的产业政策，发展冰雪旅游成为满足旅游消费升级需要的必然选择。

当前，我国游客对于高品质旅游产品的需求越来越高，包括滑雪旅游在内的冰雪旅游正在成为冬季旅游的核心。

现阶段，传统的旅游产品已不能满足游客多元化、品质化和特色化的需求。冰雪旅游作为一种象征浪漫、激情、活力、时尚的新型旅游产品，获得了大众特别是年轻人的喜爱。冰雪旅游正成为中国人的时尚生活方式，冰雪旅游消费也成为中国人常态化的消费选项。随着人工智能、虚拟现实、数字经济的兴起，科技正在改变冰雪旅游的体验方式和冰雪旅游的商业模式。常态化环境的造雪技术突破以及仿真冰、仿真雪、虚拟现实的冰雪场景营造等给消费者带来的体验越来越好，成为推动冰雪旅游发展的新动能。

北京冬奥会激发了老百姓冰雪旅游的刚性生活需要。北京冬奥会作为中国重要历史节点的重大标志性活动，开启了全球冰雪运动新时代。正如国际奥委会主席巴赫所言，北京冬奥会将成为世界冰雪运动发展的里程碑。从2015 年北京冬奥会申办成功至今，"三亿人参与冰雪运动"已从宏伟蓝图变成了现实画卷，冰雪旅游成为助力"三亿人参与冰雪运动"的示范产业，冰雪旅游满足了人民群众对于美好生活的向往，显著提升了人们的幸福感与获得感。

根据亚洲数据集团院在 2023 年国际冬季运动（北京）博览会上发布的《中国冰雪产业发展研究报告（2023）》，2025 年将达到 1 万亿元，占整个中国体育总产值的1/5。中国冰雪产业的快速发展，将为推动中国体育产业高质量发展创造更加良好的市场环境和社会环境。我国冰雪旅游消费保持快速增长态势，冰雪旅游正在从"有没有"向"好不好"转变。根据中国旅游研究院发布的《中国冰雪旅游发展报告（2024）》，2022—2023 冰雪季我国冰雪休闲旅游人数为 3.12 亿人次，我国冰雪休闲旅游收入为 3 490 亿元，连续两个冰雪季实现了超过 3 亿人次的市场规模。冰雪旅游消费的快速发展，也必将为我国经济社会的平稳发展提供良好的支撑。

二、"文体旅融合"发展

（一）文旅融合

产业融合已成世界经济发展大势所趋，不同产业间交叉、渗透现象屡见不鲜。文化与旅游产业具有天然关联性，融合发展趋势逐渐加强，相互渗透重构已成为必然。当今世界，旅游业呈现出与文化融合发展的大趋势。联合国世界旅游组织数据显示，全世界旅游活动中约有37%涉及文化因素，文化旅游者以每年15%的幅度增长，文化成为旅游最大的原动力。文化与旅游的深度融合发展不但呈现出前所未有的活跃态势，而且正成为影响未来中国旅游业发展的关键变量。

文化和旅游融合发展是以习近平同志为核心的党中央立足党和国家事业全局、把握文化和旅游发展规律作出的战略决策，是贯彻习近平总书记关于文化和旅游工作重要论述的重大实践。为统筹文化事业、文化产业发展和旅游资源开发，推动文化事业、文化产业和旅游业融合发展，十三届全国人大一次会议表决通过了关于国务院机构改革方案的决定，将文化部、国家旅游局的职责整合。2018年，中华人民共和国文化和旅游部正式成立，这是文化与旅游融合发展的时代需要。文化和旅游的融合创新是新时代推动文化产业高质量发展和旅游产业优质升级的重大现实需要。

"文旅融合"是新时代背景下我国践行习近平新时代中国特色社会主义思想的新目标和新使命，其核心为推动文化和旅游的深度融合与高质量发展。文旅融合的关键在于解决文化和旅游"两张皮"的问题，以推动文化旅游深度融合与高质量发展。就理论逻辑而言，文化与旅游的融合发展，是一个以文化带动旅游发展和以旅游促进文化发展的过程，是一个优势互补、相得益彰、互惠共赢的过程。

党的十九届五中全会通过的《中共中央关于制定国民经济和社会发展第十四个五年规划和二〇三五年远景目标的建议》明确提出，"推动文化和旅游融合发展，建设一批富有文化底蕴的世界级旅游景区和度假区，打造一批文化特色鲜明的国家级旅游休闲城市和街区，发展红色旅游和乡村旅游"。特别是党的二十大报告中明确指出，"坚持以文塑旅、以旅彰文，推进文化和旅游深度融合发展"，进一步明确了文化和旅游融合发展的要求，为新时代文化和旅游的改革发展提供了遵循、指明了方向。

（二）文体旅融合

文化、旅游、体育产业均是典型的幸福产业，彼此间有着天然的渊源。文旅愉悦人心，体育强身健体，文体旅融合是身心健康的融合，展现了中国式现代化的生动图景。在实现中国式现代化的新征程中，打造文体旅融合发展新业态、激发文体旅消费新活力，需求旺盛、空间广阔、潜力巨大。

"文体旅融合"是新时代背景下我国践行习近平新时代中国特色社会主义思想的新目标和新使命，其核心为推动文化、体育和旅游的深度融合与高质量发展。文化与体育、旅游的融合发展，是一个以文化带动体育、旅游发展，以体育、旅游促进文化发展的过程，是一个优势互补、相得益彰、互惠共赢的过程。

文体旅融合发展不仅可以满足人们对旅游休闲的需求，也能够推动旅游消费升级，进一步促进文化与体育产业繁荣发展，为旅游业带来新的商机和发展空间。传统的旅游消费以购买景区门票、酒店住宿、交通出行等为主，而文体旅融合则延伸了旅游产业链，进一步拓展了旅游消费空间。

推动文体旅消费是我国扩大内需战略的重要内容，要充分发挥旅游业作为综合性现代服务业的优势，使旅游与其他社会资源、产业资源嫁接、渗透、叠加，不断衍生出新的产品类型、服务流程、产业业态和发展模式，引导新需求和新趋势，进而拉动消费促进经济增长。文体旅融合是旅游业发展的新趋势，也是促进旅游消费升级的重要路径。

政府、企业和消费者应一起努力推动文体旅深度融合，为旅游业发展注入新的活力，进而提升旅游消费品质和水平，实现旅游经济可持续发展。2023 年，国家体育总局办公厅发布的《关于恢复和扩大体育消费的工作方案》提出，鼓励各地因地制宜打造户外运动与乡村、文化、旅游等融合发展新业态，打造具有沉浸式、体验式、互动式的数字体育消费新场景。

三、冰雪文化体育旅游融合发展

普及冰雪运动，增强人民体质与中国实现"两个一百年"奋斗目标是契合的。① 开展冰雪文化体育旅游融合研究是深入贯彻实践"冰天雪地也是金山银山"发展理念，积极落实中共中央办公厅、国务院办公厅印发的《关于以 2022 年北京冬奥会为契机大力发展冰雪运动的意见》，国务院出台的《"十四五"旅游业发展规划》，国务院办公厅印发的《关于促进全民健身和体育消费推动体育产业高质量发展的意见》，文化和旅游部、国家发展改革委和国家体育总局印发的《冰雪旅游发展行动计划（2021—2023 年）》，以及文化和旅游部、国家发展改革委印发的《东北地区旅游业发展规划》等相关文件要求。

中共中央办公厅、国务院办公厅印发的《关于以 2022 年北京冬奥会为契机大力发展冰雪运动的意见》中明确提出，加快发展冰雪健身休闲产业，推动冰雪旅游产业发展，促进冰雪产业与相关产业深度融合，提供多样化产品和服务。国务院印发的《"十四五"旅游业发展规划》中明确提出，加快发展冰雪健身休闲产业，推动冰雪旅游产业发展，促进冰雪产业与相关产业深度融合，提供多样化产品和服务，大力推进冰雪旅游发展，完善冰雪旅游服务设施体系，加快冰雪旅游与冰雪运动、冰雪文化、冰雪装备制造等融合发展，打造一批国家级滑雪旅游度假地和冰雪旅游基地，东北地区推进旅游业转型升级，提升旅游服务水平，大力发展寒地冰雪、生态旅游等特色产业，打造具有国际影响力的冰雪旅游带。

冰雪文化体育旅游融合发展的核心目标是冰雪产业各资源要素的互换互补和统筹配置，最终目的则是回归到满足人们物质和精神文化生活需求的本位上。冰雪体育旅游的高质量发展，离不开对冰雪文化的深入挖掘。一个地区冰雪文化内涵深厚，冰雪体育旅游产业就有了灵魂，冰雪文化有特色，冰雪体育旅游产业就形成了品牌。

我国传统冰雪文化源远流长，不仅有人类滑雪起源的毛皮滑雪板，还传承了冰灯艺术、冬季渔猎等传统。冰雪旅游资源丰富的地区，往往是民俗文

---

① 习近平会见国际奥委会主席巴赫 ［EB/OL］. https：//www.gov.cn/xinwen/2019 - 01/31/content_5362883. htm? eqid = f8a104f30003bd6b000000036465db21&eqid = edf58cbf003d68aa00000036496b338.

化和风土人情等厚重的地区，通过将冰雪资源与当地文化资源融合，可形成各种独具特色的冰雪旅游产品。例如，黑龙江省、吉林省将自然雪景、雾凇景观、冰雕景观和特色冰雪赛事活动、冰雪节庆活动、地方美食等结合，广受旅游者欢迎，形成了独特吸引力。黑龙江省哈尔滨市因为其特有的冰文化，比如冰灯艺术、采冰节、元宵滚冰等，城市冰雪旅游品牌驰名中外；吉林省则因为其现代滑雪文化，每年冬天都会成为滑雪爱好者的天堂。旅游者来到冰天雪地，不是简单地在雪地上打个滚，还要赏雪、运动和休闲，更要体验他乡的美好生活。而冰雪季里的传统民俗文化和现代生活场景丰富多彩，有春节、元宵节等传统佳节，冬捕、冬钓、二人转、冰灯等民俗，还有滑雪节、开江节、雾凇节和采冰节，这些都是冰雪文化体育旅游融合的重要内容。

近年来，冰雪更与奥林匹克运动等结合，形成了众多时尚冰雪文化。例如，河北省张家口市因为冬奥文化，让城市成了品质生活和美好生活的聚集地。北京冬奥会上，"冰丝带""冰之帆""冰菱花""冰立方""雪如意""雪长城""雪游龙"等场馆命名，开闭幕式"二十四节气"倒计时、"五环破冰"、来时迎客松、别时赠折柳等创意，火炬"飞扬"，会徽"冬梦""飞跃"和吉祥物"冰墩墩""雪容融"等设计，展现了既继承传统又面向未来的中国之美，让冬季冰雪运动留下了深刻的中国文化印记，也更好地诠释了我国冰雪文化体育旅游的深度融合发展。

第二节　冰雪旅游的国家背景

一、政策背景

为深入贯彻实践"冰天雪地也是金山银山"的发展理念，积极推动冰雪旅游发展，我国相继出台了一系列相关政策文件，主要包括：中共中央办公厅、国务院办公厅印发的《关于以 2022 年北京冬奥会为契机大力发展冰雪运动的意见》，国务院印发的《"十四五"旅游业发展规划》，国务院办公厅印发的《关于促进全民健身和体育消费推动体育产业高质量发展的意见》，文化和旅游部、国家发展改革委和国家体育总局印发的《冰雪旅游发展行动计划（2021—2023年)》，国家体育总局印发的《"带动三亿人参与冰雪运动"实施纲要（2018—2022年)》等。具体如表1-1所示。

表1-1　　　　　　我国颁布的冰雪旅游相关政策文件一览表

序号	颁布机构	印发时间	政策名称
1	国家体育总局	2016年	冰雪运动发展规划（2016—2025年)
2	国家体育总局	2016年	群众冬季运动推广普及计划（2016—2020年)
3	国务院办公厅	2016年	关于进一步扩大旅游文化体育健康养老教育培训等领域消费的意见
4	文化和旅游部	2018年	关于做好冬季旅游产品供给工作的通知
5	国家体育总局	2018年	"带动三亿人参与冰雪运动"实施纲要（2018—2022年)
6	中共中央办公厅、国务院办公厅	2019年	关于以2022年北京冬奥会为契机大力发展冰雪运动的意见
7	国家体育总局、国家发展改革委	2019年	进一步促进体育消费的行动计划（2019—2020年)
8	国务院办公厅	2019年	关于促进全民健身和体育消费推动体育产业高质量发展的意见
9	国务院	2021年	"十四五"旅游业发展规划
10	文化和旅游部、国家发展改革委、国家体育总局	2021年	冰雪旅游发展行动计划（2021—2023年)

2018年10月，文化和旅游部办公厅发布的《关于做好冬季旅游产品供给工作的通知》中明确指出，"加快推进旅游供给侧结构性改革，丰富冬季旅游产品供给，满足广大人民群众不断增长的冬季旅游需求"。推进冬季旅游产品供给，对冬季旅游繁荣发展、减少产业波动具有重要意义，有利于缓解旅游淡旺季差异。丰富冬季旅游产品的有效供给，利于优化冬季旅游资源开发，能够推动冬季旅游大众化与常态化发展，提高民众对冬季旅游的预期，减少季节对旅游设施的影响，提高旅游设施利用率，并带动旅游相关产

业的发展，对冬季体育、养生、民俗、游学等发挥积极的作用，增加就业机会，进一步壮大区域经济。

2019 年 1 月，国家体育总局、国家发展改革委印发的《进一步促进体育消费的行动计划（2019—2020 年）》中明确指出，借助 2022 北京冬奥会契机，持续实施"冰雪运动南展西扩东进"战略，促进冰雪旅游、冰雪场馆建设、冰雪培训、冰雪器材装备等相关产业发展。

2019 年 3 月，中共中央办公厅、国务院办公厅印发的《关于以 2022 年北京冬奥会为契机大力发展冰雪运动的意见》中明确指出，"积极培育市场主体。实施品牌战略，推动建立一批产业规模较大的冰雪产业集聚区，发展一批具有较高知名度和影响力、市场竞争力较强的冰雪产业企业，兴建一批复合型冰雪旅游基地和冰雪运动中心""优化冰雪产业结构。加快发展冰雪健身休闲产业，推动冰雪旅游产业发展，促进冰雪产业与相关产业深度融合，提供多样化产品和服务"。

2019 年 9 月，国务院办公厅印发的《关于促进全民健身和体育消费推动体育产业高质量发展的意见》中明确指出，"加快发展冰雪产业。促进冰雪产业与相关产业深度融合，合理规划、广泛调动社会力量投资建设冰雪运动场地设施。力争到 2022 年，冰雪产业总规模超过 8 000 亿元，推动实现'三亿人参与冰雪运动'目标""支持新疆、内蒙古、东北三省等地区大力发展寒地冰雪经济"。

2021 年 2 月，文化和旅游部、国家发展改革委和国家体育总局印发的《冰雪旅游发展行动计划（2021—2023 年）》中明确指出，到 2023 年，推动冰雪旅游形成较为合理的空间布局和较为均衡的产业结构，助力 2022 北京冬奥会和实现"带动三亿人参与冰雪运动"目标。冰雪旅游市场健康快速发展，打造一批高品质的冰雪主题旅游度假区，推出一批滑雪旅游度假地，冰雪旅游参与人数大幅增加，消费规模明显扩大，对扩内需贡献不断提升。促进冰雪旅游发展同自然景观和谐相融。在此基础上，文化和旅游部会同国家体育总局共同开展国家级滑雪旅游度假地认定工作，正式公布北京延庆海陀、河北涞源、河北崇礼、内蒙古扎兰屯、辽宁宽甸天桥沟、吉林丰满松花湖、吉林抚松长白山、黑龙江亚布力、四川大邑西岭雪山、陕西太白鳌山、新疆乌鲁木齐南山和新疆阿勒泰首批 12 家国家级滑雪旅游度假地。

2021 年 12 月，国务院印发的《"十四五"旅游业发展规划》中明确指出，"东北地区推进旅游业转型升级，提升旅游服务水平，大力发展寒地冰雪、生态旅游等特色产业，打造具有国际影响力的冰雪旅游带""大力推进冰雪旅游发展，完善冰雪旅游服务设施体系，加快冰雪旅游与冰雪运动、冰雪文化、冰雪装备制造等融合发展，打造一批国家级滑雪旅游度假地和冰雪旅游基地"。

上述一系列国家层面政策文件的出台，为我国冰雪旅游的快速发展奠定了基础，提供了支持。在一系列国家政策的推动下，我国冰雪旅游产业进入了快速发展期，旅游人数和旅游收入大幅度增加，冰雪旅游企业数量和投资额度不断扩大，冰雪旅游度假区和冰雪小镇蓬勃发展。

二、经济背景

作为冬季旅游和冰雪经济的双核心产业，冰雪旅游依托气候和旅游资源，拓展冰雪文化新内涵，带动形成了以冰雪观光为主体，冰雪休闲、滑雪度假为补充的中国特色冰雪旅游发展模式。在北京冬奥、冰雪出境游回流、旅游消费升级及冰雪设施全国布局等供需两侧的共同作用下，我国冰雪旅游收入规模快速增长，冰雪旅游成为新的消费热点，冰雪旅游和参与冰雪运动的人数持续稳步增长，冰雪旅游市场潜能进一步激发，冰雪旅游产业发展正迎来一个快速发展期。

中国旅游研究院（文化和旅游部数据中心）历年发布的《中国冰雪旅游发展报告》中的统计结果显示（见表 1-2），我国 2016—2017 冰雪季冰雪旅游人数为 1.7 亿人次，冰雪旅游收入为 2 700 亿元；2018—2019 冰雪季，我国冰雪旅游人数已达到 2.24 亿人次，冰雪旅游人均消费为 1 734 元，是国内旅游人均消费的 1.87 倍；2020—2021 冰雪季，我国冰雪旅游人数为 2.3 亿人次，冰雪旅游收入达 3 900 亿元；2021—2022 冰雪季，我国冰雪休闲旅游人数为 3.44 亿人次，冰雪休闲旅游收入为 4 740 亿元。2021—2022 冰雪季我国冰雪休闲旅游人数是 2016—2017 冰雪季 1.7 亿人次的 2 倍多，冰雪休闲旅游收入从 2016—2017 冰雪季的 2 700 亿元增加到 2021—2022 冰雪季的 4 740 亿元，冰雪旅游实现了跨越式发展。"十四五"末期的 2024—2025 冰雪季我国冰雪休闲旅游人数有望达到 5.2 亿人次，我国冰雪休闲旅游收入将达到 7 200 亿元，冰雪旅游将成为冬季旅游和冰雪经济的核心引擎。

表 1-2　　　　　　　　　　中国冰雪旅游人数及收入统计

冰雪季	冰雪旅游人数（亿人次）	冰雪旅游收入（亿元）
2016—2017	1.7	2 700
2017—2018	1.97	3 300
2018—2019	2.24	3 860
2020—2021	2.3	3 900
2021—2022	3.44	4 740

资料来源：2018～2023 年历年的《中国冰雪旅游发展报告》。

《中国冰雪旅游发展报告》测算数据显示，我国冰雪旅游投资在火热的同时也更加趋于理性，正从单纯的规模扩张向提质扩容的内涵式发展转变。据不完全统计，2018—2022 年，我国冰雪旅游重资产项目的总投资规模超过 1.11 万亿元，其中，2018—2019 年约为 6 100 亿元，2020 年约为 3 000 亿元，2021 年约为 900 亿元，2022 年新增重资产项目投资总额约为 1 100 亿元。

从增速情况来看，2018 年、2019 年、2020 年保持住了匀速增长的趋势，2021 年呈现较大降幅后，于 2022 年呈现反弹，增速达 22%。全国冰雪旅游投资在"三北地区"的集中度进一步提高。2022 年，从投资活跃度（项目数量）与投资规模来看，"三北"地区均处于全国冰雪旅游重资产版图的绝对主力地位，与此前的四年间吸纳投资总额近五成相比，"三北"地区重资产投资集中度进一步大幅提高，2022 年占比达到 88%。在冰雪旅游基础设施投资方面，2016～2022 年，我国冰雪旅游基建项目投资总额达到 2.88 万亿元，2022 年继续保持年均等量投资规模。冰雪旅游基建投资深耕"中西部"，2022 年，全国冰雪相关基础设施建设呈现明显的"深耕"中西部特征。从大区来看，华中地区投资额占比为33.2%，位列各区之首；西南地区占比为27.6%，东北地区占比为21.3%，西北地区占比为15.5%；华东、华北与华南地区占比较低。南方传统冰雪旅游客源地在逐渐成为新兴冰雪旅游目的地的同时，也成为冰雪旅游投资的重要区域。

目前，我国冰雪旅游正从初期行业培育向产业生态体系构建转变，"冰雪国潮"引领我国冰雪产业向链条化、集群化、全球化发展。2018～2020年，我国与冰雪旅游相关的企业注册比例以每年15%的速度增加。截至2022年底，全国共有境内注册冰雪相关企业近9 000家，其中，2022年新增注册企业1 460家，同比增长20.1%。

现阶段，我国冰雪旅游建立起了"三足鼎立、两带崛起、全面开花"的空间新格局。"三足鼎立"是指东北、京津冀以及新疆三个地区。其中，东北地区蕴含着到2025年达3亿冰雪旅游人次、5 000亿元收入的市场潜力；京津冀蕴含着到2025年达1亿冰雪旅游人次、2 500亿元收入的市场潜力；新疆蕴含着到2025年达1亿冰雪旅游人次、2 000亿元收入的市场潜力。"两带崛起"是指以西藏、青海为代表的青藏高原冰雪观光旅游带和以川贵鄂为代表的中西部冰雪休闲旅游带，这两带均蕴含着到2025年实现5 000万冰雪旅游人次、1 000亿元收入的市场潜力。"全面开花"则是指全国各地均形成了冰雪旅游亮点，都不同程度地通过科学、艺术、运动、旅游等相结合的手段实现了冰雪休闲旅游产品的供给。

三、社会背景

在"以人民为中心"理念的指引下，冰雪运动进入寻常百姓家，我国已实现"带动三亿人参与冰雪运动"的目标。2022年1月，中国旅游研究院与马蜂窝自由行大数据联合实验室联合发布了《中国冰雪旅游消费大数据报告（2022）》。该报告显示，我国有90.1%的居民曾以不同形式体验过冰雪旅游，每年有63.3%的人体验过1～2次冰雪旅游，有24.8%的人体验过3～4次，高频次消费正成为越来越多居民的常态，我国正在从冰雪旅游体验阶段进入冰雪旅游刚性生活需求阶段。

该报告指出，北上广深居民仍是冰雪旅游消费的主力军。北上广深等一线城市居民是最主要的冰雪旅游消费群体。其中，一线城市以36%稳居第一，新一线城市以35%紧随其后，二线城市也达到了15%，三者相加占比高达86%。2021—2022冰雪季，冰雪旅游客源城市TOP10分别是北京、上海、广州、深圳、杭州、成都、武汉、南京、重庆、天津。客源城市中，北京、上海、广州等一线城市位列前茅，目的地则是东北三省、新疆和河北张家口等冰雪资源丰富的地区。冰雪旅游产业是依托于滑雪运动形成的集休闲、娱乐、运动于一身的超长产业链条。链条的制作和消费集中于东北部地区，但市场集中在中部、南部地区和沿海地区，形成了一个剪刀差，这种客源地和目的地的分离，同时也形成了冰雪旅游由南向北的突出趋势。冰雪旅游市场既保持了非常快速的增长，又体现出个性化、年轻化、客流流向非常典型的发展形势。

《中国冰雪旅游消费大数据报告（2022）》同时指出，年轻群体参与冰雪旅游比例逐渐提升，冰雪旅游呈现"年轻化"趋势。在冰雪旅游消费人群中，"80后""90后"占86%。值得注意的是，2021—2022冰雪季参与冰雪旅游的"00后""90后""Z世代"人群总数占60%，相较2020—2021冰雪季增长了2个百分点。由此可见，冰雪市场以青年为主体，因而需要更多以时尚冰雪活动和运动为吸引物瞄准年轻人的旅游活动。定制游、周边游、家庭游是当下冰雪旅游新趋势，游客们不跟团开展大型团队活动，而是通过自驾的方式在周边进行定制化旅游。同时，老年人市场需求也不可忽视，受老龄化人口结构的影响，未来老年人的旅游需求可能激增，所以冰雪旅游的产品设计不仅要面向年轻人，也要面向中老年人。

2023年1月，中国旅游研究院发布了《中国冰雪旅游消费大数据报告（2023）》。该报告显示，后冬奥的首个冰雪季，64%参与调查的消费者有计划进行冰雪休闲旅游活动，60.3%的被调查者会增加参与冰雪休闲旅游的次数，其中，40.7%的消费者有意愿进行长距离的冰雪旅游，55.6%的游客有意愿进行短距离的冰雪休闲旅游活动。在本地市场消费潜力持续释放和远程冰雪游复苏下，预计"十四五"末期的 2024—2025 冰雪季我国冰雪休闲旅游人数有望达到 5.2 亿人次。

该报告指出，2022 年，在冬奥会的影响与带动下，人民群众的冰雪消费热情更加高涨，各重点区域的冰雪旅游也有新的发展。美团数据显示，2022 年 1~3 月，主要冰雪旅游目的地省份的游客规模和消费规模均呈现出同比增长态势。其中黑龙江、辽宁、河北、上海、四川等地的用户规模同比增长超过 100%，分别达到 131.5%、135.5%、152.6%、133.3%、139.1%；辽宁、河北、上海等地的消费规模同比增长超过 100%，分别增长了 100.4%、102% 和 143.6%。

该报告同时指出，参与调查游客中单次冰雪旅游的花费在 1 000~2 000 元的游客比例占 40.5%，花费在 2 000~4 000 元的游客比例占 24.7%，冰雪旅游消费拉动能力突出。从冰雪旅游消费者年龄结构看，2022 年滑雪场里 20~30 岁的用户数量最多，占比达 48.2%。在雪场滑雪成为"90 后""00 后"的运动"新宠"，成为年轻人日常休闲、娱乐的新趋势。其他冰雪项目中 30~40 岁用户数量最多，占比达 57.6%，冬季冰雪乐园等也成为适合亲子互动、亲子娱雪的冰雪游乐场所。从性别比例上看，女游客预订冰雪旅游产品的积极性略胜一筹，男性游客对冰雪旅游的热情也在不断攀升。2022 年，全国冰雪旅游消费者中学生客群占比达 14.8%。亲子用户占比达 7%，相较于 2021 年提升 1 个百分点，逐渐呈现出冰雪旅游"家庭化"的趋势。

第三节　冰雪旅游的区域背景

党的十八大以来，党中央实施深入推进东北振兴战略，加快产业结构调整，适应新时代改革发展要求。2016 年，《中共中央 国务院关于全面振兴东北地区等老工业基地的若干意见》发布。2019 年，党中央、国务院对支持东北地区深化改革创新推动高质量发展作出重要部署。2020 年，党的十九届五中全会要求"推动东北振兴取得新突破"。2022 年，党的二十大报告中提出"推动东北全面振兴取得新突破"。

习近平总书记指出，下一步，特别是"十四五"时期，要有新的战略性举措，推动东北地区实现全面振兴。东北地区建设现代化经济体系具备很好的基础条件，全面振兴不是把已经衰败的产业和企业硬扶持起来，而是要有效整合资源，主动调整经济结构，形成新的均衡发展的产业结构。要加强传统制造业技术改造，善于扬长补短，发展新技术、新业态、新模式，培育健康养老、旅游休闲、文化娱乐等新增长点。要促进资源枯竭地区转型发展，加快培育接续替代产业，延长产业链条。要加大创新投入，为产业多元化发展提供新动力。①

一、东北地区冰雪旅游发展背景

我国东北地区大陆性季风气候特点突出，冬季形成独特的北国冰雪风光，是我国冰雪资源最为富集的地区之一。依靠地理优势与气候特点，东北地区发展冰雪产业的自然资源优势较为明显。其冰雪期长，冰雪资源分布广泛，雪质好，是我国冰雪产业发展最早的地区之一。

（一）政策背景

2016 年，习近平总书记在全国两会期间参加黑龙江省代表团审议时表示"冰天雪地也是金山银山"。② 2018 年，习近平总书记在东北三省考察并主持召开深入推进东北振兴座谈会，强调"要贯彻绿水青山就是金山银山、冰天雪地也是金山银山的理念""要充分利用东北地区的独特资源和优势，推进寒地冰雪经济加快发展"。③ 这为东北地区加快发展冰雪经济指明了方向。

---

① 习近平：推动形成优势互补高质量发展的区域经济布局 ［EB/OL］. https：//www. gov. cn/xinwen/2019 – 12/15/content_5461353. htm.

② 习近平参加黑龙江代表团审议：冰天雪地也是金山银山 ［EB/OL］. http：//www. xinhuanet. com//politics/2016 – 03/07/c_128779874. htm.

③ 习近平：以新气象新担当新作为推进东北振兴 ［EB/OL］. http：//www. xinhuanet. com/politics/2018 – 09/29/c_129963255. htm.

2019 年，国务院办公厅印发的《关于促进全民健身和体育消费推动体育产业高质量发展的意见》中明确指出，支持新疆、内蒙古、东北三省等地区大力发展寒地冰雪经济。

2021 年，国务院出台的《"十四五"旅游业发展规划》中明确指出，东北地区推进旅游业转型升级，提升旅游服务水平，大力发展寒地冰雪、生态旅游等特色产业，打造具有国际影响力的冰雪旅游带。

2022 年，生态环境部、国家发展改革委、文化和旅游部等 17 个部门联合印发的《国家适应气候变化战略 2035》中明确指出，我国东北地区要发展生态旅游，建成全国最大避暑及世界级冰雪旅游目的地。

近年来，东北三省陆续出台了一系列冰雪旅游相关政策，如表 1 - 3 所示。

表 1 - 3　　　　　东北三省颁布的冰雪旅游相关政策一览表

序号	颁布省份	发布时间	政策名称
1	辽宁省	2017 年	进一步扩大旅游文化体育健康养老教育培训等领域消费实施方案
2	辽宁省	2019 年	关于推进辽宁省冰雪经济发展的实施方案
3	辽宁省	2020 年	关于加快推进冰雪运动发展的实施意见
4	辽宁省	2021 年	辽宁省冰雪旅游发展三年行动计划
5	辽宁省	2022 年	辽宁省冰雪经济高质量发展实施方案
6	吉林省	2016 年	关于做大做强冰雪产业的实施意见
7	吉林省	2017 年	关于进一步扩大旅游文化体育健康养老教育培训等领域消费的实施意见
8	吉林省	2019 年	关于以 2022 年北京冬奥会为契机大力发展冰雪运动和冰雪经济的实施意见
9	吉林省	2021 年	吉林省冰雪产业高质量发展规划（2021—2035 年）
10	黑龙江省	2017 年	关于进一步扩大旅游文化体育健康养老教育培训等领域消费的实施意见
11	黑龙江省	2017 年	关于加快我省冰雪旅游产业发展的实施意见
12	黑龙江省	2019 年	关于进一步加快冬季旅游发展的指导意见
13	黑龙江省	2020 年	黑龙江省冰雪旅游产业发展规划（2020—2030 年）

现阶段，东北地区着力发展冰雪产业，有效拉动地方经济整体跃升，成为新的经济增长点。寒地高铁的建设犹如"加速器"，为东北地区冰雪旅游产业发展注入了新的活力，大连、沈阳、长春、哈尔滨等区域中心城市间高铁交通便捷，形成了"城际旅游圈"。目前，拥有大量优质冰雪资源的东北地区已具备一定的知名度，成为我国冰雪运动展开的主要地区以及冰雪旅游的主要目的地，吸引了大量冰雪旅游者。

（二）经济背景

东北地区是传统的老工业基地，一度因转型发展中遇到的困难而被称为"锈带"。漫长且寒冷的冬季曾被认为是东北地区转型发展的短板，曾为东北生产生活带来诸多不便，然而近年来东北地区发展冰雪经济，产业结构"新陈代谢"明显提速。漫长而寒冷的冬季，正成为这片大地践行"冰雪天地也是金山银山"的优势所在。

在新时代深入推进东北振兴战略过程中，东北地区坚持有所为、有所不为，努力践行"绿水青山就是金山银山、冰天雪地也是金山银山"理念，切实履行维护国家生态安全的政治使命，保护生态环境，开展冰雪运动，发展冰雪旅游，把"冷资源"变成"热产业"。东北地区不仅成为中国巩固"带动3亿人参与冰雪运动"成果的重要承载区，还在进一步推进寒地冰雪经济高质量发展，涌动振兴新动能。

近年来，东北各地持续谋划冰雪经济项目。自2016年开始，吉林省就提出规划：建成1~3个世界级滑雪场，建成2~3个亚洲一流滑冰馆，打造世界级高山极限滑雪挑战体验胜地和冰雪旅游目的地。黑龙江哈尔滨和吉林长春的冰雪旅游节、吉林市的雾凇冰雪节、松原的查干湖冰雪渔猎文化旅游节等开始陆续形成品牌。吉林省地处"冰雪黄金纬度带"，各大滑雪场已在国内"雪圈"形成良好口碑，冰雪游客纷至沓来。冰雪经济如火如荼地开展，不仅为正处于冰天雪地的东北带来了人气，还带来了大量采购订单和合作商机。

未来，东北地区将进一步大举强化冰雪经济布局。吉林省将冰雪和避暑休闲生态旅游列入"十四五"期间"三大万亿级"产业，与汽车和零部件、农产品深加工和食品细加工等同重视；辽宁省计划，到 2025 年，实现冰雪装备制造业产值在 50 亿元以上，培育 3 家年营业收入超亿元的冰雪骨干企业；黑龙江省明确，到 2025 年，建设一批国家级、省级滑雪旅游度假地，培育形成一批具有国际竞争力的冰雪企业和知名品牌。

（三）社会背景

东北地区冰雪文化源远流长，不仅有早在清代即定为国俗的"冰嬉"文化，还具有冰灯艺术、冬季渔猎等丰富的传统冰雪文化。冰雪文化是民族传统文化的重要元素和鲜明特色，表现在劳动生计方式、民俗生活方式、传统体育运动乃至宗教信仰等方面。东北三江平原的赫哲族群众世代以滑雪狩猎、捕鱼为生，曾经作为重要交通工具的"狗拉爬犁"，如今成为群众喜闻乐见的传统体育运动项目和冰雪娱乐活动。除此之外，蒙古族传统的冰雪捕鱼、满族"滚冰"习俗等都延续至今，成为东北地区各族群众共享的文化遗产。

这些与冰雪息息相关的生产方式、民俗活动、体育运动等，是生活在冰雪生态环境中的各族人民适应自然、利用自然和改造自然的智慧结晶，具有鲜明的民族特色，是中华传统文化的重要组成部分，也是东北地区发展冰雪旅游的重要资源。"冰天雪地也是金山银山"，随着我国冰雪旅游市场需求的不断扩大，冰雪旅游成为东北地区新的经济增长点与乡村振兴发展项目。开发冰雪旅游产业、冰雪体育产业是东北地区经济发展的重要抓手。

近年来，东北地区的冰雪产业与体育运动等紧密结合，形成了众多时尚冰雪文化。特别是在 2022 年北京冬奥会上，东北籍冰雪健儿披荆斩棘，为国家取得多项殊荣，在国内外引起强烈反响，东北冰雪体育文化已形成强大的吸引力。

本研究基于这一背景，对东北地区冰雪文化体育旅游融合发展状况进行系统研究，能够深化产业融合理论的运用程度，增强冰雪产业理论研究，特别是产业融合领域中的冰雪产业方面理论研究的深度和广度，实现研究内容与方法的拓展，完善冰雪经济理论研究体系。通过深入研究取得的相应成果，不仅能够对相关学科的融合创造一定的理论实践积累，而且能尽快跟踪到学术前沿，拓展相关理论研究的深度和广度，在现实基础上提出具有本国特色、地区特色的产业融合路径，能够为我国冰雪经济高质量发展提供科学依据与理论支撑，具有一定的理论价值。

二、辽宁省冰雪旅游发展背景

辽宁省地处欧亚大陆东岸，地理位置、气候环境等自然条件优越，拥有较为丰富的冰雪旅游资源。辽宁地区冰雪文化源远流长，不仅有早在清代即定为"国俗"的"冰嬉"文化，还拥有满族冬捕、放爬犁坡等丰富的传统冰雪文化。辽宁省冬季时间长、降雪量大，雪质厚实松软，山区海拔高、垂直落差大，而且民俗旅游资源丰富，融合开展冰雪旅游的优势明显。辽宁省拥有较为丰富的冰雪旅游资源，并积极响应国家发展冰雪旅游的要求。"十三五"期间，按照国家提出的大力发展冰雪旅游的要求，辽宁省积极开发以"冰雪旅游、冰雪体育、冰雪文化"为重点的冰雪产业项目，现阶段区域冰雪旅游的发展已初具规模。

《辽宁省国民经济和社会发展第十四个五年规划和二〇三五年远景目标纲要》中将"壮大冰雪经济"作为积极培育新业态新模式的重要内容之一，提出了"大力发展冰雪运动""推动冰雪装备研发制造""建设高品质冰雪度假小镇、冰雪温泉度假区和冰雪运动文旅产业带""促进温泉康养业态与冰雪产业融合发展""着力培育辽宁冰雪品牌"等一系列政策举措。为培育区域经济社会发展的全新版块，全面推进辽东绿色经济区建设，《辽宁省推进"一圈一带两区"区域协调发展三年行动方案》中，将建设"全域旅游示范区"作为辽东绿色经济区建设的发展定位之一，在"建设辽东全域旅游示范区"部分提出提升辽宁特色温泉——冰雪旅游品牌，发展"冰雪＋温泉＋民俗"旅游，打造冰雪文化节、冰雪旅游节。为全面推动冰雪经济高质量发展，加快建设冰雪经济强省，结合辽宁实际，辽宁省发展改革委会同省文化和旅游厅、省体育局共同印发了《辽宁省冰雪经济高质量发展实施方案》，明确了全省冰雪经济"双核引领、一带串联、三区带动、多点支撑"的空间格局，突出强调了"做强沈阳、抚顺两个冰雪产业核心区"，并将"辽东冰雪运动旅游产业引领区"作为全省冰雪产业发展的重要带动区域。

近年来，辽宁省出台了一系列发展冰雪经济的政策文件。2019年9月25日，由辽宁省文化和旅游厅、辽宁省发展改革委、辽宁省教育厅等14个部门联合制定的《关于推进辽宁省冰雪经济发展的实施方案》中明确提出，到2025年，辽宁省要初步建成以冰雪体育休闲旅游产业为核心的冰雪全产业链条。2020年6月，辽宁省人民政府办公厅印发《关于加快推进冰雪运动发展的实施意见》，文件以2022年北京冬奥会为切入点，不仅涵盖了冰雪运动所包含的竞技冰雪、群众冰雪、青少年冰雪、冰雪产业、冰雪设施建设等领域，而且从政策设计和贯彻落实两个层面提出了明确目标、各项任务和具体要求。2022年5月30日，辽宁省发展和改革委员会、辽宁省文化和旅游厅、辽宁省体育局联合印发的《辽宁省冰雪经济高质量发展实施方案》明确提出，到2025年，推动辽宁省冰雪旅游形成较为均衡的产业发展结构，冰雪旅游发展大众化，经营模式多元化，产业融合度显著提升，消费黏性普遍增强，参与人数大幅增加，消费规模明显扩大。冰雪节庆活动、冰雪主题景区实现省内各市全覆盖，打造10个以上冰雪旅游主题旅游景区和度假区，推出5个以上省级滑雪旅游度假地，冰雪大省品牌形象、地位和国内外竞争力、影响力显著提升。上述文件对促进全省冰雪产业的发展起到了积极的推动作用。

近年来，辽宁省持续开展冬季旅游主题活动，推出以红色旅游、冰雪旅游、乡村旅游、体育旅游等为主题的地方特色旅游精品线路。在以冰雪温泉为主导的冰雪旅游推动下，辽宁省冰雪旅游市场呈现出逐步增长的趋势，其主要增长点出现在冰雪温泉、户外运动、民宿农庄、酒店饭店、旅游综合体等方面。据统计，辽宁省每年近150万人次体验冰雪运动，综合拉动消费8.5亿元，且逐年增长；按照全国3亿人参与冰雪运动的预期，辽宁省将出现超1 000万人的市场规模，冰雪旅游发展潜力巨大。①

---

① 孙潜彤. 与辽宁相约"冰雪游"［N］. 经济日报，2020 - 12 - 20（10）.

第二章

冰雪旅游理论研究

面对当下如火如荼的冰雪旅游实践，学术界需要回答"冰雪旅游的相关研究现状如何？""该领域未来研究趋势如何？""有哪些重要结论值得关注，以更好地指导冰雪旅游实践的开展？"等一系列问题。本章基于"后冬奥时代"背景，系统分析国内外冰雪旅游研究的进展与趋势，总结相关文献对未来研究的启示，以期为推动我国冰雪旅游的理论与实践高质量发展提供参考与借鉴。

第一节 冰雪旅游的概念与特点

一、冰雪旅游的概念

（一）国外相关研究

在欧美地区，特别是北欧等冰雪资源丰富的国家，冰雪旅游主要指滑雪旅游，已经成为一种时尚，并且冰雪旅游业已成为很多地区的支柱性产业。国外学者们逐渐关注研究滑雪旅游业、体育旅游业，并在滑雪旅游业、体育旅游业方面进行概念的界定。坦德（Tande Wen，1999）认为，体育旅游是指由于非商业目的，离开家庭或工作地，主动或被动的、偶然或自发参与的所有形式与体育活动有关的旅游活动。欣奇（Hinch，2000）认为，体育旅游是以体育为基础，以比赛规则、竞争和趣味为特征的在有限的时间内外出旅游的活动。巴斯蒂安（Bastien Soule，2004）提出，滑雪产业包括旅游、餐饮、交通、住宿、服装、机械信息培训等各个行业。更多的学者则把滑雪、冬季运动归入体育运动中，对体育运动进行统一界定。斯巴登（Sbaden，2004）提出，冰雪旅游运动属于冬季体育旅游，包括越野滑雪项目、滑雪缆车项目、冬季体育比赛等项目。

从国外现有文献来看，关于体育旅游业的概念，国外学者大多采用边界较为模糊的广义理解。众多学者认为，只要与体育有关联，即可算作体育业，如果实施了旅游活动，便可以算作体育旅游业，然而这个概念并没有相对明晰的边界，且缺乏明确的内涵。另外，大多数研究学者从不同角度对冰雪旅游的某一方面论述较多，但系统的研究较少，专门针对冰雪旅游业并进行系统性研究和概念界定的研究尚不多见。

（二）国内相关研究

现阶段，国内学术界对冰雪旅游的概念尚未统一，学者们从各自视角提出了相关定义，主要观点如表 2 - 1 所示。

表 2 - 1　　　　　　　　现有研究对冰雪旅游概念的界定

类型	学者	对冰雪旅游的界定
生态说	杨春梅	冰雪旅游属于生态旅游的范畴，是以冰雪气候旅游资源为主要的旅游吸引物，是体验冰雪文化内涵的所有旅游活动形式的总称
	李毅军	冰雪旅游是一种通过滑雪运动的形式体验冰雪文化，满足人们物质和精神需求的高层次的消费活动，属于生态旅游和森林旅游的范畴
体育说	林志刚	冰雪旅游在国内是一项新的体育旅游资源类型，是冰雪产业和旅游产业交叉渗透产生的一种旅游形式
	武传玺	冰雪旅游是为了满足旅游者的各种冰雪旅游需求，让旅游者借助冰雪运动资源进行体育锻炼、体育休闲娱乐等活动的社会关系与经济活动的集合

类型	学者	对冰雪旅游的界定
休闲说	董锁成	冰雪旅游是以冰雪为主要旅游资源，融合运动、娱乐、观光、度假、购物的一种旅游活动
	李在军	冰雪旅游作为冰雪产业与旅游产业融合形成的新业态，主要以冰资源和雪资源及气候为依托，将各种冰雪形成的景观及衍生出的人文景观作为旅游产品，以冰雪观光、冰雪运动为主要表现形式，具有观赏性、参与性与刺激性等特点

根据表2-1，可将冰雪旅游的相关定义分为三大类。一是"生态说"，认为冰雪旅游是以冰雪气候为主要吸引物，体验冰雪文化内涵的各类项目总称；二是"体育说"，认为冰雪旅游是以冰雪资源为载体，多种冰雪运动与娱乐的组合；三是"休闲说"，认为冰雪旅游是以冰雪观光、冰雪运动为主要形式，具有观赏性、参与性和刺激性等特点的休闲活动。

综合参考现有研究文献，基于文体旅融合的发展趋势，笔者认为，冰雪旅游是旅游者以体验冰雪文化满足其审美和休闲健身等需求的旅游活动，是冰雪产业与文旅业融合发展至一定程度形成的高级形态。

二、冰雪旅游的特点

冰雪旅游主要涉及在冰雪环境中进行的各类体验活动，是以自然的冰雪环境气候衍生出来的具有刺激性、感受性、参与性等特点的旅游产品。冰雪旅游源于古代民族的日常活动，在冬天的时候人们希望利用自然环境参与冰雪运动，后又逐渐形成冰雪旅游项目。随着冰雪旅游项目的日益发展，其活动形式也逐渐多样化，主要包含表演类和竞技类两项，其中，表演类还分为冰上舞台表演和冰雕、冰灯等展览。冰雪旅游的主要特点如下。

（一）参与性

冰雪旅游互动性强、参与感突出。冰雪运动的资源开发是由先辈流传下来的，是寒冬里的一项活动。我国早在清代起就已经开始流行这种冰雪运动项目，当时人们日常的生活娱乐只能通过在冰雪上完成，因此发展了早期的冰雪运动，其自然地理条件也为后来的冰雪运动发展提供了条件。在寒冷的冬天，如果一直观赏静态的冰雪景观则身体会发冷，这时候人们会期望参与到冰雪活动之中，一起娱乐玩耍，以达到平衡体温的功效。在寒冷的冬季，人们已不再选择在家"猫冬"，也不再仅仅满足于"赏景"，而是更期望参与到冰雪运动中，享受其间的酣畅淋漓。

（二）体验性

冰雪旅游最大的特点之一就是体验性，作为只有寒冷地区才具备的冰雪天气，这项旅游活动本身就具有强烈的地域性和独特性。前来的游客大多对北方的漫天白雪和银装素裹充满兴趣，想要一探究竟，这便让整个旅游活动增添了许多新奇之处。因此，当游客置身其中时，无论是在白茫茫的林海中穿梭，还是在白雪皑皑的山顶眺望，抑或是在泛着雪光的湖边徒步，都会感受到北方的自然之美传递出来的生命力和魅力，从而收获内心的愉悦。

（三）依赖性

冰雪旅游虽然有着震人心魄的魅力和独特的体验感，但是却有着很强的资源限制。冰雪旅游的开发对资源具有较强的依赖性，必须同时具备寒冷的气候条件和适宜的地形条件。根据气候条件分析，北方的冬季降雪量较多，1月和2月的气候最为适合开展冰雪旅游活动，也是冰雕等艺术品创作的最佳时间，因此可以形成完整的冰雪旅游产业链。如果只具备寒冷的气候条件但缺少坡度适宜的山地便无法建设滑雪场，山地众多但纬度偏低也难以出现自然降雪。这样的资源依赖性让冰雪旅游在其他时间或场地难以全面发展。

（四）健身性

滑雪运动体验是冰雪旅游的重要组成部分。参加体育活动，可以锻炼身体、消除疲劳、增进健康。对于长期居住和工作在城市里的人们，可以调节快节奏工作带来的压力，有助于摆脱生活的单调与烦恼。在得天独厚的冰雪环境中锻炼身体，既增强了人们的御寒能力、提高体质和健康，又起到了放松心情、调节生理和健身休闲的作用。

（五）消费性

较高的旅游消费与较高的重游率使得冰雪旅游具有极强的参与性和体验性，游客的旅游时间相对较长，从而带来较高的旅游消费。冰雪旅游相对于传统的观光旅游，属于高消费的旅游活动。例如，参与滑雪运动需要在装备等方面付出一定的成本，而冰雪度假旅游则需要支付较高的交通、住宿、餐饮等费用。此外，冰雪旅游拥有较高的重游率，回头客多，重复消费率较高。尤其是滑雪运动，作为一项体育活动，很多人有可能成为滑雪运动的终身爱好者。

第二节　国外相关研究综述

国际上对冰雪旅游的研究始于 20 世纪 70 年代，研究内容主要涉及冰雪旅游市场、旅游产品、旅游目的地规划与开发等方面，研究方法侧重于实地调研与案例分析，主要是通过实地调研方法得到数据，再通过分析数据得出结论，并利用相关模型进行分析预测。通过对国外相关研究的梳理，总结归纳国际上关于冰雪旅游市场、旅游产品种类、旅游目的地的规划与开发等方面的研究进展，从中可以借鉴到许多提升冰雪旅游发展质量的理论与实践。

国外学者在冰雪旅游方面的相关研究开始较早，涉及的研究领域较为全面，研究成果较为丰硕。其中，冰雪旅游发展较好的欧美地区产业发展较为成熟，专家学者对于欧美地区冰雪旅游的研究也更为深入和全面。现阶段，国外相关研究主要集中在以下几个方面。

一、冰雪旅游

国际上将冰雪旅游更多称为"冬季旅游"或"滑雪旅游"。目前，滑雪旅游为国际上冰雪旅游研究的核心和主要方向，学者们聚焦于滑雪旅游产业与气候变化的关系、滑雪旅游市场发展、滑雪旅游者意愿以及滑雪旅游对地区经济影响等方面，注重实地调查和个案分析，并利用相关模型进行量化分析预测。李约瑟（Needham，2005）、拉桑塔等（Lasanta et al.，2007）和泽姆拉（Zemla，2008）等学者以加拿大、西班牙、波兰、法国、意大利等国为例，研究了滑雪旅游的发展方向、滑雪旅游对区域经济发展的作用、滑雪旅游市场开发合作关系等内容，得出影响生产率的因素是技术创新、创新和利益相关者参与是新产品开发的重要环节等研究结论。

埃策尔等（Etzel et al.，1978）较早地基于旅游市场开发的视角，研究了滑雪旅游广告宣传策略对冰雪旅游经济的影响。理查德（Richard，1996）研究了英国滑雪旅游市场的"习惯性消费"动机对冰雪旅游经济的影响等。但早期相关研究并没有即刻引起更多学者对冰雪旅游经济研究的关注与重视。

进入 21 世纪后，在经济全球化影响的大背景下，全球经济的大发展促使各国内部乃至国际之间的旅游业进入了前所未有的高速发展时代。尤其是在冰雪体育赛事不断增多的推动下，冰雪旅游的发展日新月异。威廉姆斯等（Williams et al.，2000）以加拿大滑雪产业为研究对象，提出开发新市场并实施适当的产品开发战略可以吸引新的滑雪运动消费群。阿维德等（Arvid et al.，2001）研究了欧洲和北美地区滑雪运动等冬季体育项目对冰雪旅游业的影响，并以构建可行性模型的方式分析了影响机理，其目的是促进冰雪旅游经济价值的可持续增加。利兹等（Lidz，2003）提出了"漏斗模型"理论，以该理论对滑雪旅游进行分析，提出滑雪者的第一次经历十分重要，会直接决定其是否对滑雪旅游产生兴趣，从而成为滑雪旅游爱好者，并指出应当从首次体验入手进行营销。李约瑟（2005）通过对旅游者、旅游企业、政府机构以及利益集团进行问卷调查，研究加拿大惠斯勒山滑雪旅游区旅游经济发展方向。托比亚斯（Tobias，2007）认为，要实现冰雪产业及冰雪资源的经济价值，必须依靠冰雪企业的发展，通过企业生产、经营、创新、营销等环节提高冰雪资源的生产效率和利用效率，以增加冰雪产品附加价值。拉塔桑等（2007）以西班牙比利牛斯山脉滑雪旅游为例，研究了滑雪旅游目的地对地中海山区经济均衡发展的作用，发现滑雪目的地会对距离其最近的城市产生影响，主要的影响表现在人口出现积极的变化。泽姆拉（2008）研究了波兰竞争性滑雪旅游市场开发合作关系的建立，提出波兰利益相关者合作不强的原因是利润分配的问题，应借鉴阿尔卑斯山地区的滑雪票务系统措施，加强波兰滑雪旅游市场利益相关者之间的合作。

2010 年以来，国外学者在冰雪旅游方面的研究逐渐深入。马可等（Marco et al.，2011）研究得出瑞士滑雪胜地产生的经济效益在达沃斯区域经济中发挥着核心作用，其中冰雪旅游收入占旅游业总收入的 26%。凯斯丁（Kirstin，2012）通过问卷调查法定量分析了滑雪旅游供应者的竞争意识。奥尔加（Olga，2013）运用方向距离函数和龙伯格（Luenberger）生产率指标分析了法国不同区域间滑雪旅游度假区的生产率差异，提出滑雪旅游度假区的规模与生产率之间没有显著联系，影响生产率的因素是技术的创新。哈里斯（Haris，2018）为研究冰雪旅游产业由冬季运营转向四季运营的影响，采用旅游目的地治理理论的研究范式，以加拿大西部地区 4 个滑雪旅游度假区为研究对象，运用半结构式访谈法收集利益相关者的观点，结合扎根理论和主题分析法分析访谈结果，提出应重视土地管理中的自我调节机制和提高当地居民的生活质量等意见。鲁杰罗（Ruggero，2019）运用平衡计分法研究了意大利利维尼奥（Livigno）滑雪旅游度假区 2010～2019 年的运营数据，得出雪场门票免费使假区的酒店顾客和滑雪游客数量大幅度提升，从而提出创新和利益相关者的参与是新产品开发的重要环节。罗伯特（Robert，2020）以澳大利亚为例，研究了滑雪旅游对经济的影响。随着社会发展，社会问题意识得到重视，性别平等、弱势群体等多元化主题在冰雪旅游研究中得到关注。例如，关于女性参与冰雪运动旅游的福祉研究首次出现，显示雪上运动旅行和女性幸福感之间存在积极关系。

二、冰雪体育

现阶段，国外学者对冰雪体育的研究主要集中在两个方面：一方面是研究冰雪运动，学者们重点聚焦于冰雪运动产业竞争、市场发展、气候变化导致的滑雪产业危机以及冰雪运动的安全等；另一方面是分析大型冰雪体育赛事对举办地的影响，学者们关注大型冰雪体育赛事对举办地的社会经济影响、冬季奥林匹克运动项目的未来发展趋势以及冬奥会举办地应对冬奥会前后的变化风险等问题。

福尔克（Falk，2008）基于奥地利84个滑雪场的相关数据以及1 000多架登山吊车和缆车的数据库，分析了在2005年和2006年的不同季节，吊车价格所发生的变化，对两者之间的关系进行了分析，进一步总结了滑雪胜地的主要特征，并且还建立了回归分析模型用以进行分析，结果表明，运输能力、现代高速缆椅和缆车的分配、雪情的测量等因素都会影响滑雪票价，这种影响是十分显著的。黛比（Debbie，2012）指出，全球滑雪业的生存能力尤其易受气候变化的影响，因为它依赖特定和稳定的天气条件。道森等（Dawson et al.，2013）指出，滑雪产业正面临着气候变化的风险，如果滑雪目的地的气候变化不再符合需求方的偏好，这将造成替代效应，从而造成旅行流量的空间或时间转移，滑雪市场、社区和个人应该参与到滑雪旅游部门应对气候变化多端风险管理中来。马尔维（Mulvey，2018）指出，随着落基山脉和美国中西部地区滑雪场覆盖雪量的显著减少，滑雪度假村不得不通过产品多样化来适应不断变化的行业格局。滑雪胜地不再仅仅提供滑雪和住宿两项服务，而是不断增加更多的服务产品，以便留住老客户并开发潜在客户。

学者们研究了大型冰雪体育赛事对举办地的社会经济影响，鲁蒂等（Rutty et al.，2014）探讨了冬季奥林匹克运行项目的未来发展趋势；史考特等（Scott et al.，2014）分析了冬奥会举办地应对冬奥会前后的变化风险等问题。

三、冰雪文化

国外早已形成以滑雪为核心的冰雪体育产业，因此，国外更多称之为"滑雪文化"。国外滑雪文化的发展随着滑雪运动、滑雪娱乐、滑雪竞技等的发展而不断完善，很多大型的滑雪场都具有滑雪文化的体现与传播的功能。

现阶段，国外学者在冰雪文化方面的相关研究尚不多见。在现有文献中，约佩等（Joppe et al.，2013）研究发现，欧洲人的基因和血液中有着对户外运动以及野外探险的向往，以冰雪资源为要素，集运动、冒险、旅游等属性为一体的滑雪运动逐渐成为人们生活的重要组成部分，滑雪文化还突出表现在欧美国家高度发达的滑雪旅游产业和竞技比赛中。

四、研究评述

（一）研究内容

国外学者对冰雪产业的界定范围相对较窄，绝大多数研究集中于滑雪产业、滑雪旅游等方面，聚焦滑雪旅游产业与环境的互动关系、滑雪旅游市场发展、滑雪旅游者的意愿以及滑雪旅游对地区的经济影响等方面。国外对冰雪文化和冰雪体育的相关研究较少。

（二）研究方法

研究方法方面，与国内相比，国外对滑雪旅游相关问题的研究，不仅视角和内容多样化，在研究方法上也更趋于科学与先进，如将 GIS 模型应用到对美国落基山脉的矿山和牧场去识别最适合滑雪旅游发展的区域、将金融衍生品的理念应用到对奥地利滑雪从业者的调查中，以及研究冬季旅游产业的气候衍生产品的动机、影响和障碍等。

当前，国外相关研究所使用的研究方法以定量方法为主，即基于调查与访问所获得的资料开展数据分析，立足已有理论与模型来构建实证分析模型，以寻求问题的解决对策。国外研究注重实地调查和个案研究，辅以计量经济和数理统计等研究方法。国外学者主要是通过定量分析的方法，对冰雪旅游相关问题展开研究，较为常见的研究思路是基于已有的研究文献、已有的模型，提出改良后的或者是新的模型。同时，结合问卷调查与访谈等方法，获得所需的研究数据，而后对模型的适用性进行检验，以得到最终结论。

方法论上主要有两个趋势：其一，基于已有理论以及文献等资料，明确旅游、滑雪、体育之间的内在关联性，在此基础上就如何发展冰雪旅游产业提出相应对策；其二，进行资料调研，基于所获得的一手资料以及理论模型展开分析，常用的实证分析方法包括回归分析、因子分析等。

第三节　国内相关研究综述

一、冰雪旅游

（一）数据来源与研究方法

1. 数据来源

本节内容中的研究数据来源于中国知网（CNKI）学术搜索引擎，以"冰雪旅游"为关键词检索，时间范围设定为 1990～2022 年，来源类别设定为 CSSCI 期刊、北大核心期刊，共计检索到 74 篇文献，剔除无关文献后最终选取 65 篇进行分析研究。

2. 研究方法

（1）文献资料法。通过查阅冰雪旅游相关文献，并对文献进行整理、归纳与分析，为本书的研究提供理论依据。对于重点文献，采用全文通读的方式，把握其主要研究内容，进行热点分析与总结，并提出研究启示。

（2）数理统计法。本书运用统计学方法量化分析文献，描述文献特征的数量变化规律。本书主要对文献的期刊来源、发表年代、作者背景、研究内容及方法、课题情况等进行量化统计并描述分布情况。

（二）结果与分析

1. 文献发表数量与发表年代分布

本书梳理了 2013~2022 年冰雪旅游相关文献，以时间序列汇总，统计每年发文量。年发文量不仅可以反映学术界对该领域的关注程度，更能反映冰雪旅游与社会发展的关联程度。以论文发表年份为横轴、年发文量为纵轴，得到反映冰雪旅游研究规模的变化趋势图（见图2-1）。

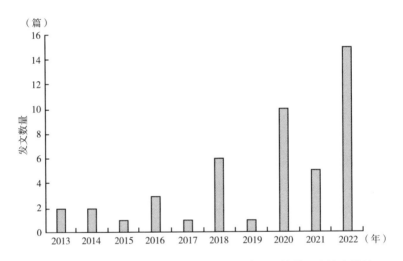

图2-1　2013~2022 年发表在核心期刊上的冰雪旅游研究论文统计

由图2-1可见，2013~2022 年，发文量总体上呈增长状态，说明 2013~2022 年我国冰雪旅游研究逐渐成为学界关注的热点。2016~2018 年，随着我国 2022 年冬奥会申办成功和 2018 年平昌冬奥会的预热，我国冰雪旅游相关文献在核心期刊发文量出现了较为明显的增长。2020~2022 年，随着北京冬奥运的临近及举办，学术界对冰雪旅游的研究热情日益高涨。2022 年，我国冰雪旅游研究在核心期刊的发文量达到 15 篇。由此可见，我国冰雪旅游研究在核心期刊的发文量与历届冬奥会的召开呈显著正相关。

2. 文献发表源与研究者背景

（1）主要发文期刊分析。截至 2022 年底，冰雪旅游相关的 65 篇核心期刊论文共发表在 42 种期刊上，见表 2 - 2。其中，发文量排名前五位的期刊分别为《干旱区资源与环境》《体育文化导刊》《北京体育大学学报》《学术交流》《税务与经济》。

表 2 - 2　　　　刊发冰雪旅游研究论文的主要期刊统计表

序号	期刊	发文数量	期刊层次	主办单位	出版周期	复合影响因子
1	干旱区资源与环境	4	CSSCI、北大核心	内蒙古农业大学沙漠治理研究所	月刊	3.187
2	体育文化导刊	3	CSSCI、北大核心	国家体育总局体育文化发展中心	月刊	3.098
3	北京体育大学学报	3	CSSCI、北大核心	北京体育大学	月刊	2.896
4	学术交流	3	CSSCI、北大核心	黑龙江省社会科学界联合会	月刊	1.113
5	税务与经济	3	CSSCI、北大核心	吉林财经大学	双月	2.740
6	商业研究	2	CSSCI、北大核心	哈尔滨商业大学	月刊	2.878
7	沈阳体育学院学报	2	CSSCI、北大核心	沈阳体育学院	双月	2.653
8	山东体育学院学报	2	北大核心	山东体育学院	双月	1.459
9	企业经济	2	北大核心	江西省社会科学院	月刊	2.459
10	新疆社会科学	2	CSSCI	新疆社会科学院	双月	1.059

由表 2 - 2 可知，我国冰雪旅游研究发文期刊集中于体育科学类核心期刊，发文量排名前十位的体育科学类期刊有《北京体育大学学报》《体育文化导刊》《沈阳体育学院学报》《山东体育学院学报》，累计发文 10 篇。其次为经济与管理科学类期刊，包括《税务与经济》《商业研究》《企业经济》，累计发文 7 篇。再次为社会科学类期刊，包括《学术交流》《新疆社会科学》，累计发文 5 篇。此外，资源科学类期刊《干旱区资源与环境》发文 4 篇。由上述分析可见，不同领域的核心期刊均刊发了冰雪旅游研究文

献，涉及体育科学、经济与管理科学、社会科学、资源科学等，表明冰雪旅游研究已得到我国核心期刊的普遍重视。

进一步对我国冰雪旅游文献的发文时间进行分析，汇总最早研究此选题的文献。由表2-3可知，最早在核心期刊发表冰雪旅游研究论文的为韩杰，其于1993年在《地理科学》发表了《东北区冰雪旅游资源及其应用研究》，开创了此类研究的先河。然而，其后十余年核心期刊未刊发冰雪旅游相关研究论文。直至2007年，石长波、徐硕才在《商业研究》发表了《对黑龙江省冰雪旅游发展的分析及策略研究》。此后，冰雪旅游研究文献逐步得到核心期刊的关注，发文量开始持续增长。早期关注此领域的核心期刊主要是地理科学类期刊，包括《地理科学》《人文地理》《干旱区资源与环境》等。同时，经济与管理科学类期刊也表现出对该研究方向的持续关注，主要发文期刊包括《商业研究》《旅游科学》《管理世界》《商业经济研究》等。

表2-3   最早刊发冰雪旅游研究论文的主要期刊统计表

序号	文献名称	作者	发表期刊	发表时间
1	东北区冰雪旅游资源及其应用研究	韩杰	地理科学	1993年
2	对黑龙江省冰雪旅游发展的分析及策略研究	石长波，徐硕	商业研究	2007年
3	哈尔滨市创建世界冰雪旅游名城对策研究	徐淑梅	旅游科学	2008年
4	黑龙江省冰雪旅游开发战略AHP决策分析	徐淑梅，吕建华，沈和江	人文地理	2008年
5	刍议我国冰雪旅游产业结构的现状及对策	李松梅，黄清	学术交流	2008年
6	旅游资源开发评价中冰雪旅游文化的塑造	张春艳，胡运权，杜梅	管理世界	2008年
7	论东北冰雪旅游的深度开发战略	宋大为	商业经济研究	2008年
8	东北区域冰雪旅游资源整合开发探讨	孟爱云	学术交流	2009年
9	新疆冰雪旅游发展的SWOT分析及开发策略研究	郭妍菲，李晓东	干旱区资源与环境	2009年
10	"外来因子"激活中国冰雪旅游产业的分析与探究	黄兆媛，臧德喜，蒋艳杰	沈阳体育学院学报	2010年

　　进一步对我国冰雪旅游文献发文时间进行分析，汇总最新研究此选题的文献。由表 2-4 可知，当前关注此领域的核心期刊主要是经济与管理科学类期刊，包括《企业经济》《税务与经济》《会计之友》。同时，地理科学类与体育科学类期刊表现出对该研究方向的持续关注，主要发文期刊包括《地理科学》《体育与科学》。

表 2-4　　　　　最新刊发冰雪旅游研究论文的主要期刊统计表

序号	文献名称	作者	发表期刊	发表时间
1	冬季不利气象条件群发特征及对吉林省冰雪旅游的影响	蔡维英、王兴华、张伟、张百菊	地理科学	2022 年
2	冰雪旅游与文化产业耦合的财税激励政策效应分析	张小锋、王菁彤	会计之友	2022 年
3	基于网络文本数据分析的冰雪旅游游客满意度研究——以哈尔滨为例	杨春梅、赵原、徐西帅、李威	企业经济	2022 年
4	2022 年北京冬奥会背景下西北五省区冰雪旅游目的地协同发展研究——基于时空差异视角	王储、把多勋、马斌斌、秦泽青	新疆大学学报（哲学·人文社会科学版）	2022 年
5	吉林省冰雪旅游的特点、定位及发展策略	王健、杨晶	税务与经济	2022 年
6	后冬奥时代冰雪旅游景观的"视觉性"生产研究	李慧	体育与科学	2022 年
7	我国东北地区冰雪旅游文化资源深度融合发展的路径	曹健、马卫星、李莉	社会科学家	2022 年
8	冰雪旅游情境下幸福感作用机制探究——环境恢复性感知的前因作用与游客涉入的调节效应	杨正轩、殷进	资源开发与市场	2022 年
9	文旅融合视角下民族地区冰雪旅游开发研究	刘伊清、李娌	黑龙江民族丛刊	2022 年
10	冰雪旅游与区域共同富裕——基于东北 6 市面板数据的实证研究	张东徽、吴昊、吴畏、吴敬致	科学决策	2022 年

　　（2）研究者背景分析。截至 2022 年底，冰雪旅游核心期刊论文中共署名 157 位作者，来自 95 家发文机构。其中，发文量排名前五位的第一作者分别是

杨春梅、张娜、吴伟伟、徐淑梅、吴玲敏，分别来自齐齐哈尔大学、东北师范大学、哈尔滨工业大学、哈尔滨师范大学、湖南工程学院，如表2-5所示。

表2-5　　　在核心期刊发表冰雪旅游研究论文前五位作者统计表

序号	第一作者	发文量	第一作者单位
1	杨春梅	3	齐齐哈尔大学
2	张娜	2	东北师范大学
3	吴伟伟	2	哈尔滨工业大学
4	徐淑梅	2	哈尔滨师范大学
5	吴玲敏	2	湖南工程学院

由表2-5可见，我国在冰雪旅游领域开展高质量持续研究的学者数量不多，除了齐齐哈尔大学的杨春梅发文量达到3篇外，其余作者的发文量都是2篇，鲜有学者在此方面开展长期深入研究。此外，通过梳理发现，冰雪旅游研究者多来自东北地区，且集中于黑龙江省，表明该地区学者对此领域更为关注。学者关注度与冰雪旅游产业的分布有关，我国冰雪旅游产业多分布在东北地区，考虑研究成本，东北地区的学者更具优势。同时，关注度也与学者曾参与过冰雪旅游有关。

为进一步佐证上述观点，通过CNKI学术搜索引擎，以"冰雪旅游"为主题检索博士学位论文。通过统计分析发现，截至目前，冰雪旅游相关选题博士学位论文共5篇，如表2-6所示。

表2-6　　　　　冰雪旅游研究博士学位论文作者统计表

序号	作者	文献名称	学位授予单位	学位授予年度
1	张春艳	冰雪旅游资源价值形成与实现机制研究	哈尔滨工业大学	2008年
2	张娜	东北地区冰雪旅游经济效应及调控研究	东北师范大学	2012年
3	任桐	冰雪旅游目的地引力模式的理论与实证研究——以吉林市为例	东北师范大学	2012年
4	杨春梅	基于系统动力学的冰雪旅游业发展模式研究	辽宁工程技术大学	2014年
5	刘立军	中国冰雪体育旅游的理论与实证研究	苏州大学	2019年

由表 2 - 6 可见，此选题相关博士学位论文作者 80% 毕业于东北地区高校，其中，2 位来自东北师范大学，位于吉林省；1 位来自哈尔滨工业大学，位于黑龙江省；1 位来自辽宁工程技术大学，位于辽宁省。这也从侧面再次验证了前面的观点。

3. 研究内容与研究方法

（1）研究内容分析。关键词表达了论文的研究主题，是论文的核心与精髓。因此，本书进一步统计了 2013～2022 年冰雪旅游研究关键词的演化发展规律，如表 2 - 7 所示。

表 2 - 7　　　　　　　　近十年冰雪旅游研究关键词统计表

序号	年份	关键词
1	2013	冰雪旅游；文化融合；旅游市场；旅游文化产业；旅游者行为
2	2014	冰雪旅游；冰雪资源；DEA 方法；中国；冰雪旅游产业；承载容量；评价指标体系；预警管理
3	2015	冰雪旅游；产品开发；对策；战略
4	2016	冰雪旅游；体育旅游；体育经济；公共服务；冰雪旅游基地；影响因素；文化品牌；旅游人数预测；治理结构；综合评价
5	2017	冰雪旅游；冰雪资源；利用对策；利用现状
6	2018	冰雪旅游；产业转型升级；产业集群网络性风险；创新路径；发展框架；哈尔滨；城市旅游环境；模糊综合评价；满意度评价；耦合协调度
7	2019	冰雪旅游；京津冀；冰雪体育产业；协同推进策略；发展效应
8	2020	冰雪旅游；冰雪资源；东北；优化路径；体育经济；冰雪品牌；冰雪旅游产业；冰雪旅游项目丰富度；冰雪运动；协同发展
9	2021	冰雪旅游；北京冬奥会；中国冰雪旅游；产业融合；京津冀；公共服务；冰雪旅游产业；协同发展；品牌建设；安全事故
10	2022	冰雪旅游；北京冬奥会；一体化；气象条件；东北地区；产业融合；共同富裕；内生力；冬季旅游；冰雪旅游地

由表 2 - 7 可见，自 2013 年以来冰雪旅游的研究热点由宏观向微观不断演化。2013～2015 年，这一阶段的研究主要是从宏观角度入手，侧重于冰雪旅游产业发展、经济增长、旅游市场及需求预测、资源开发，研究范围多着

眼于全国。2016～2018 年，这一阶段冰雪体育的相关研究开始逐渐融入其中，学者们开始关注冰雪旅游的产业转型升级，聚焦于冰雪旅游与冰雪体育产业的协同创新，并开始分析两者的耦合协调度。2019～2022 年，这一阶段的研究则逐渐转向微观视角，研究范围由全国转向东北及京津冀地区，研究内容丰富具体，包括品牌建设、旅游项目、公共服务、安全事故、气象条件等方面。

我国冰雪旅游学术研究体系积极响应国家号召与政策导向，研究内容不断拓展。为响应"文化强国"目标，"文化融合""文化品牌""旅游文化产业"等关键词开始涌现；为响应"体育强国"目标，"体育旅游""体育经济""产业融合"等关键词日渐增多；为响应"双碳"目标，"承载容量""预警管理""城市旅游环境"等关键词有所显现；为响应"三亿人参与冰雪运动"目标，"旅游市场""旅游者行为""满意度评价"等关键词日益增长。

与国外学者不同，国内学者将滑雪旅游作为冰雪旅游的一种类型进行研究，研究视野较为宽泛，结合冬奥会背景的冰雪旅游发展成为目前的研究热点。杨春梅（2018）运用熵权法和耦合法，研究了哈尔滨市冰雪旅游经济与城市旅游环境的耦合程度；吴玲敏（2019）研究了北京冬奥会推动京津冀冰雪旅游发展效应及协同推进策略；徐静（2021）采用扎根理论分析了游客选择冰雪旅游目的地的影响因素；林志刚（2021）对北京冬奥会推动京津冀冰雪旅游公共服务协同发展策略进行了研究。

现阶段，国内更多的研究主要集中于广义的冰雪旅游研究上，涵盖的范围也更为广阔。研究的重点主要集中于冰雪旅游资源的介绍、开发利用、整合，冰雪旅游资源价值的形成及实现，冰雪体育旅游业的发展及竞争力等方面。此外，近年来，还有学者研究冰雪旅游产业的效率及产业竞争力、冰雪旅游目的地的引力模型构建及引力因素的设定、冰雪旅游产业集群以及冰雪旅游产业可持续发展等方面的问题。

（2）研究方法分析。根据文献梳理，可将我国冰雪旅游研究中使用的主要研究方法归纳为：①文献资料法、调研法及逻辑分析法；②SWOT 分析

法；③RMP 分析法；④AHP 分析法；⑤DEA 分析法；⑥熵值分析法；⑦GIS
分析法；⑧社会网络分析法；⑨IPA 分析法；⑩扎根理论分析法；⑪文本分
析法。

由上述分析可知，我国冰雪研究方法由简单定性分析向简单定量分析转
变后，逐步演化为复杂定量分析，目前向定量分析与定性分析相结合的方向
转变。从研究规模来看，使用文献资料法、调研法及逻辑分析法的定性研究
仍占较大比重，而结合了地理信息系统（GIS）分析技术的研究方法以及熵
值分析法的研究文献也占有着一席之地。同时，近年来，结合了互联网大数
据及爬虫技术（Python）的社会网络分析法、扎根理论分析法、文本分析法
等研究方法也被大量应用到冰雪旅游相关研究之中。由此可见，未来随着冰
雪旅游研究的不断深化，以及学科间的交叉融合，会有更多先进的研究方法
应用到冰雪旅游研究之中。

4. 相关课题分布

课题对论文具有重要意义，科研论文获得课题经费支持，一定程度上反
映了论文质量，还能体现论文的科研目的及研究源起。2016~2022 年，国家
社会科学基金项目已立项冰雪旅游相关研究项目累计 12 项。其中，一般项
目 8 项，青年项目 3 项，后期资助项目 1 项，具体情况如表 2-8 所示。

表 2-8　　　　冰雪旅游研究相关国家社会科学基金项目立项统计

序号	课题名称	负责人	学科分类	项目类别	工作单位	立项时间
1	我国大型滑雪旅游度假区建设的制度环境支撑研究	王飞	体育学	一般项目	哈尔滨体育学院	2016 年
2	冬奥背景下我国冰雪旅游业全域发展的系统动力学研究	叶海波	体育学	青年项目	哈尔滨体育学院	2017 年
3	西南地区滑雪旅游产业竞争潜力评价及路径选择研究	吕兴洋	体育学	青年项目	西南财经大学	2017 年

续表

序号	课题名称	负责人	学科分类	项目类别	工作单位	立项时间
4	2022冬奥会下京张滑雪旅游产业承载力评估及风险防范研究	杨润田	体育学	一般项目	张家口学院	2017年
5	中国滑雪旅游目的地空间格局形成机制及其空间优化	王世金	管理学	后期资助项目	中国科学院西北生态环境资源研究院	2019年
6	我国滑雪旅游产业集群形成与竞争力评价研究	姚小林	体育学	一般项目	哈尔滨体育学院	2019年
7	我国东北地区少数民族传统冰雪运动项目挖掘、整理与传承研究	王书彦	体育学	一般项目	廊坊师范学院	2020年
8	冰雪体育场馆智慧化转型升级的国际经验与中国方案研究	刘花香	体育学	青年项目	中国旅游研究院（文化和旅游部数据中心）	2020年
9	新发展理念下冰雪运动公共服务的多维需求与精准供给研究	王飞	体育学	一般项目	哈尔滨体育学院	2021年
10	体育强国背景下冰雪创业人才画像与评价研究	孟庆军	体育学	一般项目	北京体育大学	2021年
11	体育强国建设背景下"后冬奥时代"我国冰雪运动多元化发展路径研究	赵晶	体育学	一般项目	天津体育学院	2021年
12	基于自组织理论的我国冰雪旅游产业融合发展实证研究	李在军	体育学	一般项目	吉林体育学院	2022年

如表2-8所示，目前国家社会科学基金项目中已立项的冰雪旅游相关项目侧重于冰雪旅游产业发展模式、冰雪旅游度假区及体育场馆建设、冰雪运动公共服务等方面的研究。

2014~2022年，教育部人文社会科学研究项目已立项冰雪旅游相关研究项目累计9项。其中，规划基金4项，青年基金项目5项，具体情况如表2-9所示。

表 2 - 9　　　冰雪旅游研究相关教育部人文社会科学研究项目立项统计

序号	课题名称	项目负责人	学科分类	项目类别	工作单位	立项时间
1	东北区域冰雪体育旅游产业集群的构建研究	张大春	体育科学	规划基金项目	黑河学院	2014 年
2	世界优秀冰雪运动员成功跨界跨项模式及可持续发展研究	夏娇阳	体育科学	青年基金项目	中国石油大学（华东）	2018 年
3	北京冬奥会背景下我国区域冰雪运动与生态文化旅游深度融合研究	吴玲敏	体育科学	规划基金项目	湖南工程学院	2020 年
4	冰雪运动"南展西扩东进"战略的推进模式研究	邹红	体育科学	青年基金项目	厦门大学	2020 年
5	北京冬奥会背景下我国与"一带一路"沿线国家青少年冰雪运动合作研究	王颖	体育科学	青年基金项目	滨州学院	2020 年
6	我国东北少数民族传统冰雪运动历史演进与传承发展研究	宋智梁	体育科学	规划基金项目	齐齐哈尔大学	2021 年
7	冬奥时代下我国群众冰雪运动发展研究：东北地区发展经验的视角	年青	体育科学	青年基金项目	东北师范大学	2021 年
8	北京冬奥会推动冰雪旅游核心区发展效应及战略研究	韩志超	体育科学	青年基金项目	德州学院	2021 年
9	中华冰雪体育精神凝练与传承创新研究	李兆元	体育科学	规划基金项目	梧州学院	2022 年

　　如表 2 - 9 所示，目前教育部人文社会科学研究项目中已立项的冰雪旅游研究项目主要聚焦于冰雪旅游产业集群构建、冰雪运动与生态文化旅游融合、冬奥会推动冰雪旅游发展效应以及冰雪体育精神凝练与传承等方面的研究。

（三）结果与启示

1. 研究结果

本书通过对 1990～2022 年 CNKI 学术期刊搜索引擎收录的 CSSCI 期刊、北大核心期刊中冰雪旅游研究相关文献和博士学位论文以及相关选题的国家社会科学基金项目和教育部人文社会科学研究项目进行分析，得到下列结论。

（1）冰雪旅游是旅游者以体验冰雪文化满足其审美和休闲健身等需求的旅游活动，是冰雪产业与文旅业融合发展至一定程度形成的高级形态。

（2）冰雪旅游文献数量与冬奥会的召开相关。冰雪旅游研究得到众多核心期刊重视，涉及体育科学、经济与管理科学、社会科学、资源科学等。早期关注此领域的期刊为地理科学类，当前关注的期刊为经济与管理科学类、地理科学类、体育科学类。东北地区尤其是黑龙江省的学者更加关注冰雪旅游，学者关注度与冰雪旅游产业分布及学者自身经历有关。

（3）冰雪旅游的研究热点由宏观向微观不断演化，冰雪旅游研究积极响应国家号召与政策导向，研究内容不断拓展。冰雪研究方法由简单定性分析向简单定量分析转变后，逐步演化为复杂定量分析，目前向定量分析与定性分析相结合的方向转变。

2. 研究启示

结合文献资料描述性分析与数理统计量化分析，对我国冰雪旅游学术研究体系建设的进展与趋势进行系统研究，从而得到以下启示。

（1）确定研究目标，制定研究计划。建设中国特色冰雪旅游学术研究体系首先要确定统一的研究目标，即：通过不断推进冰雪旅游理论的深入研究，持续加强冰雪旅游研究理论与实践的结合，提高中国冰雪旅游产业的质量与水平。现阶段，我国冰雪旅游研究的重点主要集中于冰雪旅游资源的调查与利用、冰雪旅游市场的调查与预测、冰雪旅游者的行为及满意度、冰雪旅游业的发展及竞争力等方面。现有研究成果表现出研究内容的高度重复性，然而，有关"文化和旅游深度融合"背景下冰雪旅游发展方面的系统研究尚不多见。因此，在国家政策的引导下，研究者应基于新的发展形势发现新的研究热点，实现该领域研究的实质性飞跃。

同时，在确定研究目标的基础上科学制定冰雪旅游学术研究计划。通过编制研究计划，制定研究方向，搜集资料、制定研究课题，对我国冰雪旅游产业现状、政策法规、旅游市场等进行系统分析研究。未来的研究可重点关注以下几个方面。

①北京冬奥会带动的冰雪旅游热潮是短期现象吗？冬奥为冰雪旅游产业带来哪些影响的启示？

②当前我国冰雪旅游产业面临哪些新挑战？该如何解决？

③如何把人们的冰雪热情保持下去，让冰雪运动成为日常休闲运动？

④在文化、体育和旅游深度融合的背景下，我国冰雪旅游产业实现高质量发展应注意哪些问题？

（2）整合研究资源，形成研究合力。我国在冰雪旅游领域开展高质量持续研究的学者不多，且作者间联系不足，合作交流尚需加强。冰雪旅游研究集中于东北地区高校，且高校间合作交流不足，未能形成研究合力。因此，应加强我国各地高校及科研机构之间的合作交流，促进资源共享，形成研究合力，使中国特色冰雪旅游学术研究体系建设迈向更高层次。

一方面，积极整合国内外相关机构和学术团体的资源，建立学术交流平台，拓宽研究视角，形成全球视野的研究氛围。另一方面，建立全国性的冰雪旅游学术组织，定期召开学术研讨会、学术交流会等，建立专业期刊，推广国内外冰雪旅游研究成果。同时，加强对冰雪旅游专业人才的培养，提升冰雪旅游产业的人才水平；建立相关学科、课程和实践基地等，多渠道培养冰雪旅游人才。

（3）促进学科融合，提升研究方法。现阶段我国冰雪旅游研究中使用的方法以定性描述性为主，文献资料法、调研法及逻辑分析法等定性研究仍占较大比重，缺乏定量或实证分析，研究的理论深度不足。

鉴于此，应在加强理论研究的基础上，借鉴相关学科的研究方法，注重定性定量相结合。结合经济学、管理学、文化学、旅游学、体育学、地理学、系统学等相关学科的理论与方法为基础，基于"文化和旅游深度融合"的背景开展冰雪旅游相关研究。

（4）加强合作推广，理论结合实践。一是要加强与政府部门的合作，充分发挥政府在冰雪旅游中的引导和协调作用，在政策制定、市场监管等方面给予支持。二是要加强与冰雪旅游产业的合作，将理论知识与实践相结合，与冰雪旅游产业的合作可帮助冰雪旅游学术研究体系更加贴近实际，促进冰雪旅游学术研究在实践中发挥更大价值。同时，大力推广冰雪旅游理念与文化，加强宣传推介，提高公众对冰雪旅游的认知度和参与度；通过媒体宣传和教育推广，提高社会对冰雪旅游学术研究的认知度和重视度，进而推动冰雪旅游学术研究体系的发展。

二、冰雪体育

目前，国内学者相关研究主要聚焦于冰雪体育产业的发展模式、策略及政策、集群化发展及其对区域经济发展的影响等方面，对冰雪体育人才的培养与冰雪体育产业链的研究有逐渐兴起的趋势。现阶段，更多的国内学者聚焦于北京冬奥会对区域社会经济发展产生的综合影响。

其中，刘兴（2015）分析了2022年冬奥会筹办的聚合效应；张瑞林（2016）以冰雪体育产业价值创造活动和区域资源禀赋分析为基础，构建了冰雪体育产业商务模式；程文广（2016）在分析影响我国大众冰雪健身供给的影响因素基础上，提出了我国大众冰雪健身供给侧的治理路径；刘花香（2020）提出了新时代我国冰雪运动的发展使命及践行方略；阚军常（2022）提出了我国冰雪运动发展的战略规划与推进路径。

三、冰雪文化

近年来，国内学者在冰雪文化方面的研究主要聚焦于冰雪文化产业的建设与发展，如冰雪文化集群化、生态化的发展，以及冰雪文化产业空间结构体系发展等方面。

其中，陈霞和姜玉洪（2014）对冰雪文化的发展与创新进行了分析；连洋（2015）针对北方地区，分析了冰雪文化对北方城市冰雪经济发展的促进作用；庄艳华（2018）分析了我国冰雪文化普及的理论与实现机制；刘桢和程文广（2019）分析了冰雪文化的内涵、价值及当代意义；司亮等（2020）立足于消费空间视角，以冰雪文化成为空间消费品为切入点，提出了冰雪文化消费空间的概念。

四、研究评述

（一）研究内容

我国学者对冰雪经济的界定较为宽泛，相关研究包括冰雪旅游、冰雪体育、冰雪文化等方面。这一重要的探索过程与诸多研究成果均为本书提供了更为广阔的文化背景、更为开放的学术视野以及更为客观与科学的认识方法和理论基础。同时，不容忽视的是，现有的研究成果表现出研究内容的高度重复性，特别是有关冰雪文化体育旅游融合发展方面的系统研究尚不多见，将我国冰雪旅游产业与国际化先进冰雪旅游产业进行动态对比的权威研究也较少，这也为本书提供了较大的研究空间。

（二）研究方法

冰雪旅游所涉及的问题具有系统性、非线性、开放性等特点，这就要求研究者需要系统运用各种理论与研究方法对冰雪旅游的相关问题进行深入探究。产业经济学研究非常重视研究工具的使用，配合系统研究方法使用合适的研究工具不仅能够提升研究效率还能够增加研究的科学性。

当前我国冰雪旅游研究还存在着研究方法选择性偏差、研究理论应用单一等问题。冰雪旅游研究者在选择研究方法时过于重视某一类研究方法和理论而忽视其他研究方法和理论。目前，我国冰雪旅游相关研究仍以定性描述为主，缺乏定量或实证分析，理论深度不足。关于冰雪旅游市场影响问题的研究，国内已经开始由定性逐步转为定量以及定量定性相结合的方法。然而，不论是从调查问卷的规范的角度，还是从数据分析的深度来看，目前国内的研究还存在一定的不足。

通过对我国学者在冰雪旅游方面的研究方法统计可知：一方面，使用参与观察和深度访问等定性方法的文章较多，而使用量表、结构观察、建模研究等定量方法的则较少；另一方面，联合其他学科理论与研究方法系统分析冰雪旅游产业的文章较少。目前，我国大部分学者在其冰雪旅游研究中仅使用计量经济学静态分析和简单案例分析法这两种常用的研究工具来分析冰雪旅游发展中的普遍经济规律。除了上述两种研究工具之外，国内冰雪旅游研究者在其他研究工具开发应用方面与国际知名研究尚存在一定的差距。国际冰雪旅游研究在选择研究工具时并不拘泥于传统的理论视野和研究范式，而是大量运用新型研究工具和理论。然而，目前国内的研究对研究工具的应用还比较保守，往往局限于几种常见的理论研究工具。因此，我国学者应继续探索更多科学新颖的研究工具，以解决日益复杂的冰雪旅游相关问题。

第四节　冰雪产业融合研究综述

一、产业融合

产业融合是 20 世纪 70 年代以来，在世界范围内产生的、以信息技术为核心的高新技术的快速发展推动下产生的经济现象。作为一种全新的产业创新方式，产业融合的全球化趋势明显，对社会生产力的进步与产业结构的转型产生了深远的影响。

国内外学者从不同的角度对产业融合进行了界定，如美国学者卡恩和格里斯坦（1997）、日本学者植草益（1988）、我国学者厉无畏（2003）等。产业融合的表述多样，但基本上是指不同产业或同一产业内部不同行业之间由于相互融合、相互交叉、相互渗透而产生的产业边界模糊化的经济现象。国内外关于产业融合的研究大多集中在技术、经济、信息等领域，有关旅游产业融合的研究较少，关于文化体育旅游融合的更少。

二、冰雪产业融合

现阶段，国外关于文化体育旅游产业融合方面的研究成果数量较少，尤其是冰雪产业融合方面的研究尚不多见。国内学者对于冰雪产业融合的研究成果较为丰富，研究过程可分为三个阶段。

（一）初步研究阶段

2010 年之前，这一阶段的研究多是从我国冰雪旅游产业融合现状出发，通过调查分析提出相应的对策和建议。唐云松（2009）、李松梅（2010）等从冰雪旅游产业融合对环境的影响角度出发，探讨冰雪旅游产业的可持续发展问题。黄兆媛（2010）、李玉新（2010）等从地方和全国两种视角分析了冰雪旅游产业融合发展过程中的优势和问题所在。然而，这一阶段的研究对于冰雪旅游产业融合发展的分析较为简单，以上研究与产业融合理论的结合尚不够紧密，还属于冰雪产业融合研究的初级阶段。

（二）多样化研究阶段

从 2011 年开始，冰雪产业融合研究视角逐渐多样化，研究成果层出不穷。李卫星（2013）、叶茂盛（2018）、孙慧杰（2019）等以欧洲冰雪旅游发展成熟的国家为研究对象，通过分析其发展历史和产业融合特征，为我国冰雪旅游产业融合发展提供建议。上述学者对欧洲冰雪旅游发展和特征的分析十分详尽，然而，我国的冰雪旅游与欧洲还存在着资源禀赋、市场环境、制度环境等方面的差异，要将上述研究成果应用于我国，还需透过冰雪旅游产业发展现象分析其产业融合的本质动力。例如，王飞（2017）和张善斌（2018）通过深入分析我国冰雪旅游产业融合的特点，提出具有时代特色的冰雪旅游产业融合路径。前者重点分析大型冰雪旅游度假区在产业融合、产业升级等方面的引领作用，并提出创新运营方式激发其核心竞争力的发展路径。后者同样研究运营模式，提出将冰雪、赛事、健康、养生等多种元素融入产品运营，以满足顾客的多样需求。

这个阶段其他代表性的成果主要有：张丽梅（2013）分析了冰雪旅游产业与文化产业的融合，包括从地域文化资源和地域特色的角度，整合冰雪资源，形成特色冰雪旅游；将冰雪文化作为切入点，构建完整的冰雪旅游产业链等。李在军（2019）分析了冰雪产业与旅游产业融合发展的动力机制和实现路径，从技术创新、政策导向、消费需求、新业态驱动力四个方面分析了融合发展的动力机制；从技术、产品、企业、市场四个方面分析了冰雪产业和旅游产业融合发展的实现路径。常晓铭（2020）采用文献、实地调研和综合分析的方法，提出了北京冬奥会推动"一带一路"沿线冰雪旅游产业融合发展的路径，包括打造冰雪旅游产业与其他相关产业深度融合品牌、构建冰雪旅游公共服务保障体系等。

（三）深入研究阶段

2021年以来，关于冰雪产业融合的研究处于不断深化阶段。在现有文献中，车雯（2021）提出了我国冰雪体育产业"多链"融合路径。李在军（2021）运用复杂系统理论中的自组织理论，指出中国冰雪旅游产业融合发展具有自组织耗散结构特征，具体而言，中国冰雪旅游产业融合具有开放性、非平衡性、非线性和涨落性四大特征。在此基础上，他提出了推动中国冰雪旅游产业融合发展的四条路径：一是形成新业态；二是加大产业政策落实和组织协调力度；三是鼓励重点业态发展；四是加快中国冰雪旅游与信息技术的融合。於鹏等（2021）对《体育与科学》"北京冬奥会与中国冰雪文化发展"学术工作坊成果进行了综述，提出了冰雪文化启蒙与体育旅游产业推进策略。

当前，关于冰雪产业融合的研究势头仍处于上升阶段，后续研究需要进一步深化产业融合理论的运用程度，在现实的基础上，提出具有本国特色、地区特色的冰雪产业融合路径。

三、冰雪产业链

（一）产业链概念及内涵

产业链的思想源于 17 世纪中后期古典经济学家亚当·斯密（Adam Smith）关于社会分工引起社会生产组织方式转变的论述；经由贝恩（Bain）产业组织理论及赫希曼（Hirschman）提出的产业向前联系和向后延伸的关联效应以及马歇尔（Marshall）关于企业分工的重要研究等发展演变，已成为当代产业链研究的重要理论基础。

国内学者从 20 世纪 90 年代开始对产业链进行广泛研究，学者傅国华最早在海南热带农业研究中使用"产业链"一词，相对于国外而言，产业链是中国化的研究概念。产业链的研究界定，区别于企业的单个市场行为的微观经济学研究与产业关联的宏观经济学研究，属于中观维度的概念。国内学者们从不同研究视角对产业链概念进行了界定，从理论发展层面上取得了颇丰的研究成果。本部分对部分成果进行列举与总结，如表 2－10 所示。

表 2－10　　　　　　　　　产业链研究概念

研究视角	产业链概念	学者
价值链视角	产业链是同一产业中或不同产业中的企业围绕产品或服务的价值增值，以满足消费需求为目的，依据特定的逻辑与地理空间，形成上、下游相关联的链式结构	刘贵富
供应链视角	产业链指一产业在生产产品和提供服务过程中按内在的技术经济关联要求将有关的经济活动、经济过程、生产阶段或经济业务按次序联结起来的链式结构	周新生
产业关联视角	产业链是指在一种最终产品的生产加工过程中从最初的原材料一直到最终产品到达消费者手中所包含的各个环节构成的整个纵向链条	郁义鸿
	产业链是以生产或服务阶段的分割为基础而形成的分工网络，指的是产业内或产业间的联系，其主体是指国家或地区	张其仔
战略联盟视角	产业链是指在经济活动中从事某一产业经济活动的企业之间由于分工角色不同在上中下游企业之间形成经济、技术关联，产业中产业节点的变动会影响整个链条的变化	王云霞

由表 2 - 10 可知，学者们基于研究需要，立足不同理论视角，分别对产业链概念进行了界定与诠释。可以看出产业链没有明确的主流概念和确定的理论体系，但由于产业链依托产业而存在，因此产业链是客观存在的经济产物（何太碧，2018）。对产业链的发展脉络，结合已有研究成果，作出如下阐释。

产业链是一个经济学的概念，它反映的是存在着有机关联的各个经济部门之间依据特定的逻辑关系和时空布局客观形成了相互交织的网络关系。相对价值链、供应链而言，产业链的分析视角更为宏观。第一，产业链反映了多产业层级的集合，是由多个相对独立的生产经营体系（某一产业或者市场）组成。在一个产业链中，每一个环节都是一个相对独立的产业，因此，一个产业链也就是一个由多个相互链接的产业所构成的完整的链条。第二，产业链反映了产业间的关联程度，即多个产业或多条供应链间存在的紧密关联和协同关系，这种关系既包括上下游的纵向关系，也涉及同类分工、相互补充的横向关系。产业链中的产业节点的中断或缺失会影响产业配套能力和整个产业的发展。第三，产业链体现了经济运行过程的时空维度，时间维度反映的是不同环节基于时间先后发生的过程，空间维度则指各环节在不同区域中的分布状况。第四，产业链体现了对社会资源的整合程度，其对资源的整合利用跨越了单一供应链或产业，在全社会经济范围内广泛集合资源和能力，形成产业竞争力。在一定的区域范围内组织特定的产业实施产业链式发展可以实现人力、资本等生产要素的最优配置，根据产业链的各个环节的特点制定产业空间发展的合理布局，通过产业链的发展带动相关产业的发展最终达到提高区域整体竞争力的目的。

因此，产业链关注多个产业或区域间的关联，其价值创造主体是相互影响的生产经营体系，即具有相同或相似经济职能的企业集合。在此基础上，产业链主张实现从原料到产成品的产业整体价值增值与结构优化，其价值生成的方式源于产业间上下游各功能环节的时空协调。显然，产业链所涉及的治理机制是宏观层面的管理规范和制度体系，管控产业链的方式应当包括产业或国家层面的规则规范和政策体系，而这也影响了产业链中价值分配机制的形成。

产业链中的"链"字，既有"链条"的意思，更有"链接"的寓意，顾名思义，"链接"是产业链概念的核心所在。从抽象的角度看，产业链也可以说成是"点和线"的划分和链接。作为中观层面的产业链，抽象中的"点"和"线"理应在现实中存在着多种对应关系，是"一对多"的映射关系。但是，人们总是习惯根据微观层面中"一对一"的映射关系来定义它。比如，产业链的一个通俗解释就是相关企业根据生产流程所组成的一个线性或网络性组织，或者产业链是指从自然资源到消费品之间的层次，也就是用生产流程中企业间的划分与链接来定义产业链。这种基于"一对一"的对应观点显然只能反映产业链某一方面的特征，不能完全概括产业链概念的内涵。

从内涵上看，产业链是一个基于"产业总体"投入产出关系来分析产业效率或竞争力的产业组织概念，反映的是存在着有机关联的各个经济部门之间依据特定的逻辑关系和时空布局形成的相互交织的网络关系。产业链是理解产业组织结构的一个视角，其核心是产业链各主体投入产出关系背后的竞争与合作关系。在政策语境下，产业链概念不仅涵盖了产业概念所指向的同类企业的产业组织关系，还包括产业链上下游企业间的经济交易联系，甚至涵盖了大学、共性技术研发机构、国家实验室等非市场主体间的非经济性活动。因此，产业链的概念超越了市场主体间的交易关系，反映了更加广泛的非市场主体和非经济交易性互动（Galaskiewicz，2011），而且这些广泛的主体间竞争合作关系和互动行为模式共同决定了产业链的总体竞争力（吴金明和召昶，2006）。

（二）冰雪产业链概念及内涵

冰雪产业链是指以具有冰雪产业上下游关系的企业或组织基于一定的技术经济联系或投入产出关系，为共同创造冰雪产品（服务）价值并实现增值而形成的具有特定的时空布局关系的链条式关联系统。供需链、企业链、空间链、价值链等维度共同构成了冰雪产业链，形成交错编织的"链簇"。

冰雪产业链作为产业链的一个分支，应符合一般产业链所具有的共性特征，即以冰雪场地为核心、以冰雪相关产业为主导，通过供需、合作、互补等形式而构成的产业链条。

冰雪产业作为复合型产业，其产业链不仅包括与冰雪运动相关联的生产型企业，也包含围绕场地运营而衍生出的服务型企业。其中，生产型企业以冰雪装备制造、冰雪服饰制造、冰雪体育建筑为主；服务型企业则涵盖了冰雪文化与旅游、冰雪赛事、冰雪培训以及冰雪产品分销、营销等。各个企业通过相互关联，在产业链的组织形式下，其自身优势不但不会被削弱，反而会通过协同效应形成产业和区域的综合优势，为其创造更多的经济收益。

（三）冰雪装备产业链的构成

冰雪装备产业链主要包含冰雪装备研发制造、冰雪装备物流以及冰雪装备销售三个部分，如图 2-2 所示。

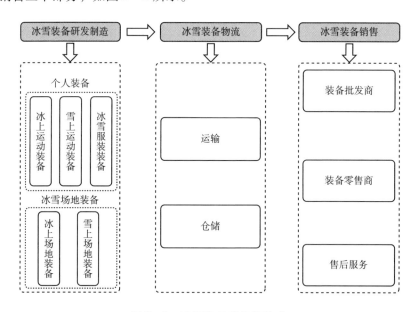

图 2-2　冰雪装备产业链构成

冰雪装备研发制造环节打造冰雪装备产业链的上游资源基础，包括设计生产冰上运动装备（冰鞋、头盔等）、雪上运动装备（雪板、雪橇等）、冰雪服装装备（滑雪服、滑雪护具等）等个人装备的企业，以及研发制造雪上场地装备（造雪机、压雪机、索道、缆车、魔毯等）、冰上场地装备（制冰机、磨冰机等）等冰雪场地装备的企业。冰雪装备物流位于冰雪体育装备产业链的中游，主要包括冰雪装备运输以及冰雪装备仓储等。在产业链的基本结构中，物流运输是一个不可或缺的关键要素，贯穿于产供销的各个环节，从原材料购买到产品仓储，再到对外销售，均需要物流运输的支持与保障。快捷的物流运输能够有效地减少因原料或产品运输周期过长而对生产进度与资金回笼造成的影响。冰雪装备产品销售则处于产业链的下游，在冰雪装备生产企业和消费者之间起连接作用。冰雪装备产品销售包括装备批发商（对冰雪场馆、社会团体、学校以及大型赛事的装备供给）、装备零售商（为广大消费个体提供运动装备）以及售后服务等。售后服务是在产品销售以后所提供的各种服务活动，包括维修、信息咨询、换货、退货等。

（四）冰雪赛事产业链的构成

冰雪体育赛事产业链主要包含冰雪赛事运营、冰雪体育场馆运营以及冰雪赛事媒体传播三个部分，如图2－3所示。

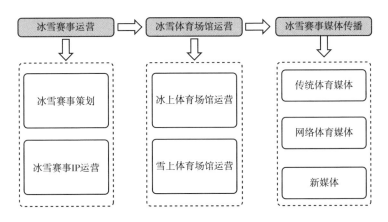

图2－3　冰雪赛事产业链构成

冰雪赛事运营环节打造冰雪赛事产业链的上游资源基础，包括冰雪赛事策划（专业运动竞技类赛事策划和大众娱乐类赛事策划等）以及冰雪赛事IP

运营（赛事组织服务、赛事周边运营等）等企业。冰雪体育场馆运营位于冰雪体育赛事产业链的中游，主要包括冰上体育场馆运营（各类滑冰场、旱冰场等）以及雪上体育场馆（各类滑雪场、戏雪乐园等）运营等。冰雪赛事媒体传播则处于产业链的下游，在冰雪赛事运营企业和运动员、消费者之间起连接作用，主要以传统体育传媒和新兴体育传媒为载体，对赛事进一步催化和传播。冰雪赛事媒体传播包括传统体育媒体（报刊、杂志、广播和电视等）、网络体育媒体（冰雪体育网站、综合类网站、体育类网站等）以及新媒体（图文类、视频类和直播类等）等。

（五）冰雪培训产业链的构成

冰雪培训产业链主要包含冰雪体育场馆运营、冰雪体育培训产品研发以及冰雪体育培训产品销售三个部分，如图2-4所示。

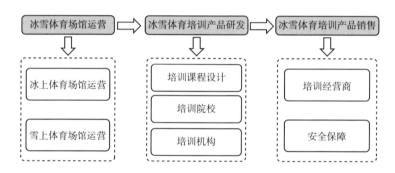

图2-4　冰雪培训产业链构成

冰雪体育场馆运营环节打造冰雪培训产业链的上游资源基础，主要包括冰上体育场馆运营（各类滑冰场等）以及雪上体育场馆（各类滑雪场等）运营等。由于冰雪体育培训产业的专业性和特殊性，必须通过面对面的技术动作教学和示范才能达到理想的培训效果，冰雪体育培训产业主要以提供线下的培训服务为核心，因此开展冰雪体育培训的前提就是至少需要一处能够提供实体项目培训的场所。冰雪体育培训产品研发位于冰雪体育培训产业链的中游，主要包括冰雪培训课程设计、培训院校以及培训机构等。由于冰雪体育培训的专业性，培训内容的研发环节对课程的开展和服务增值具有显著影响。同时，师资的优劣将直接影响冰雪体育培训产品输出的质量。冰雪体育培训产品销售则处于产业链的下游，在冰雪体育培训产品研发企业和消费者之间起连接作用。冰雪体育培训产品销售包括培训经营商（冰雪运动俱乐部等）和安全保障等。培训经营商为冰雪场馆、学校以及广大消费个体提供培训产品。

（六）冰雪旅游产业链的构成

冰雪旅游产业链主要包含冰雪旅游规划与开发、冰雪旅游产品生产、冰雪旅游产品销售以及冰雪旅游产品消费四个部分，如图 2 – 5 所示。

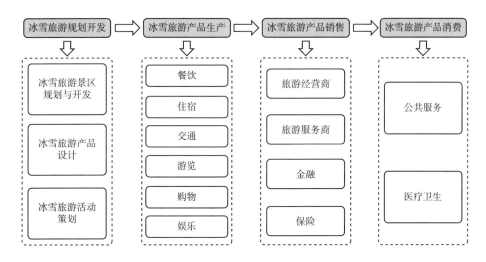

图 2 – 5 冰雪旅游产业链构成

冰雪旅游资源规划与开发环节打造冰雪旅游产业链的上游资源基础，为冰雪旅游产品生产提供了宝贵的资源。冰雪旅游产品生产作为产业链的中游，需根据当地的资源特征、环境来进行产品的设计和生产，包括直接提供食、住、行、游、购、娱产品与服务的企业，可按照游客的需求和意愿进行随意组合。冰雪旅游产品销售以及冰雪旅游产品消费则处于产业链的下游，在冰雪旅游产品生产企业和旅游者之间起连接作用，可依据旅游者的需求对产品进行组合设计，再销售给旅游者们，最终通过销售环节将冰雪旅游产品提供给旅游者进行消费或体验。冰雪旅游产品销售包括旅游经营商（旅行社等）、旅游服务商（垂直搜索网站、点评类网站等）、金融、保险等。冰雪旅游产品消费包括公共服务（信息咨询服务、安全保障服务、便民惠民服务、行政服务等）、医疗卫生等。

四、研究评述

从以上文献梳理可以看出，学术界目前对冰雪产业融合的研究取得了不少成果，但也存在一定的不足。冰雪产业融合虽引起了学者们的关注，相关研究成果逐渐增多，但仍缺乏系统性的理论成果。现有研究成果表现出研究内容的高度重复性，目前的研究主要集中在冰雪旅游产业与文化、体育等产业融合的重要性和具体措施，而在冰雪旅游产业与文化、体育等产业的融合机制、模式以及路径等方面尚缺乏系统的理论支撑。

通过对冰雪产业融合的相关研究文献梳理发现，现有的研究中尚存在诸多不足：①目前的研究多停留在内涵、重要性、动力、机理等方面的定性讨论，评估冰雪产业融合程度及融合效率的实证研究较少。②研究视角相对单一，现有的研究多从产业发展理论、产业融合理论、自组织理论等方面分析冰雪旅游产业与文化、体育等产业的融合发展，跨学科的理论视角较少。③研究方法方面，目前的研究仍以定性描述为主，缺少定量或实证分析，理论深度不足，缺乏借鉴其他学科的理论与方法，鲜有定量方法的使用。④现有的研究总量较少，而其中报道性的文章比重较大，权威期刊上的相关论文较少，能够结合当前文体旅融合的新背景探讨冰雪产业融合发展的研究更是乏善可陈，特别是有关"冰雪文化体育旅游融合发展"的机制、模式及路径等方面的研究尚缺乏系统的理论支撑，这也为未来的研究提供了较大的探索空间。

五、研究启示

鉴于此，应在前人研究的基础上，通过系统梳理冰雪产业融合发展的机制、模式和路径，对冰雪文化体育旅游深度融合发展进行合理性探究与分析。同时，基于"文体旅融合"与"后冬奥时代"的全新背景，选择适当的案例区域开展系统研究，探索区域冰雪产业融合发展的模式与实现路径，以期进一步丰富和完善我国冰雪产业发展的理论体系，为区域冰雪经济的高质量发展提供参考与借鉴。

研究方法方面，可以在加强理论研究的基础上，借鉴相关学科的理论与方法，注重定性与定量相结合，大力开展多层面、多角度的跨学科研究。应采用定性与定量相结合的方法，基于互联网大数据分析手段，运用 GIS 空间分析技术，使用 AHP－模糊综合评价法、熵指数法、相关系数法、相关系数法、赫芬达尔—赫希曼指数（HHI 指数）等分析方法，科学构建冰雪产业融合发展综合评估模型。

同时，应充分采用地理信息系统软件（Arcgis、Mapinfo 等）及统计学软件（SPSS、SAS 等），依据冰雪产业融合发展的运行机理，采用理论分析与实证研究相结合的研究手段，有效把握区域冰雪文化体育旅游在数量、质量、时间、空间、结构等方面的融合发展程度，增加研究的科学性与可操作性。

第三章

冰雪旅游发展实践

经过多年的发展实践，冰雪旅游已获得众多游客的欢迎。与一些常规的旅游产品相比，冰雪旅游具有明显的自身特色，能够将冰雪观光度假与冰雪体育运动和冰雪文化体验等项目进行有机结合，让旅游者在冰雪旅游的过程中获得更为丰富的新奇体验，满足其多样化的消费需求，得到了广大旅游者尤其是年轻游客和户外运动爱好者的青睐。例如，著名的阿尔卑斯山，每年有超过 1.2 亿的游客，其中大部分为冰雪旅游者。同时，我国的黑龙江亚布力、吉林长白山、湖北神农架、四川西岭雪山、新疆阿勒泰等地，对于世界各地的冰雪旅游者形成了一定的吸引，冰雪旅游发展迅速。

第一节　冰雪旅游发展的国际实践

一、国外冰雪旅游的实践

早期的冰雪旅游以冰雪运动为核心，在 20 世纪 20 年代开始形成商业活动。此后，冰雪旅游在奥地利、瑞士、美国、日本等国盛行，这些国家在发展冰雪旅游方面有着丰富的实践及经验。目前，全球冰雪旅游发展格局集中于三大区域，即欧洲、北美、东亚及太平洋地区，这三大区域也是世界范围内主要的旅游目的地和客源地，是全球旅游业最为发达的地区。现阶段，世界滑雪基地主要位于欧洲的阿尔卑斯山脉、北美的落基山脉以及东亚，因此，这些地区是全球冰雪旅游产业的主要聚集区，包括欧洲的奥地利、法国、意大利、德国、瑞士、芬兰，北美的加拿大、美国，以及东亚的日本、韩国等。这些国家大多为冰雪产业强国，冰雪旅游较为发达，发展模式也各具特色。其中，瑞士、加拿大和日本这三个国家的冰雪旅游产业发展经验与模式具有一定的典型性和代表性，可为我国冰雪旅游产业的发展提供经验借鉴。

（一）瑞士

瑞士是位于欧洲中南部多山地区的内陆国家，冰雪旅游发展历史悠久。冰雪旅游产业是瑞士的支柱产业之一，以登山和滑雪为旅游产业的龙头项目。位于欧洲中部的瑞士，从阿尔卑斯山到日内瓦，独特的自然环境和地理条件造就了丰富的冰雪产业，该产业成为瑞士的经济支柱之一，尤其是高山旅游和冰雪运动，每年都吸引大量世界各地的滑雪爱好者前去体验，被誉为"滑雪天堂"。瑞士冰雪旅游产业的服务体系完善，通过了解游客需求提供旅游产品和服务，并根据市场需求调整旅游产品价格。

冬季运动在瑞士历来是传统，瑞士被认为是冬季运动的发明者，其冬季运动已有150多年历史。因此，瑞士冬季运动的质量水平较高。1930年，瑞士建造了第一个滑雪缆车。20世纪60年代，越来越多的滑雪胜地在瑞士建立起来。也是在这个时候，"一切都可以滑雪"的口号被创造出来，几乎所有的瑞士人都会滑雪。进入20世纪后，随着滑雪游客的增多，瑞士的零售业、高端酒店和美食产业随之如雨后春笋般涌现。瑞士冰雪产业涵盖衣食住行各领域，是运动服装及装备、高山缆车道、零售业、高端酒店、家庭旅馆、温泉疗养、高山旅游、登山、滑雪和美食等产业的重要推动力。

瑞士达沃斯小镇每年举办国际性会议达200余个，著名的达沃斯世界经济论坛每年举办4~5天，邀请国家元首、政府首脑以及商界精英等2000余名的高端人士前往。每年会议期间都留有一天的时间供参会者体验滑雪运动，并借此推广瑞士的冰雪旅游。

（二）加拿大

加拿大位于北美洲北部，降雪期集中在每年 11 月至次年 5 月，冬季持续时间长，拥有充沛的冰雪自然资源，冰雪旅游产业主要集中在落基山脉一带。加拿大是世界上开发滑雪项目较早的国家，滑雪运动普及程度较高，与其浓厚的冰雪文化息息相关。加拿大魁北克冬季狂欢节是世界四大冰雪节之一，每年活动持续 10 天左右，节日期间展示各式各样的冰雕雪塑，举行冰雕比赛、划船比赛、轮胎滑雪比赛、越野滑雪比赛、冰上赛马以及攀登冰瀑等各种冰雪运动项目，通过节庆带动冰雪运动赛事长效发展。

在历史上，加拿大凭借其先天的地理环境优势和发达的冰雪运动设施，以及当地人对冰雪运动的热爱，先后举办了两次冬季奥运会——1988 年的卡尔加里冬奥会与 2010 年的温哥华冬奥会。尽管两届冬奥会都早已结束，但在这两个城市，加拿大与冬奥的冰雪情缘仍在延续。冬奥会的举办使加拿大冰雪旅游的知名度得以大幅提升，世界各国冰雪体育运动爱好者与游客慕名而来。一方面加拿大借助冬奥会的影响吸引世界各国冰雪旅游者的到来，另一方面冬奥会的影响增加了国际冰雪体育赛事的举办次数（见表 3 - 1），进一步增强了该国冰雪旅游的国际吸引力。

表 3 - 1　　　　　　　加拿大冬季举办大型的国际赛事

时间	地点	赛事
1 月 12 ~ 15 日	兰里	冰壶世界大陆杯赛
1 月 27 ~ 29 日	卡尔加里	速度滑冰短距离世锦赛
3 月 17 ~ 25 日	莱斯布里奇	女子冰壶世锦赛

惠斯勒是一个距离温哥华不到 130 公里的小镇，驱车 2 个小时便可到达。这里具有完整的小镇功能形态，设置了杂货店、警察局、邮局、诊所、艺术博物馆、酒楼、艺术展览、文化沙龙、体育活动中心、购物中心、冬季奥林匹克公园和日托中心等一系列基础设施。同时，当地交通便利，小镇和公园都设有停车场。此外，惠斯勒镇还配备了高端酒店，如四季套房酒店、

水晶假日酒店等。消费水平不同的人群还可以考虑小镇上的出租短期公寓，这样一来不同消费群体都可以得到满足。

（三）日本

日本位于亚洲东北部，国土面积的80%属于山地，雨雪较多。其中，北海道及本州岛大部分地区冬季积雪，长野县、福井县等冬季积雪可达2～3米厚，以至于汽车在雪墙中通过成为一道风景线。这样优越的自然条件，自然造就出众多优质的天然滑雪场。同时，日本受季风气候影响且具有海洋性特征，四季气候温和，即使在冬季最寒冷的地区，最低温度也能保持在－10℃左右。错落有致的地形、适宜的气候条件以及优渥的雪质，成为该国发展滑雪项目得天独厚的资源。

20世纪70～80年代，日本经济高速增长，国民娱乐运动需求旺盛，带动了冰雪运动与冰雪经济的发展。很多地方推出了冰雪旅游、雪国露天温泉等旅游路线。数据显示，20世纪80年代中期，日本居民家庭月平均消费支出中，旅游消费支出占休闲支出的30%以上。随着国际旅游日益繁荣，冰雪旅游成为日本旅游业的一大招牌。札幌冰雪节、网走市鄂霍次克海浮冰节、十和田湖冬季物语冰雪节、长野冰雪节等，已成为重要国际旅游活动。据日本旅游业协会统计，冰雪旅游营业额占日本旅游总收入的两成以上。

日本冰雪旅游产业的发展以北海道地区为龙头，该地区将冰雪节庆文化、温泉度假和滑雪运动融合发展。日本冰雪文化发展由来已久，札幌冰雪节是世界四大冰雪节之一，也是日本北海道札幌市的传统节日。组织者高度重视当地民众的参与度，积极调动国民的参与热情。冰雪节举办前，组织委员会通过各种宣传机构征集主题，一般选择具有纪念意义或市民倾向的内容为冰雪节主题；冰雪节期间，推出滑雪旅游产品、观光旅游产品、雪雕比赛、文化展览、冰雪娱乐项目、冰雪旅游纪念品以及举办音乐会等活动。

日本曾两次举办冬奥会，有力带动了日本冬季运动水平的提升以及群众性冰雪运动的普及。特别是在1998年举办的长野冬奥会上，日本队取得了五金一银一铜的历史最好成绩。跳台滑雪、花样滑冰、冰壶等项目成为日本队的传统优势项目。2022 年，日本约有 550 家滑雪场，一些经济发达地区甚至建立起全年运行的室内滑雪场；每年滑雪人次在 3 000 万左右，其中外国游客约占 10%。①

为推动日本冰雪经济的发展，当地政府与相关企业作出了一系列努力。一是政府规划并制定优先发展滑雪产业的优惠政策，鼓励旅行社、交通企业、房地产公司及地方企业投资经营滑雪产业，参与市场开发，带动市场对冰雪基础设施投入和产业投资。二是重视国际标准和规范化经营。许多滑雪场在建设中参照国际标准，吸引了外国运动员来此集训，不仅提高了知名度，在申办国际比赛时也占据有利条件。比如，札幌市在举办 2017 年第八届亚冬会中，全部沿用 1972 年冬奥会场馆等设施，有效降低了办会成本。三是重视配套服务。多数滑雪场有教练、安全管理员，旅馆、度假村、温泉、美食也成为标配，一条龙服务不仅提升了游客舒适度，也带动了地方经济发展。四是国家制定相关法律和行政政策，严格执行生态环境保护标准，避免商业开发对环境的破坏。

近几年，日本冰雪产业活跃度降低，多地冰雪节被迫取消。不过，日本政府及观光业协会加大了在世界各地的推介活动，期待着冰雪旅游的大发展。

二、国外开展冰雪旅游的成功经验

（一）日臻完善的服务体系

经过多年的发展，世界上很多国家和地区已形成了较为完整的冰雪旅游产业链，具备了较为完善的服务体系。目前，国际上较为成熟的冰雪旅游发展模式有冰雪旅游度假村、冰雪小镇、冰雪旅游综合度假区、冰雪主题乐园等，这些发展模式的前提都是要拥有完善的服务体系。

---

① 苏海河. 日本优质天然滑雪场众多——冰雪旅游成招牌 [N]. 经济日报，2022 - 02 - 12 (8).

以瑞士为例，该国的交通方便快捷，贯通欧洲的公路标识清晰准确，每间隔一段距离都设有休息区。瑞士的冰雪旅游服务设施较为完善，在景区周边会提供相当完备的餐饮、住宿等服务。瑞士瓦莱州只有 26 万人口，但凭借其优越的冰雪资源与完善的服务设施，这里每年招徕并接待的冰雪旅游者近 1 200 万人次。

同样，日本的冰雪旅游目的地则形成了独特的家庭式接待体系，可以让旅游者更加舒适和自由地体验冰雪之旅。该国在毗邻滑雪场处建立以住宿设施为主，兼设购物店和滑雪用具租赁店的滑雪服务中心。这里的住宿设施 24 小时营业，内设休息室和大浴场。购物店营业时长可达 15 小时，可为顾客的基本饮食提供服务。租赁店则可提供一流的滑雪用具，为游客提供更好的滑雪体验。

（二）四季旅游的品牌形象

国际上许多国家、城市在进行旅游形象定位时，会打出四季旅游的品牌形象来吸引游客，以避免出现淡旺季差异明显的现象。例如，瑞士设计出冬夏两季宣传册，在冬季开展越野滑雪、雪地行走等冰雪旅游项目，到夏季时则有漂流、徒步、登山、乡村度假等休闲旅游项目接替，充分提高了空间利用率。瑞士达沃斯的很多雪场会在春夏秋三季开展山地自行车、越野、户外拓展、露营、徒步等各种户外活动，打造四季运营的雪场。

瑞士在旅游形象传播方面不局限在冬季，景区系统策划了全年的旅游产品，制作了冬夏两季的旅游宣传手册，实行全季节持续营销。为开拓中国冰雪旅游市场，瑞士开通了国家旅游局中文官方网站，并推出中文滑雪课程和一日冰雪运动体验游。同样，日本也具备这方面的发展经验，该国推出的四季旅游产品包括：冬季泡温泉、滑雪；春季、秋季赏花；夏季海滨度假旅游等。

（三）功能强大的行业协会

国外对于冰雪旅游的管理较为完善，很早就建立起了相关的组织和协会，并出台了一系列行业规则和政策。例如，德国的行业协会会定期开展职业培训工作，为企业提供优质员工。法国、加拿大等开展雪上运动经验丰富的国家，对滑雪教练有着统一的培训、考核和认证体系。在法国，从事滑雪等极限运动需要具有体育联合会给予的指导资格和教授证书。根据各种项目的特点，协会提出理论和实践要求的详细条件，以符合教练的标准，并且只有通过测试才能获得认证持证上岗。瑞士雪上联合会作为行业协会构建了瑞士的滑雪管理体系，对滑雪教练的专业水平有着极高的要求，能够较好地保障初学者在学习过程中的安全。

（四）高度重视的人才培养

世界冰雪旅游发达的国家普遍高度重视本国冰雪专业人才的培养。例如，瑞士十分注重冰雪教育培训，不仅设有专业的冰雪运动学校，还大力支持中小学校开设冰雪运动课程，保障足够的授课时间，注重任课教师的综合能力，同时配备校医、急救药品和器材等。这一举措为瑞士冰雪旅游产业提供了充足的高质量人才，同时能够保障瑞士国民对冰雪运动的参与热情。日本也较早地意识到冰雪旅游产业发展的关键因素之一是充足的高质量专业人才，因此政府格外重视对冰雪相关专业的教育。国家法律法规以及地方规章制度均将人才培育列入重点发展项目，高校和职业院校均开设了相关专业，并建立了培育冰雪人才的学院，增设硕博专业以培育高级复合型人才。

第二节　冰雪旅游发展的国内实践

在政策和资本"双引擎"推动下，我国冰雪旅游实现了从 0 到 1、从北到南、从小到大、从冬季到四季、从规模到品质、从小众竞技运动到大众时尚生活方式、从冷资源到热经济的升级。《中国冰雪旅游发展报告（2023）》当中的数据显示，在北京冬奥会、冰雪出境旅游回流、旅游消费升级以及冰雪设施全国布局等供需两方面刺激下，全国冰雪休闲旅游人数从 2016—2017

冰雪季的 1.7 亿人次增加到 2021—2022 冰雪季的 3.44 亿人次，冰雪休闲旅游收入从 2016—2017 冰雪季的 2 700 亿元增加到 2021—2022 冰雪季的 4 740 亿元。冰雪旅游的快速发展，跃动着经济社会发展的脉搏，讲述着千家万户的美好生活故事，向世界描绘着美丽中国的好风景。

从全国范围看，我国东西南北一年四季全面开花的"冰雪经济"新格局已经成型，东北、京津冀、新疆"三足鼎立"，以西藏、青海为代表的青藏高原冰雪旅游观光带以及以四川、贵州、湖北为代表的中西部冰雪休闲带"两带崛起"，东西南北一年四季全面开花的冰雪经济新格局已经成形。以东北、京津冀、新疆、内蒙古以及南方一些城市为代表的地区，充分挖掘冰雪资源的旅游休闲潜力，开发了冰雪主题公园、滑雪度假区、冰雪乐园、冰雪小镇和冰雪民俗村等多元化产品，冰雪冷资源正在转变成为满足人民群众对于美好旅游体验需要的热经济。

一、国内冰雪旅游的实践

（一）东北冰雪旅游带

东北冰雪旅游带由我国东北地区的辽宁省、吉林省和黑龙江省构成，从地理层面看，东北地区的纬度较高，气候特征属于寒温带、温带大陆性季风气候，主要表现为冬季漫长且寒冷，夏季短促且温暖，辽宁省与吉林两省冬季时长约 6 个月，黑龙江北部一些地区冬季时长可延至 7～8 个月。寒冷的气候使得东北地区冬季多流域封冻，大部分地区从当年 11 月开始至次年 3 月均为雪季。

东北地区冰雪文化深厚，各地形成了众多冰雪节日和庆典。例如，久负盛名的哈尔滨国际冰雪节、黑龙江国际滑雪节、中国雪乡旅游节、佳木斯三江国际泼雪节、漠河北极光冰雪文化节等观雪、赏雪、玩雪的冰雪节日和庆典，吸引着世界各地的游客来这里体验独特的冰雪文化。随着北京冬奥会的全民参与和国家对于东北经济振兴的重视，东北地区的冰雪旅游产业"由冷变火"，已形成了一定规模的冰雪旅游产业链，类型多样的冰雪旅游产品可供游客自由选择。

东北地区周边人口密集，与俄罗斯、朝鲜接壤，靠近日本、韩国，内陆交通又辐射到北京、天津、河北、山东以及东南沿海等地，旅游消费市场广阔，存在巨大的潜力。寒地高铁建设犹如"加速器"，为东北地区冰雪旅游产业发展注入了新的活力，大连、沈阳、长春、哈尔滨等区域中心城市间高铁交通便捷，形成了"城际旅游圈"。近年来，随着经济的发展与设施的完善，东北冰雪旅游带依托其得天独厚的地缘优势，积极推广城市人口参与冰雪运动，持续拓宽冰雪产业部门，不断延伸冰雪产业链条，冰雪旅游业呈现快速发展势头，区域冰雪产业已初具规模。

1. 黑龙江

黑龙江省位于我国领土的最北端，大小兴安岭和长白山山脉绵延于此，气温较低，冬季温度一般在 – 15 ～ – 35℃，一些地区的最低温度可以达到 –50℃；具有丰富的降雪量，雪期长（120 天左右），雪质好，适合冰雪旅游项目的开展。在民族文化禀赋方面，黑龙江省分布着鄂温克族、鄂伦春族、赫哲族、达斡尔族等多个少数民族，在饮食、服饰、建筑、节庆、风俗等方面都有着独特的民族特色。因与俄罗斯多处接壤，具有俄罗斯风格的异国风情成为黑龙江省冰雪旅游中的重要文化元素。

黑龙江是我国最早开发运营冰雪旅游的省份之一。几十年来，作为我国冰雪资源、冰雪运动和冰雪旅游第一大省，黑龙江省始终走在冰雪经济发展的前列。黑龙江四季分明，幅员辽阔，发展冰雪旅游优势明显，被誉为"冰雪之冠"，以冰雪项目类型丰富、冰雪产品体验优质闻名四方，一直以来勇立冰雪旅游市场的潮头。2020 年，黑龙江省制定了《黑龙江省冰雪旅游产业发展规划（2020—2030 年）》，强调要坚持推动高质量发展，创新滑雪旅游新产品，构建滑雪旅游品牌线路，完善滑雪旅游新服务，提高黑龙江省冰雪旅游品牌知名度，大力发展滑雪旅游，使之成为黑龙江省经济发展的内生动力，带动提升黑龙江省整体旅游经济实力，建设滑雪经济强省和全国首选滑雪旅游目的地。

近年来，黑龙江不再仅以自然冰雪景观吸引游客，随着该省冰雪旅游在产业范围内的不断扩张版图，其冰雪资源得到了不断的开发和利用，与其相关的产品和项目日益丰富。中国旅游研究院和马蜂窝旅游联合发布《中国冰雪旅游消费大数据报告（2022）》显示，黑龙江省名列"2021—2022冰雪季冰雪旅游热门省份"第一。目前，黑龙江省已将"冷资源"变成了"新热点"，并打造出了全国知名的特色冰雪旅游城市。黑龙江省的冰雪旅游区域主要集中在哈尔滨市、大兴安岭地区、牡丹江市、伊春市、漠河市，景点包括中国雪乡、亚布力滑雪旅游度假区、漠河极地、哈尔滨冰雪大世界、中国雪谷等。文化和旅游部、国家体育总局联合公布的首批国家级滑雪旅游度假地名单显示，黑龙江亚布力滑雪旅游度假地入选"首批国家级滑雪旅游度假地"。文化和旅游部数据中心发布的《中国冰雪旅游发展报告（2022）》显示，哈尔滨市名列"2022年冰雪旅游十佳城市"之首，牡丹江市、伊春市也入选其中。文化和旅游部数据中心发布的《中国冰雪旅游发展报告（2023）》显示，哈尔滨市蝉联"2023年冰雪旅游城市12佳"之首，伊春市、牡丹江市再次入选其中。

哈尔滨市作为我国冰雪旅游发展的龙头城市，政府的重视、文旅的融合以及积极的宣传让该市的冰雪旅游发展日臻完善。目前，哈尔滨市已经打造出冰雪大世界、冰灯游园会、雪雕博览会等经典冰雪旅游产品，还有冰雪洽谈会、国际冰雪节、冬泳挑战赛、雪地摩托/汽车挑战赛等大型冰雪主题活动。其中，哈尔滨冰雪大世界、太阳岛国际雪雕艺术博览会、亚布力滑雪旅游度假区分别位列"2022年热门冰雪旅游景区（度假区）"前三甲；创新冰雪项目"大雪时节采头冰"名列"2022年冰雪经典创新项目"第一，"元宵围火滚冰"与"冰灯游园会"也入选其中；"松花江冰雪嘉年华"则入选了"2022年冰雪时尚创新项目"。"冰上杂技系列演出'冰秀'"（黑龙江）、"冰雕艺术"（黑龙江哈尔滨）、"哈尔滨松花江冰雪嘉年华"（黑龙江哈尔滨）入选了"2023年冰雪经典和冰雪时尚项目"。

牡丹江市以镜泊湖和雪乡为发展中心，开展了一系列特色冰雪旅游活动，如冰上垂钓、冬季温泉、体验冰村民俗等项目，打造了6条不同风格的冰雪旅游路线，极大地丰富了黑龙江冰雪旅游的多样性。其中，镜泊湖景区入选"2022年热门冰雪旅游景区（度假区）"；创新冰雪项目"雪乡跳雪"名列"2022年冰雪经典创新项目"第二。

伊春市以当地淳朴的民风形成了独树一帜的冰雪民俗、民宿旅游形象，举办了雾凇摄影节并形成了"冰雪研学"这种以家庭为单位的旅游形式，打造了冰屋直播间和冰山雪海的汽车拉力赛等活动形式。

此外，"漠河找北"（黑龙江漠河）入选了"2022年冰雪时尚创新项目"。除了这些具有代表性城市所延伸的冰雪旅游产业的内涵，黑龙江省冰雪旅游产业的核心消费部分还是以滑雪旅游为主。据统计，黑龙江省的滑雪场数量常年位居全国第一，与之关联的则是一条集娱乐、餐饮、交通、专业用品销售和大型冰雪装备制造的较为完善的冰雪旅游产业链条。

2. 吉林

吉林地处东北三省中间地带，与黑龙江省相比，气温明显较高，冬季日平均气温在 -15℃左右，近年来气温升高较为明显，2018年冬季吉林全省平均气温为 -10.5℃；雪期一般为3~4个月，长白山雪期甚至可以达到6个月。丘陵和山地集中分布在吉林省中东部，形成了长白山滑雪场和北大壶滑雪场等知名滑雪胜地。根据中国旅游研究院和马蜂窝旅游联合发布《中国冰雪旅游消费大数据报告（2022）》显示，吉林省名列"2021—2022冰雪季冰雪旅游热门省份"第二。文化和旅游部数据中心发布的《中国冰雪旅游发展报告（2023）》显示，长春市、吉林市、长白山保护开发区入选了"2023年冰雪旅游城市12佳"。

文化和旅游部、国家体育总局联合公布的国家级滑雪旅游度假地名单显示，吉林丰满松花湖滑雪旅游度假地、吉林抚松长白山滑雪旅游度假地分别入选"首批国家级滑雪旅游度假地"，永吉北大湖滑雪旅游度假地、东昌万峰滑雪旅游度假地入选"第二批国家级滑雪旅游度假地"。"长春冰雪新天地"与"长白山旅游度假区"共同入选了"2022年热门冰雪旅游景区（度假区）"。"雪地马拉松"（吉林长白山）入选了"2023年冰雪经典和冰雪时尚项目"。

由于地理位置和天气等因素，吉林市松花江畔形成了具有我国四大自然奇观美誉的"吉林雾凇"，"松江赏雾凇"入选了"2022年冰雪经典创新项目"，吉林市还入选了"2022年冰雪旅游十佳城市"。在民族文化禀赋方面，吉林省有48个少数民族，主要包括朝鲜族、满族、蒙古族和回族等。延边是我国唯一的朝鲜族自治州，蝉联了2017年和2018年"中国十佳冰雪旅游城市"；松原市前郭尔罗斯蒙古族自治县查干湖冬季捕捞已被列入吉林省非物质文化遗产名录，是著名的吉林八景之一。

近年来，吉林省坚持从需求和供给双侧发力，不断满足大众冰雪消费多元化、个性化需求，不断丰富冰雪产品和业态，引领冰雪市场持续火爆。2022年，吉林省已建成54座不同规模的滑雪场，拥有279条雪道，分别比2016年冰雪产业起步之年增长80%和131%。[①] 雪道总面积达到1 139公顷，居全国首位；雪道总长度超过330公里，占到全国的12%。滑雪场单日最大接待量达到10万人次，成为中国滑雪接待规模最大的省份。[②] 单独设立的滑雪游客咨询中心覆盖全省主要机场；开通多条直通重点滑雪场和景区的高等级公路，长白、长珲城际铁路，敦白高铁相继建成通车，通丹高铁正在推进建设，高速路网和高铁路网有效联通省内各大雪场；新建通化、白城、松原三座支线机场，长春龙嘉机场二期投入使用，长白山机场二期开工建设，为国内外"雪友"和游客搭建空中走廊。

"冰与雪"产品形成互动，吉林全省建成14家滑冰馆、400余块冰场，冰雕、冰钓、冰嬉、冰帆等冰上娱乐项目不断涌现。"昼与夜"产品实现互通，吉林全省已有滑雪场、景区、城市公园、文旅休闲街区、文化娱乐五大类型文旅夜间产品，开展夜滑、夜游、夜市项目，几家大型滑雪场夜滑人数占总接待量的15%，延长了消费时间。"大与小"产品聚合互联，大型滑雪

---

① 吉林：已建成54个滑雪场 日最大承载量10万人次［EB/OL］. https：//www. gov. cn/xinwen/2022－01/24/content_5670221. htm.

② 刘冬雪. 吉林上下铆足干劲 冰雪产业提质升级［N］. 中国旅游报，2022－09－29（1）.

度假区、高等级景区与周边乡村旅游、民宿、购物店、特色餐馆等实现客流共享、联动经营，大大提高了产品复合度和可游性。高端化与大众化产品有效互补，万达长白山、万科松花湖针对高端客户分别推出专属旅游助理和旅游管家，庙香山景区针对亲子游开发一对一儿童托管产品及服务；建设64家冰雪欢乐谷和娱雪乐园，形成对以滑雪度假为代表的优势产品的有效补充。吉林省注重连点成线、深度包装，推出冰雪旅游线路66条，其中2条入选全国冰雪旅游精品线路。

"栽下梧桐树，引来金凤凰"，吉林冰雪"热潮"让各路投资商看到了中国冰雪未来发展的希望以及吉林省大力发展冰雪产业的坚定决心，也给投资商们增添了信心。几年来，吉林省始终将抓好冰雪重大项目作为提升产业规模档次、优化产业基础设施、增强产业发展动能的重要抓手。万科松花湖、万达长白山、吉林北大壶三家大型滑雪度假区接待人次连续多年位列全国三甲；长春庙香山、天定山、莲花山以及长白山鲁能等滑雪度假区热度持续攀升；通化冰雪示范新城一期万峰滑雪度假区盛装启幕，"新中国第一座高山滑雪场"重装绽放；吉林北山越野滑雪场成为国内唯一的、设施最先进的四季滑雪场；全国规模最大的户外冰雪游乐园——长春冰雪新天地，全国首个汽车工业主题冰雪乐园——汽车冰雪嘉年华等成为冬季热门打卡地；"梦吉林"文旅小镇、北大壶冰雪小镇、柳河青龙山滑雪场、延边仙峰滑雪场等一批大项目相继落位。众多企业纷纷入驻吉林冰雪，投资举办"冰雪节""滑雪大会"等，吉林冰雪市场吸附能力不断增强。

几年来，吉林省连续开展长春冰雪节、吉林雾凇节、查干湖冬捕节、长白山粉雪节等冰雪节庆活动和"冰雪丝路杯"粉雪联赛、"趣吉林·滑呗"中国超级滑雪俱乐部新雪季开板大会等高端赛事，形成"一会十节百活动"贯穿雪季。如今，走进冰天雪地、拥抱冰雪之美已经成为人们追求的时尚潮流。据统计，在"东北滑雪场种草榜"前十名中，吉林省的滑雪场占据六席，其中，万科松花湖、吉林北大湖排名前两位；在"东北滑雪场打卡榜"中，吉林省滑雪场占据五席，万科松花湖、天定山、吉林北大湖分列前三位。

（二）京津冀冰雪旅游带

北京冬奥会的成功举办为京津冀冰雪旅游带建设注入了新的发展动力。紧抓北京冬奥会成功举办的有利契机，大力弘扬北京冬奥精神，加强协同联动，开展深入合作，充分利用好冬奥遗产，让其成为推动建设京津冀冰雪旅游带的新动能，为体育强国建设和健康中国建设作出新的贡献，成为河北、北京两地的共识。

在京津冀协同发展战略的大背景下，《京张体育文化旅游带建设规划》从国家层面给京冀两地在体育文化旅游上的协同合作指明了方向。通过近几年的冬奥会筹办举办，京张地区已经建立了较为完善的跨区域协同联动机制，在基础设施建设、生态环境保护、产业经济发展等方面已经开展了大量合作，取得了积极成效，积累了丰富经验。25 个奥运场馆、21 个大众滑雪场、6 项世界文化遗产、136 个全国重点文物保护单位、61 项国家级非物质文化遗产代表性项目、56 个高等级旅游景区……成为京张体育文化旅游带上的璀璨明珠。

1. 北京

借势冬奥，北京汇集区域内冰雪资源，营造冰雪消费新场景，培育冰雪产业业态发展，积极推动冰雪运动与文化旅游资源深度融合，加快京张体育文化旅游带建设。2022 年北京冬奥会申办成功以来，尤其是在冬奥会的筹办过程中，北京市为了全面贯彻落实好党的十九大报告中提出的广泛开展全民健身活动，加快推进体育强国建设，筹办好北京冬奥会、冬残奥会，以及《冰雪运动发展规划（2016—2025 年）》提出的目标要求，以2022 年北京冬奥会场馆建设为中心，除了加快北京冬奥会冰雪竞赛场馆建设的速度外，还带动其他冰雪场馆建设的快速发展，进一步夯实北京市冰雪运动发展基础，普及推广冰雪运动，更好地促进北京冰雪旅游产业发展效应的全面释放，加快冰雪场馆与冰雪旅游的深度融合。目前，北京市冰雪场馆在冬奥会战略的推动下，已经增加到雪场 22 座，其中，自然山体雪场 12 座，主要分布在延庆区、密云区、平谷区；室内外冰场（内冰场40 座、室外冰场 53 片）93 个，为市民和外来游客参与冰雪旅游提供了良好的场馆环境。

在北京冬奥会的筹办过程中，北京以冰雪旅游为载体，紧紧围绕"三亿人参与冰雪运动"的宏伟目标，借冬奥会进入"北京周期"的战略机遇，充分突出冰雪旅游与其他相关产业深度融合发展的功能，采取多种举措凸显冰雪旅游与冰雪体育、冰雪文化和群众性冰雪运动深度融合的内涵，尤其是通过冰雪旅游与群众性冰雪运动的深度融合，加快了冰雪旅游的深度融合，在促进群众性冰雪运动发展的地位和作用日益凸显。近年来，北京市文化和旅游局积极推动文化与体育、旅游与体育的深度融合，大力发展冰雪文化、冰雪旅游、冰雪文旅经济，为 2022 年冬奥会、冬残奥会营造良好的城市文化氛围。中国旅游研究院和马蜂窝旅游联合发布《中国冰雪旅游消费大数据报告（2022）》显示，北京市名列"2021—2022 冰雪季冰雪旅游热门省份"第三位。文化和旅游部数据中心发布的《中国冰雪旅游发展报告（2023）》显示，北京市延庆区入选了"2023 年冰雪旅游城市 12 佳"。

一是持续打造一批冬奥主题、冰雪主题的精品旅游线路，丰富冰雪旅游产品，助推市场振兴。2021 年，北京市文化和旅游局举办了北京冰雪文化旅游季活动，开展了冬季冰雪旅游重点线路宣传推广，汇集滑雪、登山、徒步、自驾、美食、网红打卡地等多种元素，推出了 22 条冰雪旅游精品线路，为游客提供了形式多样，内容丰富的冬季出游选择。2021 年，北京市文化和旅游局与市体育局联合开展了北京市体育旅游精品项目的申报推荐及评审工作，"密云南山滑雪场"入选"北京市体育旅游十佳精品景区"；"北京国际雪联单板及自由式滑雪大跳台世界杯"入选"北京市体育旅游十佳精品赛事"。此外，还有 11 个滑雪场、四季型景区、冬季体育赛事等入选"北京市体育旅游精品项目"。文化和旅游部数据中心发布的《中国冰雪旅游发展报告（2022）》显示，"什刹海溜冰"入选"2022 年冰雪经典创新项目"；"首钢冰雪汇"（北京石景山）入选"2022 年冰雪时尚创新项目"；北京渔阳国际滑雪场景区（北京平谷）、万科石京龙滑雪场（北京延庆）入选"2022 年热门冰雪旅游景区（度假区）"。通过这些高质量冰雪旅游项目供给，培育了消费新热点，创造了消费新需求，促进了冰雪旅游的高质量发展。文化和旅游部数据中心发布的《中国冰雪旅游发展报告（2023）》显示，"冬奥场馆打卡"入选了"2023年冰雪经典和冰雪时尚项目"。

二是加大宣介，线上线下全覆盖、多品类内容输出，实现冰雪运动热度持续提升。北京冰雪文化旅游季活动以"线上推广+线下活动"的方式加强宣传推介，不断提升影响力和传播力。通过持续宣传推广，吸引了广大市民和游客的关注，激发了冰雪旅游和冰雪运动的热情，进一步将"冷资源"变成"热经济"。通过微博话题、创意海报、短视频等趣味性强、年轻化的表达方式，提高时尚年轻消费群体对冰雪文旅消费的关注度，提升人们对冬奥话题、冰雪旅游、体育旅游的接受度。

三是支持鼓励开发冬奥主题和冰雪主题文创产品。2021年，北京市文化和旅游局在"北京礼物"旅游商品及文创产品大赛中，专门设立了"激情冬奥"冰雪主题，共有6款商品入选前100名榜单，14款商品入选子榜单。北京市文化和旅游局还利用北京旅游商品扶持资金，支持和鼓励冬奥、冰雪主题文创产品的研发及销售，2021年共扶持了4个冰雪主题类的旅游商品项目。

四是会同延庆区、张家口市，积极推动京张体育文化旅游带建设。北京市文化和旅游局配合文化和旅游部资源开发司编制《京张体育文化旅游带建设规划》，以京张携手举办2022年冬奥会、冬残奥会为契机，以冬奥文化、冰雪活动、体育旅游为抓手，联手做大做强冰雪旅游等相关产业，不断拓展产业链条，提升文化品质，打造特色品牌，形成集聚体育、文化、旅游、科技为一体的产业功能区和大众参与冰雪运动的示范区。延庆区以京张体育文化旅游带建设为契机，构筑以"春骑行、夏露营、秋路跑、冬冰雪"为特色的四季生态体育旅游线路和服务，形成全季候、全区域的体育旅游产业发展模式。文化和旅游部、国家体育总局联合公布的首批国家级滑雪旅游度假地名单显示，北京延庆海陀滑雪旅游度假地入选"首批国家级滑雪旅游度假地"。文化和旅游部数据中心发布的《中国冰雪旅游发展报告（2022）》显示，延庆区入选"2022年冰雪旅游十佳城市"。

2. 河北

河北省环绕京津、东临渤海、南望中原、西倚太行、北枕燕山，境内冰雪资源丰富，特别是北部承德、张家口等地区，具有优越的自然地理条件。张家口地区冬季到来较早，一般在每年的 11 月初至次年的 4 月，气温相对较低，在 −10℃ 左右。坝上及坝中地区冬季常年降雪，雪量丰富，雪质良好，温度适宜滑雪运动。崇礼滑雪场也因此吸引了大量来自京津冀地区的滑雪爱好者，为河北省创造了可观的旅游收入，成为区域新的经济增长点。2022 年北京冬奥会申办成功以来，河北全省共建设室内滑冰馆 202 座，总量居全国首位，在全国率先实现县县都有滑冰馆；滑雪场馆规模和品质居全国前列，其中崇礼已成为国内最大的高端和优质滑雪场聚集区。文化和旅游部、国家体育总局联合公布的国家级滑雪旅游度假地名单显示，河北涞源滑雪旅游度假地、河北崇礼滑雪旅游度假地分别入选"首批国家级滑雪旅游度假地"，滦平金山岭滑雪旅游度假地入选"第二批国家级滑雪旅游度假地"。文化和旅游部数据中心发布的《中国冰雪旅游发展报告（2023）》显示，张家口市入选了"2023 年冰雪旅游城市 12 佳"。

现阶段，河北的"冷资源"正在加速转化为"热经济"。张家口、承德两个冰雪产业核心区正在迅速发展壮大，京津张、承秦唐、太行山脉三条冰雪旅游带正在不断扩展规模，"两核、三带、四基地、四品牌"的冰雪产业发展新格局正在燕赵大地加速形成。根据中国旅游研究院和马蜂窝旅游联合发布《中国冰雪旅游消费大数据报告（2022）》显示，河北省名列"2021—2022 冰雪季冰雪旅游热门省份"第九位。文化和旅游部数据中心发布的《中国冰雪旅游发展报告（2022）》显示，"雪地摇滚"（河北崇礼）入选"2022 年冰雪时尚创新项目"；七山滑雪度假区（河北保定）、崇礼冰雪旅游度假区（河北张家口）共同入选"2022 年热门冰雪旅游景区（度假区）"。文化和旅游部数据中心发布的《中国冰雪旅游发展报告（2023）》显示，"冬奥场馆打卡"入选"2023 年冰雪经典和冰雪时尚项目"。

冬奥会申办成功后，张家口冰雪旅游发展迅速进入快车道。张家口作为我国京津冀协同发展的重要城市，冰雪旅游是该市的龙头产业，尤其是北京冬奥会举办地张家口崇礼区，凭借其冰雪旅游资源的绿色、低碳和循环的生态环境优势、自然条件优势、交通区位优势以及其他高品质旅游资源禀赋，冰雪旅游经过近几年的发展壮大，已经颇具规模，配套服务设施逐步完善。张家口先后建成了万龙、云顶、太舞等大型滑雪场，其中万龙、太舞等雪场入围"2018 年全国滑雪场十强"。冬奥会申办成功后的 3 年时间，滑雪场由原来的 4 家增长到现在的 7 家，这 7 家滑雪场全部具备多条高、中、低级雪道，在住宿、餐饮设施方面都比较齐全。

张家口滑雪旅游设施不断完善，当前比较大型的滑雪场有万龙滑雪场、多乐美地滑雪度假山庄、密苑云顶乐园等，滑雪场设施比较齐全。另外，还有崇礼太子城（冬奥村）国际冰雪小镇、崇礼黄土嘴冰雪小镇等以滑雪为核心经营活动，集时尚运动、精品文化和慢拍休闲于一体的四季度假胜地的冰雪特色小镇。旅游者来张家口旅游主要选择类型以滑雪旅游为主，这是该地区独有的特色旅游项目，基于该旅游项目带动发展的餐饮及住宿产业，已成为当地经济发展的重要支柱。"张家口滑雪"已经在旅游行业以及体育运动领域都有了较大知名度，并在世界上都享有一定声誉。

张家口积极发展崇礼户外运动线路，线路入选"2019 年十一黄金周体育旅游精品线路"，体现了崇礼多元化的体育文化旅游文化。当地政府不断创新旅游产品，掀起了后奥运经济高质量发展热潮。张家口明德口街通过再现当年大境门辉煌商贸情景，营造明清盛世与新世纪吟诗作对、商贸往来的穿越氛围，吸引年轻人沉浸式体验、代入式感受、高频次"打卡"；导入集历史文化元素与现代科技于一体的文化空间，联动彰显当地悠久历史的文创产品开展营销活动，以"混搭潮流"助力古老景区"翻红""破圈"，不断为古老大境门旅游消费注入新活力。

（三）西北冰雪旅游带

1. 新疆

新疆地处世界滑雪黄金纬度地带，冰雪资源得天独厚，具有雪量大、雪期长、雪质好、雪道落差大的显著特点，滑雪体感舒适，滑雪场距离城市近，冰雪旅游发展条件好，是中国冰雪自然资源最丰富的地区之一。其中，阿尔泰山南坡中西段和天山北坡雪期长、积雪厚，多为适宜滑雪的"粉雪"；冬季山区有逆温层、温度适中、湿度低、风速小、阳光充足，滑雪体感温度舒适；山体高大、地形高差较大、坡度适中，是全国滑雪条件最好的区域之一。近年来，新疆依托这一得天独厚的优势，深入贯彻"冰天雪地也是金山银山"的发展理念，多举措大力发展冰雪旅游、冰雪运动、冰雪文化、冰雪装备产业，致力于把新疆打造成中国西部冰雪旅游胜地。中国旅游研究院和马蜂窝旅游联合发布的《中国冰雪旅游消费大数据报告（2022）》显示，新疆名列"2021—2022冰雪季冰雪旅游热门省份"第六位。文化和旅游部数据中心发布的《中国冰雪旅游发展报告（2023）》显示，乌鲁木齐市、阿勒泰地区入选了"2023年冰雪旅游城市12佳"。

新疆抓住北京冬奥会和冬残奥会机遇，依托丰富的冰雪、温泉旅游资源，推出系列冰雪旅游产品和活动，以及丰富的优惠措施，吸引游客到新疆玩雪。借"北京冬奥会""带动三亿人参与冰雪运动"的东风，新疆不断拓展冰雪旅游元素，积极打造、培育冰雪旅游项目，催生出冰雪体验、冰雪培训、冰雪民俗等新业态，将冰雪"冷资源"转化为推动高质量发展的"热经济"。为促进冰雪产业高质量发展，新疆制定了《新疆冰雪旅游发展规划》等一系列措施，推广"冰雪＋"模式，促进产业融合发展，深入挖掘冰雪资源价值，让冰雪经济释放出更大的潜力。

新疆的冰雪旅游设施的建设步入了快速发展的轨道。目前，新疆各地滑雪场拥有72家，形成了以阿尔泰山、天山两个冰雪旅游带为龙头，以乌鲁木齐南山、阿勒泰市、富蕴县、伊宁市、阿克苏—温宿、赛里木湖—温泉、克拉玛依—独山子等多个滑雪场聚集区为重点的冰雪旅游产业发展格局。以新疆阿勒泰地区为主的阿尔泰山冰雪旅游带，拥有可可托海国际滑雪度假区、将军山国际滑雪度假区、禾木（吉克普林）国际滑雪度假区等10余家滑雪场。除滑雪以外，阿尔泰山冰雪旅游带还推出了以乌伦古湖冬捕节、布尔津县雾凇节等为代表的丰富多彩的冰雪旅游节庆活动。以新疆乌鲁木齐市、昌吉回族自治州、克拉玛依市、伊犁哈萨克自治州、博尔塔拉蒙古自治州为主，构成了天山冰雪旅游带，该区域各大滑雪场以"温泉＋旅游"特色产品著称。目前，两大冰雪旅游带已经成为全国知名的冬季冰雪运动和冰雪旅游目的地。文化和旅游部、国家体育总局联合公布的国家级滑雪旅游度假地名单显示，新疆乌鲁木齐南山滑雪旅游度假地、新疆阿勒泰滑雪旅游度假地分别入选"首批国家级滑雪旅游度假地"，富蕴可可托海滑雪旅游度假地入选"第二批国家级滑雪旅游度假地"。

冰雪旅游与文化、休闲、民宿、康养、时尚、美食等深度融合的新发展模式正日趋完善。依托区域丰富的民俗资源，新疆将当地浓郁的民俗风情植入冰雪经济，立足"冰雪＋民俗"，让游客在参与冰雪运动、赏冰玩雪的同时，体验浓郁的民俗文化。阿勒泰地区推出牧游体验、古老毛皮滑雪体验、毛皮滑雪赛事体验等项目，颇受游客青睐。文化和旅游部数据中心发布的《中国冰雪旅游发展报告（2022）》显示，"毛皮板滑雪"（新疆阿勒泰）入选了"2022 年冰雪经典创新项目"；"禾木冰雪摄影"（新疆喀纳斯）、"冰雪光影秀"（新疆阿勒泰）共同入选了 2022 年冰雪时尚创新项目。文化和旅游部数据中心发布的《中国冰雪旅游发展报告（2023）》显示，"冰雪音乐嘉年华"（新疆阿勒泰）和"新东方快车"（新疆乌鲁木齐铁路局）入选了"2023 年冰雪经典和冰雪时尚项目"。

此外，近年来，"新疆制造"的冰雪装备走出新疆，在新疆以外市场占有一席之地。本土滑雪装备品牌异军突起，众多滑雪运动的衍生用品销售逐年递增。

2. 内蒙古

内蒙古地处中国北部边疆，由东北向西南斜伸，呈狭长形，是我国跨经度最多以及跨纬度第二多的省份。东南西与 8 省区毗邻，北与蒙古国、俄罗斯接壤。大部分处在东亚季风的影响之下，温带大陆性季风气候比较强，同时又是不同气候区的过渡地带，气候复杂多样，四季分明。内蒙古冬季寒冷漫长，大兴安岭、呼伦贝尔等地每年被冰雪覆盖的时间长达 7 个月，是我国被冰雪覆盖时间最长的地方。冬季平均温度在 -7.6 ~ -25℃，降水量与积雪期由西向东逐渐增多，全区冬季空气湿度在45% ~75%，适合户外出行。地形以高原为主，高原四周分布着大兴安岭、阴山、贺兰山等山脉，其中，大兴安岭地区以及阴山地区由于适宜的海拔与坡度以及积雪厚与日数长成为了一些滑雪场的合理选择地。

按照《内蒙古自治区冰雪运动中长期发展规划（2016—2025 年)》指引，内蒙古以"一核一环两带"全域布局建设内蒙古冰雪旅游生态圈、产业链，打造出"冰雪那达慕""冰雪天路""黄河冰雪"等多个冰雪运动产品，极大地提升了内蒙古冰雪品牌在全国的知名度、美誉度和影响力。目前，内蒙古在国家大力发展冰雪旅游的契机下，已建成冰雪运动场地 72 个，包括滑冰馆、短道速滑馆、冰壶冰球馆等。2020 年第十四届冬季运动会在内蒙古举办，同时，内蒙古还积极承办了 17 次滑雪甲级赛事和中国汽车短道拉力锦标赛、中国雪地摩托越野场地赛等特殊赛事。文化和旅游部、国家体育总局联合公布的国家级滑雪旅游度假地名单显示，内蒙古扎兰屯滑雪旅游度假地入选"首批国家级滑雪旅游度假地"，喀喇沁美林谷滑雪旅游度假地、牙克石滑雪旅游度假地入选"第二批国家级滑雪旅游度假地"。文化和旅游部数据中心发布的《中国冰雪旅游发展报告（2023)》显示，呼伦贝尔市入选了"2023 年冰雪旅游城市 12 佳"。

在群众体育运动方面，内蒙古持续开展冰雪季系列活动，极大地激发了群众参与体育健身的热情。为了让更多的人参与到冰雪旅游中来，内蒙古持续开展了冰雪季系列项目，如百万青少年上冰雪、呼伦贝尔冬季英雄会、"助力冬奥"冬季冰雪运动会等 50 余场冰运动赛事活动。2022 年内蒙古自治区参与冰雪运动人数已达 300 万人。[①] 赛事活动高潮迭起，冰雪运动场所星罗棋布，社会力量广泛参与，曾经小众的冰雪运动，如今已融入内蒙古群众的日常健身生活。

在冬奥会的契机下，内蒙古抢抓先机，积极发展冰雪旅游，举办了冰雪

---

① 高平，王潇. 内蒙古：千里草原铺展冰雪画卷［N］. 光明日报，2022 -02 -27 (5).

旅游季、推介会、冰雪旅游文化节等活动，提出了"冰雪＋"的发展格局，如"冰雪＋文化""冰雪＋民俗""冰雪＋体育""冰雪＋运动""冰雪＋生态"等，不断打造高质量的文旅产品，持续提升冰雪旅游品牌影响力，重点推出了呼伦贝尔"冬季旅游那达慕"和"冰雪天路"、兴安盟"温泉雪域·冰火两重天"、银色锡林郭勒"草原冰雪那达慕"和"暖心冬日·鄂尔多斯"冰雪旅游活动、"冰雪狂欢·魅力青城"主题国际冰雪旅游节等一系列节庆文化活动，已成为各盟市具有代表性的冰雪旅游品牌。文化和旅游部数据中心发布的《中国冰雪旅游发展报告（2022）》显示，"冰雪那达慕"（内蒙古）入选了"2022年冰雪经典创新项目"；"冬季英雄会"（内蒙古呼伦贝尔）入选了"2022年冰雪时尚创新项目"。文化和旅游部数据中心发布的《中国冰雪旅游发展报告（2023）》显示，"冰雪那达慕"（内蒙古呼伦贝尔）入选了"2023年冰雪经典和冰雪时尚项目"。同时，内蒙古以冰雪为轴，拉动餐饮、住宿等配套产业和服务，冰雪旅游的附加值越发为当地经济发展注入活力，为持续改善民生激发动力。

（四）青藏高原冰雪旅游带

1. 西藏

西藏的冰雪资源富集程度国内少有能比肩者。喜马拉雅山脉、念青唐古拉山脉等造就了众多雪山奇景，西藏冰川面积约占全国冰川总面积的48%。西藏丰富的冰川资源以及由冰川、降雪和其他自然、人文景观组合而成的美丽画卷是发展冰雪旅游的独特优势。目前，西藏冰雪旅游主要以基于冰川资源的观光型为主，兼具探险游、体验游成分。西藏的滑雪资源非常丰富，近年来西藏积极培养冰雪运动的后备人才，冰雪运动场地和设施也不断完善。2021年10月和12月，西藏分别在拉萨洛堆峰和林芝南迦巴瓦峰南坡地带举行了滑雪登山活动。

随着北京冬奥会的举办，冰雪旅游踏上了高速发展之路。拥有雪山、冰川等众多冰雪旅游资源的西藏，非常适合开展大众冰雪户外运动，包括登山、攀冰、滑雪体验、旅游活动等，当仁不让地成为游客心中的冰雪旅游"打卡"地。西藏一直致力于推动冰雪秘境"出圈"。西藏多年持续推出"冬游西藏"优惠政策，2021年以"冰雪秘境·暖冬康养"为主题重点推出了冰雪、温泉、藏医药浴等冬季旅游产品。

西藏各地政府也积极推动冰雪经济，如林芝波密县主打"冰川之乡"、那曲比如县积极推介萨普冰川观光。廓琼岗日冰川、洛堆峰所在的拉萨市当雄县依托资源优势，通过保护性开发进行景区旅游文化综合服务升级，致力于发展冰雪旅游，专门培养了一批当地年轻的高山向导。文化和旅游部数据中心发布的《中国冰雪旅游发展报告（2022）》显示，西藏羊八井的"雪域高原泡藏药温泉"入选"2022年冰雪经典创新项目"；西藏林芝的"米堆冰川探险"入选"2022年冰雪时尚创新项目"。

此前，西藏旅游产业有着明显的淡旺季之分，进入冬季之后游客逐渐变少。在北京冬奥会的带动下，人们竞相体验冰雪运动。如今的西藏，冰雪运动渐成风尚，体育产业边界逐步扩大，"体育＋地产"的体育小镇、"体育＋旅游"的旅游路线、"体育＋娱乐"的娱乐项目发展得如火如荼。由此带来的大规模冰雪消费，正在将"冷"资源逐渐变为"热"经济。

2. 青海

海拔高、气温低、河流密布，独特的自然气候条件，孕育了青海丰富的冰雪资源。青海湖地处青藏高原东北部，是我国最大的内陆咸水湖，也是国际重要湿地。青海湖有着4 392平方公里的广阔水面，周边有广袤的草原和众多雪峰。每年冬季，在高原低温的影响下，青海湖有两个月较为稳定的封冻期。近年来，青海省重视冰雪运动发展，充分利用高原特色体育资源，着力开发高原体育旅游产品，做足冰雪大文章，全面推进冰雪运动"南展西扩东进"战略，依托青海多姿多彩的自然生态系统，独特丰厚的冰雪资源禀赋，大力推动青海冰雪旅游运动普及与发展，努力将冰雪产业打造成青海新的经济增长点。

现阶段，青海省各地立足特色资源优势，通过政府引导、市场参与的方式，积极开发体验休闲类冰雪项目，冰雪产品不断丰富，冰雪产业消费不断提升，冰雪运动蓬勃发展，冰雪场所正在成为人们冬季游乐的好去处。2023年，青海省有各类冰雪旅游场地19个，包括滑雪场11个、嬉雪场5个、滑冰（冰壶）馆3个。在"带动三亿人参与冰雪运动"的号召下，青海冰雪产业迅速发展。为了让群众有更好的冰雪体验，青海全省体育部门不断加大冰雪人才及社会指导员的培养力度，积极培训滑雪社会体育指导员，大力开展大众滑雪体验培训，不断推广冰雪运动走进更多人的生活，也切实地解决群众去哪儿滑、谁去滑、谁来教的现实问题。

青海省各级文化和旅游主管部门把冰雪旅游作为发展生态旅游的重要组成部分，加强与相关部门的联动协作，积极为冰雪旅游发展提供政策保障。通过举办2021～2022青海省冬春季文化旅游惠民系列活动、发布冰雪旅游精品线路、引导重点冰雪旅游场所出台优惠政策等措施，助力冰雪旅游持续健康发展。近年来，青海各地立足特色资源优势，通过政府引导、市场参与的方式，积极开发体验休闲类冰雪项目，积极推广冰雪旅游，冰雪旅游产品层出不穷，冰雪主题活动丰富多彩，冰雪旅游产业消费逐年攀升，为青海冬季旅游增添了一道靓丽的风景。2020～2021年冬春季，青海冰雪旅游接待游客153.87万人次，实现旅游收入3 024.39万元，带动就业近千人。

2021年10月，青海省文化和旅游厅联合青海省发展和改革委员会、青海省体育局印发《关于促进冰雪旅游发展的实施意见》，对青海全省冰雪旅游工作作出具体部署，明确到2025年，推动青海省冰雪旅游形成较为合理的空间布局和较高品质的发展格局，冰雪旅游市场健康快速发展，培育一批文化特色鲜明的冰雪旅游线路和人民群众喜闻乐见、四季皆宜的冰雪旅游产品；以西宁市、海东市、海北藏族自治州为重点，合理布局滑雪场地项目建设，重点支持已有冰雪旅游项目提质升级，引导冰雪旅游企业走高质量发展的路子；深挖冰雪旅游消费潜力，发挥各地自然资源优势，组织形式多样的群众性冰雪活动。

（五）中西部冰雪旅游带

1. 四川

四川省冰雪产业虽然起步较晚，但并不缺天然资源，盆地内终年积雪的雪山早已名声在外，季节性雪山更是星罗棋布，这为冰雪产业发展打下了坚实基础。四川省地处中国西南，地理环境较为特殊，成都周边 300 公里范围内有 40 多座大雪山，贡嘎山、四姑娘山、西岭雪山、达古冰川等享誉全球，这是四川发展冬季旅游最突出的优势资源之一。为满足地区人民群众的需求，以及推动地区冰雪产业发展，除成都周边地区加快人工冰雪场地建设外，四川省政府还充分利用川西高原的地理优势，构建自然冰雪运动场地。目前，四川省已成为中国南方冰雪运动场地最多的省份之一，拥有全球最大的室内滑雪场、我国南方规模最大的高山滑雪场，定期举办南国冰雪节、全民健身冰雪季等品牌赛事活动。中国旅游研究院和马蜂窝旅游联合发布的《中国冰雪旅游消费大数据报告（2022）》显示，四川省名列"2021—2022 冰雪季冰雪旅游热门省份"第七位。

四川省冰雪产业建立在天然冰雪资源开发的基础上，并结合文体旅融合发展的特色，包括冰雪体育、冰雪旅游等，相关企业和人才发展成为重要支撑。近年来，四川冰雪产业的知名度、影响力不断提升，拉开了快速发展的大幕。产业发展如火如荼的背后是相关企业的落地开花。据四川省体育局统计，四川冰雪产业从零起步，如今投资规模超过 50 亿元。数据显示，四川近七成与冰雪运动相关企业成立于 5 年内，以成都为中心的企业分布格局已现。四川在发力培育冰雪产业之下，也为运动装备制造、场地基础设施、中介培训、赛事服务产业链等各环节带来发展机遇。

2021 年，四川省体育局印发的《四川省体育发展"十四五"规划》提出，依托四川南方"暖雪"资源优势，鼓励有条件的市（州）积极引导社会力量科学规划建设一批冰雪运动场地设施。加快培育一批有品牌与竞争力的冰雪运动企业，以技术创新促产业升级，不断提升本土冰雪企业自主研发能力，打造冰雪产品高端品牌。在政策支持、产业发展大潮下，四川已形成47 个冰雪观光旅游景区，建成滑雪场 17 家、旱雪场 5 家、冰场 12 家，冰雪运动基础设施建设在南方地区位居前列。[①]

成都被誉为"雪山下的公园城市"，拥有我国南方规模最大的高山滑雪场之一——西岭雪山滑雪场。文化和旅游部、国家体育总局联合公布的首批国家级滑雪旅游度假地名单显示，四川大邑西岭雪山滑雪旅游度假地入选"首批国家级滑雪旅游度假地"，这是首批 12 家国家级滑雪旅游度假地中的南方"独苗"。其中，四川首个室内标准冰场成都加中冰上运动中心、亚洲最大规模室内滑雪场成都融创雪世界等已投入使用，位于成都市新都区的尖锋旱雪场已建成国内规模最大的大跳台。众多优秀运动员都曾在成都"金针菇"旱雪场开展专项训练。文化和旅游部数据中心发布的《中国冰雪旅游发展报告（2023）》显示，"西岭雪山观云海"（四川成都）入选了"2023 年冰雪经典和冰雪时尚项目"。

截至 2022 年 2 月 16 日，四川从事冰雪运动相关的企业超过 260 家，且状态为在业、存续、迁入、迁出。[②] 其中，有限责任公司占比超过 71%，包括环球融创会展文旅集团有限公司、峨眉山旅游股份有限公司、北川九皇山生态旅游股份有限公司等。在注册资本方面，四川 47.9% 的与冰雪运动相关的企业注册资本在 100 万元以内，22.3% 的相关企业注册资本在 1 000 万元以上。从地域分布来看，成都市的冰雪运动相关企业数量位居前列，有 143家，占四川冰雪运动相关企业总数五成以上；阿坝藏族羌族自治州有 19 家，位列第二，占比为 7.12%；德阳位列第三，有 12 家，占比为 4.49%。从成立时间来看，四川冰雪运动相关企业（全部企业状态）从 2016 年起开始快速增长，近七成成立于近 5 年。2021 年，四川新增注册冰雪运动相关企业80 家，注册增速达到 45.71%，为历年最快。

四川各地开始着力打造业态更为丰富的冰雪小镇、冰雪度假区，探索四

---

① 薛剑. 四川已有冰雪观光旅游景区 47 个［N］. 四川日报，2023 – 12 – 14（10）.
② 朱珠. 四川冰雪运动企业去年增速为历年之最［N］. 华西都市报，2022 – 02 – 22（A5）.

季经营模式和行业样板间，四川人在家门口就能赏雪、玩雪、滑雪，享受冰雪乐趣成为了现实。"冰雪、温泉、阳光、节庆活动"一直都是四川发展冬季旅游的优势资源。"赏雪泡汤"在甘孜藏族自治州海螺沟景区历来拥有很高的人气。海螺沟景区有世界上同纬度海拔最低的冰川，有我国最高、最大的冰瀑。2021年国庆节期间，在四川省 AAAAA 级景区接待游客排名中，海螺沟景区接待外省游客排名第三位。文化和旅游部数据中心发布的《中国冰雪旅游发展报告（2022）》显示，四川海螺沟的"雪山下泡温泉"入选"2022年冰雪经典创新项目"。以节庆活动为载体，海螺沟景区近年来陆续开展了冰川温泉旅游季、冰雪天使大赛、温泉康养发展大会等活动，在助推文体旅融合高质量发展的同时，不断积攒冰雪旅游的人气。

近年来，冰雪旅游和冰雪运动在四川已从小众走向大众。2021—2022 冰雪季，四川省36个冰雪运动场地共接待游客279万人次，较上个雪季增长38.1%。2021年，成都融创雪世界曾创下单日7 000人入园的客流峰值。近两年，成都专业的滑雪培训学校也增加了10余家。从天然雪场到室内滑雪场，再到旱雪滑雪场，成都已经形成多个能级的滑雪业态。

2. 贵州

得益于我国实施的"北冰南展西扩东进"发展战略，近年来贵州省冰雪旅游发展迅速，通过积极推动冰雪运动快速普及，让"冷资源"变成"热产品"。目前，贵州各地滑雪场抢抓机遇纷纷推出系列活动，增强冰雪旅游吸引力，深受广大冰雪爱好者青睐。贵阳市高坡云顶滑雪场一年四季精彩连连，春夏看花、冬春滑雪，景区每年吸引20万至30万游客，不仅带动了周边景区联动发展，还解决当地1.5万余人就业。现阶段，贵州省5个市州陆续建设10处冰雪运动场地设施，通过发展群众性冰雪运动，大力推动冰雪运动进校园，为实现"带动三亿人参与冰雪运动"的目标贡献了贵州力量。

近年来，贵州省不断打造推出冬季旅游线路、产品，好风凭借力，六盘水聚焦"山"的视野与"冷"的资源，以"冰雪＋"模式发展冰雪运动项目掀起六盘水冬季旅游热潮。2010年，贵州省首家滑雪场——玉舍雪山滑雪场在六盘水市水城县玉舍国家森林公园投入运营，滑雪场面积为12.6万平方米，是全国纬度最低的高山滑雪场。除了激情滑雪、浪漫戏雪，玉舍雪山滑雪场还为游客精心打造了与玉舍雪山隔湖而望的雪山森林温泉酒店。游客享受完滑雪和玩雪的乐趣后，还可以体验森林温泉，与大自然进行密切接触。"南方+滑雪"的结合顿时赚足了外界的眼球，当时规模尚小的滑雪场"一票难求"。

乘势而起，六盘水围绕冰雪运动"南展西扩东进"战略，着力举办冰雪活动，打造冰雪品牌。2013年，六盘水开始开展滑雪项目建设，成为南方城市中较早开展滑雪项目的城市。其陆续建设了"冰雪童话"梅花山国际滑雪场、"林海雪原"玉舍雪山滑雪场和"云上雪野"乌蒙滑雪场3个天然滑雪场。依山而建的滑雪场，游客运动的同时可观雪景雾凇、峰峦美景。其中，梅花山国际滑雪场作为梅花山旅游景区的重点项目之一，依托高海拔气候优势，以滑雪、滑草、滑翔、登山健身等为代表的高山户外运动项目，将雪上运动、山地运动与民俗体验、餐饮、观光等融为一体，使凉都冬季旅游继夏季消夏避暑之后，再次实现井喷。

近年来，六盘水利用独特的资源优势已陆续建成3个天然滑雪场，拥有初级、中级、高级雪道21条，总规模约63万平方米，建设有游客中心、酒店等配套设施，每日能容纳约1.5万人同时滑雪。其中，梅花国际山滑雪场入选"中国滑雪30强"；玉舍雪山滑雪场曾荣获中国旅游研究院授予的"2016—2017中国最具潜力滑雪旅游度假区"。2020年1月，六盘水冰雪体育旅游线路入选全国"2020年春节黄金周体育旅游精品线路"，冬季滑雪旅游日益成为六盘水又一张靓丽的名片。"南国冰雪城·贵州六盘水"的知名度、美誉度进一步提升，一片林、一片山、一片雪的有机融合让凉都的"冷资源"蜕变成"热经济"，六盘水冰雪旅游成为贵州冬季旅游的重要板块。

近年来，六盘水市抢抓国家冰雪运动"南展西扩东进"战略带来的重大发展机遇，借助冬奥会带来的冰雪旅游热潮，依托独特的气候资源和地理环境，充分利用三大滑雪场的资源优势，以旅游度假、冰雪体验等为抓手，"借势冬奥"抢抓时机，大力发展以"滑雪、温泉"两大主题为主的冬季旅游，为广大游客提供独具特色的冬季旅游体验。六盘水有 6 家温泉（县县有温泉），即龙井、胜境、百车河、大河堡、廻龙溪、娘娘山温泉，游客来此既能赏雪又能泡汤。温泉住宿、餐饮、观光、养生、休闲、娱乐、商务等设施配备齐全，交通便利。六盘水着力推动温泉产品差异化发展，从度假型、康养型、大众型、医疗型、主题型、综合型等方面大力提升产品品质，让广大游客更好享受滑完雪泡温泉——"冰火两重天"的舒爽体验。

贵州省还精心策划了精彩纷呈的冬季旅游滑雪季系列活动。为进一步激发冬季旅游市场消费潜力，六盘水通过整合滑雪、温泉等特色产品和资源，串联推出 9 条冬季一日游、二日游、三日游精品线路，不断优化冬季旅游产品和服务供给，满足客户不同需求。围绕冰雪运动，六盘水还开展了迷你冬奥会、冰雪烙锅赛等冰雪体验活动和"非遗＋节庆文化""泡泉＋民俗"等民俗体验活动，丰富了冬季旅游市场产品供给，增添了冰雪运动的"文化味"。

冬季旅游滑雪季活动期间，为深度让利游客、持续引爆市场，六盘水市在严格执行省级出台的各项旅游优惠措施的基础上，结合实际制定推出了一系列优惠政策。同时，为方便广大游客出行，六盘水市开通了高铁站到滑雪、温泉景区的直通接驳车，让旅游者体验"一张高铁票"玩转六盘水。

在带动冰雪经济的同时，努力培养贵州冰雪运动人才。2017 年以来，六盘水以"南国冰雪城·贵州六盘水"为主题，精心设计冰雪项目活动品牌，成功举办了贵州省冬季滑雪季活动、全国高山滑雪青少年挑战赛等活动。六盘水还着力培养冰雪队伍，成立六盘水市冰雪运动管理中心，通过组建冰雪运动队、开展"冰雪进校园"等活动大力推进冰雪运动普及推广，累计带动5 万余名青少年参与冰雪运动。2018 年以来，六盘水在部分学校开展轮滑和冰雪运动教学试点，创建全国青少年校园冰雪运动特色学校 7 所、全国冰雪运动示范学校 6 所、北京 2022 年冬奥会和冬残奥会奥林匹克教育示范学校 1所（六盘水市第一中学）、备战省运会轮滑项目训练基地学校 7 所，创建市级冰雪运动示范学校 15 所。

3. 湖北

近年来，湖北省冰雪产业发展迅速。在承接转移北方冰雪运动项目上，湖北在地理位置、气温、海拔、湿度等方面具有得天独厚的优势。海拔1 000米以上的山峰有5座，神农顶海拔3 106.2米为湖北最高峰，总体山体平缓，悬崖峭壁少、坡度和宽度适宜。省内恩施绿葱坡、宜昌牛庄、神农架神农顶等地区降雪量较好，风速较为平缓，冬季平均气温在 - 10 ~ 7℃，适合开展冰雪运动。湖北处于我国地理版图中部偏南的位置，在开展好本省冰雪运动的同时，可以发挥并应该发挥其对西部、南部、东部的带动和辐射作用，形成传统地区更加火热、新兴地区活力不断出现的新局面，助力区域发展。湖北在打造冰雪运动"南展西扩东进"战略示范省份过程中，充分发挥区位优势和地域特色，推动冰雪事业创新蓬勃发展。

湖北冰雪事业从零起步，发展迅速，群众冰雪竞技水平明显提升，冰雪产业初具规模。2021年，湖北省有16座滑雪场以及10家冰场，还有4家冰场处于建设中。① 滑冰场地资源主要集中于省会城市武汉；滑雪场地主要集中在神农架、宜昌、黄冈以及恩施等地区，形成了以武汉为中心展示以"冰"为主，神农架、恩施等为中心展示以"雪"为主的冰雪发展总体布局。同时，湖北省体育局出台了一系列支持冰雪运动发展的政策文件。预计到2025年，湖北省将建成以武汉城市圈为重点的都市冰雪休闲圈和以鄂西生态文化旅游圈为重点的冰雪旅游圈，以武汉、恩施、神农架大型冰雪场地为基础的冰雪运动发展基地，打造冰雪运动南展示范区。

近年来，湖北省在积极建设滑雪场馆的基础上，大力推广普及群众性冰雪运动，硬软件齐发力，支持冰雪运动。在第八届全国大众冰雪季期间，湖北各地广泛开展了冰雪大联欢、冰雪嘉年华、市民冰雪运动免费体验等丰富多彩的群众体育赛事活动，组织和引导群众广泛参与冰雪运动，让更多人身临其境地感受冰雪运动，发自内心地爱上冰雪运动。根据中国旅游研究院和

① 肖丽琼. "冬奥风"吹热湖北冰雪经济 ［N］. 湖北日报，2021 - 12 - 06（9）.

马蜂窝旅游联合发布《中国冰雪旅游消费大数据报告（2022）》显示，湖北省居"2021—2022 冰雪季冰雪旅游热门省份"第四位。

湖北通过政府扶持、企业主导等方式推动滑雪场建设，普及滑雪项目并带动相关产业融合发展。目前，湖北多地正着力在"冰雪＋运动""冰雪＋文化""冰雪＋旅游"上做文章，打造高质量的文旅产品，不断提升冰雪旅游品牌影响力。目前，丰富多彩的冰雪活动已成为湖北省具有代表性的冬季旅游品牌。武汉市 8 家室内冰场、3 座雪场，成为市民家门口滑冰戏雪"闹新春"热门出游场所。冰雪季期间，武汉国际体育文化交流中心、武汉奥山世纪城滑冰场、武汉东湖海洋乐园"冰雪大世界"人气爆棚。

襄阳横冲国际滑雪场因雪量大、雪期长、雪质优而备受游客青睐。横冲景区平均海拔 1 800 多米，雪道总长 1 200 米。景区依托资源优势建成"春观花海、夏摘蓝莓、秋赏红叶、冬天滑雪"的全国森林康养基地。除了常规的练习滑、初级滑、中级滑，景区还设有雪圈、坦克、摩托以及儿童乐园。以冰雪为轴，拉动餐饮、住宿等配套产业和服务，冰雪旅游的附加值为冬季的襄阳文旅市场注入了新活力。

宜昌百里荒位于宜昌市夷陵区、当阳市、远安县三地交界处，平均海拔 1 200 米。春节期间，为了让游客感受冬奥会激情，宜昌百里荒景区组织滑雪教练进行花式滑雪表演，举办赏雪景、烟花表演、创意堆雪人大赛等活动，受到滑雪爱好者广泛欢迎。咸宁九宫山滑雪场开展滑雪冬令营活动，普及冬奥知识，传递冰雪运动的魅力。

恩施绿葱坡滑雪场的雪道总长超过 5 000 米，单条最长雪道达 1 500 米，雪场垂直落差达 150 米，2020 年获评"中国体育旅游十佳精品景区"。借力巴东绿葱坡滑雪度假地和恩施大峡谷、巴东巫峡口、利川腾龙洞三景区，巴东县、恩施市、宣恩县、利川市四地进入"筑梦冰雪·相伴冬奥"全国冰雪旅游精品线路，巴东绿葱坡、宣恩椿木营滑雪旅游受到追捧，成为湖北冬季旅游新的增长点。

神农架林区雪质蓬松，冬天少风少雾，有利于滑雪；昼夜温差大，夜间有利于存雪；白天气温较高，滑雪十分舒适。神农架林区雪场冬季晴天气温约为5℃，全年积雪时间达100天以上，雪质蓬松度、运动体验性可与阿尔卑斯山媲美，更适合大众滑雪和自由式滑雪专业运动员训练。目前，神农架冰雪旅游已形成相互补充、错位发展格局。神农架国际滑雪场功能齐全，主攻专业、高端市场，雪地越野车、雪上热气球、雪地冲锋舟等丰富多彩的雪上娱乐项目备受游客热捧；天燕滑雪场引入雪地摩托、雪上飞碟等游乐项目，主攻娱雪市场；中和国际滑雪场离神农顶、大九湖景区很近，主打"滑雪＋赏雪"套餐；龙降坪国际滑雪场开设夜场滑雪，酒店、美食配套完备，开展"白加黑"畅玩，夜场一直营业至晚上11点，吸引众多游客前来感受夜滑乐趣；神农顶打造冰雪大世界，是最佳赏雪景区；大九湖坪阡古镇建设冰雪小镇，游客可体验"南方雪乡"生活。

神农架国际滑雪场是华中首家天然高山滑雪场，雪道总长7 000多米，面积30万平方米，是国家体育总局评定的"中国体育旅游十佳精品景区""国家体育产业示范项目""2021年国家体育旅游示范基地"。为迎接北京冬奥会，神农架国际滑雪场还新增了直升机观光、单板公园等项目及设施。乘坐直升机，可以俯瞰皑皑雪山与滑雪场全貌，尽享壮阔美景。单板公园则是为冰雪运动发烧友打造，公园设置跳台、单板墙、铁杆等设施，滑雪者可以尽情展示空中抓板、翻转、跳跃等高难度运动技巧。

目前，神农架已连续4年获得中国体育旅游十佳目的地称号，神农架国际滑雪场两次入选中国体育旅游十佳精品景区。神农架国际滑雪场、龙降坪滑雪场、中和滑雪场、天燕滑雪场、神农顶冰雪乐园5处冰雪点入选"冬日烟火·南国雪乡"国家级精品路线，当地打造的"滑雪＋赏雪＋过大年＋住民宿"全域产品，吸引了大量旅游者前来滑雪、赏雪、娱雪。

二、国内开展冰雪旅游的成功经验

（一）自上而下的政策驱动

政策的支持与激励，可以激发冰雪旅游产业的发展与升级，满足大众的运动、休闲、健身等需求，更好地服务消费者。2019 年，中央在文件中明确提出大力发展冰雪旅游，为我国冰雪旅游跨越式发展提供了政策保障。同时，国务院及相关部委密集出台了一系列涉及支持冰雪旅游发展的产业政策，冰雪旅游成为众多国家战略的交汇点，发展冰雪旅游成为满足旅游消费升级需要的必然选择。2021 年，文化和旅游部、国家发展和改革委员会、国家体育总局联合印发《冰雪旅游发展行动计划（2021—2023 年）》。同年，由文化和旅游部会同国家体育总局共同编制的《滑雪旅游度假地等级划分》（LB/T 083—2021）行业标准发布实施。在国家相关部门政策的大力支持下，冰雪旅游产业的发展拥有良好的政策环境，有利于冰雪旅游产业的发展和升级。

在文化和旅游部的引领下，全国各地积极推动冰雪旅游发展纳入"十四五"时期文化和旅游发展规划，将"冷资源"转化为"热经济"。为推动冰雪运动与冰雪旅游的融合发展，各地积极出台相关政策措施，文化和旅游部门与体育部门的合作日益紧密，冰雪运动逐渐成为冰雪旅游的独特吸引点。

2015 年，北京冬奥会申办报告和《京津冀协同发展规划》中明确提出，中国将以举办冬奥会为契机打造京张体育文化旅游带。2016 年，《京津冀旅游协同发展行动计划（2016—2018 年）》中正式提出，延庆、张家口共建京张体育文化旅游带。2020 年，"协同建设京张体育文化旅游带"写入《北京市国民经济和社会发展第十四个五年规划和二〇三五年远景目标的建议》当中。2020 年，河北省政府办公厅印发《关于加快推动首都"两区"建设重点突破的意见》，提出张家口市要加快发展冰雪产业。张家口市崇礼区抢抓冬奥机遇，突出冰雪主题，发展冰雪文化旅游，举办"崇礼冰雪节"、张北冰雪论坛等活动，大力发展以冬季滑雪、夏季户外为主导的体育休闲产业，努力把崇礼打造成国际知名的冰雪运动和冰雪旅游胜地、国家冰雪运动推广普及中心，持续提升冰雪旅游优势地位。2021 年，"加快建设京张体育文化旅游带"被写入《"十四五"文化和旅游发展规展第十四个五年规划和二〇三五年远景目标纲要》《延庆区国民经济和社会发展第十四个五年规划和二〇三五年远景目标的建议》。

2016年9月，吉林省研究出台了全国首个《关于做大做强冰雪产业的实施意见》，率先以产业化思维构建以"冰雪旅游、冰雪体育、冰雪文化"为核心、"冰雪装备制造、冰雪商贸、冰雪交通、智慧冰雪"等为配套和支撑的"3＋X"全产业链发展模式，首创冰雪产业发展的目标体系、产业架构和保障措施，勾画出吉林冰雪产业发展的远景蓝图。多年来，吉林省立足冰雪资源特色，组织经济领域专家深入调研，提出构建"西冰东雪"产业大格局，并在此基础上，创新"多点支撑、多元发展"的产业布局理念，科学谋划全域化产业空间布局和差异化产业功能分区，从"十三五"时期的吉林长春和大长白山冰雪"双核引领"，到"十四五"时期打造长吉都市冰雪运动与休闲度假、大长白山冰雪生态度假、松原白城冰产业、通化梅河冰雪融合发展四大集聚区，在省内构建冰雪"四轮驱动"布局，让产业定位更精准、发展更均衡。进入"十四五"发展新征程，吉林冰雪产业再升级，吉林省编制全国首个省级《冰雪产业高质量发展规划》，全面构建起以冰雪旅游、冰雪运动、冰雪文化和冰雪装备为核心，以冰雪科技、冰雪人才、冰雪商贸等相关产业为支撑的"4＋X"现代化冰雪产业体系，持续推进冰雪与农业、工业、康养、商贸、文化、航空、装备制造等多产业融合，在供给端创造新产品新业态，在需求端引领新消费新生活。

2020年，新疆维吾尔自治区文化和旅游厅积极与自治区体育局对接，通过召开联合座谈会等方式，推进"旅游兴疆"战略，谋划"体育＋旅游"深度融合发展，进一步推动新疆体育旅游产业的高质量发展。两部门建立了日常联系机制，在多方面形成合力。在双方共同努力下，新疆形成了以乌鲁木齐丝绸之路国际度假区、阿勒泰市将军山滑雪场、富蕴县可可托海国际滑雪场等为主的冰雪运动和冰雪旅游场所。三大滑雪场打响了新疆冰雪运动品牌，并向游客推出丰富的冰雪旅游产品。目前，新疆已编制完成《新疆冬季旅游发展规划纲要》《新疆维吾尔自治区体育旅游发展规划（2020—2035）》，形成"一心两山N点"的冰雪旅游发展格局，以北京2022年冬奥会举办为契机，新疆各地将推出多条冬奥冰雪旅游线路，吸引更多人到新疆感受冰雪旅游的魅力。

政策的制定与落地可为滑雪旅游经济发展营造良好的政策环境，在经济发展的激励引导与经济效益的协调推进中激活并释放政策红利。政策规制的驱动力不仅能促进冰雪旅游经济增长，建立促进冰雪旅游经济发展的长效激励机制，更能为冰雪旅游经济发展提供持续动力，充分发挥政府在冰雪旅游经济发展中的保障作用，推动冰雪旅游经济有序步入高质量发展阶段。

（二）全面深入的产业融合

近年来，我国冰雪旅游的吸引力越发强劲，许多目的地将本地文化与冰雪资源禀赋相结合，形成冰雪旅游的特色品牌，满足游客的多样需求。比如，黑龙江哈尔滨坚持传统冰雪文化产品化、品牌化，推进冰雪与艺术融合发展；内蒙古呼伦贝尔将民族风情与冰雪融合，发展冰雪那达慕、冰雪专列、驯鹿部落、冷极村等；新疆阿勒泰融合传统冰雪文化和现代冰雪文化，实现冰雪观光度假协同发展；辽宁沈阳打造冰雪和温泉的"冰火"双品牌；黑龙江伊春推进森林与冰雪观光的精品化；张家口打造奥运文化体验地和滑雪产业集群。这些冰雪旅游地在运营中通过文化创新方式，深度挖掘区域文化内涵，不断开发具有本地特色、独创性的冰雪文化旅游产品，提升目的地在冰雪旅游方面的竞争力。

继 1963 年举行冰灯游园会后，哈尔滨市在 1985 年举办了第一届冰雪节，延续至今已 38 届。在此期间，哈尔滨陆续建造了冰雪大世界等具有浓郁地方特色的冰雪旅游项目设施。这些项目融合了哈尔滨特有的地域文化，吸引了大批游客前往观光体验。冰雕充分展示了哈尔滨城市建筑风格元素，可以间接了解到哈尔滨的历史变迁。同时，引入大量特色饮食，主要以冰糖葫芦、亚沟粘豆包、贡米丸子等地方小吃为主。现阶段，哈尔滨又将冰雪与游戏相结合，开发出冰雪旅游产品和冰雪文创产品，正在以文化创意不断开拓新的方向。哈尔滨冰雪大世界与《王者荣耀》合作，用冰雪重现王者峡谷地图与人气英雄，以游戏 IP 与传统冰雪艺术相结合，在跨界融合的同时，也为游客和游戏爱好者们提供了独一无二的冰雪游戏体验。

近年来，新疆在冰雪旅游与民俗文化相结合的过程中引人注目。马皮滑雪板滑雪是阿勒泰地区特有的滑雪形式，当地将马皮滑雪板制作技艺展示"搬"入各大滑雪场，游客既能现场参观马皮滑雪板制作过程，又能踏着马皮滑雪板体验滑雪乐趣。喀纳斯不仅开发了神秘民族图瓦人的民俗之旅，恢复了图瓦人的毛皮滑雪传统，让游客体验毛皮滑雪板等；此外，还设计了跳雪体验、泼雪狂欢、古老毛皮雪板制作等项目，让游客可以获得与众不同的冰雪体验。

以查干湖冰雪渔猎文化旅游节、哈尔滨国际冰雪节、长春冰雪节等为代表的冰雪旅游节、冰雪旅游季系列活动层出不穷，独具特色的冰雪文化和民俗风情"争奇斗艳"。祭湖、醒网、凿冰、撒网，观看数万斤鲜鱼脱冰而出，在查干湖冰雪渔猎文化旅游节，游客不仅能观看壮观的冬捕，还能体验冰雪风情，参与捕鱼作业，品尝关东美食。此外，黑水·达古冰川冰雪旅游节、延吉国际冰雪旅游节等都成为展示当地特色文化的窗口。

现阶段，我国各地的冰雪旅游与相关产业正在进行深度融合创新。冰雪旅游与文化产业、农业、工业、金融业、林业、高技术产业等融合发展，实现了业态创新，一大批吉林、黑龙江、新疆等地的国家级滑雪旅游度假地为冰雪旅游高质量供给提供了支持。冰雪旅游与红色旅游、工业旅游、体育旅游、自驾旅游等业态相融合，大大提升了冰雪旅游目的地的吸引力。冰雪旅游还为乡村、城镇和城市经济社会转型升级提供了动力支持，黑龙江牡丹江雪乡、新疆阿勒泰禾木、内蒙古阿尔山白狼镇等成为乡村振兴和地区发展的亮点。

（三）不断强化的旅游宣传

"酒香也怕巷子深"，品牌的塑造不单是靠自身实力，还需要进行有效宣传。为推动更多优质的冰雪旅游产品"走出去"，让国内外游客深入了解区域冰雪旅游资源，全国各地开展了一系列冰雪旅游宣传推广活动。

2022"北方冰雪旅游海外推广季"活动由文化和旅游部国际交流与合作局、国家广播电视总局国际合作司、国家体育总局宣传司指导，中外文化交流中心与北京、河北、黑龙江、吉林、辽宁、内蒙古、新疆7省份文化和旅游厅（局）共同主办，旨在向海外全面介绍中国北方特色冰雪文化、冰雪运动和冰雪旅游，展现中国人民迎接北京冬奥的热烈情感。活动陆续推出了冰雪主题纪录片展映、各地线上旅游推广周、知名景区慢直播等40余项丰富多彩的内容。

在宣传方面，哈尔滨可谓不遗余力，不仅在国内各大卫视黄金档频繁播出城市旅游宣传片，还将视线转向了国际。2018年10月，哈尔滨市旅游委在比利时、芬兰等国举行了"中国——欧盟旅游年·哈尔滨冰雪旅游"推介会，利用图片展和宣传片等形式，向国外游客展示了冰城冰雪、避暑、历史文化、音乐艺术等丰富多彩的旅游产品和独特的四季旅游资源；同年12月，还前往国内深圳等地开展冰雪旅游推介会，为游客进一步介绍哈尔滨丰富、有趣的冰雪旅游产品，展现了哈尔滨独特的冬季魅力。为进一步扩大北京冰雪旅游在东南亚市场的影响力，2019年5月，北京市文化和旅游局在马来西亚吉隆坡举办了以"激情冰雪，魅力北京"为主题的北京文化旅游推介会。2019年12月，"安逸四川·冬游天府"旅游季广东推介会在广州举行。推介活动着重展示了四川低纬度冰雪美景、冰雪游线路产品和特色民俗文化，针对广东游客的出游喜好，重点介绍了"藏羌彝风情黄金走廊""藏谜冰雪燃情""攀西阳光温泉""金沙水拍云崖暖，情深意长大凉山"等系列四川冬季旅游经典线路。

2019年，吉林省文化和旅游厅与省政府驻广州办事处在广州长隆国际会议中心联合举办了2019泛珠三角区域吉林冰雪旅游推介会。活动以"冰魂雪韵、相约吉林"为主题，向泛珠区域直观生动地展示吉林独特的冰雪旅游资源和产品，宣传推广吉林冬季旅游的特色品牌，吸引更多朋友走进吉林，深化两地旅游业的交流与合作，助推吉林冰雪生态旅游发展。活动期间还进行了"开往吉林的冰雪旅游列车"主题巡展广州站启动仪式。2020年，"都市冰雪 冬趣长春"2020—2021冰雪季长春冰雪文化旅游产品推介会走进广州，生动形象地展示了长春丰富的冰雪文化旅游资源和旅游产品。几年来，吉林省始终把创新创意贯穿宣传营销全过程，创新设计"温暖相约·冬季到吉林来玩雪"形象品牌，开创了用"暖"元素推介"冷"资源先河。瞄准"带动三亿人参与冰雪运动"市场蓝海，推出"冬奥在北京·体验在吉林"

市场品牌，创意开发"吉字号"冰雪产品，先后策划"白山黑水旅游共同体"构建吉黑情谊、"依山傍海合作机制"共谋吉辽未来、"千万游客互换行动"让浙江游客"浙里出发去吉林"、走进粤港澳大湾区让"浪花爱上雪花"等活动，在北京推出"吉林冰雪耀京华"主题推介，与上海订立"海誓山盟"，与四川和重庆共画"黄金对角线"，在陕西倡导"秦到吉林"。这一系列主题鲜明的市场推广活动，打造出吉林冰雪品牌 IP，扩大了吉林冰雪"朋友圈"。

现将中国旅游研究院于 2022 中国冰雪旅游发展论坛上发布的 2022 年冰雪经典创新项目、冰雪时尚创新项目和热门冰雪旅游景区（度假区）旅游宣传语总结如下：

2022 年热门冰雪旅游景区（度假区）

1. 哈尔滨冰雪大世界（黑龙江哈尔滨）

不负冰雪不负你，哈尔滨冰雪大世界，每个冬季爱的邀约。

2. 太阳岛国际雪雕艺术博览会（黑龙江哈尔滨）

三十四载冰雪之爱，乘着雪雕，开启未来。

3. 亚布力滑雪旅游度假区（黑龙江哈尔滨）

当年他人眼里的苹果园，如今亚洲最大的滑雪场。

4. 七山滑雪度假区（河北保定）

七山滑雪，这里集城市公园、滑雪运动、休闲养生、体育旅游、生态旅游等多种体验于一体。

5. 崇礼冰雪旅游度假区（河北张家口）

温故而知新，敦厚以崇礼。敦厚的崇礼，正盛装以待，奥运花开。

6. 镜泊湖景区（黑龙江牡丹江）

冰瀑雾凇，鬼斧神工。镜泊湖的冬天，凛冽又清甜，高贵又明艳。

7. 北京渔阳国际滑雪场景区（北京平谷）

滑雪天堂，品质渔阳，对标国际，共享小康。

8. 长春冰雪新天地（吉林长春）

春有百花秋有月，夏无热汗冬有雪，去长春吧，那里有一个冰雪的新世界。

9. 长白山旅游度假区（吉林长白山）

千年积雪万年松，直上人间第一峰。冬季里最宜人的放纵，莫如长白山上欢乐颂。

10. 万科石京龙滑雪场（北京延庆）

北京滑雪场的老资格，新晋的网红打卡地，银装素裹里疾驰而下，便入梦了金戈铁马。

2022 年冰雪时尚创新项目

1. 漠河找北（黑龙江漠河）

看一看中国最北的天，那里的宁静悠远，也许能让你找得到北。

2. 雪乡跳雪（黑龙江牡丹江）

走过那么多路，掉过那么多坑，雪乡的雪坑却让你长醉不愿醒。

3. 雪地摇滚（河北崇礼）

冰雪、冬奥、梦想、激情，碰撞出不一样的摇滚。

4. 米堆冰川探险（西藏林芝）

时空穿梭，美景交替，一日看尽四季风光，去米堆冰川探险吧。

5. 冬季英雄会（内蒙古呼伦贝尔）

远古的呼唤，千年的祈盼，对冰雪英雄的渴念，望眼欲穿。

6. 禾木冰雪摄影（新疆喀纳斯）

也许是喀纳斯的水怪吸引了我们的等待，去领略喀纳斯的缤纷。

7. 冰雪光影秀（新疆阿勒泰）

当冰雪和光影一起走进阿勒泰的神话，带给我们五彩缤纷。

8. 首钢冰雪汇（北京石景山）

曾铸钢铁为国强，再舞冰雪因小康。

9. 雪地火锅（重庆）

快乐吃火锅，加雪更精彩。

10. 松花江冰雪嘉年华（黑龙江哈尔滨）

冰雪天堂，欢乐海洋，松花江上的太阳，让生命怒放。

2022 年冰雪经典创新项目

1. 大雪时节采头冰（黑龙江哈尔滨）

"采得头冰祛百病"，在采冰文化中，头冰有着吉祥如意的象征。

2. 什刹海溜冰（北京）

什刹海是北京著名的历史文化旅游风景区。"先有什刹海，后有北京城"，溜过什刹海的冰，仿佛溜过了千年的北京城。

3. 松江赏雾凇（吉林省吉林市）

每当雾凇来临，吉林市松花江沿岸"忽如一夜春风来，千树万树梨花开"，雾凇把人们带进如诗如画的仙境。

4. 元宵围火滚冰（黑龙江木兰）

木兰元宵夜，万人滚冰乐。滚去烦恼，滚除百病，滚来幸福美满，滚出吉祥安康。

5. 断桥赏雪（浙江杭州）

断桥残雪是西湖上著名的景色，以冬雪时远观桥面若隐若现于湖面而著称。断桥上赏过残雪，才能明白旅游里散发着文化气息。

6. 冰灯游园会（黑龙江哈尔滨）

牡丹亭游园惊梦，哈尔滨冰灯游园入梦。哈尔滨冰灯游园会是中国冰灯艺术的发源地，也是哈尔滨冰雪文化艺术的一张亮丽名片。

7. 毛皮板滑雪（新疆阿勒泰）

现代与远古，速度与激情，文化与传承，阿勒泰的山，猎人的滑雪板，踩上去就是鸿雁在天。

8. 冰雪那达慕（内蒙古）

千年那达慕，走进冬季，遇见冰雪，在呼伦贝尔大草原，在篝火闪烁间。

9. 雪域高原泡藏药温泉（西藏羊八井）

雪域高原，藏药温泉，洗净尘埃，洗除阴霾，洗去疾病，洗出未来。

10. 雪山下泡温泉（四川海螺沟）

雪山下的温泉，不一样的冰火两重天，庄严又氤氲，凛冽又温暖。

第四章

辽宁冰雪旅游供给研究

　　辽宁省作为中国北方高品质冰雪体验度假地，整合冰雪旅游资源，不断丰富冰雪旅游产品供给，陆续推出以滑雪、温泉、节庆等为特色的系列旅游产品。2022年，在推动丹东天桥沟成功创建首批国家级滑雪旅游度假地的基础上，辽宁省文化和旅游厅、省体育局评定推出沈阳棋盘山冰雪大世界、本溪花溪沐枫雪温泉小镇、丹东天桥沟滑雪旅游度假地、辽阳弓长岭温泉滑雪旅游度假区4个首批省级滑雪旅游度假地。2023年，辽宁省确定大连安波旅游度假区、营口何家沟滑雪场、阜新黄家沟旅游度假区为第二批省级滑雪旅游度假地。它们不仅拥有良好的滑雪资源，同时还可以满足康养度假、休闲娱乐等旅游需求。

　　近年来，辽宁省紧抓北京冬奥会契机，深入实施《辽宁省冰雪旅游发展三年行动计划》，大力推动冰雪"冷资源"变成"热经济"，加快打造冰雪旅游强省。辽宁省围绕冰雪旅游强省目标，充分挖掘区域冰雪旅游发展中的通达优势、气候优势、资源优势和多样性优势，补短板、强弱项，全方位开发多业态融合的"冰雪＋"旅游，不断扩大冰雪旅游产品有效供给，促进冰雪旅游消费持续增长。中国旅游研究院和马蜂窝旅游联合发布的《中国冰雪旅游消费大数据报告（2022）》显示，辽宁省名列"2021—2022冰雪季冰雪旅游热门省份"第八位。文化和旅游部数据中心发布的《中国冰雪旅游发展报告（2022）》显示，沈阳市居"2022年冰雪旅游十佳城市"第四位。根据

《中国冰雪旅游发展报告（2023）》显示，沈阳市入选"2023 年冰雪旅游城市 12 佳"。

第一节　冰雪体育旅游产品

一、辽宁省冰雪体育旅游产品概述

辽宁省冬季时间长、降雪量大，雪质厚实松软，山区海拔高、垂直落差大，人文旅游资源丰富，融合开展冰雪旅游优势独特。辽宁省位于中国东北偏南，冬季气温较黑龙江省和吉林省偏高，冬季白天气温一般在 – 5 ~ – 15℃之间，雪质良好，适宜的温度能够为长时间的户外运动提供保障。辽宁省地势大致为自北向南，自东西两侧向中部倾斜，山地丘陵分列东西两厢，向中部平原下降，呈马蹄形向渤海倾斜，由山地、丘陵、平原构成，有利于滑雪场建设。

现阶段，辽宁省已经建立了大中小型滑雪场 38 家，呈现出数量多、分布广、特色鲜明的特点，见表 4 – 1。辽宁省滑雪场数量多，且布局呈现大分散、小集中趋势，多布局在主要城市周边及旅游度假区内，每一个地级市均有滑雪场布局。从空间分布差异来看，辽宁省东部、西北部的滑雪场数量较多，西南部与中部的滑雪场数量较少。目前，辽宁省已初步建立起以冰雪体育旅游产品为核心的"冰雪体育旅游圈"，分别是：沈阳周边以棋盘山冰雪大世界为核心，辐射白清寨、千山、弓长岭等地的冰雪旅游集中带；大连周边由林海滑雪场、铭湖温泉滑雪场、欢乐雪世界滑雪场、安波温泉滑雪场等共同构成的冰雪旅游集中带。其中，较为著名的有天桥沟滑雪场、棋盘山滑雪场、弓长岭温泉滑雪场、白清寨滑雪场、安波温泉滑雪场、何家沟滑雪场等。

表 4-1　　　　　　　　　辽宁省主要滑雪场一览表

序号	城市	滑雪场	数量
1	沈阳	棋盘山冰雪大世界、白清寨滑雪场、东北亚滑雪场、怪坡国际滑雪场、丁香湖冰雪大世界、奥体冰雪嘉年华	6
2	大连	林海滑雪场、铭湖温泉滑雪场、欢乐雪世界滑雪场、安波温泉滑雪场、将军石滑雪场	5
3	鞍山	千山温泉滑雪场、大孤山滑雪场	2
4	抚顺	丰远热高乐园滑雪场、清源聚隆滑雪场、高尔山冰雪大世界、冠翔冰雪大世界	4
5	本溪	汤沟云山滑雪场、同泉温泉滑雪场、东风湖冰雪大世界	3
6	丹东	宽甸天桥沟滑雪场、五龙高尔夫滑雪场、太阳岛滑雪场、滨海淮扬冰雪大世界	4
7	锦州	东方华地城冰雪大世界	1
8	营口	何家沟滑雪场、虹溪谷滑雪场	2
9	阜新	黄家沟滑雪场	1
10	辽阳	弓长岭温泉滑雪场	1
11	盘锦	西湖温泉冰雪大世界、新立滑雪场	2
12	铁岭	清河南山滑雪场、小马驹滑雪场、金峰滑雪场	3
13	朝阳	庙子沟滑雪场、七道岭滑雪场	2
14	葫芦岛	葫芦山庄滑雪场、葫芦岛龙湾海滨滑雪场	2
		合计	38

辽宁省的滑雪场主要分布于辽宁省内各大城市周边,距主城区较近,是不可多得的城市滑雪场,为旅游者提供了较大的便利。各大雪场除设置了高山滑雪场地、大众滑雪场地、灯光滑雪场地外,还建有雪上游戏区、单板公园、冰上游戏区等,满足了不同层次、不同年龄冰雪运动爱好者的需求。38家滑雪场地覆盖了全省各地市,占地总面积达712万平方米,平均日接待滑雪爱好者能力达6万余人次。其中,沈阳棋盘山冰雪大世界、大连欢乐雪世界滑雪场等均为综合类滑雪场,普遍开展娱乐性冰雪项目,如滑雪、滑冰、雪板、雪圈、冰车、冬泳、雪地摩托、冰陀螺、冰滑梯、冰上摩托、卡丁、爬犁、雪地滚球、驯鹿拉雪橇、雪雕、冰雕等,将体育运动与自然环境和旅游观光融为一体,不仅利于健身,而且能够吸引众多冰雪旅游爱好者。

辽宁省各地设置了众多小型滑雪场地，拥有以娱乐为主的戏雪乐园（冰雪嘉年华）近百家，作为开展冰雪旅游的补充。此外，辽宁省还开设了室内外滑冰场58处，主要分布在沈阳、大连、鞍山和丹东等地，其中室内滑冰场8个（沈阳和大连），以满足旅游者的多元化需求。

近年来，辽宁省不断发掘利用我国最北海岸线、滨海自然冰雪体验等条件，发展"冰雪＋运动"，陆续举办了攀冰、冰凌穿越、冰帆、冰上龙舟等一系列群众冰雪体育赛事，形成了种类繁多的冰雪体育旅游产品。

二、丹东天桥沟旅游度假区

2022年1月，文化和旅游部办公厅、国家体育总局公示了首批国家级滑雪旅游度假地名单，全国12家滑雪旅游度假地入选。其中，辽宁省丹东市宽甸满族自治县天桥沟旅游度假区榜上有名，为辽宁省唯一入选单位。

丹东天桥沟旅游度假区位于丹东市宽甸满族自治县双山子镇天桥沟森林公园内，现为国家体育旅游示范基地、国家AAAA级旅游景区、省级旅游度假区。度假区地处"北纬41°世界黄金滑雪带"上，年均气温8℃，最低气温不超过–20℃，雪季长达120天。良好的生态环境和气候条件，确保这里雪质松软清洁，形成粉雪。天桥沟将体育融合到旅游、养老、文化、科技、教育等领域中，形成了集冰雪运动、高山运动、避暑度假、森林康养、运动健身、研学科普、红色教育、休闲娱乐等于一体的休闲体育旅游目的地。

自2009年开发建设以来，天桥沟旅游度假区坚持绿色低碳发展理念，严格执行国土空间规划和环境保护措施，累计投资12亿元，建成了辽宁省规模最大的滑雪场。滑雪场核心区面积达26.9平方公里，设置5条雪道，雪道总面积为1 800亩，其中高级雪道海拔千米，最大落差达515米，长达2.2公里的中级雪道被业内专家誉为"黄金雪道"。① 天桥沟旅游度假区连续多年举办辽宁省大众滑雪比赛、辽宁省冬季旅游启动仪式、天桥沟枫叶节、

---

① 蔡晓华. 天桥沟入选国家级滑雪旅游度假地［N］. 辽宁日报，2022–01–06（8）.

天桥沟冰雪旅游节等活动。度假区还开发了林海雪原、冰雪大世界、雪圈、雪地摩托以及东北抗联红色游、房车露营游、野山参文化游等40余种滑雪旅游项目。随着度假区知名度的提升，越来越多的滑雪爱好者前来体验。

"十四五"期间，天桥沟旅游度假区将持续深入打造冰雪旅游项目，推动滑雪场二期工程实施，雪道将增至16条，雪道总长度将达到30公里。同时，度假区将进一步完善项目配套，加大智慧旅游、基础设施的投资力度，持续提升运营管理、旅游安全等管理服务水平，将天桥沟旅游度假区建设成为专业滑雪和大众游乐功能兼具的冰雪旅游目的地，成为国内一流的滑雪旅游度假地、国际知名的滑雪旅游胜地。

三、沈阳棋盘山冰雪大世界

为助力实现"带动三亿人参与冰雪运动"目标，落实《辽宁省冰雪旅游发展三年行动计划》，扩大冰雪旅游产品优质供给，辽宁省文化和旅游厅会同辽宁省体育局组织开展了2022年省级滑雪旅游度假地评定活动。其中，沈阳棋盘山冰雪大世界、本溪花溪沐枫雪温泉小镇、丹东天桥沟滑雪旅游度假地、辽阳弓长岭温泉滑雪旅游度假区4家滑雪旅游度假地上榜。

沈阳棋盘山冰雪大世界位于沈阳东北部棋盘山风景区秀湖南岸，西邻关东影视城，东临沈阳森林野生动物园，距市区约17公里，交通便利，是辽宁第一个冰雪旅游目的地，也是全国唯一一座坐落在国家级文化产业示范区内的滑雪场。棋盘山风景区森林茂密，山峦起伏，拥有沈阳面积最大的森林以及风景如画的秀水湖、森林动物园、关东影视城等众多旅游景点。

沈阳棋盘山冰雪大世界滑雪场以初级雪道为主，并设置有中级雪道，更适合初学者体验冰雪项目的乐趣。滑雪区分别设有1 000米、800米、600米长的高山滑雪及200米长的儿童滑雪练习场，雪道的宽度和坡度适合旅游者感受冰雪项目的魅力。此外，冰雪大世界还增添了"U"型槽、猫跳等项目。

棋盘山冰雪大世界还设有冰娱区和观赏区。冰娱区由秀湖天然水面打造而成，面积约为30万平方米，活动项目达30余项。每逢冰雪季，与滑雪场比邻的 5.04 平方公里的秀湖会成为天然滑冰场，可开设各类冰上项目。观赏区内，以奥运、城市地标、节庆等为主题的冰雪雕展览为冰雪大世界的一大亮点。

目前，棋盘山冰雪大世界已成为项目丰富、设施完备的大型冰雪旅游胜地。现有雪地摩托车、雪上飞机、马爬犁、雪圈等 30 余项特色冰雪活动项目。贴近民俗的关东庙会，艺术感极强的雪雕、冰雕的造型观赏价值高，经过 20 余年的持续经营建设，沈阳棋盘山冰雪大世界已经成为具有较高海内外知名度的冰雪旅游品牌项目。

四、本溪花溪沐枫雪温泉小镇

本溪花溪沐枫雪温泉小镇坐落在拥有"中国地质之都""中国枫叶之都""温泉之都"诸多美誉的本溪市南部山区，属于中温带湿润气候，冬季多雪，夏季凉爽，气候宜人。这里交通十分便利，区位优势得天独厚，距离沈阳桃仙机场 110 公里，距离沈本高速出口 62 公里，距离本溪火车站 70 公里。小镇地理位置优越，风景优美，区域内自然环境保存完好，拥有丰富的温泉及山林资源。小镇毗邻国家 AAAA 级景区关门山旅游景区、和尚帽子山原始森林以及汤沟河，拥有五大自然资源：温泉、森林、枫叶、溪泉、湖泊。

花溪沐枫雪温泉小镇是一处集冰雪、温泉、住宿、娱乐等项目为一体的旅游度假区。小镇以当地独具特色的自然风光为基础，冰雪旅游与温泉康养项目为特色，同时协调发展自然观光、户外运动、休闲度假、娱乐健身、满乡文化、红色文化等要素，将文化理念、人文关怀、健康医疗、养生养老、旅游度假、休闲运动等多元化功能融为一体，打造出多个康体养生休闲度假业态，发展新兴文旅集群。其中，云山滑雪场位于北纬 40°～50°，地处世界公认的"滑雪度假黄金带"，占地 60 公顷，造雪面积 25 万平方米，是集运动、疗养、休闲为一体的综合健康运动中心。[①] 云山滑雪酒店以世界著名滑

---

① 享受云上乐趣，冰雪体育升级［EB/OL］. https：//bx. benxi. gov. cn/ztlm/shgysy/tygz/content_594825.

雪胜地美国范尔（VAIL）小镇为原型进行设计，是专门为滑雪爱好者和家庭度假打造的特色酒店。

花溪沐枫雪温泉小镇自创办以来，先后被国家体育总局等单位联合评为全国优选体育项目、辽宁省省级旅游度假区、辽宁省体育示范单位、辽宁省省级滑雪旅游度假地等，入选全国冰雪旅游精品线路。2022 年 1 月，小镇被列入辽宁省"十四五"旅游业发展规划重点旅游项目。

五、辽阳弓长岭温泉滑雪旅游度假区

辽阳弓长岭温泉滑雪旅游度假区位于辽阳市弓长岭区。弓长岭区已被文化和旅游部确定为国家冰雪旅游示范区，区内分布国家 AAAA 级景区 2 家、AAA 级景区 2 家、省级旅游度假区 1 家、全国乡村旅游重点村 1 个、各类景区景点 33 个。弓长岭区先后荣获中国矿泉水之乡、中国温泉之城、中国最佳温泉旅游目的地、中国最佳冰雪温泉旅游胜地、全国首批特色小镇、全国爱国主义教育基地、全国学雷锋示范基地等殊荣。

弓长岭温泉滑雪场现为国家冰雪训练基地、国家 AAA 级旅游景区，拥有得天独厚的优越场地和完善齐全的先进设施，设置各类滑雪道 7 条，雪道总长度达 5 900 米，场地造雪面积为 60 万平方米，各类专业功能雪道较为齐全，具备单日接待 1 万人次滑雪的能力。多年来，弓长岭温泉滑雪旅游度假区不断提升景区的硬件设施和服务水平，围绕冰雪旅游和休闲娱乐，开展了各类活动近 50 种。

弓长岭温泉滑雪旅游度假区滑雪场作为辽宁省内规模较大的专业滑雪场，将温泉与滑雪完美融合在一起，是辽宁省高山滑雪专业赛事的主要承办场地。同时，弓长岭滑雪场被国家体育总局指定为全国青年户外体育活动营地，被辽宁省体育局指定为省级冬季项目训练基地和省级冬季运动项目竞赛基地，其冰雪体育赛事初步呈现了跨越式发展的良好局面，进一步提升了地区知名度和影响力。

六、大连安波旅游度假区

大连安波滑雪场位于大连市普兰店区安波镇杨屯区，这里独特的地理环境形成的区域小气候使得安波滑雪场具备雪期长、雪质好的特点。安波滑雪场始建于 2003 年，占地面积 12 万平方米，拥有 2 条高级雪道，2 条中级雪道，1 条初级雪道，1 条教练教学道，1 个练习场，1 条雪圈滑道。① 雪场雪道由日本专家设计及施工，雪道设计合理，层次分明，高级雪道、中级雪道、初级雪道、练习场等依次分开，互不干扰。滑雪场设置 2 条缆车、2 条魔毯。其中，高级道和中级道采用缆车输送客人，初级道和练习场使用魔毯输送客人。同时，安波滑雪场还配备露营基地、雪圈、雪车等娱乐项目，雪具大厅内设有餐厅、咖啡厅、平价超市等。2019—2020 冰雪季，大连安波滑雪场全面升级了雪道，高级雪道加宽至 40 米，雪圈道也加长至 160 米，步行梯加长至 160 米，重新规划开发了儿童游乐区，新增加了 2 万平方米的大型练习场以及 1 处雪圈滑道和儿童游乐场。滑雪场拥有专业的教练，免费为游客及团体提供培训服务。

安波温泉早在清朝咸丰年间就有记载，当时复州所辖的安波境内"安博罗"山下有两处汤眼开始喷突泉水，"土人结庐其上以为沐浴涤垢之所""患风湿藓疥者一浴即愈"，故以"温泉涤垢"成为复州古八景之一，清代诗人写下"天开汤谷千秋暖，人到灵溪万滤清"诗句赞美安波温泉。安波地区的温泉酒店分布广泛，露天温泉、室内温泉、高中低档，一应俱全。比较有代表性的温泉酒店有鸿缘温泉山庄、福慧温泉山庄等。

安波依托丰富的地热资源，积极开展冰雪温泉旅游，吸引了大量游客。目前，大连安波滑雪场已累计成功承办了 13 届中国·大连（安波）国际温泉滑雪节，共接待国内外游客 1 000 余万人次，实现旅游直接收入 30 多亿

---

① 大连安波旅游度假区获评第二批省级滑雪旅游度假地［EB/OL］. https：//wlj. dl. gov. cn/art/2023/2/1/art_2062_2062917. html.

元，吸引了国内外游客的广泛关注，带动了大连冬季旅游快速、健康、可持续发展。

七、营口何家沟滑雪场

营口何家沟滑雪场位于营口市经济技术开发区东部红旗镇何家沟公园内，处于群山屏蔽的沟谷地带，得天独厚的地理环境使其成为东北地区的优秀滑雪场之一。天然的沟谷环境形成的"小气候"使得冬季滑雪场气温与市区气温相差3～5℃，天然降雪长时期保持不化。

何家沟滑雪场由加拿大著名雪场设计公司设计而成，总面积20万平方米，拥有高、中、初级滑雪道8条，现已建成5条，雪场拥有2条缆车（1条双人缆车、1条四人缆车）、1条魔毯、2条拖牵，具有较强的运载接待能力。[1] 现已开放雪道总长5 000米，平均宽度45米，最大落差120米，最大坡度33°。滑雪道布局合理、紧凑，其中，两条雪道"出云""飞仙"总长1 800米，峰顶部分坡度为45°，达到国内高级滑雪道标准。何家沟滑雪场配备宾馆设施齐全，装修典雅。同时，滑雪场设有室外标准笼式足球场、室外高空拓展设施、军事洞穴体验、水库溜索、攀岩墙、丛林真人CS、摩托车越野训练场、旱地冰壶等项目，周边还开发了户外拓展运动、民族风俗园、机动车山地越野、鸟语林、TT野战、高尔夫练习场、生态园等多种旅游产品。

何家沟运动休闲特色小镇作为国家AAA级景区于2015年被辽宁省体育局命名为全民健身户外基地，2016年被省体育局评为辽宁省首批体育产业示范单位，2013～2016年被国家体育总局评为全国群众体育先进单位，2017年8月，被国家发改委和体育总局列为第一批运动休闲特色小镇试点项目，2017～2020年度被国家体育总局评为全国群众体育先进单位。

---

[1] 何家沟滑雪场官方网站。

八、阜新黄家沟旅游度假区

阜新黄家沟滑雪场位于阜新市细河区四合镇黄家沟村，距离阜新市中心仅 6.5 公里，距离盘锦 135 公里、朝阳 136 公里、锦州 130 公里，长深高速、阜锦高速、阜盘高速的出口处距离滑雪场仅 1 公里，地理位置优越，交通四通八达。

黄家沟滑雪场为国家 SS 级滑雪场，设施全部采用国际化标准，配备载人架空式索道、客运魔毯，引进意大利进口造雪机和压雪车，先进的设备制造出优良的雪质，可满足不同层次的滑雪爱好者需求。此外，为吸引广大戏雪爱好者，黄家沟滑雪场增设了娱雪区，特色项目有动感雪圈、雪地迷宫等，戏雪公园设有雪地转盘、雪地悠波球、雪地平衡车等 10 余种无动力雪上娱乐项目。滑雪场配备 760 平方米的风味餐厅及 300 平方米的快餐厅，可容纳 600 余人同时就餐；免费旅游大巴接送，专业的医疗团队，以及先进的电子收费管理系统，可为滑雪者提供安全、快捷、舒适的服务。

2022 年 1 月 28 日，国家体育总局、文化和旅游部联合发布了 14 条 2022 年春节黄金周体育旅游精品线路，阜新黄家沟滑雪娱乐之旅作为辽宁省唯一入选线路名列其中。

九、辽宁省冰雪体育旅游线路

现将辽宁省已开发的冰雪体育旅游线路总结如下。

（一）嬉冰玩雪休闲游

1. 沈阳（棋盘山冰雪大世界、太原街购物，品尝正宗西塔韩餐和鹿明春勺园辽菜）—辽阳（弓长岭温泉滑雪旅游度假区、太子河体育运动公园）—鞍山（千山滑雪场）—营口（虹溪谷滑雪场）

2. 大连（欢乐雪世界）—丹东（天桥沟滑雪旅游度假地、滨海淮扬冰雪大世界、高丽街体验朝鲜民俗，品尝正宗朝鲜族风味美食）—本溪（花溪沐枫雪温泉小镇、东风湖冰雪大世界）—抚顺（萨尔浒风景名胜区）—铁岭（开原市滨水新城冰雪娱乐区）

3. 沈阳（奥体中心冰雪嘉年华、五里河冰雪乐园）—阜新（宝地冰雪嘉年华）—朝阳（凌源河坎子冰雪大世界）—葫芦岛（葫芦古镇体验关东雪乡冰车，品尝地道小吃）—锦州（黑山县南湖公园，品尝锦州烧烤）—盘锦（零下5℃雪乡—北旅田园）

（二）冰凌穿越挑战游

1. 大连（西安路商圈休闲购物，品大连海鲜）—营口（辽宁团山国家级海洋公园赏冰川）—盘锦（辽河冰凌、红海滩风景廊道，中国最北海岸线冰凌穿越）—锦州（大凌河湿地公园、大石湖景区飞龙瀑）

2. 沈阳（白清寨滑雪场）—抚顺（三块石国家森林公园雪地登山穿越林海雪原）—本溪（本溪水洞观冰瀑、关门山赏冰瀑群、小市一庄品羊汤）—辽阳（核伙沟森林公园赏冰瀑）

（三）攀冰滑雪健身游

大连（林海滑雪场）—丹东（五龙高尔夫滑雪场）—本溪（花溪沐国际温泉旅游度假区）—辽阳（弓长岭滑雪场）—沈阳（东北亚滑雪场、白清寨滑雪场）

第二节　冰雪文化旅游产品

发展冰雪旅游，良好生态环境下的美丽风景是基础，而冰雪目的地的美好生活则决定了游客来了后能否留下来。当下，文化旅游消费变革来临，新兴文旅消费者群体崛起，意味着文化旅游目的地需要营造多个不同类型的消费空间，通过推出全域、全季、全民的多元化文化旅游产品，吸引更多国内外游客前来打卡，激发出更大的消费潜力，将文旅软实力转化为经济硬实力和地域竞争力。

近年来，辽宁省整合全省冰雪旅游资源与文化资源，积极发展"冰雪＋文化"，以适应大众休闲度假旅游的新需求，不断丰富"嬉冰雪　泡温泉　到辽宁　过大年"的内涵。辽宁省陆续推出了一系列嬉冰雪、泡温泉、闹花灯、赏民俗、逛庙会等冰雪文化旅游特色产品，开发了嬉冰玩雪休闲游、冰雪温泉养生游、冰凌穿越挑战游、冰雪研学体验游、民俗年俗文化游、冬捕冰钓趣味游等一系列冰雪文化旅游线路，开展了"冰上芭蕾""满族冰雪文化节""雪地秧歌"等一系列冰雪文化旅游活动，为游客呈现出"美丽辽宁——冰雪之旅"的多样选择，打造出冰雪特色文化的新高地。

一、辽宁省冰雪文化旅游产品概述

近年来，辽宁省多部门、多城市共同发力，积极推进冰雪旅游与文化融合发展，推出了大量冰雪文化旅游产品，不断满足市场需求。

（一）冰雪历史文化产品

为了丰富冰雪旅游的文化内涵，辽宁省通过对冰雪历史文化——"冰嬉"的挖掘，促进冰雪运动、冰雪活动、冰雪亲近等在冬季辽宁冰雪旅游中得以全面展示和诠释。在深入挖掘古老冰雪运动"冰嬉"文化内涵的基础上，辽宁省推出了"万人上冰雪""百万烟花秀""冰雪嘉年华"等活动，让冰雪文化在旅游中得到全面展示。此外，辽宁省各地还组织了冰龙舟大赛、冰上拔河比赛、单轨冰车大赛，展现北方地域特色和冰雪历史文化传统。

（二）冰雪民族文化产品

在民族文化禀赋方面，辽宁是满族文化的发祥地之一，沈阳故宫是清朝初期的皇宫，沈阳时称盛京，为清朝前期的政治文化中心，至今保留了许多满族特色的冰雪文化传统，"雪爬犁""雪地走""打冰尜"等都是满族人民喜闻乐见的冰雪项目。辽宁省在深入挖掘冰雪民族文化的基础上，举办了"满族冰雪文化节""嬉雪花灯节暨锡伯族传统节日贝伦舞蹈秀"等冰雪民族文化体验活动。

（三）冰雪年俗文化产品

传统节日是传承弘扬中华优秀传统文化的重要载体。辽宁省通过深入挖掘中华优秀传统文化价值内涵，融合年俗文化，推出"满族农庄过大年""住民宿、过大年""采樱桃、过大年""品海鲜、过大年"等活动，全面展现辽宁省冬季旅游的温度、温暖和温馨。春节、元宵节期间，辽宁积极统筹全省各地特色文旅资源，通过本省特有的"冰雪运动＋冰嬉年俗"形式，凸显东北风情、关东气派、辽宁特色，充分展示冰雪年俗文化。

（四）冰雪艺术文化产品

同时，辽宁省还将冰雪旅游融入艺术元素，"雪地秧歌""满族剪纸""皮影戏"等成为辽宁冰雪旅游的重要内容。此外，辽宁省还积极推动冰雪文化与艺术融合发展，培育冰雪旅游新业态，以文化沉浸式体验丰富冰雪旅游内涵，发展"冰雪＋艺术"，举办了"冰上芭蕾""雪地灯光秀"等冰雪艺术文化活动。

二、冰雪节庆旅游产品

现阶段，辽宁各市的冰雪旅游节活动丰富多彩，各具特色。除了我国特有的民俗节庆，辽宁省冬季的大型节庆活动主要包括沈阳棋盘山国际冰雪节、沈阳东北亚森林滑雪节、沈阳盛京灯会、大连国际冬泳节、大连国际温泉滑雪节、大连烟花爆竹迎春会、鞍山激光冰雪旅游节、抚顺满族风情节、抚顺冰雪旅游节、本溪太子河冰雪节、盘锦冬季稻草艺术节、盘锦碱地柿子采摘节、丹东鸭绿江冬泳节、营口辽河老街新春庙会、铁岭国际蒸汽机车旅游节、葫芦岛兴城冬季旅游节等。此外，辽宁省已有10多个县区发展起富有特色的冬捕活动。例如，沈阳康平县举办的"大辽文化冬捕节"，展示冰镩破冰、马拉绞盘、人工穿网等古法捕鱼场景，每年有 10 余万人到此观赏、购物，激活了本地的冰雪旅游。

沈阳市于 1993 年推出了棋盘山冰雪世界节庆活动，开辽宁冰雪节庆旅游先河。现阶段，辽宁省各市都在竭力做好冬季冰雪旅游这道"节日大餐"，冰雪旅游节庆活动各市可谓年年都有，各具特色。近年来，辽阳市弓长岭区深耕群众冰雪运动及冰雪产业，全力打造冰雪温泉产业链条，大力推进冰雪文化、冰雪运动与冰雪旅游融合发展。连续举办辽宁弓长岭滑雪邀请赛，已成为弓长岭区的品牌赛事。葫芦岛冰雪文化节以"享北国冰雪盛宴，过关东民俗大年"为主题，以"关东味道足，北国好风光"为活动特色，突出"关东日子""关东大戏""大集小吃""北国冰雪""龙港灯会""古镇故事"六大支撑，力图实现叫响"葫芦古镇关东民俗雪乡"品牌。为巩固首批国家冰雪旅游示范区创建成果，本溪市桓仁满族自治县举办了以"太极山水　滋养桓仁"为主题的首届冰雪旅游节，将冰雪与体育、民俗、文化、旅游深度融合，以鲜明的季节特色、丰富的活动内涵，为广大游客带来全方位体验。桓仁县以冰雪旅游节庆活动为平台，以冰雪旅游、冰雪运动为主题，结合冬捕、网上冰酒节、酒庄旅游、文艺演出、冬季速滑、民俗美食等活动，为游客提供嬉冰雪、品冰酒、住雪乡、捕江鱼、过大年等地方特色冰雪旅游产品。

三、辽宁省冰雪文化旅游线路

现将辽宁省已开发的冰雪文化旅游线路总结如下。

（一）民俗年俗过年游

1. 沈阳（老北市新春皇寺庙会、品尝老边饺子）—铁岭（石家堡子村满族风情游、大甸子当铺屯村赶大集）—抚顺（新宾满族自治县，住满族人家，尝满族美食）—本溪（满族民俗文化博物馆、铁刹山冬季传统庙

会）—丹东（安东老街）

2. 沈阳（关东影视城）—辽阳（辽阳民俗博物馆、河栏大集）—营口（辽河老街逛庙会、红旗大集）—锦州（北镇古城传统庙会）—阜新（福宇博物馆）—朝阳（官大海民族村寨—东山嘴遗址展馆—东蒙博物馆—大秧歌、戏剧展演）—葫芦岛（葫芦古镇、兴城古城）

（二）北国边境风情游

沈阳（世界文化遗产沈阳故宫博物院）—本溪（本溪水洞、冰葡萄采摘、花溪沐国际温泉旅游度假区）—丹东（鸭绿江断桥、虎山长城、抗美援朝纪念馆、高丽街体验朝鲜族美食）

（三）冬捕冰钓趣味游

阜新（巨龙湖头鱼拍卖）—沈阳（卧龙湖生态景区冬捕节、法库县财湖旅游度假区鱼梁冬捕节）—抚顺（顺城区前甸镇公家水库体验满族冬捕、品尝大伙房水库鱼宴）—本溪（关山湖景区冰钓）

（四）雪乡雪村农家游

抚顺（赫图阿拉满族农家小院）—本溪（小市一庄、同江峪满族村寨）—鞍山（老院子）—辽阳（前杜草莓小镇）—盘锦（零下5℃雪乡——北旅田园）

（五）冰雪节庆开心游

丹东（宽甸冰雪文化节）—本溪（东风湖冰雪节）—铁岭（象牙山传统冰雪娱乐节）—沈阳（北陵公园冰雪嘉年华、五里河冰雪嘉年华）—盘锦（疙瘩楼冰雪嘉年华）—鞍山（荷塘月色冬捕节）

（六）冰雪年华亲子游

沈阳（奥体中心冰雪嘉年华）—阜新（宝地冰雪嘉年华）—朝阳（凌

源河坎子冰雪大世界）—葫芦岛（葫芦古镇）—锦州（义县阊山森林公园大石湖景区）—盘锦（零下5℃雪乡——北旅田园嬉冰雪泡温泉赏冰灯）

第三节　冰雪温泉旅游产品

辽宁省是地热温泉资源大省，温泉资源分布面积广、类型多、开发利用条件较好。目前，全省14个城市均已发现地热资源，现已探明井泉358眼，具有开发潜力的大型温泉区达66处，其地热资源的储量相当于100亿吨以上标准煤，按开发潜力排名居全国前8位。同时，辽宁省温泉埋藏深度适中，大部分温泉存储深度在地下2 000米以内，水温在30～98℃，热流体储量大，温度以中高温为主，开发利用条件较好。现已运营的大型温泉区33处，其中，温泉15处，中高温温泉13处，冷泉5处。近年来，深层地热的勘查在沈阳、大连、阜新、盘锦等地陆续展开。其中，在大连地区的勘察深度已达3 000米以上。目前，辽宁省形成了以新民兴隆堡温泉小镇、弓长岭旅游温泉小镇、汤岗子温泉小镇、双台旅游温泉小镇、东方华地城温泉小镇、阜新禅修温泉小镇、温泉寺天著温泉小镇、汤沟溪谷温泉小镇、安波温泉小镇等为代表的众多温泉小镇。

独特的地理环境与自然资源，形成了辽宁省发展冰雪旅游的巨大优势，随着冰雪旅游的不断发展，与温泉结合成为辽宁省冰雪旅游产品的特色。温泉在辽宁省既是冬季冰雪旅游项目的补充，又可以自成体系作为独立的旅游项目，深受游客欢迎。辽宁省是"冰雪温泉"大省，仅就冰雪旅游而言，辽宁省在东北地区的优势并不明显，然而组合温泉项目后使得辽宁省的"冰雪温泉游"在全国具有了显著特点。与黑龙江和吉林两省相比，辽宁地热资源丰富，温泉储量较大，省内14个市均发现地热资源，其中，辽阳市弓长岭区和葫芦岛兴城市被评为我国首批"中国温泉之乡"。打好冰雪加温泉组合拳，是拉长辽宁旅游旺季、摆脱辽宁旅游淡旺季不均衡现状的重要措施。

一、辽宁省冰雪温泉旅游产品概述

辽宁省温泉资源十分丰富，分布非常广泛，呈带状集中分布在辽宁东部、南部，较著名的有鞍山汤岗子温泉、丹东五龙背温泉、葫芦岛兴城温泉、本溪温泉寺温泉和辽阳汤河温泉等。这些温泉皆为疗养旅游的好去处，也成为近年来冬季冰雪旅游的新兴项目，作为冰雪旅游辅助项目的温泉体验越来越受到消费者的青睐。辽宁省冰雪温泉产业发展具备一定的资源优势，温泉旅游发展时间较长，并形成了规模，全省 14 个市绝大多数都因地制宜发展起特色温泉旅游产业，目前拥有 78 家大型温泉场所，辽宁也成为全国最有吸引力的温泉旅游目的地之一。

近年来，辽宁省依托丰富的地热资源，全省各地充分挖掘本地温泉资源开展冰雪旅游，推出"嬉冰雪、泡温泉"一系列冰雪温泉旅游活动。通过发展"冰雪＋健康"，打造辽宁冰雪温泉康养旅游品牌。温泉资源同滑雪、观光、健身、民俗等有机结合起来，带动了冰雪运动、赛事、文化、装备、服务等相关产业深度融合、高质量发展，提升了冰雪旅游全产业链的丰厚度。

作为温泉资源大省，辽宁省积极建设"冰雪＋温泉"旅游度假集聚带。其中，鞍山市汤岗子温泉因拥有得天独厚的优质温泉和亚洲著名的天然热矿泥而驰名中外，每年冬季都接待大量游客，成为辽宁省冰雪温泉旅游项目的主要支撑。同时，辽阳市弓长岭区拥有一条温泉带，以温泉为主题的温泉浴场、滑雪场等项目几乎占据当地旅游资源的半壁江山。此外，大连市已开发温泉资源 20 余处，待开发 40 余处，温泉项目达 100 多家，主要包括大连安波温泉、大连步云山温泉、大连龙门汤温泉、大连老铁山温泉等。营口市的熊岳温泉，追溯历史久远，距离市区较近，交通便利。葫芦岛市兴城温泉久负盛名，在京津冀地区名气很大。温泉在辽宁既是冬季冰雪旅游项目的重要补充，又可以自成体系作为独立的旅游项目，深受旅游者欢迎。

二、鞍山汤岗子温泉

鞍山汤岗子温泉位于辽宁省中部鞍山市以南 7.5 公里处，紧邻沈大高速、哈大公路和长大铁路。汤岗子温泉地处国家 AAA 级旅游区，占地面积约为 45 万平方米，周围还有龙宫别墅等旅游资源，是我国四大温泉康复中心之一，也是我国最大的天然热矿泥区。

汤岗子温泉因拥有得天独厚的优质温泉水和亚洲著名的天然热矿泥而驰名中外，其热矿泥温度高达 45℃，水温也高达 70℃，温泉清澄透明，含有 20 余种微量元素，泥浴对治疗多种疾病有奇特疗效。泡温泉和泥浴是汤岗子温泉的主要休闲内容，这里每年冬季都要接待大量的游客，成为辽宁省内冰雪温泉旅游线路的重要组成部分。

汤岗子温泉小镇由鞍山市汤岗子温泉集团有限公司、鞍山汤泉置业有限公司、美忱集团、辽宁海华科技发展集团有限公司合作建设，计划总投资 60 亿元，分三期建设。汤岗子温泉小镇以鞍山路、凤翔路横纵主干道路为联通，依托汤岗子理疗医院，目前已建设完成御汤泉东泰盛唐国际酒店温泉旅游度假区、北苑温泉酒店、祥和度假庄园、佳宁生态园、港中旅温泉城和中骏御泉新城等项目，已形成集康复理疗、民宿体验、旅游度假、餐饮娱乐、室内外温泉养生等为一体的大规模温泉综合旅游核心区。现阶段，汤岗子温泉小镇重点推进文化养生度假功能区主体建设，开发汤岗子民宿项目，打造精致庭院，为游客提供旅游咨询、餐饮与住宿服务；同时，加大市场营销力度，进一步提升温泉小镇的形象和市场知名度，努力打造国家级温泉度假区、亚洲温泉名城和世界级康复养生基地。

三、辽阳弓长岭温泉

辽阳弓长岭温泉位于辽宁省中部辽阳市弓长岭区，以温泉为主题的温泉浴场、滑雪场等项目几乎占了当地旅游资源的半壁江山。弓长岭区汤河温泉悠久的历史、神奇的传说从多个角度反映了汤河温泉丰富的文化内涵，更为汤河温泉带动旅游产业的发展拓展了空间。弓长岭区依托温泉资源，以文旅全面融合为发展路径，不断完善旅游产业体系，优化旅游产品供给，推动旅游与文化等规划深度融合。

弓长岭区已建成各类温泉酒店、康疗、滑雪、会展等温泉旅游项目 30 余个，拥有旅游接待床位 7 000 余张，全年日平均接待游客 6 000 余人次，已成为东北地区颇具影响力的温泉旅游产业集群之一。其中，五星级标准的辽宁碧湖温泉度假村、汤河温泉假日酒店、辽宁一水云天温泉文化度假酒店、辽阳佳兆业铂域酒店、全国劳模疗休养基地、热带雨霖馆、水上乐园、温泉滑雪场等一批精品旅游项目相继建成并投入使用。同时，弓长岭区还配套建设了汤河温泉一条街、汤河鲜鱼一条街、三星羊汤一条街、瓦子沟农家院一条街等特色街区。国家 AAAA 级旅游景区辽宁汤河国际温泉旅游度假区已在全国具备了较高知名度。

近年来，辽阳弓长岭冰雪温泉旅游产品正在向多元化、特色化方向迈进，以温泉为核心元素，结合开发冰雪运动、乡村民俗、绿色生态、运动休闲、特色餐饮等其他元素，逐步形成了温泉滑雪、温泉理疗、温泉地产、温泉会议会展、温泉养老、温泉购物等多业态的综合发展模式。

四、营口熊岳温泉

营口熊岳温泉位于辽宁省中部营口市南端，距离市区较近，交通便利，比邻鲅鱼圈港，周围还有鲅鱼圈月亮湖公园和望儿山等旅游资源。

熊岳温泉以"三高"闻名，水温高达 84℃，日开采量达 5 000 立方米，矿物质含量高达 1 076 毫克/升，被誉为"东北第一泉"。温泉水无色透明，pH 值为中性，属于氯化物硫酸盐矿泉温泉。

近年来，旅游市场对温泉旅游产品的需求量增加，小雨宾馆、康乐宾馆、沈铁疗养院、天沐集团等单位相继投资开发熊岳温泉旅游产品，建设温泉度假村，逐渐形成了熊岳温泉旅游度假区。目前，熊岳温泉度假小镇和海滨温泉城已开展药疗、鱼疗、野浴等多种温泉旅游项目，让游客在体验温泉康体的同时，也感受熊岳温泉文化的魅力。

五、葫芦岛兴城温泉

葫芦岛兴城温泉位于辽宁省西部葫芦岛市兴海大道，北靠挺拔峻秀的首山，东临烟波浩渺的渤海，西望参差错落的兴城古城，在京津冀地区具有一定的知名度。兴城温泉古称"汤池"，又称汤泉，发现于唐朝初年，距今已有 1 300 多年的历史。早在辽、金时代，兴城温泉就享有盛誉。自元代以来，这里的温泉水被广为利用。明代曾在此处修建"致爽亭"，以备达官贵人淋浴和游乐观赏。

兴城温泉储量丰富，日出水量可达 0.3 万吨，水温可达 70℃。兴城温泉是因地下溶岩的作用而形成的天然矿泉，泉水清澈透明，无色无臭，酸碱度为 7.4，泉水比重为 1.006，属于高温弱碱性食盐矿泉。这里的泉水中含有钾、钠、钙、铵、硫、镁等多种矿物质。

近年来，兴城加大温泉旅游开发力度，通过引进温泉旅游项目，将温泉资源优势转变为温泉旅游产业优势，陆续建设滨海温泉新城、首山丽汤温泉旅游度假区、兴城世界温泉乐园拉斯维加斯小镇等重大温泉项目，吸引了大量游客。

六、丹东五龙背温泉

丹东五龙背温泉位于辽宁省东部丹东市温泉路，地处市郊西北 22 公里处五龙山下，临近丹东市区，有快速干线直达。温泉因处于五龙山背面而得名，素有"五龙神水"之称。该泉历史悠久，且具理疗功效，自古就有"神水"之称，唐太宗亲征高句丽时已久负盛名，至今已有 1 300 多年的历史。温泉地处五龙山自然风景区，境内泉涌溪湍，山下大小河流纵横，温泉分布多处，四季喷涌，附近还有灵峰禅寺等人文旅游资源，具备独特的文化气息。

五龙背温泉以其水质纯净、细腻如脂、硫磺气体少而饮誉全国。日出水量在 0.05 万吨左右，水温高达 69℃，呈弱碱性，含有多种矿物质碳酸盐、重碳酸盐及钾、镁、钙、钛等 40 多种矿物质，并载入《中国名词词典》。温泉所在区域内有着丰富的河流水系，温泉泉眼分布广泛，出水量不受季节限制，在温泉疗养方面潜力巨大。

目前，五龙背温泉周边配备了疗养院、客房部、餐饮部、游泳冲浪馆、大型露天温泉等服务场所，已形成一座集疗养、旅游、娱乐、休闲度假、承办会议、培训等于一体的综合性温泉疗养胜地。

七、辽宁省冰雪温泉旅游线路

现将辽宁省已开发的冰雪温泉旅游线路总结如下。

（一）冰雪温泉养生游

1. 沈阳（花溪地温泉、美国郡温泉）—辽阳（汤河国际温泉旅游度假区）—鞍山（汤岗子温泉度假区）—营口（奕丰天沐温泉旅游度假区）—大连（金石滩鲁能温泉假日酒店、汤景泽日式温泉酒店）

2. 沈阳（棋盘山滑雪场、怪坡国际滑雪场）—抚顺（水统温泉体验馆）—本溪（本溪花溪沐枫雪温泉小镇、枫香谷温泉度假酒店）—丹东（东汤天沐君澜温泉酒店）

3. 盘锦（北旅田园温泉民宿、红海湿地温泉）—锦州（东方华地城康养温泉）—阜新（宝地斯帕温泉度假区）—朝阳（喀左浴龙谷温泉度假区、凌河第一湾温泉）—葫芦岛（兴城温泉、张作霖温泉别墅）

4. 本溪（东风湖滑雪大世界）—辽阳（弓长岭滑雪场、弓长岭温泉）—鞍山（千山温泉、汤岗子温泉度假区）

5. 营口（何家沟滑雪场、熊岳温泉）—大连（铭湖滑雪场、普兰店安波温泉）—丹东（五龙高尔夫滑雪场、五龙背温泉）

（二）海上温泉体验游

大连（大连将军石旅游度假区、香洲旅游度假区）—丹东（北黄海温泉小镇体验北纬39度的海水温泉）—营口（奕丰天沐温泉旅游度假区）—盘锦（红海湿地温泉、北旅田园）—锦州（九华山温泉酒店、东方华地城）

（三）温泉康体银发游

大连（大连伊甸旅游度假区，国内罕见的高锶优质医疗热矿水、健康养生养老）—营口（盖州思拉堡虹溪谷温泉小镇）—鞍山（汤岗子温泉，特色泥疗、蜡疗、针灸、按摩）—辽阳（太子岛雾凇摄影）—沈阳（花溪地温泉，生态采摘、药浴）—本溪（小市一庄烤全羊、喝羊汤）

| 第五章 |

辽宁冰雪旅游需求研究

第一节 冰雪旅游市场分析

冰雪旅游正成为时尚生活方式，冰雪旅游消费已成为大众冬季消费的常态化选项。根据《中国冰雪旅游发展报告（2022）》中的统计数据，我国有90.1%的人曾经以不同形式体验过冰雪旅游，每年有63.3%的人体验过1～2次冰雪旅游，有24.8%的人体验过3～4次，高频次冰雪旅游消费正成为越来越多老百姓的常态，我国正在从冰雪旅游体验阶段进入冰雪旅游刚性生活需求阶段。受消费升级、北京冬奥会举办等影响，2016～2022年我国冰雪旅游人均消费规模呈现"V"型发展特征，冰雪旅游人均消费规模正在复苏。根据《中国冰雪旅游发展报告（2023）》中的统计数据，我国冰雪旅游人均消费规模从2016—2017冰雪季的1 577元降到2020—2021冰雪季的1 061元，2021—2022冰雪季我国冰雪旅游人均消费为1 378元，2021年全年人均旅游消费约为899.28元，2021—2022冰雪季我国冰雪旅游人均消费是2021年全国人均旅游消费的1.53倍，我国冰雪旅游的内需拉动能力突出。

中国旅游研究院（文化和旅游部数据中心）统计结果显示，我国冰雪旅游呈现人数快速增长、消费明显升级的趋势。冰雪旅游对南方各省份以及京津冀一带的旅游者吸引力较大，上海、广州、北京、南京、武汉、杭州、深圳、长沙、郑州、成都成为全国排名前十的冰雪旅游客源城市；厦门、深圳的冰雪游客人均单次花费超过 6 000 元，上海、珠海的游客也超过 5 600 元，折射出冰雪旅游客源市场强大的消费意愿。因此，辽宁省充分发挥自身优势，积极开发拓展重点客源市场，不断推进区域冰雪经济高质量发展，吸引广大游客来辽宁体验冰雪旅游。

近年来，辽宁省注重发展冰雪旅游，旅游市场呈现线性增长趋势。随着冬季到辽宁旅游的游客数量逐渐增加，"温泉＋"系列产品成为辽宁省冰雪旅游的热卖产品。在以冰雪旅游为主的冰雪旅游推动下，辽宁省春节黄金周旅游市场呈现出逐渐扩大的趋势（见图 5 - 1）。市场热点体现在冰雪温泉、民宿农庄、酒店饭店、户外运动、旅游综合体等旅游相关企业的客源增长和效益增收。

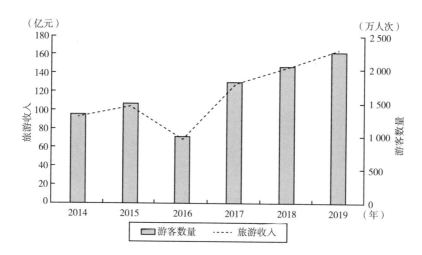

图 5 - 1 2014 ~ 2019 年辽宁省春节黄金周旅游数据统计

资料来源：根据辽宁省文化和旅游厅官方网站统计数据整理。

据统计，辽宁省每年参与冰雪运动的人数接近 150 万人次，直接消费和拉动相关产业达 8.5 亿元，并且还在逐年增加，发展潜力空间巨大。[①] 辽宁省每年参与滑冰运动的人数可达 30 余万人次，按照全国 3 亿人参与冰雪运

---

① 孙潜彤. 与辽宁相约"冰雪游"［N］. 经济日报，2020 - 12 - 20（10）.

动的预期，辽宁未来将有 1 000 万人参与冰雪运动。① 未来辽宁冰雪运动人群还有很较大的增长空间。

第二节　冰雪旅游者偏好研究

近年来，在"冰天雪地也是金山银山"的发展理念指导下，我国的冰雪旅游产业发展迅速。国务院出台的《"十四五"旅游业发展规划》，文化和旅游部、国家发展改革委和国家体育总局印发的《冰雪旅游发展行动计划(2021—2023 年)》以及辽宁省印发的《关于加快推进冰雪运动发展的实施意见》等相关文件中明确指出，"东北地区推进旅游业转型升级，提升旅游服务水平，大力发展寒地冰雪、生态旅游等特色产业，打造具有国际影响力的冰雪旅游带""扩大冰雪旅游优质产品供给，深挖冰雪旅游消费潜力，推动冰雪旅游与相关行业融合，提升冰雪旅游公共服务，夯实冰雪旅游发展基础"。

通过调查研究消费者的冰雪旅游偏好，重点分析其影响要素，并以此为基础探索辽宁省冰雪旅游的开发导向，从而为决策者提供冰雪产业发展的新方向，为辽宁冰雪经济谋求新出路，更好地满足广大人民群众的冰雪旅游需求，更好地繁荣和活跃冰雪旅游市场，为冰雪旅游产业的优化升级提供借鉴，对促进区域冰雪旅游的高质量发展具有一定的现实意义。

一、相关概念与研究进展

2022 年北京冬奥会的成功举办燃起了大众对冰雪运动、冰雪旅游的兴趣，从而促使我国冰雪旅游产业跻身于旅游业发展的浪尖。在政策、资金、技术等因素的积极推动下，我国冰雪旅游产业发展实现了巨大跨越。同时，冰雪旅游的研究势如破竹，大量的学术论文如雨后春笋般不断涌现。

---

① 朱才威. 以北京冬奥会为契机　辽宁冰雪产业将持续升温［N］. 辽宁日报，2021 - 01 - 21（12）.

（一）冰雪旅游研究概述

国际上将冰雪旅游更多地称为"冬季旅游"或"滑雪旅游"，学者们聚焦于滑雪旅游产业与气候变化的关系、滑雪旅游市场发展、滑雪旅游者意愿以及滑雪旅游对地区经济影响等方面，注重实地调查和个案分析，并利用相关模型进行量化分析预测。

国内学者对于冰雪旅游的研究重点集中在冰雪旅游文化、冰雪资源、旅游产品和产业发展趋势四个方向。在冰雪旅游的研究方向上，学者们多聚焦于冰雪旅游产业链、地域性冰雪资源的研究；在冰雪旅游课题的研究上，多在宏观层面，例如以资源本身特点为中心去研究，很少以微观的游客感知作为重点研究对象。牛冠迪（2022）指出，随着研究工作的不断推进和思路创新，各方学者对于冰雪旅游的研究思路也不再受局限，研究内容更为深入，研究成果更具思考价值和借鉴意义。目前代表性的研究结果如下：庄艳华（2018）分析了我国冰雪文化普及的理论与现实机制，认为冰雪旅游产业和文化产业的融合发展存在着自主品牌缺乏、协同发展意识淡薄等问题，后冬奥时代对冰雪旅游的发展起到了巨大的推动作用，要建立多元的冰雪文化资源供给模式以突破瓶颈。王奇（2022）认为，东北地区冰雪旅游发展新格局已经形成，但发展过程中需要完善的要素不断增多，面对复杂的社会环境和旅游需求，必须多举并行、立足特色、创新融合、优化环境，激发冰雪旅游市场的发展潜力。冯芷菁和王纯阳（2020）认为，应当重点推进冰雪旅游文化、冰雪项目体验度和冰雪旅游产品的研究，进一步打造冰雪旅游文化品牌，梳理冰雪旅游文化形象，突破传统的研究视角，为冰雪旅游的研究提供新技术和新思路，在冰雪旅游创新式运营宣传、游客感知和项目体验等方面提供高质量的发展。

梳理相关文献可知，学界开展冰雪旅游研究时间较短，文献数量相对较少，研究起步时期多关注于冰雪旅游的供给侧，却忽略了对冰雪旅游的需求侧尤其是冰雪旅游消费者偏好的相关研究，因此提出的对策普遍较为空泛。随着冰雪旅游的发展，各方学者的研究更加深入，加强了旅游偏好和游客感知的研究。

（二）旅游偏好研究概述

关于旅游偏好的概念，国内学者大多认为是"一种趋向于某种旅游目标的心理倾向"和"态度是偏好形成的基础"。纵观学术界近年来关于旅游偏好的相关文献，主要观点多表现在基于旅游者心理倾向而产生的对旅游目的地的态度，包括潜在或现实旅游者对某一旅游产品或旅游目的地所表现出的以认知因素为主导的具有情感和意向因素成分的心理倾向。仲红梅（2005）认为，影响旅游偏好的个人要素主要有个性、生活方式、预期的社会角色、经济地位等，广义上对于群体间偏好的差异多在于年龄、家庭结构、经济状况等。李昕（2006）分析得出，旅游态度的强度和旅游者掌握的信息种类、数量造成了旅游偏好的差异性。郁从喜（2008）指出，旅游偏好主要体现在食、住、行、游、购、娱等方面的心理倾向。

国外学术界则更侧重实证研究，一般不太注重对旅游偏好内涵的解释和概念的界定。杰弗里（Geoffrey，2000）认为，旅游偏好是个非常宽泛的概念，涉及游客或居民对旅游目的地、旅行行为模式、旅游产品、接待设施等偏好和选择，游客对于旅游目的地或旅游产品的感知，居民对于当地旅游发展的权衡、感知和影响评估，旅游需求的预测等。

综合国内外相关研究成果，笔者认为，旅游偏好是指旅游者对旅游产品或旅游目的地趋向某一旅游目标的心理倾向。旅游偏好能够极大影响消费者的旅游决策，同时为旅游产品的开发与营销等提供科学依据。鉴于此，本节内容着眼于后冬奥时代的冰雪旅游，通过研究冰雪旅游消费者的偏好，采取"线上＋线下"的形式发放调查问卷并开展实地调研，在充分了解消费者偏好的基础上，为辽宁省冰雪旅游的开发导向提出合理化建议。

二、研究方法与数据来源

本研究的调查对象为有过在辽宁省参加冰雪旅游经历的消费者，参考冰雪旅游以及旅游偏好相关文献资料，采用问卷调查的方法通过"线上＋线下"的形式发放调查问卷，并通过实地走访调研的方式，系统研究辽宁省冰雪旅游消费者的旅游偏好。

本次调查问卷于 2022 年 5 月 21 日~26 日开展，调研方式包括纸质问卷与专业问卷调查网站发放两种形式，共计发放答卷 318 份，在调研中对受访者的疑问进行详细解答。通过对问卷整理检查，剔除误填及存在逻辑错误的问卷，最终获得有效问卷 300 份，有效回收率 94.34%。本次问卷由两部分组成，第一部分为旅游者的基本信息，主要包括年龄、受教育程度、月收入等个人信息；第二部分为赴辽宁省参加冰雪旅游的基本情况，分别从冰雪旅游相关知识掌握程度、冰雪旅游信息获取来源、冰雪旅游消费水平及相关商品购买情况、旅游体验满意度等方面调查其旅游偏好。

使用克朗巴哈一致性系数（Cronbach－α）对问卷结果进行信度检验，各变量系数值均高于 0.7，数据信度较好。使用因素分析检验结构效度，各研究项对应共同度值均高于 0.4，信息提取有效。KMO = 0.918 > 0.8；通过 Bartlett 检验，$p = 0.000 < 0.05$，数据效度好。旋转后累积方差解释率为 67.266% > 50%，信息量提取有效。

三、调查样本的人口特征分析

（一）年龄分布

通过本次调查所得数据分析可知，受调查的旅游者中 18~35 岁所占比例最大，为 38.67%；其次为 36~60 岁，占 33.33%；18 岁以下为 22.67%，占比较少。其中，18~60 岁有 216 人，占受调查人员的 72%，这个年龄段的旅游者以大学生群体、有一定工作经验或拥有稳定工作的人群为主，此类人群的经济相对独立，拥有稳定的收入，具备一定的经济能力，且身体素质较好，具有参加冰雪旅游的主观愿望，是参加冰雪旅游的主力军。

（二）受教育程度

本次调查的对象主要涉及三部分群体，文化程度相对较高：本科和研究生以上占 64.66%；其次是高中及以下学历，占 29.33%；大专占 6%。

（三）月收入结构

从经济结构上看，月收入 3 000 元以下的旅游者居多，占 50.33%，这部分群体的主要构成以学生为主。收入在 5 000～1 万元、1 万元以上和 3 000～5 000 元的群体数量大致相同，分别占 21%、15.33% 和 13.33%。对比月收入结构数据可知，拥有稳定收入的年轻旅游者既可自由支配闲暇时间又拥有可供支配的收入，能够发展成为潜在的冰雪旅游消费群体。

（四）冰雪旅游频率

从冰雪旅游参与度的统计数据来看，经常参加冰雪旅游的游客并不多，其中每年参加冰雪旅游不足 1 次的人数有 173 人，高达受调查人数的 57.67%，参加 1～2 次的占 34.33%，参加冰雪旅游频率有 3～4 次和 5 次以上的人数较少，分别占 6% 和 2%。由此可见，现阶段冰雪旅游产品的吸引力尚有待提升，冰雪类型的旅游景点开发不够完善导致重游率较低。

（五）冰雪旅游了解程度

调查显示，受调查者对冰雪旅游相关知识的掌握程度一般，选择"一点不了解"的为 6%，而 16% 的人对于冰雪旅游相关知识属于一知半解的情况，需要更多地宣传普及加强人们对冰雪旅游的认知。选择"基本掌握"和"完全掌握"的受访者占比分别为 7% 和 2%。近 70% 的被调查者表示对于冰雪旅游相关知识仅"知道一些"，是潜在的冰雪旅游者，可挖掘空间较大。由于冰雪旅游宣传的欠缺，旅游者对冰雪旅游相关知识较为匮乏。

四、冰雪旅游偏好特征分析

（一）冰雪旅游决策动机偏好

冰雪旅游以其项目多样化、形式特殊性深受大众喜爱。如图 5－2 所示，受调查的旅游者选择冰雪旅游的最主要动机是放松身心，占81%。以体验新奇和亲近自然为目的的旅游者占比分别为64.67%和64%；而后是锻炼身体，占比为52.67%；增进感情和其他目的的旅游者分别占比29.33%和8.67%。由数据分析可见，绝大多数旅游者选择冰雪旅游的目的是以放松身心和体验冰雪风光为主。

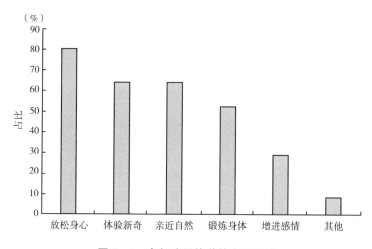

图5-2　参加冰雪旅游的主要目的

（二）冰雪旅游目的地偏好

1. 目的地选择偏好

如图5-3所示，从整体上看，被调查者在选择旅游地时比较关注冰雪运动设施、自然风光、配套服务和设施以及价格，占比分别为67.67%、67.33%、64.33%和60%；其次是交通和项目设计，占比均为51.67%；以景区知名度和气温为选择偏好的人并不多，分别为31%和27.67%。

2. 冰雪旅游信息偏好

被调查者想了解的冰雪旅游信息涉及面较广，首先想要了解的是冰雪旅游景区，占比为84.33%；其次，希望了解娱乐、餐饮、住宿和交通，占比

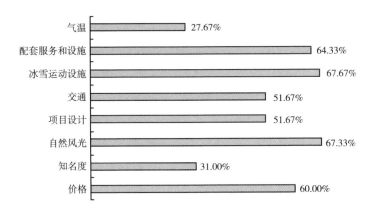

图 5 - 3   选择冰雪旅游目的地考虑的因素

分别为 67%、63%、62.67% 和 60%；再次，想要了解冰雪购物的被调查者不多，只占比 17.33%。因此，在后续的旅游宣传中，首先要做好冰雪旅游景区的推广，同时兼顾娱乐、餐饮、住宿和交通方面的宣传。

3. 冰雪旅游项目偏好

（1）运动场所。受调查者更偏好场地规模大、项目变化多的大型冰雪场地，占比为 39%；其次是天然环境和中小型冰雪场，占比均为 29.33%；而偏好简易的冰雪场人最少，占比仅为 7%。

（2）服务设施。对于冰雪旅游的服务设施，受调查者最为关注的是交通是否便捷；其次是卫生环境是否达标、餐饮条件是否干净、娱乐项目是否丰富、住宿条件是否舒适、游览景观是否迷人以及周围环境是否安全；最后是无线网络是否通畅以及地图与标识牌是否清晰。

（3）参与冰雪旅游时长。在人们参加冰雪旅游的时长中，选择 1~2 小时和 3~4 小时的旅游者最多，分别为 36.33% 和 35.67%；时长在 1 小时以内和 5 小时及以上的较少，分别为 14.67% 和 13.33%。由此可知，在冰雪旅游项目的开发方面，应让旅游者在 1~4 小时内完成旅游体验，以保持其良好的旅游状态。

（三）冰雪旅游消费偏好

1. 冰雪旅游费用偏好

由问卷统计分析可知，对于单次冰雪旅游的消费能接受的范围在 100～500 元的占比为 40%，500～1 000 元的占比为 25.33%，1 000～3 000 元、100 元以下和 3 000 元以上的占比分别为 13.33%、11.33% 和 10%。由此可见，单次冰雪旅游的消费在 1 000 元以内为普遍所能接受。

2. 冰雪旅游购物偏好

在冰雪旅游购物的选择上，人们更偏向于选择当地特产和旅游纪念品，分别为 37% 和 32%。选择非遗艺术品、时尚新产品和日常生活用品的人较少，只占 12%、10% 和 9%。根据调查可知，在冰雪旅游购物品的研发上，不仅要提高产品的文化内涵，更要加强对当地特产的宣传。

五、辽宁省冰雪旅游发展中现存问题

（一）冰雪旅游产品吸引力不足

多元化的旅游产品能够深入人心，成为一个旅游地的名片，可以有效刺激旅游消费，拉动旅游经济增长。冰雪旅游产品在产业融合发展的大背景下已经成为带动各产业融合发展的纽带，主要融合了体育旅游、健康旅游等多种旅游形式，其不断创新有利于塑造良好的冰雪旅游目的地形象。

根据问卷调查发现，受访者对于辽宁冰雪旅游的宣传度和项目的吸引力总体评价不高，说明目前辽宁省冰雪旅游开发不足，产品缺少吸引力，难以招徕更多游客光顾或重游。通过实地走访发现，辽宁多地雪场建设雷同，冰雪项目相互克隆模仿，未能突出区域文化特色，导致游客审美疲劳。很多滑雪场经营期较短，只有不到三个月时间，存在重冰雪运动轻冰雪消费等问题，多数雪场难以盈利。

实际上，辽宁省冰雪资源优势明显，适合开发冰雪旅游，省内游客较多。但由于开发不充分，现有的冰雪旅游产品较为单一，冰雪旅游特色不鲜明，竞争力不足，难以满足游客对高品质旅游产品的需求。同时，有针对性的冰雪旅游宣传不到位，无法吸引更多外省游客的关注。

（二）冰雪旅游服务体系待完善

冰雪旅游成为近年来冬季旅游市场的出游主题，受北京冬奥会的积极影响，我国冰雪旅游进入了一段爆发式增长的黄金时代，参加冰雪旅游的消费者显著增加，而冰雪旅游服务是否能够满足与日俱增的庞大客流，成为冰雪旅游地亟须解决的关键问题。

问卷调查显示，受调查者对辽宁省冰雪旅游服务设施的总体评价不高，主要包括以下几点：交通设施不完善，冰雪旅游场地距市区较远，在高速公路及通往景区的线路上景区宣传指引标识不醒目，缺少配套旅游服务班车；冰雪体验项目单一，设施更新不及时，性价比不高，体验感不强；对旅游地配套的食、住、行等服务设施满意度不高，导致重游率低。

经过实地调研发现，辽宁省冰雪旅游景区缺乏有效规划与整合，各景区之间未能达到资源互补，难以形成统一竞争合力，普遍存在重项目投资轻企业运营、重硬件建设轻软件完善、"一流资源，二流管理，三流服务"等问题。通过访谈发现，部分冰雪旅游企业在从业人员培养过程中忽视了职业素养、心理素质的培养，导致冰雪旅游从业人员的职业道德意识淡薄。同时，绝大多数冰雪旅游从业人员欠缺专业技能培训，对冰雪运动、冰雪旅游等行业相关知识掌握不足，难以为游客提供专业有效的帮助。此外，滑雪场的消费标准、信息透明度及相关保险等配套服务还需进一步契合市场需要。

六、辽宁省冰雪旅游开发导向

（一）持续提升冰雪旅游产品吸引力

辽宁省冬季漫长，雪量大，雪质松软厚实，冰雪资源丰富，是发展冰雪旅游的理想区域。同时，辽宁省拥有深厚的历史底蕴，"冰嬉"文化源远流长，民族文化灿烂辉煌，有利于打造别具一格的冰雪文化旅游路线。因此，辽宁省应结合本区域资源条件，探索多业态融合模式，丰富完善冰雪旅游产品体系，深化"冰雪＋民俗""冰雪＋体育""冰雪＋美食"等业态升级，打造冰雪文化体验、冰雪体育赛事、冰雪休闲度假等多类型产品。在此基础上辽宁省明确自身的发展优势，合理调整冰雪旅游发展策略，增强旅游产品创新力度，突出地域文化，并有针对性地加强对外省游客的旅游宣传。

1. "冰雪＋民俗"旅游产品

辽宁省康平卧龙湖冬捕节融入大辽捺钵文化和辽河渔猎文化，以艺术再现大辽捺钵盛景，打造体验冬捕、穿越大辽、冰雪狂欢、年货采购等内容的全国性冰雪旅游活动，已成为康平乃至沈阳冬季冰雪活动的代表性品牌。《辽史》记载，"春山秋水，冬夏捺钵"合成"四时捺钵"。目前，冬捕已成为康平代表性名片，现已发展成为"大辽文化冬捕节"，展示冰镩破冰、马拉绞盘、人工穿网等古法捕鱼场景，每年有10余万人到此观赏、购物，激活了本地的冰雪旅游。

据调查问卷统计，受访者参与冰雪旅游的主要目的为获取新奇体验。因此，可以在冬捕节的基础上增添传统祭祀、拜日取火等环节，设置巡游互动，工作人员可穿着契丹传统服饰定时巡游，与游客互动合影，增强民族风情冰雪活动的互动性。同时，问卷调查显示，受访者更偏向于购买当地特产和旅游纪念品。因此，在宣传辽宁省本土冰雪文化的同时，应加强对体现当地文化特色的旅游文创产品的研发。此外，应积极开发辽宁省特色海产品，将大连的冬季海钓与当地特色海产相结合，研发制作海洋生物模型、海洋生物化石考古类盲盒等旅游文创产品，实现"借节扬名、以旅带经"，增强辽宁冬捕、海钓等项目的吸引力，扩大品牌影响力，提升发展软实力。

2. "冰雪＋体育"旅游产品

冰雪旅游以其参与性、体验性、健身性和观赏性为旅游者所喜闻乐见。

近年来，辽宁省对本地冰雪资源的利用率有所提高，促进了冰雪旅游产业的发展。例如冰雪旅游中的滑雪旅游，参加此类体育旅游活动，既可以锻炼身体消除疲劳，又可以让长期栖身在城市里的人们从繁复沉重的工作中暂时抽身，对于摆脱生活的枯燥与工作的压力有很大帮助。

问卷数据统计显示，受访者选择冰雪旅游的主要目的是放松身心。辽宁省拥有得天独厚的冰雪资源，应抓住"后冬奥时代"的重大发展机遇，加快冰雪运动的发展，巩固"带动三亿人参加冰雪运动"的成果；结合冰雪运动赛事，翻新或增建冰雪运动场地，加强自然景观和基础设施的建设，让游客能够徒步穿行冰雪原始森林，在运动过程中既强健身心又能领略雾凇冰瀑、林海雪原等特色风光；深入挖掘辽宁冰雪体验旅游的潜力，让冰雪运动转化为冰雪旅游的兴趣，对"冰雪＋运动"思路进行创新，增加竞技类项目，开发雪地定向穿越，打造探奇类体验产品，让游客在冰雪旅游区内进行搜索与"寻宝"，在滑雪、徒步、登山的过程中与自然冰雪环境进行趣味互动。

3. "冰雪＋美食"旅游产品

美食旅游是一种体验美食味道，感受美食文化的旅游活动，是天然的体验经济。研究指出，旅游者在参加过多种不同的地方特色美食旅游之后，不仅感受到了当地原真性的文化，也提升了旅游过程中的满意度。

由调查问卷的统计结果可知，受访者对于体验本土文化的偏好也体现在饮食方面。辽宁省的饮食文化有着悠久的历史，当地饮食文化集中反映了东北地区的特色饮食文化。因此，为迎合游客所需，在冰雪旅游产品的设计中可通过饮食文化展现鲜明的民族特色与本土文化，使游客在品尝当地美食的同时加深对辽宁冰雪文化的认识。辽宁地区注重谷类和酱汁泡菜类地域饮食，朝鲜族、满族、蒙古族等风味美食久负盛名，还有大量的如老边饺子、马家烧麦、李连贵熏肉大饼、杨家吊炉饼等老字号品牌。因此，应深入挖掘辽宁当地的美食资源，结合辽宁省多元的饮食文化，考虑"冬季进补"的需求，大力发展"冰雪＋美食"系列旅游产品。在关注当地特色和食材新鲜卫生的前提下，精心打造冰雪特色的饮食环境，还要注重食品的性价比，让旅游者在享用本地美食的过程中充分体验辽宁特色的地方文化。

（二）不断完善冰雪旅游服务体系

辽宁省的冰雪资源与文化资源优势明显，但冰雪旅游的配套服务设施建设方面与国内外知名冰雪旅游目的地相比仍存在一定的差距。此问题在问卷调查中也有所体现，调查中受访者对于目前的基础设施和住宿、餐饮、购物、娱乐等配套设施的评价一般。

因此，为改善旅游者满意度，首先，要加强交通设施的建设，提高路网密度，增加交通通达水平，增设通往景区的专线；其次，优化住宿、餐饮等服务设施，在建筑风格与内部装潢等方面重点突出冰雪元素，融入冰雪旅游环境；最后，大力提升从业人员的专业技能与服务水平，不断强化专业培训，让从业者了解冰雪爱上冰雪，充满服务热情，让游客在体验冰雪旅游产品的同时，也感受到高品质的服务，让冰雪旅游成为寒冷中的暖心之旅。

第三节　冰雪旅游者满意度研究

在北京冬奥、冰雪出境游回流、旅游消费升级以及冰雪设施全国布局等供需两侧共同作用下，根据中国旅游研究院发布的《中国冰雪旅游发展报告》，我国冰雪旅游人数从 2016—2017 冰雪季的 1.7 亿，增至 2020—2021 冰雪季的 2.54 亿，2021—2022 冰雪季达到 3.44 亿。然而，如此众多的冰雪旅游者"是否对冰雪旅游体验满意？""满意的程度如何？""哪些因素影响其满意度？"等一系列问题尚有待探讨。本节内容基于"后冬奥时代"背景，系统分析冰雪旅游者满意度的影响因素与提升策略，并以辽宁省为例开展实证研究，以期为提升冰雪旅游的满意度提供参考与借鉴。

一、相关研究综述

（一）研究内容

1965 年，卡多佐（Cardozo）首次提出顾客满意度的概念，是指顾客在消费前的期望与实际感知间的差异。游客满意度则是指客对旅游地的期望与其游览后的体验结果比较所产生的心理状态。满意度作为游客满意的定量表征，为测评经营绩效的综合性指标，对评判旅游发展质量的作用举足轻重，对指导旅游开发管理意义重大。顾客满意度一般从产品质量（Lin et al.，2006）、服务（Cristobal et al.，2007；Alikara et al.，2011）、价格（Eid et al.，2018）等方面进行评价。对冰雪旅游满意度评价的常用方法包括：问卷、因子分析、模糊综合评价、结构方程模型、扎根理论、重要性—绩效分析（IPA）等（朱晓柯等，2018；李京律等 2020；徐静等，2021；王国权等，2022；杨春梅等，2022；陈翔雨等，2022）。

2022 年 6 月，通过 CNKI 搜索引擎采用关键词检索"冰雪旅游"和"满意度"，查到相关论文 11 篇，代表性成果如下：朱晓柯等（2018）利用哈尔滨冰雪旅游调查数据，采用模糊综合评价法进行满意度评价。李京律等（2020）利用北京冰雪旅游调查数据，采用结构方程模型构建参与动机与持续参与意图的影响机制模型。邓兰等（2021）运用多元回归、IPA、单因素方差等方法，构建乌鲁木齐冰雪旅游者满意度模型。唐凡等（2021）运用影响范围性能分析法和影响不对称分析法分析了达古冰川旅游地属性对游客满意度的影响。徐静等（2021）采用扎根理论方法，构建冰雪旅游者选择意愿和影响因素模型。王国权等（2022）利用北京冰雪旅游调查数据，构建结构方程模型研究滑雪旅游行为意向的影响机制。杨春梅等（2022）利用 Python技术抓取游客评论，通过文本分析法确定哈尔滨冰雪旅游者满意度影响要素及提升对策。陈翔雨等（2022）采用 IPA 分析法测评冰雪旅游地游客满意度，提出满意度提升模式。

（二）研究述评

通过梳理冰雪旅游满意度研究成果可知，学界开展此项研究时间较短，研究对象仅聚焦于哈尔滨、北京等城市，文献数量较少，特别是权威期刊的成果尚不多见。同时，理论实践结合不足，现存文献往往仅注重影响冰雪旅游满意度的具体因素，却忽略了对各因素间相互关系与层次结构的探讨，因而提出的建议普遍较为空泛，可操作性不强。

鉴于此，本节内容在深化理论分析的基础上，参考相关研究方法，基于有序 Logistic – ISM 模型，结合冰雪旅游的特性，以辽宁省为案例区域，对区域冰雪旅游者满意度影响因素开展系统研究，分析各影响因素间的相互关系与层次结构，进而针对性设计基于游客偏好的冰雪旅游满意度提升策略，以促进理论与实践结合。

二、模型构建与数据来源

（一）模型构建

离散选择模型（DCM）是刻画个体行为选择的建模方法，是研究个体选择行为的有力工具，相对传统需求模型较集中的选择视角，其优势在于将研究视角拓展至多属性变量，揭示个体特征对决策概率的直接影响。

1. 模型选择

本部分研究所涉及的因变量为冰雪旅游满意度，分非常不满意、不太满意、一般、满意、非常满意 5 级，各自变量为分类变量，因此本部分研究采取有序 Logistic 回归模型。设游客冰雪旅游满意度为因变量 Y，为 k 个等级的有序变量。在本部分研究中 $k = 5$，Y_1 为"非常不满意"，Y_2 为"不太满意"，Y_3 为"一般"，Y_4 为"满意"，Y_5 为"非常满意"。$X^T = (x_1, x_2, \cdots, x_n)$ 为自变量矩阵。记等级为 $j(j = 1, 2, \cdots, k)$ 的概率为：$P(y \geq j | x)$，则等级大于等

于 $j(j=1，2，\cdots，k)$ 的概率为：

$$P(y \geq j \mid x) = P(y = j \mid x) + \cdots + P(y = k \mid x) \qquad (5-1)$$

对式（5-1）做 Logit 变换：

$$
\begin{aligned}
\mathrm{Logit}P_j &= \mathrm{Logit}\big[P(y \geq j \mid x)\big] \\
&= \ln \frac{P(y \geq j \mid x)}{1 - P(y \geq j \mid x)} \qquad (5-2) \\
&(j=1,2,\cdots,k-1)
\end{aligned}
$$

有序分类结果的 Logit 模型定义为：

$$
\begin{aligned}
\mathrm{Logit}P_j &= \mathrm{Logit}\big[P(y \geq j \mid x)\big] \\
&= -a_j + \sum_{j=1}^{n} \beta_j x_i \qquad (5-3) \\
&(j=1,2,\cdots,m-1;i=1,2,\cdots,n)
\end{aligned}
$$

该模型实质上将 k 个等级分为两类：$\{1,2,\cdots,j\}$ 与 $\{j+1,\cdots,k\}$。基于此定义的 Logit 表示属于 $k-j$ 个等级的累积概率 $P(y \geq j \mid x)$ 与前 j 个等级的累积概率 $(1-P(y \geq j \mid x))$ 之比的对数，亦称比例优势模型。

2. 模型解释

该模型中均为待估参数，表示解释变量为 0 时，在某一固定 j 下两类不同概率比的对数值。对于 k 类反应变量，$k-1$ 个累积 Logit 模型各有 1 个不同的估计；而对于 X_i，$k-1$ 个模型的系数均相同，表示自变量 X_i 每增加 1 个单位，Y 值提高 1 个或 1 个以上等级之比的对数，即优势比 $OR = \exp\big[\beta_j(b-a)\big]$。

（二）数据来源

1. 案例区域

辽宁省冬季时间长、降雪量大，雪质厚实松软，气温略高于黑龙江、吉林两省，适宜户外运动；雪场多设置于丘陵向平原过渡带，坡度适合初学体验冰雪运动；区域人文资源丰富，融合开展冰雪旅游优势明显；地理区位比黑、吉两省更靠近客源市场，交通基础设施完善，高速与高铁叠加，适合冬季旅游出行。根据《2020中国滑雪产业白皮书》，截至2020年，辽宁省共有滑雪场37家，排名全国第九；建成并投入使用架空索道28条，排名全国第四；拥有以娱乐为主的戏雪乐园近百家。2022年春节黄金周，辽宁累计接待游客2 357.7万人次，同比增长0.9%，比2019年增长3.5%；实现旅游综合收入106.9亿元，同比增长9%。根据2022年国家体育总局发布的《"带动三亿人参与冰雪运动"统计调查报告》，辽宁参与冰雪运动达0.23亿人，排名全国第四；辽宁冰雪运动参与率53.83%，排名全国第三。根据文旅部数据中心发布的《中国冰雪旅游消费大数据报告（2022）》，2021—2022冰雪季辽宁位列冰雪旅游热门省份全国第八，沈阳位列冰雪旅游热门城市全国第六。鉴于此，本部分研究选择辽宁省为案例区域具有一定代表性。

2. 数据获取

本部分研究数据主要通过对在辽宁省参加过冰雪旅游的游客进行问卷调查与访谈方式获得。2022年5月7日～8日，开展预调研，之后依据问卷填写情况将部分问题重新设置。2022年5月21日～26日开展正式调研，调研方式包括纸质问卷与专业问卷调查网站发放两种形式，共计发放答卷318份，在调研中对受访者的疑问进行详细解答。通过对问卷整理检查，剔除误填及存在逻辑错误的问卷，最终获得有效问卷300份，有效回收率94.34%，样本年龄从18岁以下到60岁以上。比重最大的为18～35岁，占38.67%；其次为36～60岁，占33.33%。教育程度方面，本科达41.33%，研究生及以上占23.33%。以上各类分布可见，本次调查样本的代表性较广。

使用克朗巴哈一致性系数（Cronbach–α）对问卷数据进行信度检验，各变量系数值均高于0.7，数据信度较好。使用因素分析检验结构效度，各研究项对应共同度值均高于0.4，信息提取有效。KMO = 0.918 > 0.8；通过Bartlett检验，$p = 0.000 < 0.05$，数据效度好。旋转后累积方差解释率为

67.266% >50%，信息量提取有效。

3. 数据处理

影响冰雪旅游满意度的因素非常复杂，以往的研究主要侧重分析旅游资源、旅游服务、旅游设施及旅游成本等因素，却忽略了旅游环境对游客满意度的影响。为厘清影响冰雪旅游满意度的随机分量，优化解释变量，本书在参考现有相关研究的基础上，结合冰雪旅游的特性，增加了"冰雪旅游环境保护的评价"等变量，共提取 19 个变量，假设游客对冰雪旅游满意与否主要取决于下列因素（见表 5 – 1）。

表 5 – 1　　　　　　　　有序 Logistic 回归模型变量及其编码解释

变量	释义	编码
X_1	年龄	1 = 18 岁以下，2 = 18 ~ 35 岁，3 = 36 ~ 60 岁，4 = 60 岁以上
X_2	文化程度	1 = 高中及以下，2 = 大专，3 = 本科，4 = 研究生及以上
X_3	月收入	1 = 3 000 元以下，2 = 3 000 ~ 5 000 元，3 = 5 000 ~ 1 万元，4 = 1 万元以上
X_4	年均冰雪旅游频率	1 = 不足 1 次，2 = 1 ~ 2 次，3 = 3 ~ 4 次，4 = 5 次及以上
X_5	能接受连续户外冰雪旅游的时间	1 = 1 小时以内，2 = 1 ~ 2 小时，3 = 3 ~ 4 小时，4 = 5 小时及以上
X_6	能接受的单次冰雪旅游费用	1 = 100 元以下，2 = 100 ~ 500 元，3 = 500 ~ 1 000 元，4 = 1 000 ~ 3 000 元，5 = 3 000 元以上
X_7	冰雪旅游相关知识掌握程度	1 = 一点不了解，2 = 知道一些，3 = 基本掌握，4 = 完全掌握
X_8	冰雪旅游项目偏好	1 = 冰雪节庆（民俗、演艺等），2 = 冰雪运动（滑雪、滑冰等），3 = 冰雪娱乐（冰滑梯、雪地摩托、打雪仗等），4 = 冰雪观光（冰雕、雪雕、雾凇等），5 = 冰雪生活体验（温泉、美食等）
X_9	冰雪运动场所偏好	1 = 大型冰雪场，2 = 中小型冰雪场，3 = 简易冰雪场，4 = 天然环境
X_{10}	冰雪旅游购物偏好	1 = 旅游纪念品，2 = 非遗艺术品，3 = 当地特产，4 = 日常生活用品，5 = 时尚新产品
X_{11}	对辽宁冰雪旅游宣传的评价	1 = 非常不满意，2 = 不太满意，3 = 一般，4 = 满意，5 = 非常满意

续表

变量	释义	编码
X_{12}	对辽宁冰雪旅游基础设施的评价	1 = 非常不满意，2 = 不太满意，3 = 一般，4 = 满意，5 = 非常满意
X_{13}	对辽宁冰雪旅游项目吸引力的评价	1 = 非常不满意，2 = 不太满意，3 = 一般，4 = 满意，5 = 非常满意
X_{14}	对辽宁冰雪运动设施的评价	1 = 非常不满意，2 = 不太满意，3 = 一般，4 = 满意，5 = 非常满意
X_{15}	对辽宁冰雪旅游配套设施的评价	1 = 非常不满意，2 = 不太满意，3 = 一般，4 = 满意，5 = 非常满意
X_{16}	对辽宁冰雪文化特色展示的评价	1 = 非常不满意，2 = 不太满意，3 = 一般，4 = 满意，5 = 非常满意
X_{17}	对辽宁冰雪旅游服务的评价	1 = 非常不满意，2 = 不太满意，3 = 一般，4 = 满意，5 = 非常满意
X_{18}	对辽宁冰雪旅游性价比的评价	1 = 非常不满意，2 = 不太满意，3 = 一般，4 = 满意，5 = 非常满意
X_{19}	对辽宁冰雪旅游环境保护的评价	1 = 非常不满意，2 = 不太满意，3 = 一般，4 = 满意，5 = 非常满意
Y	对辽宁冰雪旅游体验的总体评价	1 = 非常不满意，2 = 不太满意，3 = 一般，4 = 满意，5 = 非常满意

三、研究过程与结果分析

（一）研究过程

1. 实证分析

本研究使用 SPSS27.0 软件采用多分类有序 Logistic 回归模型进行多因素分析。将表 5 – 1 中自变量代入模型，参考单变量观察与模型检验结果，根据统计量概率检验标准（$p < 0.05$），使用后退法对无统计学意义的自变量逐步剔除优化拟合效果，根据 – 2 对数似然值及自由度变化分析剔除的合理性。模型在剔除年龄（X_1）、文化程度（X_2）、月收入（X_3）、年均冰雪旅游频率

（X_4）、能接受连续户外冰雪旅游的时间（X_5）、能接受的冰雪旅游最高费用（X_6）、冰雪旅游相关知识掌握程度（X_7）、冰雪旅游项目偏好（X_8）、冰雪运动场所偏好（X_9）、冰雪旅游购物偏好（X_{10}）、对辽宁冰雪旅游宣传的评价（X_{11}）、对辽宁冰雪旅游基础设施的评价（X_{12}）、对辽宁冰雪文化特色展示的评价（X_{16}）、对辽宁冰雪旅游服务的评价（X_{17}）等 13 个自变量后收敛，总预测准确率上升至 88.00%，具体回归和检验结果如表 5 - 2、表 5 - 3 所示。

表 5 - 2 有序 Logistic 回归模型分析结果

项目	选项	回归系数	标准误	z 值	Waldχ^2	p 值	OR 值	OR 值 95% CI
因变量阈值	1.0	9.623	2.038	4.722	22.297	0.000	0.000	0.000 ~ 0.004
	2.0	14.956	1.599	9.354	87.506	0.000	0.000	0.000 ~ 0.000
	3.0	22.246	1.935	11.498	132.197	0.000	0.000	0.000 ~ 0.000
	4.0	28.271	2.409	11.734	137.685	0.000	0.000	0.000 ~ 0.000
自变量	对辽宁冰雪旅游项目吸引力的评价	1.018	0.441	2.308	5.325	0.021	2.768	1.166 ~ 6.572
	对辽宁冰雪运动设施的评价	1.114	0.464	2.403	5.777	0.016	3.048	1.228 ~ 7.563
	对辽宁冰雪旅游配套设施的评价	0.851	0.331	2.574	6.624	0.010	2.342	1.225 ~ 4.479
	对辽宁冰雪旅游性价比的评价	1.466	0.329	4.460	19.888	0.000	4.332	2.275 ~ 8.252
	对辽宁冰雪旅游环境保护的评价	2.100	0.348	6.036	36.432	0.000	8.170	4.131 ~ 16.160

注：McFadden R^2 = 0.620；Cox and Snell R^2 = 0.726；Nagelkerke R^2 = 0.828。

表 5 - 3 有序 Logistic 回归模型预测准确率

选项	实际频数	预测准确频数	预测准确率（%）
1.0	3	3	100.000
2.0	8	3	37.500
3.0	166	156	93.976
4.0	98	83	84.694
5.0	25	19	76.000
总计	300	264	88.000

2. 模型检验

本研究采用有序多分类 Logistic 回归模型对冰雪旅游满意度的影响因素进行实证分析，分析前需检验模型适用性及其拟合度。在多元有序 Logistic 模型中，较准确的拟合优度检验为似然比检验，其原假设为全部纳入自变量系数为 0。根据检验结果（见表 5-4），模型卡方值为 387.882，显著性 $p = 0.000 < 0.001$，拒绝了原假设，在 1% 的显著性水平上通过检验，模型整体有意义。

表 5-4 模型拟合信息

模型	-2 倍对数似然值	卡方值	df	p
仅截距	625.629			
最终模型	237.748	387.882	5	0.000

使用 SPSS27.0 对模型进行拟合检验发现，Cox and Snell R^2、Nagelkerke R^2 及 McFadden R^2 3 项伪决定系数值分别为 0.726、0.828、0.620，均大于 1%，说明该模型拟合效果较好，能科学解释冰雪旅游满意度影响因素的作用效果，可深入进行结果分析。

（二）结果分析

1. 基于 Logistic 模型影响因素分析

Logistic 回归模型结果显示，"对辽宁冰雪旅游项目吸引力的评价" X_{13}、"对辽宁冰雪运动设施的评价" X_{14}、"对辽宁冰雪旅游配套设施的评价" X_{15}、"对辽宁冰雪旅游性价比的评价" X_{18}"对辽宁冰雪旅游环境保护的评价" X_{19} 五项影响因素均会对"辽宁冰雪旅游体验的总体评价" Y 产生显著的正向影响关系。根据回归系数值及优势比（OR 值），各影响因素的作用强度顺序为：对辽宁冰雪旅游环境保护的评价 > 对辽宁冰雪旅游性价比的评价 > 对辽宁冰雪运动设施的评价 > 对辽宁冰雪旅游项目吸引力的评价 > 对辽宁冰雪旅游配套设施的评价。具体分析如下。

（1）冰雪旅游项目吸引力。根据 Logistic 回归模型结果，"对辽宁冰雪旅游项目吸引力的评价" X_{13} 回归系数值 1.018，Wald 检验变量显著性概率 $p = 0.021 < 0.05$，说明 X_{13} 对冰雪旅游满意度正向影响显著。优势比（OR 值）为 2.768，说明游客对辽宁冰雪旅游项目吸引力评价的高水平与低水平相比，导致因变量向高水平发展的作用强度。释义为：如不考虑其他因素，旅游者对辽宁冰雪旅游项目吸引力的评价每增加 1 个单位，其对辽宁冰雪旅游体验总体评价趋向满意的概率增加幅度为 2.768 倍。根据问卷调查显示，只有 6.33% 的受访者对辽宁冰雪旅游项目吸引力非常满意，23.33% 的受访者评价为"满意"，而 63.67% 的受访者则评价为"一般"，表明辽宁冰雪旅游项目的吸引力尚需大力提升。

百度指数是以百度网民行为数据为基础的数据分享平台，是重要的统计分析平台。百度指数以关键词为统计对象，能够科学计算关键词在网页中搜索频次的加权和。本部分研究使用百度指数（Baidu index）进行人群画像，设置关键词为"冰雪旅游"，根据 2021 年 1 月 1 日~2022 年 6 月 30 日的统计数据，辽宁"冰雪旅游"搜索指数仅排名全国第十二，北京、吉林、河北、黑龙江、四川、广东、江苏、浙江、山东、河南占据前十名。

根据《中国冰雪旅游消费大数据报告（2022）》，辽宁在 2021—2022 冰雪季冰雪旅游热门省份中仅排名第八，而同属东北地区的黑龙江、吉林则分列头两位，之后依次为北京、湖北、浙江、新疆、四川。哈尔滨冰灯游园会是我国冰灯艺术发源地，为黑龙江冰雪旅游名片；吉林查干湖冬捕在辽金时期即久负盛名，地方风格浓郁；浙江不仅有杭州西湖"断桥赏雪"、临安大明山滑雪场、安吉江南天地滑雪场、绍兴乔波冰雪世界，还凭借网红温泉民宿、异域建筑风格小木屋、古镇风光等吸引了大量游客。相比之下，辽宁冰雪旅游项目的吸引力仍有很大的提升空间。

冰雪旅游项目的质量是影响游客满意度的重要因素。通过实地走访调研发现，辽宁多地雪场建设雷同，同质化竞争严重，项目开发与产业融合度差，未能突出本土文化特色，冰雪项目相互克隆模仿，导致游客审美疲劳。针对个性游、自主游、深度游的产品开发不足，项目缺乏新意，低档次、低水平、低标准重复建设的产品居多。很多滑雪场经营期较短，只有不到三个月时间，存在重冰雪运动轻冰雪消费等问题，多数雪场难以盈利。由此可见，目前辽宁冰雪旅游开发不足，产品缺少吸引力，导致旅游者满意度不高，难以招徕更多游客光顾或重游。

（2）冰雪运动设施。Logistic 模型计算结果表明，"对辽宁冰雪运动设施的评价" X_{14} 回归系数值为 1.114，呈现 0.05 水平的显著性（$z = 2.403$，$p = 0.016 < 0.05$），说明游客对辽宁冰雪运动设施的评价对其冰雪旅游体验的满意度正向影响显著。优势比（OR 值）为 3.048，释义同上，表明游客对辽宁冰雪运动设施的评价增加 1 个单位时，其对辽宁冰雪旅游体验总体评价的变化（增加）幅度为 3.048 倍。问卷调查显示，只有 6.67% 的受访者对辽宁冰雪运动设施非常满意，26% 的受访者评价为"满意"，而 63.33% 的受访者则评价为"一般"，表明辽宁冰雪运动设施还需要不断升级完善。

根据《中国滑雪产业白皮书》（2020 年）统计数据，截至 2020 年末，东北三省共有滑雪场 171 家，见表 5 - 5。其中，黑龙江 94 家，全国排名第一；吉林 40 家，全国排名第七；辽宁 37 家，全国排名第九。在滑雪场质量方面辽宁短板明显，缺少如黑龙江亚布力、吉林长白山等大型的、能举办国内外重大赛事或度假式、目的地式的滑雪场。垂直落差为衡量滑雪场规模的重要指标，黑龙江亚布力和吉林北大壶两家雪场垂直落差均超过 800 米，同时，两家雪场均为综合型滑雪场，设有滑雪、雪板、雪圈、雪地摩托、雪橇和其他娱乐设备等，融冰雪运动与旅游为一体，而辽宁垂直落差 800 米以上的滑雪场尚属空白。

表 5 - 5 东北三省滑雪场数量及全国排名统计表

省份	年度	滑雪场数量（家）	全国排名
辽宁	2020	37	9
	2019	38	9
	2018	38	9
	2017	37	8
	2016	35	8
	2015	31	8

续表

省份	年度	滑雪场数量（家）	全国排名
吉林	2020	40	7
	2019	45	6
	2018	43	7
	2017	41	7
	2016	38	7
	2015	37	5
黑龙江	2020	94	1
	2019	124	1
	2018	124	1
	2017	124	1
	2016	122	1
	2015	120	1

资料来源：2016～2020 年历年的《中国滑雪产业白皮书》。

架空索道数量亦为衡量滑雪场规模的重要指标。截至 2020 年末，国内滑雪场中已投入运营的架空索道共 275 条，分布于全国 21 个省份 159 家雪场。其中，黑龙江、吉林、辽宁分别以 40 条、40 条、28 条位列全国第二名至第四名，见表 5 - 6。在配备了架空索道的雪场中，脱挂式架空索道的数量是雪场规模和效率的集中展示。在国内现有 68 条滑雪用途脱挂式架空索道中，吉林 20 条，分布于 6 家雪场；黑龙江 7 条，分布于 3 家雪场；辽宁空缺。

表 5 - 6 　　　东北三省滑雪场架空索道数量及全国排名统计表

省份	年度	架空索道数量（条）	架空索道分布的滑雪场数量（家）	全国排名
辽宁	2020	28	19	4
	2019	28	19	4
	2018	28	19	4
	2017	28	19	4
	2016	29	22	3
	2015	29	22	2

续表

省份	年度	架空索道数量（条）	架空索道分布的滑雪场数量（家）	全国排名
吉林	2020	40	16	3
	2019	39	16	3
	2018	37	16	3
	2017	37	16	3
	2016	26	8	4
	2015	22	7	5
黑龙江	2020	40	28	2
	2019	40	28	2
	2018	39	26	2
	2017	39	26	2
	2016	44	25	1
	2015	38	22	1

资料来源：2016~2020年历年的《中国滑雪产业白皮书》。

由上述分析可知，长期以来黑龙江省滑雪场数量保持全国第一，而吉林省的滑雪场数量及架空索道数量也位居全国前列，冰雪运动设施完备。相比之下，辽宁省冰雪运动设施短板较为明显，缺少国际标准化滑雪场、冰场制备和高端装备的核心技术；缺少一站式服务龙头企业，现有企业竞争力不强。

冰雪运动设施的质量直接制约了游客对辽宁冰雪旅游的满意度。根据实地走访调研可知，辽宁省冰雪运动设施短板较为明显，多数雪场属于体验型或培训型低端滑雪场，尚处于"小舢板级"状态，缺少国际标准化滑雪场、冰场制备和高端装备的核心技术；缺少一站式服务龙头企业，现有企业竞争力不强。尤其是缺少如黑龙江亚布力、吉林长白山等大型的、能举办国内外重大赛事或度假式、目的地式的滑雪场。垂直落差为衡量滑雪场规模的重要指标，黑龙江亚布力和吉林北大湖两家雪场垂直落差均超800米，且均为综合型滑雪场，设有滑雪、雪板、雪圈、雪地摩托、雪橇等多种娱乐设备，融冰雪运动与旅游为一体，而现阶段辽宁此类滑雪场则尚属空白。目前的场地条件仅能够满足游客的休闲观光需求，适用大众的单次消费，无法吸引滑雪爱好者的高端重复性消费。

（3）冰雪旅游配套设施。根据 Logistic 回归模型结果，"对辽宁冰雪旅游配套设施的评价" X_{15} 的常数项系数为 0.851，Wald 检验的变量显著性概率 $p=0.010<0.05$，表明变量 X_{15} 对游客的冰雪旅游满意度起到了显著的正向影响。OR 值为 2.342，释义同上，表明游客对辽宁冰雪旅游项目吸引力的评价增加 1 个单位时，其对辽宁冰雪旅游体验总体评价趋向满意的概率增加幅度为 2.342 倍。根据问卷调查显示，只有 6.33% 的受访者对辽宁冰雪旅游配套设施非常满意，23.67% 的受访者评价为"满意"，而 61.33% 的受访者则评价为"一般"，由此可见，辽宁冰雪旅游配套设施尚需不断完善。

积极建设并不断完善区域冰雪旅游配套设施，对于提升辽宁冰雪旅游体验的总体评价具有不可忽视的作用。近年来，随着大众冰雪旅游广泛开展，更多的消费者选择在周末和长假开启冰雪之旅，住宿、餐饮、娱乐、商业等配套设施完善的冰雪旅游目的地越发受到游客的青睐。通过实地走访调研发现，辽宁冰雪旅游配套设施有待完善，包括餐饮、住宿、购物、交通、娱乐在内的配套设施建设亟须提升。随着冰雪旅游者数量的增加，区域冰雪旅游配套设施承载力不足的问题日渐凸显，现有设施无法满足旅游群体的多元化需求。尤其是缺乏集冰雪运动、购物、度假等多功能于一体的冰雪度假区，无法满足家庭式冰雪旅居度假需求。配套设施与服务质量未能达到消费者期望值，导致冰雪旅游者满意度较低，大多数为一次性体验型消费者。

（4）冰雪旅游性价比。Logistic 回归模型结果显示，"对辽宁冰雪旅游性价比的评价" X_{18} 的回归系数值为 1.466，呈现出 0.01 水平的显著性（$z=4.460$，$p=0.000<0.01$），说明 X_{18} 对冰雪旅游满意度起到显著的正向影响，且影响较为强烈。OR 值为 4.332，意味着游客对辽宁冰雪旅游性价比的评价每增加 1 个单位时，其对辽宁冰雪旅游体验总体评价的变化（增加）幅度为 4.332 倍。问卷调查显示，只有 5.33% 的受访者对辽宁冰雪旅游性价比非常满意，30.67% 的受访者评价为"满意"，而 56.67% 的受访者则评价为"一般"，表明辽宁冰雪旅游产品的性价比尚需不断提高。

《中国冰雪旅游消费大数据报告（2022）》显示，2021—2022 冰雪季在马蜂窝平台预订的滑雪旅游消费中，近四成游客人均消费大于5 000元，两成超万元，表明游客愿为优质住宿、特色饮食及高品质滑雪体验买单。由此可见，性价比高的冰雪旅游产品能够吸引众多消费者的青睐。根据实地走访调研可知，现阶段辽宁部分冰雪旅游地还存在产品性价比较低、质价不一等现象，严重影响消费者黏性。因此，应大力提升辽宁冰雪旅游产品质量，合理调整产品价格，吸引广大游客，扩大冰雪产业经济效益。

（5）冰雪旅游环境保护。根据 Logistic 回归模型结果，"对辽宁冰雪旅游环境保护的评价" X_{19} 回归系数值 2.100，Wald 检验变量显著性概率 $p = 0.000 < 0.01$，说明 X_{19} 对冰雪旅游满意度起显著正向影响，且影响非常强烈。OR 值为 8.170，意味着游客对辽宁冰雪旅游环境保护的评价增加 1 个单位时，其对辽宁冰雪旅游体验总体评价趋向满意的概率增加幅度为 8.170 倍。问卷调查显示，只有 7.67% 的受访者对辽宁冰雪旅游环境保护非常满意，34.33% 的受访者评价为"满意"，而 53.67% 的受访者则评价为"一般"，表明辽宁冰雪旅游环境保护仍需不断完善。

良好的生态环境为冰雪旅游发展之前提，冰雪旅游环境满意度严格制约冰雪旅游体验的总体评价。冰雪资源开发与环境保护理应保持协调发展与良性循环，这也是冰雪经济得以持续发展的基础条件。因此，辽宁冰雪旅游发展中务必严格进行环境保护，实现开发与保护的协调发展。

2. 基于 ISM 影响因素结构分析

实际上，上述 5 种因素既单独产生影响，又彼此关联，构成具有层次结构的冰雪旅游满意度影响因素系统。Logistic 回归模型虽能识别这些因素及影响程度，却难以有效确定它们之间的关系与层次结构。因此，本研究运用解释性结构模型（interpretative structural modeling method，ISM 模型）分析影响冰雪旅游满意度各因素间的层次性与关联性，确定制约冰雪旅游满意度的表层直接、中间连接与深层根源因素。步骤如下。

（1）确定相关因素。依据 Logistic 回归模型的估计结果，得出影响"冰雪旅游满意度"的因素有 5 个，以下分别用 S_1、S_2、S_3、S_4、S_5 代表"对辽宁冰雪旅游项目吸引力的评价" X_{13}、"对辽宁冰雪运动设施的评价" X_{14}、"对辽宁冰雪旅游配套设施的评价" X_{15}、"对辽宁冰雪旅游性价比的评价" X_{18} 以及"对辽宁冰雪旅游环境保护的评价" X_{19}。

（2）建立邻接矩阵。在对数据采取推断统计，参考相关研究的基础上，通过讨论判断，确定变量间逻辑关系。如表 5 - 7 所示，"1"代表行因素对列因素有直接或间接影响，"0"代表无影响。

表 5 - 7　　　　　　　　　　　邻接矩阵 A

	变量 S_i	S_1	S_2	S_3	S_4	S_5
A =	S_1	1	1	1	0	0
	S_2	0	1	0	1	1
	S_3	0	0	1	1	1
	S_4	0	1	1	1	0
	S_5	0	0	0	0	1

（3）建立可达矩阵。使用 Matlab9.0，通过式（5 - 4）（I 代表单位矩阵，矩阵幂运算采用布尔运算法则），得到可达矩阵，如表 5 - 8 所示。

$$M = (A + I)^{+1} = (A + I) \neq (A + I)^{-1} \neq (A + I)^2 \neq (A + I)$$

$$(5 - 4)$$

表 5 - 8　　　　　　　　　　　可达矩阵 M

	变量 S_i	S_1	S_2	S_3	S_4	S_5
M =	S_1	1	1	1	1	1
	S_2	0	1	1	1	1
	S_3	0	1	1	1	1
	S_4	0	1	1	1	1
	S_5	0	0	0	0	1

（4）确定层级结构。再由可达矩阵求出最高层的可达集、先行集及其两者交集，从而对可达矩阵 M 进行层级分解，其中 S_i 简写为 i，结果如表 5 - 9 所示。

表 5 - 9　　　　　　　　　　　　可达集、先行集和交集

变量 S_i	可达集合 R（S_i）	先行集合 Q（S_i）	交集 A = R∩Q
S_1	1,2,3,4,5	1	1
S_2	2,3,4,5	1,2,3,4	2,3,4
S_3	2,3,4,5	1,2,3,4	2,3,4
S_4	2,3,4,5	1,2,3,4	2,3,4
S_5	5	1,2,3,4,5	5

（5）建立解释性结构模型。根据因素间层级结构，同一层级因素用相同水平位置矩形表示，依据逻辑关系，用有向线段连接各因素。再将变量符号转换为对应因素名称，得到冰雪旅游满意度影响因素 ISM 模型（见图 5 - 4）。由分析可知，"冰雪旅游项目吸引力满意度"在冰雪旅游满意度影响因素模型中发挥深层根源性作用，"冰雪运动设施满意度""冰雪旅游配套设施满意度""冰雪旅游性价比满意度"是处于中间水平的关键连接因素，"冰雪旅游环境保护满意度"是影响冰雪旅游满意度的表层直接原因。

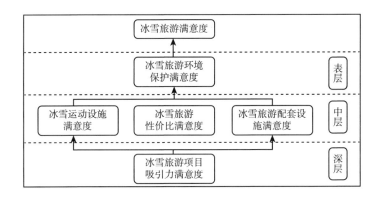

图 5 - 4　冰雪旅游满意度影响因素 ISM 模型

解释性结构模型结果显示，"冰雪旅游项目吸引力满意度"是深层根源问题，并通过"冰雪运动设施满意度""冰雪旅游配套设施满意度""冰雪旅游性价比满意度"3 个中间层因素和"冰雪旅游环境保护满意度"表层直接因素，对游客的冰雪旅游满意度产生影响。由此可以推断，冰雪服务设施及性价比在影响游客满意度的过程中起重要的中介作用，环境因素则是重要的外部影

响因素。形成这种影响因素层次结构主要是由于冰雪旅游对场地设施及环境的依托性，游客满意度是多种因素共同作用的结果。相较于冰雪服务设施因素，冰雪旅游环境保护因素有更直接的驱动作用。这说明游客的冰雪旅游体验受直观的周围环境影响强烈，即假如目的地的环境非常糟糕，即便能够提供优质的产品与服务，也无法让游客对整个冰雪旅游体验总体满意。

（三）结果讨论

根据研究结果，进行相关讨论如下。

（1）冰雪旅游项目吸引力满意度是影响游客总体满意度的深层根源因素，这与以往的研究结果基本一致（杨春梅等，2022）。游客选择前往冰雪旅游地的首要驱动因素是旅游项目的吸引力，而此次旅游的满意程度则主要取决于在旅游地的实际体验与旅游前的心理预期之间的差异。因此，应依据游客冰雪旅游偏好，设计特色冰雪旅游产品，打造一流的冰雪旅游项目，将冰雪资源与当地文化资源融合，形成丰富多彩的冰雪文化旅游产品，融合不同的旅游形式，增加吸引力，提高满意度，推动区域冰雪旅游多元化发展。

（2）冰雪运动设施满意度、冰雪旅游配套设施满意度及冰雪旅游性价比满意度是冰雪旅游满意度的中间连接因素，这也印证了朱晓柯等的研究结果（朱晓柯等，2018）。他们在分析哈尔滨冰雪旅游者满意度后，同样得出了类似结论。这表明，游客对冰雪旅游服务及性价比的重视程度具有较高的一致性。冰雪旅游者既需要完善的设施与优质的服务，又需要与之相符的产品价格。产品价格是游客对未来期望的直接感官，较高的门票价格使游客抱有较高的心理期望，游客对冰雪旅游景区性价比的衡量不高会直接导致较低的满意度（朱晓柯等，2018）。因此，一方面，要实现冰雪园区升级，合理扩大滑雪场规模，建设大型的、能举办国内外重大赛事或度假式、目的地式的滑雪场；完善交通线路、开辟旅游专线，完善配套设施服务功能。另一方面，要实施差别定价策略，提高冰雪旅游群体的消费黏性。

（3）冰雪旅游环境保护满意度是影响游客对冰雪旅游体验总体评价的表

层直接因素。以往的研究并未过多关注冰雪旅游环境保护相关问题，然而，冰雪旅游在带动区域经济发展的同时，也会给生态环境带来一定的破坏。因此，构建冰雪旅游管控体系，践行绿色发展理念，加强生态文明建设，严格管理和控制冰雪旅游运营。积极引导提升游客的文明素养，具有重要意义。

四、研究结果与提升策略

（一）研究结论

冰雪旅游是游客通过体验冰雪文化满足其审美和休闲健身等需求的旅游活动，是冰雪产业与文旅业融合发展至一定程度形成的高级形态。通过研究冰雪旅游满意度，能够衡量冰雪旅游经营绩效，评判冰雪旅游发展质量，指导冰雪旅游开发管理。本部分研究基于游客满意度视角，选取辽宁省为案例地，运用有序 Logistic 模型分析游客的冰雪旅游满意度，运用 ISM 模型分析影响冰雪旅游满意度各因素间层次性与关联性，确定制约冰雪旅游满意度的表层直接、中间连接与深层根源因素。研究结论如下。

（1）有序 Logistic 回归模型实证结果表明，影响冰雪旅游满意度的因素主要由 5 大维度构成，冰雪旅游项目吸引力满意度、冰雪运动设施满意度、冰雪旅游配套设施满意度、冰雪旅游性价比满意度以及冰雪旅游环境保护满意度等因素是影响冰雪旅游体验总体评价的主要因素。其中，冰雪旅游性价比满意度、冰雪旅游环境保护满意度两个因素对冰雪旅游者整体满意度具有显著正向影响。

（2）ISM 模型实证结果表明，冰雪旅游项目吸引力满意度为影响游客冰雪旅游满意度的深层根源因素，并通过冰雪运动设施满意度、冰雪旅游配套设施满意度以及冰雪旅游性价比满意度 3 个中间连接因素和冰雪旅游环境保护满意度 1 个表层直接因素，对冰雪旅游者的满意度产生影响。这表明，相比一般旅游者而言，冰雪旅游者更加注重体验性和参与性，优质的项目、完善的设施、合理的价格以及良好的环境会大幅提升游客的满意度。

（二）提升策略

根据研究结果，基于冰雪旅游满意度的主要影响因素，结合"后冬奥"时代背景，积极探索本区域提升冰雪旅游满意度的实施策略。

1. 提升冰雪旅游项目吸引力

由前述研究可知，"冰雪旅游项目吸引力满意度" X_{13} 是影响游客对辽宁冰雪旅游体验总体评价的深层根源因素。根据问卷调查结果，游客偏好的冰雪旅游项目依次为"冰雪运动（滑雪、滑冰等）""冰雪娱乐（冰滑梯、雪地摩托、打雪仗等）""冰雪生活体验（温泉、美食等）""冰雪观光（冰雕、雪雕、雾凇等）""冰雪节庆（民俗、演艺等）"等。因此，应依据游客的冰雪旅游偏好，设计特色冰雪旅游产品，打造一流的冰雪旅游项目。

（1）积极推广冰雪运动。积极拓展冰雪户外运动产品，包括专业户外运动、大众户外趣味运动等。依托丹东宽甸天桥沟滑雪场、沈阳棋盘山冰雪大世界、营口何家沟滑雪场以及大连林海滑雪场等冰雪旅游场地，打造辽宁滑雪旅游精品项目；统筹冰场资源，建设室内滑冰场，发展以冰上娱乐运动为主、竞技赛事项目为辅的冰上旅游产品体系，发展特色冰雪运动。广泛开展赛事活动，根据各地资源特点与市场需求策划组织各类冰雪赛事活动。

（2）挖掘利用冰雪文化。将冰雪资源与当地文化资源融合，形成丰富多彩的冰雪文化旅游产品，融合不同的旅游形式，增加吸引力，提高满意度。将自然雪景、雾凇景观、冰雕景观和特色冰雪赛事活动、冰雪节庆活动、地方美食等结合，形成独特吸引力。结合辽宁各地特色民俗打造国际冰雪旅游节、冰灯节、冰瀑节、冰挂节等系列节庆类冰雪活动，发展冰雪观光；以文化沉浸式体验，丰富冰雪旅游内涵，发展"冰雪＋文化"，举办冰上芭蕾、满族剪纸、雪地秧歌等文化活动；以文化艺术融合为主要形式，结合相关冰雪旅游节，推广冰雪文艺演出、冰上舞蹈、冰上走秀、雪地秧歌等以冰雪为主题的文艺演出，发展冰雪演艺类活动；突破传统的冰雪观光，演绎发展新的冰雪体验。积极发展"冰雪＋民宿""冰雪＋运动""冰雪＋温泉""冰雪＋商贸""冰雪＋线上演艺""冰雪＋文创""冰雪＋研学""冰雪＋5G＋VR"等非雪季补充项目。同时，开展冰雪旅游夜游项目。

（3）不断强化冰雪品牌。打造特色冰雪旅游产业品牌，提升辽宁冰雪旅游行业知名度，推动区域冰雪旅游多元化发展。提升辽宁"冰雪＋温泉"品牌国际知名度，建设"冰雪＋温泉"旅游度假集聚带，积极推进冰雪与温泉融合发展，不断满足市场需求。结合辽宁冬季气温更加适宜户外运动的优势，塑造"冬季旅游不冻手"冰雪旅游品牌；结合区域地势坡度适宜学习冰雪运动的优势，塑造"冰雪运动初学者天堂"冰雪运动品牌。

2. 完善冰雪旅游服务体系

根据前述分析已知，"冰雪运动设施满意度"X_{14}、"冰雪旅游配套设施满意度"X_{15}及"冰雪旅游性价比满意度"X_{18}是冰雪旅游满意度的中间连接因素。因此，应结合游客冰雪旅游服务偏好，构筑辽宁冰雪旅游服务体系。

（1）建设冰雪运动设施。积极引导社会资本参与冰雪运动场地建设，实现冰雪园区升级，合理扩大滑雪场规模，建设大型的、能举办国内外重大赛事或度假式、目的地式的滑雪场，增加索道数量，特别是架空索道数量，减少游客等候时间。积极建设抚顺新宾岗山高端国际滑雪场，填补本区800米以上高山雪场的空白，将辽宁逐步建设成为国际知名的冰雪旅游地和滑雪运动场。

（2）完善冰雪旅游配套设施。根据问卷调查，受访者对冰雪旅游目的地设施的要求主要包括"交通是否便捷""卫生环境是否达标""餐饮条件是否干净""娱乐项目是否丰富""住宿条件是否舒适"等。因此，应完善交通线路、开辟旅游专线，开通直通重点滑雪场和景区的高等级公路，高速路网和高铁路网有效联通省内各大雪场；建设支线机场，为国内外"雪友"和游客搭建空中走廊。同时，应继续完善卫生、住宿、餐饮和娱乐等方面配套设施服务功能，注重服务设施的多季节效率，如酒店、餐厅、温泉、SPA等配套设施，以达到平衡全年发展；积极引导5G数字冰雪资源开发，借助电商平台为游客提供雪场、景区（点）、餐饮、住宿、交通等优质服务；支持AR技术优化冰雪运动知识体验学习，为冰雪企业经营线上化、智能化提供高效和便捷的服务。

（3）提升冰雪旅游性价比。实施差别定价策略，增加财政补贴，持续推进冰雪场馆在不同时段免费或打折向公众开放。合理调整滑雪场门票价格，推广亲子游、研学游、家庭游等折扣定价，设置门票增值套餐，大力发行赠票，刺激游客数量增加。冰雪季可开通旅游专列，提供低价航空产品，以扩大市场份额。

3. 加强冰雪旅游环境保护

根据前述分析可知，"冰雪旅游环境保护满意度" X_{19} 是影响游客对辽宁冰雪旅游体验总体评价的表层直接因素。因此，应构建冰雪旅游管控体系，践行绿色发展理念。响应碳峰值以及碳中和目标，提升冰雪旅游设施质量，在冰雪旅游设施建设的各个阶段应用绿色低碳材料和技术。同时，应加强生态文明建设，为维护冰雪旅游地的生态安全，管理部门应定期实施生态环境标准化监测，严格管理和控制冰雪旅游运营。此外，积极引导提升游客的文明素养，冰雪旅游的特质要求游客必须在加强环保意识的同时满足其冰雪文化审美和休闲健身等需求。

第六章

辽宁冰雪旅游 SWOT 分析

　　SWOT 分析法也被称为态势分析法，指的是在商业领域针对特定经济项目的可行性实施市场分析的战略研究方法，其最早由美国经济学领域著名学者安德鲁斯（Andrews）在 20 世纪 70 年代提出，这一方法通过把特定项目的战略实施分解为影响其成功与否的四方面要素，分别为以字母 S 为首的 Strength（优势），以字母 W 为首的 Weakness（劣势），以 O 为首的 Opportunity（机会），以及以字母 T 为首的 Threat（威胁），分别实施内外部各项要素的分析，从而为企业或经济单位明晰战略项目的发展可行性，进行战略决策提供支持。SWOT 分析法属于目前商业领域进行项目可行性研究较为常用的分析方法，本章通过对辽宁冰雪旅游产业发展现状进行 SWOT 分析，深入探讨辽宁省开展冰雪旅游的优势条件、制约因素、发展机遇及面临的挑战，从内外部因素进行系统研究，进而得出发展冰雪旅游产业的科学方案，从而为辽宁省冰雪旅游发展的路径设计提供理论支持。

第一节　辽宁冰雪旅游发展优势分析

一、区位交通优势

辽宁省地处东北地区与京津冀城市群接合部，辐射东北亚，区位优势明显，市场空间广阔。辽宁省拥有距国内主要客源市场较近的优势，是"冰雪旅游第一站"，地理位置相对于冰雪旅游产业较发达的吉林、黑龙江两省更靠近客源市场，能够更好地发挥区位优势。同时，辽宁省又临近朝鲜、韩国、日本，海外客源地市场存在巨大的发展潜力空间。

辽宁省交通基础设施完善，高速与高铁叠加，适合冬季旅游出行。我国目前开展的东北地区冰雪旅游，主要以哈大高铁为依托，将东北三省紧密联系在一起。哈大高铁全长904公里，在辽宁省境内长达553公里，途经大连、营口、鞍山、辽阳、沈阳、铁岭等城市，共设15站，为广大游客到辽宁旅游提供了便利条件。

二、资源环境优势

（一）气候优势

辽宁地处北纬38°～42°之间，与欧洲阿尔卑斯山、北美落基山、吉林长白山、河北张家口同处国际公认的"世界冰雪黄金带"，自然优势得天独厚，气温冷暖适宜，具备开展冰雪运动与旅游的最佳气候条件。辽宁省四季交替分明，冬季积雪期长、雪量大、雪质松软厚实，冰雪补给充足，冰雪元素丰富，开展冰雪旅游的条件得天独厚。辽宁省冬季平均气温为 –7.3℃，最冷月1月平均气温为 –9.7℃，相比黑龙江、吉林等省温度较高，雪质呈"暖雪暖冰"特征，更适宜人们进行户外休闲活动，为冰雪运动提供了良好的自然环境。相对于黑龙江和吉林而言，辽宁有着较为适宜游客户外活动的室外温度，气温可与世界著名冰雪胜地相媲美，更容易被冬季户外活动爱好者和南方游客所接受。

（二）地形优势

从地形上看，辽宁省大多为低山丘陵地貌，地形高低起伏，坡缓林密。地势大体为北高南低，从陆地向海洋倾斜，山地丘陵分列于东西两侧，向中部平原倾斜，恰到好处的倾斜满足了滑雪场雪道对于坡度倾角的要求，非常适合初学者进行冰雪运动学习。辽宁省内的多家滑雪场均分布于这一过渡带（山地丘陵向平原过渡的区域），充分地利用了自身地形上的优势。优越的自然地理条件为辽宁省冰雪旅游的发展奠定了坚实的基础。

（三）温泉优势

辽宁省温泉资源十分丰富，分布较为广泛。辽宁省温泉企业呈带状集中分布于辽宁东部、南部，形成营口熊岳、葫芦岛兴城、鞍山汤岗子、大连安波、丹东五龙背和东汤、辽阳弓长岭、本溪汤沟等温泉带。其中，较著名的有鞍山汤岗子温泉、丹东五龙背温泉、葫芦岛兴城温泉、本溪温泉寺温泉、辽阳汤河温泉、大连安波温泉、大连步云山温泉、大连龙门汤温泉、大连老铁山温泉等。这些温泉皆为康养旅游的好去处，也成为近年来辽宁冰雪旅游的新兴项目，"冰雪+温泉"型旅游产品越来越受到消费者的青睐。

三、人文历史优势

辽宁省历史人文底蕴深厚，这里是我国最后一个封建制朝代清王朝的发祥地，清朝四次定都，其中的三大都城均位于辽宁（新宾、辽阳、沈阳）。不仅如此，辽宁还是清朝建立的主体——满族形成和发展的重要地域，满族发展的历史轨迹遍布全省。清文化尤其是清初文化以满族文化为主体构成，充蕴着满族文化的特点，为辽宁地域留存了珍贵的满文化历史名片。北方寒冷而漫长的冬季，铸就了满族人对冰雪固有的亲近，培育了满族人对冰雪的热爱与执着，基于冰雪而产生的"冰嬉"被确定为清王朝的"国俗"。早在17世纪前期，就出现了"冰嬉表演"，并逐渐演变为如今的"滑冰比赛"，而"拉爬犁、滑冰车、冰上石球"等均为满族民众喜爱的冰雪运动。浓厚的历史文化底蕴为区域发展冰雪旅游奠定了基础。

辽宁省还是全国少数民族人口较多的省份之一，浓郁的民族风情、独特的地方风俗、众多的人文景观形成了辽宁地区丰富的人文旅游资源，如冬捕、冰灯、雪雕、锡伯族雪乡、满族风情等民族民俗文化特色鲜明。少数民族在长期的发展中，形成了种类繁多、参与性强的冰雪运动项目，如冰球、冰壶、花样滑冰、雪地足球等民族传统体育项目，以及满族的抽冰猴、拉爬犁，锡伯族的撑冰车，达斡尔族的打冰嘶溜等均为具有全民健身特色的活动，这些风情各异的活动不仅能够吸引国内众多游客，也让国外游客了解到辽宁少数民族的风俗习惯，为辽宁地区冰雪旅游的进一步发展开拓了广泛的空间。

四、小结

辽宁省地处国际公认的"世界冰雪黄金带"，自然优势明显。连接东北地区与京津冀城市群，市场空间广阔。冰雪元素丰富，雪质呈"暖雪暖冰"特征，再加上历史人文底蕴、温泉资源、民族民俗文化丰富，适合打造冰雪运动培训基地及休闲康养度假区。同时，辽宁省工业体系完备，具有加快发展冰雪装备研发制造的产业基础。作为体育大省，辽宁冰雪专业人才培养、培训、储备和输出能力较强，群众性冰雪活动广泛开展，具备发展冰雪经济的良好人文环境和社会氛围。

第二节　辽宁冰雪旅游发展劣势分析

冰雪旅游近年来发展迅猛，但由于我国冰雪旅游起步较晚，相比于发达国家，在发展理念、市场培育、创新性、产业链延伸、发展模式、服务品质、运营思路等方面存在较大的差距，导致我国冰雪旅游发展中仍然存在诸多问题，制约着冰雪旅游产业提质增效，进而抑制了冰雪旅游需求的充分释放。由于过于依赖资源和气候条件，导致室内冰雪旅游产品相对不足；缺乏四季型产品开发，很多滑雪场经营期很短，滑雪场一年只运营三四个月，有的甚至只有不到三个月时间，造成景区资源不能充分利用；冰雪旅游产品供给相对单一，配套服务不足，游客不满意，综合性、度假性、高参与性的冰雪旅游项目相对稀缺，国内只有约3%的滑雪场具有滑雪旅游度假胜地的功能；冰雪旅游产品的品牌形象不够突出，国内很多雪场产品雷同，产品同质化竞争严重，只能降价吸引游客，雪场不盈利，导致目前很多滑雪场经营困难。

虽然辽宁省具备发展冰雪旅游的优势，经济效益也在不断增长，但由于辽宁冰雪旅游发展的时间较短，在发展过程中还存在一系列问题，市场上能够为旅游者提供的产品与旅游者的真正需求不一致，即冰雪旅游市场上的有效供给不足，供需不匹配。现阶段，辽宁省冰雪旅游发展中亟待解决的突出问题为：在"文体旅融合"的新形势下，旅游者日益增长的冰雪旅游需求与目前有待改善的冰雪旅游供给之间的矛盾，主要体现在以下几个方面。

一、冰雪旅游产品特色不鲜明

现阶段，辽宁省冰雪旅游产品较为单一，多集中在滑冰滑雪、温泉洗浴等方面，且重复建设项目较多，缺乏特色地方文化的融入，产品创新程度严重不足，难以吸引广大消费者，这与该省所拥有丰富的山地旅游资源及民俗文化旅游资源的现实极不相称，也与辽宁打造世界知名生态休闲旅游目的地的目标要求不符。2022年，由文化和旅游部数据中心发布的《中国冰雪旅游发展报告（2022）》研究成果可知，"2022中国冰雪旅游发展论坛"发布了冰雪旅游热点城市和创新项目："2022年冰雪旅游十佳城市"（10家）、"2022年冰雪经典创新项目"（10项）、"2022年冰雪时尚创新项目"（10项）、"2022年热门冰雪旅游景区（度假区）"（10项）。其中，辽宁省仅有沈阳市入选"2022年冰雪旅游十佳城市"，而"2022年冰雪经典创新项目""2022年冰雪时尚创新项目""2022年热门冰雪旅游景区（度假区）"则全部空缺。

（一）产品开发存在重复

目前，辽宁省冰雪旅游产品的呈现方式过于程式化，内容较为单一，有仿照其他地区冰雪旅游产品的迹象，未能较好地融合本地自然景观与本土民俗文化，缺乏区域特色，未形成具有影响力的冰雪旅游产品体系。根据实地调研走访可知，辽宁省冰雪旅游产品与国内其他地区较为雷同，旅游产品显现出明显的"同质化"趋势，未能体现出各自特色，导致旅游者容易产生审美疲劳，进而留不住游客或者很难再让游客故地重游。以滑雪旅游产品为例，辽宁的滑雪场数量不少，但类型大体相同，设施建设存在重复，各滑雪场的项目内容基本上大同小异，导致游客到哪都感觉一个样，如此很难吸引大量游客。从资源整合和项目互补的角度来看，辽宁省冰雪体育项目之间的融合还不够深入，联系还不够紧密，还需要进一步加强统一规划。

（二）文体旅融合程度不足

旅游产品的热销不仅是由于产品本身所具有的价值，还取决于产品被赋予的文化内涵。现阶段，辽宁省在设计开发冰雪旅游产品的过程中，旅游资源利用率较低，未能体现出产品的多元化与特色化，无法满足消费者多样化的旅游需求。近年来，游客们不再满足于单纯的到此一游，更加注重旅游产品背后的文化内涵，文体旅融合已是大势所趋。人们对于冰雪旅游的需求越来越多，并趋于个性化、冒险化、参与体验化等，已不仅满足于玩冰雪、泡温泉，而对"文体旅融合"的参与性休闲娱乐活动则更为青睐，如冬季节庆类产品等。

现阶段，辽宁省的冰雪旅游项目大多为人工开发建造，对其背后文化的挖掘还处于浅层次的开发阶段，文化内涵不突出。现有的冰雪旅游产品缺少创意，文体旅融合度不高，产品特色不明显，不仅缺乏地域风格，且活动内容单一、乏味，无法给游客提供优质的旅游体验。与黑龙江、吉林、河北等省相比，辽宁省在冰雪文化旅游产品的设计上缺乏民族特色，虽然已开发了朝鲜族风情相关产品，但只体现在饮食方面，很少运用到文化旅游创意开发之中。游客希望在旅游过程中体验到不同文化带来的新奇感，但往往事与愿违，造成旅游者的审美疲劳。由于现有的冰雪旅游产品在市场上竞争力较低，导致辽宁冰雪旅游的客源绝大多数来自辽宁本地，外省客源寥寥无几。

二、冰雪旅游服务体系待健全

（一）服务设施建设有待完善

现阶段，辽宁省冰雪旅游基础设施建设不够完善，由于发展冰雪旅游的基础设施建设需要投入大量资金，投入的资金不足限制了冰雪旅游的发展。冬季天气寒冷，时常下雪，导致路面结冰、雪面路滑等现象，会影响游客的出游计划，难以使游客获得优质的旅游体验。除了一些星级酒店，其他快捷酒店的配套设施尚不完备。前台全天服务的酒店较少，大部分无法提供免费的停车场和 Wi－Fi，能够提供行李寄存服务的酒店数量不多。超市、饭店等服务场所的营业时间通常不超过 12 小时。特别是冬季天气较冷，很多店铺都是较早关门打烊，无法为消费者的日常活动和基本饮食提供方便。

辽宁省目前的冰雪旅游景区普遍存在着功能单一，规模较小，设施不完善，服务不配套等问题。从滑雪场质量上来看，多数滑雪场规模小、设施差、服务不到位，现有的 30 余家滑雪场中，造雪面积大于 20 公顷的只有 1 家，有 15 家是造雪面积小于 5 公顷的小型滑雪场；更缺少像长白山万达、北京万龙、吉林北大壶、河北崇礼、黑龙江亚布力等大型的、能够举办国内外赛事、度假式、目的地式的滑雪场。除了沈阳白清寨滑雪场拥有可承办大型冰雪体育赛事的条件外，其他雪场规模普遍不大，雪道长度和宽度达不到标准，设施不够完善。多数滑雪场真正用于滑雪的雪道面积不超过 2 平方公里，部分雪场仅有 1 条索道、几条拖牵，旅游高峰时，游客不得不消耗大量时间等待，造成人员拥挤；器材设备落后，多数都是进口的二手器材。综合服务的配套设施处于无序状态，真正具备能满足滑雪者住宿、餐饮需求的雪场为数较少。此外，很多冰雪旅游景区设施破旧却缺乏及时修缮，旅游产品的配套延伸活动也未能较好地匹配产品自身的发展，造成旅游者体验的不安全和不充分。冰雪旅游产品的安全得不到高度保障，旅游环境保护方面有待加强，无法使游客安心放心舒心。

（二）从业人员素养有待提升

众所周知，旅游从业人员应该具备较强的综合能力素质要求，知识面要广、技能要熟练，而冰雪旅游产业的服务人员更加要求其专业性和综合素质。辽宁省近年来对冰雪旅游十分重视，冰雪产业发展迅速，但由于冰雪旅游发展时间较短，吸引到的专业人才较少，从业人员的专业素质和专业技能明显不足，与冰雪旅游发展成熟的地区相比还有一定的差距。例如滑雪运动，对技术和技巧方面要求较高，需要有专门的教练进行指导，但就目前的情况来看，辽宁省滑雪场的大部分教练还处于业余水平阶段，无法进行更为专业的指导，直接影响了滑雪爱好者的参与热情。

为了在冰雪季控制成本，不少旅游企业聘请的都是临时工作人员，培训工作也未能及时跟上，导致相关冰雪旅游项目从业人员的专业性不强，对产品一知半解，服务质量不达标，难以给游客带来满意的旅游体验。辽宁许多冰雪旅游区位于山区，招聘的场地服务人员多为当地村民，专业技能较为缺乏，服务责任心淡泊。大多数服务人员为临时聘用，冰雪季一过就被解聘，薪资较低，服务人员缺乏积极的、正面的激励措施，导致工作不积极，场地从业人员的素质亟须提升。

此外，由于冰雪旅游淡旺季明显，因此，旅行社很少培养专职的冰雪旅游项目专业导游。在辽宁省文化和旅游厅登记注册的众多导游中，大部分都是冰雪旅游旺季临时上岗的兼职导游。这些兼职导游由于平时缺少系统的培训，冰雪运动技能不高，无法有效地服务游客。加之与旅行社之间没有明确的利益关系，导致不少导游人员带团时未能尽职尽责，从而造成不良影响。

三、冰雪旅游品牌宣传需加强

目前，辽宁省冰雪旅游产品的宣传力度不够，品牌知名度较低，缺乏整体包装，没有充分利用现代科技及优势资源进行多渠道的广泛宣传，使大众无法全方位了解辽宁冰雪旅游产品的特色，导致辽宁冰雪旅游的发展难以迎来质的飞跃。现有的宣传手段往往过于简单，仅仅是通过广告、旅行社宣传等传统方式，导致全省各地的冰雪旅游区都在上演"一枝独秀"，很难联合起来进行资源整合与优势互补。

比起夏季大规模的旅游产品营销，辽宁省很多城市的冰雪旅游宣传不足，辽宁冰雪旅游的品牌影响力只能吸引本省及周边游客，品牌效益不明显。

四、小结

综上所述，对标冰雪旅游高质量发展要求，辽宁省冰雪旅游发展还存在某些短板：存雪周期相对较短；冰雪旅游发展起步较晚，冰雪旅游产品特色不鲜明；滑雪场地等基础设施规模不大、标准不高、业态初级；缺乏国际知名旅游目的地和高端综合性冰雪旅游度假区；品牌意识和创意缺失，旅游宣传有待提升，"暖雪、温泉、人文历史"等比较优势尚未转化为冰雪旅游发展优势。

第三节　辽宁冰雪旅游发展机遇分析

现阶段，在国家和各级政府部门积极推动冰雪旅游发展的背景下，全国各地的冰雪旅游蓬勃开展，辽宁省也迎来了发展冰雪旅游的重要机遇。

一、各级政府的大力支持

当前，我国冰雪旅游迎来了历史性的发展机遇。一项举世瞩目的国际性体育赛事可在很大程度上带动并引领大众性冰雪旅游，我国民众对冰雪的热情也是因为 2022 年"北京·张家口冬奥会"的成功举办而高涨。习近平主席提出"要带动三亿人参与冰雪运动",这对于全世界来说都具有革命性意义,同时也给冰雪运动和冰雪旅游提供了前所未有的增长空间。2022 年北京冬奥会的成功举办,引爆了中国"冰雪经济"的发展商机,我国冰雪旅游热潮涌动。因此,辽宁应充分利用冬奥会带来的冰雪旅游发展机遇,将"后冬奥时代"视为打造辽宁冰雪旅游品牌的重要契机,并以此为切入点,向全国乃至全世界呈现出一个崭新的形象。

国家对冰雪旅游发展十分重视和支持,国务院以及相关部委密集出台了系列涉及支持冰雪旅游发展的产业政策,冰雪旅游成为众多国家战略的交汇点。2019 年,中共中央办公厅、国务院办公厅印发了《关于以 2022 年北京冬奥会为契机大力发展冰雪运动的意见》,提出"推动冰雪旅游产业发展,促进冰雪产业与相关产业深度融合",这为我国冰雪旅游的跨越式发展提供了政策保障。同年,国务院办公厅印发了《关于促进全民健身和体育消费推动体育产业高质量发展的意见》,提出"支持新疆、内蒙古、东北三省等地区大力发展寒地冰雪经济"。此外,文化和旅游部致力于将我国的冰雪旅游培育为著名国际旅游品牌。2018 年,文化和旅游部办公厅印发了《关于做好冬季旅游产品供给工作的通知》,提出"增加冬季旅游产品,发展冬季旅游"的号召。2020 年,全国文化和旅游厅局长会议明确提出"推动冰雪旅游、邮轮旅游、自驾游发展"。在中央和各部委的积极推动下,冰雪旅游发展合力正在形成。

2018 年,辽宁省举办了"2019 辽宁冬季旅游启动仪式暨 2019 关东民俗雪乡旅游冰雪节""第十三届辽宁冰雪温泉旅游节"等 8 项省级重点活动,扩大冰雪旅游产品的有效供给。2019 年,辽宁省文化和旅游厅等 14 个部门联合制定了《关于推进辽宁省冰雪经济发展的实施方案》,提出"加快推进冰雪经济发展,着力推动冰雪旅游、冰雪文化、冰雪运动、冰雪装备研发制造快速发展,努力推动冰雪经济强省建设"。

二、冰雪旅游的发展潜力

目前,我国已进入大国冰雪旅游时代。根据《中国冰雪旅游发展报告》,

2018—2019 冰雪季，我国冰雪旅游人数达 2.24 亿人次，单个冰雪季冰雪旅游人数首次超过 2 亿人次，冰雪旅游收入约 3 860 亿元，分别比 2017—2018 冰雪季增长 13.7%、17.1%，冰雪旅游维持快速增长势头。现阶段，冰雪旅游正在成为老百姓一种时尚的生活方式，冰雪旅游消费成为大众常态化的消费选项。中国旅游研究院市场调查数据显示，我国每年参与冰雪旅游的人数不断上涨，61.5% 的人有参与冰雪旅游的经历。2018—2019 年冰雪季我国冰雪旅游人均消费为 1 734 元，2018 年我国国内人均旅游消费为 926 元，冰雪旅游是国内旅游人均消费的 1.87 倍，冰雪旅游的内需拉动能力十分突出。预计到"十四五"末期的 2024—2025 冰雪季我国冰雪休闲旅游人数有望达到 5.2 亿人次，我国冰雪休闲旅游收入将达到 7 200 亿元，冰雪旅游将成为我国冬季旅游和冰雪经济的核心引擎。

现阶段，全国各地的冰雪旅游呈现出品牌差异化、产业融合化、区域协同化、理念创新化等几大发展特征，整体进入良性发展态势。黑龙江、吉林、内蒙古、北京、河北、山西、陕西等地区开发出的冰雪旅游产品吸引了大量游客，有力推动了区域冰雪旅游产业的快速发展，经济效益不断增强，展现了冰雪旅游发展的巨大潜力。同时，随着国民收入的不断增长，闲暇时间的延长，旅游者对冰雪旅游的关注度不断增加，冰雪旅游成为冬季休闲的常态选择。随着"冬奥会经济"效应的逐步显现，中国冰雪旅游市场规模不断扩大，产品不断丰富，国际知名度不断提升，中国冰雪旅游产业正在迎来重要的黄金发展期。因此，辽宁省应该借鉴国内外著名冰雪旅游目的地的发展经验，积极发挥后发优势，未来冰雪旅游的发展前景大有可期。

第四节　辽宁冰雪旅游发展挑战分析

近年来，随着国内外冰雪旅游产业的持续扩容，国际国内冰雪旅游市场竞争不断加剧，辽宁在发展冰雪旅游的同时也面临着诸多挑战。

一、冬季冰雪期持续时间短

从世界范围来看，生态遭到破坏，导致全球气温逐渐上升，冬季时间缩短，如果坚持发展冰雪旅游产业，则需要加大资金的投入，采用人工造雪等手段。同时，辽宁省冬季气温与黑龙江和吉林两省相比较高，如表 6 - 1 所示。辽宁省冰雪留存期则相对短暂，冰雪旅游项目的开发需要适当的人工降雪予以辅助，从而增加了开展冰雪旅游活动的成本费用。

表 6 - 1　　　　　　　　黑龙江、吉林、辽宁冰雪资源状况

地区	冬季平均气温	冰雪期	封冻期
黑龙江省	−30 ~ −18℃	120 天左右	黑龙江流域（包括松花江流域），11 月中旬至翌年 4 月中旬，约 5 个月
吉林省	−20 ~ −14℃	100 天左右	鸭绿江流域，11 月底至翌年 3 月底，约 4 个月
辽宁省	−17 ~ −4℃	70 天左右	辽河流域，11 月底至翌年 3 月底，约 4 个月

资料来源：孟爱云. 东北区域冰雪旅游资源整合开发探讨［J］. 学术交流，2009（3）.

二、客源市场竞争日趋激烈

来自国内外冰雪旅游目的地的竞争，对于辽宁发展冰雪旅游形成了一定的挑战。由于国外冰雪旅游产业发展较为成熟地区的体验性消费服务与管理更符合旅游者的消费心理，一段时间以来一部分旅游客源流向日本、美国、韩国和北欧的冰雪旅游市场。同时，国内许多地区的冰雪旅游产业已日臻完善，冰雪旅游产品丰富多彩，如黑龙江、吉林、河北、内蒙古等地，其冰雪旅游品牌形象已较为成熟。就目前来看，辽宁省与黑龙江、吉林等冰雪旅游发展历史较久和冰雪旅游开发体系较为完善、已形成良好口碑且有很高知名度的冰雪旅游目的地尚无法抗衡。

随着东北地区冰雪旅游的不断发展，我国华北、西北甚至一些南方地区也开始紧随"潮流"而致力于打造"冰雪旅游热"。尤其是受益于北京冬奥

会的成功举办，北京、张家口以及河北、新疆、内蒙古等地都相继开展了大量的冰雪旅游项目，利用冬奥会辐射的旅游效应，对于冰雪旅游资源进行综合开发。

近年来，我国南方尤其是长三角地区受市场驱动的影响，大规模建设室内外滑雪场等人工滑雪场，无疑对进一步拓展辽宁省冰雪旅游客源市场产生了较大的影响，例如四川西岭滑雪场、四川峨眉山滑雪场、云南玉龙雪山滑雪场、湖北神农架滑雪场、贵州六盘水滑雪场、重庆武隆仙女山滑雪场、浙江杭州大明山滑雪场、浙江安吉滑雪场等，新疆也因其独特的天然条件成为新的滑雪基地，北京、上海等地还建造了室内滑雪场。据《2021－2022 中国滑雪产业白皮书》统计，截至 2021 年底，全国滑雪场数量已达 692 家，客源市场竞争异常激烈。

2022 年 1 月，中国旅游研究院与马蜂窝自由行大数据联合实验室联合发布了《中国冰雪旅游消费大数据报告（2022）》，报告显示辽宁省仅位列"2021—2022 冰雪季冰雪旅游热门省份"第八位，而黑龙江、吉林、北京、湖北、浙江、新疆、四川分别位列前七位。其中，同处于东北冰雪旅游带的黑龙江与吉林两省占据了前两位，相比之下，辽宁省的排名则较为靠后。同时，位于京津冀冰雪旅游带的北京以及位于西北冰雪旅游带的新疆也对辽宁冰雪旅游发展构成了威胁。此外，来自南方各省份的竞争已日趋白热化，湖北、浙江、四川等省已赶超辽宁，辽宁冰雪旅游的发展面临着巨大的挑战。

第五节　辽宁冰雪旅游发展策略分析

本节将辽宁省冰雪旅游发展的优势、劣势、机遇、威胁等因素进行综合归纳，列出辽宁冰雪旅游发展 SWOT 分析结果矩阵，如表 6－2 所示。将优势和机会结合分析可得到 SO 策略：依托区位优势，激发消费潜力；借助政府支持，突出资源优势；基于政策引导，发扬文化优势。将劣势和机会结合分析得到 WO 策略：遵循市场需求，创新冰雪产品；依托政策引导，健全服务体系；借助政府支持，加大宣传力度。将优势和威胁结合分析可得到 ST 策略：依托气候优势，发展暖冬旅游；依托地形优势，打造初学者运动天堂；依托温泉优势，开发特色产品。将劣势和威胁结合分析可得到 WT 策略：合理利用资源，开发全季旅游；加强文体旅融合，创新旅游产品；完善服务体系，提升市场竞争力。

表 6-2　　　　　　　　辽宁冰雪旅游发展 SWOT 分析结果矩阵

内部因素 外部因素	优势（Strength） 1. 区位交通优势 2. 资源环境优势 （1）气候优势 （2）地形优势 （3）温泉优势 3. 人文历史优势	劣势（Weakness） 1. 冰雪旅游产品特色不鲜明 （1）产品开发存在重复 （2）文体旅融合程度不足 2. 冰雪旅游服务体系待健全 （1）服务设施建设有待完善 （2）从业人员素养有待提升 3. 冰雪旅游品牌宣传需加强
机会（Opportunity） 1. 各级政府的大力支持 2. 冰雪旅游的发展潜力	SO 策略 1. 依托区位优势，激发消费潜力 2. 借助政府支持，突出资源优势 3. 基于政策引导，发扬文化优势	WO 策略 1. 遵循市场需求，创新冰雪产品 2. 依托政策引导，健全服务体系 3. 借助政府支持，加大宣传力度
威胁（Threats） 1. 冬季冰雪期持续时间短 2. 客源市场竞争日趋激烈	ST 策略 1. 依托气候优势，发展暖冬旅游 2. 依托地形优势，打造初学者运动天堂 3. 依托温泉优势，开发特色产品	WT 策略 1. 合理利用资源，开发全季旅游 2. 加强文体旅融合，创新旅游产品 3. 完善服务体系，提升市场竞争力

一、SO 策略

（一）依托区位优势，激发消费潜力

辽宁省可依托地理区位及冰雪气候区划优势，统筹规划合理布局产业发展，重点建设以沈阳、抚顺为核心，辐射大连、辽阳、鞍山、本溪、丹东等市的辽东冰雪运动休闲旅游区，打造京哈、京沈、哈大辽宁段和沈丹高铁沿

线冰雪体育休闲旅游带，构建"一区一带"冰雪产业发展新格局，打造"北方最暖冰雪休闲地"。辽宁省冰雪旅游产业应以"双核引领、一带串联、三区带动、多点支撑"的空间格局推进，突出做强沈阳、抚顺两个冰雪旅游产业核心区；依托辽中南城市群，发展壮大大连—营口—鞍山—辽阳—本溪"辽中南冰雪温泉精品旅游带"；打造沈阳都市圈冰雪装备产业协作区、辽东冰雪运动旅游产业引领区、辽西冰雪民俗文化产业创意区；推进冰雪户外运动小镇、室内冰雪体验综合体等多点建设。构建以沈阳—大连为主线，连接抚顺、鞍山、营口、本溪、丹东等城市的冰雪旅游产业集群带。借助辽中沈阳都市圈和辽东半岛城市群开发战略，依托交通网络体系建设，加快沈阳—大连沿线的冰雪产业集群。重点建设沈阳东北亚滑雪场、沈阳棋盘山冰雪大世界、沈阳白清寨滑雪场、沈阳怪坡国际滑雪场、抚顺丰远热高滑雪场、辽阳弓长岭温泉滑雪场、葫芦岛龙湾滑雪场、大连铭湖滑雪场、大连安波滑雪场、大连林海滑雪场、鞍山千山温泉滑雪场、营口何家沟滑雪场、丹东五龙山滑雪场等多个滑雪场项目，成为辽宁全省冰雪旅游的品牌支撑。

辽宁省还应深入挖掘冰雪旅游消费潜力，发挥全省各地自然与人文资源优势，组织策划冰雪运动会、冰雪嘉年华、冰雪文化节、冰雪冬令营、"欢乐冰雪　健康辽宁"等内容丰富和形式多样的群众性冰雪活动，培育冰雪旅游节庆品牌。鼓励滑雪场、滑冰场及景区举办趣味冰雪活动，鼓励社会力量举办冰雪旅游活动。通过推广冰雪运动、拓展全季旅游运动等方式建设全民健身引领地。支持举办冰雪大会、欢乐冰雪季、冰雪运动会、户外运动节等参与性广、体验性强的活动，不断营造发展冰雪经济的浓厚社会氛围。利用大数据资源，指导发布一批群众喜爱的冰雪旅游品牌，积极引导冰雪旅游需求，激发消费潜力。

（二）借助政府支持，突出资源优势

在推进辽宁冰雪旅游发展的过程中，要把冰雪旅游与辽宁老工业基地振兴紧密结合起来，促进产业成功转型和资源有效配置，使辽宁由单一的工业大省转变为经济发达、环境优美的旅游强省；要把冰雪旅游与"五点一线"

沿海开发战略紧密结合起来，将辽宁打造成为中国北方最具竞争力的以休闲运动为特色的复合型滨海度假胜地；要把冰雪旅游与辽宁省城市群开发战略结合起来，为冰雪旅游的发展健全基础设施与配套设施，同时为城市赋予新的休闲度假功能；要把冰雪旅游与红色旅游、生态旅游、海洋旅游、文化旅游等结合起来，形成辽宁专项旅游互融、品质超群的鲜明特征，成为展示辽宁新形象的窗口。

要充分发挥辽宁省气候温和、交通发达等优势，突出与黑龙江、吉林等省份的差异，充分整合全域冰雪资源，通过开发冰雪旅游、冰雕雪塑、冰雪节事、地域文化、北方民俗、特色餐饮等组合性产品，打造独具辽宁特色的全国最佳戏雪目的地，成为全国冰雪旅游新高地。要合理布局滑雪场地项目建设，重点支持已有冰雪旅游项目提质升级，引导冰雪旅游企业走高质量发展的路子。

（三）基于政策引导，发扬文化优势

基于"文体旅融合"的发展趋势，辽宁省应深入挖掘冰雪文化内涵，以文化提升冰雪旅游产品的吸引力，持续提升冰雪旅游的服务品质和产品丰度，向国内外游客展示辽宁冰雪文化的独特魅力。持续打造特色冰雪旅游品牌，在保护好冰天雪地生态环境基础上，走差异化品牌发展之路，深度挖掘文化内涵，不断出开发具有辽宁本土特色、独创性的冰雪文化旅游产品，形成符合自身地域文化、民俗风情以及自然风光的独特冰雪旅游品牌，让冰雪旅游绽放出更加耀眼的光彩。

辽宁省还应大力发扬冰雪文化优势，重点打造冰雪特色文化新高地。要坚持创造性转化，创新性发展，融入辽宁特色历史文化、民俗文化、红色文化、工业文化、艺术创作等，打造优秀传统文化和时代艺术冬季宣传载体。在融入文化元素中，以冰雪旅游为抓手，响应"三亿人参与冰雪运动"的号召，以大众嬉冰雪为特色，充分整合冰雪资源，开发冰雪旅游、冰雕雪塑、冰雪节事、地域文化、北方民俗、冰雪之乡（冰雪小镇）特色餐饮等组合性产品，培育独具辽宁特色的嬉冰雪旅游目的地。以文化创新提升旅游景区的

吸引力。大力推广冰雪运动文化，普及冰雪运动知识，讲好辽宁"冰雪故事"。编发冰雪运动普及读本、冰雪运动知识手册及冰雪运动防护手册等，开设冰雪运动节目和专栏。培育和打造一批冰雪文化 IP，鼓励创作生产系列衍生品。加强冰雪非遗文化保护和利用。开展特色冰雪节庆活动，持续办好系列冰雪文旅活动。

二、WO 策略

（一）遵循市场需求，创新冰雪产品

目前，我国冰雪旅游市场既保持了快速的增长，又体现出个性化、年轻化、客流流向集中化的发展形势。因此，应顺应冰雪旅游群体年轻化、社群化的趋势，更加注重对度假休闲属性的挖掘；开发娱乐性、参与性强的冰雪运动产品，丰富冰雪度假体验；进一步丰富冰雪旅游产品供给，提供更多冰雪旅游新玩法。

应推进冰雪旅游消费机制创新、政策创新、模式创新，便利支付手段，提升冰雪旅游供给体系对国内需求的适配性。辽宁各冰雪旅游地可结合所在区域的资源条件，探索多业态融合模式，以丰富并完善冰雪旅游产品体系。不断深化"冰雪＋文化""冰雪＋体育""冰雪＋度假""冰雪＋赛事""冰雪＋温泉"等，打造冰雪文化体验、冰雪休闲度假、冰雪体育赛事、冰雪养生温泉等多类型产品，为游客提供更具品质的冰雪旅游产品。

（二）依托政策引导，健全服务体系

辽宁省政府管理部门应科学引导本省冰雪旅游的发展方向，突出政府在冰雪旅游发展中的指导作用，对投资和建设给予引导与支持。加大冰雪运动规划统筹力度，科学规划布局冰雪运动场地，加大冰雪运动基础设施建设投资力度，大力兴建公共冰雪运动场地设施，丰富冰雪运动场地类型。

织密公路交通网络，结合国省道干线和地方公路布局，发挥沈阳、大连

都市圈区位优势和综合交通枢纽中心对周边区域的辐射带动作用，高标准建设冰雪特色风景道，加快区内优质冰雪旅游资源集聚区路网连接。实现冰雪旅游度假地与国省干线公路顺畅连接。

加强冬季冰雪旅游商业配套设施建设，提升冰雪旅游目的地的可进入性和舒适度，提升相关酒店、民宿、餐厅、旅行社等服务能力，扩大优质冰雪旅游产品供给，更好满足游客冰雪旅游消费需求。支持全省各地推动滑雪场所与文化场馆、商业购物大厦、影剧院等综合开发，打造冰雪旅游服务综合体。

（三）借助政府支持，加大宣传力度

以"发现辽宁之美，感受辽宁之好，我在辽宁等你"的旅游宣传为引领，以"激情冰雪、浪漫温泉、相约辽宁"为主题，以"嬉冰雪、泡温泉、到辽宁、过大年"为载体，集中展示辽宁冬季旅游各项活动，塑造辽宁冬季旅游冰雪温泉、民俗文化关东风情和民族年节特色主题品牌。通过线上、线下方式，举办冰雪旅游启动仪式、冰雪旅游产品推广周和冰雪旅游产品线上推广季活动，扩大冰雪旅游品牌市场效应。从加强宣传营销、建设冰雪旅游设施、举办节事活动、出台惠民政策和奖励措施等方面扩大冰雪旅游影响力，激发全民参与冰雪旅游热情，加快辽宁省冰雪旅游产业提档升级。

借助冬奥会强大的影响带动作用，应用新技术手段，加强对冰雪旅游、冰雪文化和冰雪运动的宣传展示。精心包装辽宁特色冬季形象和产品，策划推出境外营销推广活动，持续加强对国内重要客源地宣传推介，深化全媒体矩阵宣传，巩固和扩大辽宁冬季旅游品牌在国内外的市场关注度。加大滑雪攻略和服务信息发布力度。发挥旅游行业协会、旅游推广联盟、旅行社、OTA等机构的作用，联合做好宣传推广工作。做好以互联网技术为支撑的互动推广与营销，充分借助互联网（移动）平台，创新使用微信公众号、网络短视频等推广手段，融合IP、跨界等元素，提高冬季旅游产品的知名度。

三、ST 策略

（一）依托气候优势，发展暖冬旅游

辽宁省依托独特的气候优势，积极引导全省冰雪旅游发展方向。结合辽宁冬季气温更适宜户外运动的优势，以及规模大品质高的温泉资源禀赋，支持引导本省冰雪活动突出"暖"字，着重在"暖"字上做文章。利用辽宁省冬季气温较高，冰雪旅游"不冻手"的气候优势，积极开发冰雪户外运动、滑雪课堂、研学旅行、亲子游等冰雪旅游活动。

打造"暖冬"冰雪旅游品牌，加快冰雪场馆建设。支持冰雪资源富集区打造"暖冬"冰雪旅游度假区，建设一批冰雪特色小镇，培育融合冰雪运动、文化体验、康养旅游等板块的集聚区。加强统一规划，确保辽宁省各"暖冬"冰雪旅游度假区之间的紧密联系，从而形成辽宁全省冰雪旅游竞争合力。

（二）依托地形优势，打造初学者运动天堂

积极发挥辽宁省多为低山丘陵的地理环境优势，大力拓展冰雪运动初学者市场，积极树立诸如"冰雪运动初学者天堂"这类产品的品牌形象。对于冰雪运动初学者而言，接受专业培训至关重要。专业的教练能带来更权威的帮助，令初学者在保证安全的前提下逐步学习，提高技能。

因此，辽宁省应大规模培养引进冰雪运动专业教练，配备初学者专用设施设备，打造国际冰雪运动基础训练基地，坚持高质量、集约化发展，推动辽宁省滑雪场"控量提质"。面向冰雪运动初学者，加快新建或提升一批滑雪度假综合体、冰雪小镇，培育若干世界一流的滑雪度假综合体和四季旅游目的地，发展更多冬季综合性康养项目、冰主题文化和旅游项目、冰雪乡村旅游点等。

（三）依托温泉优势，开发特色产品

将辽宁省的冰雪旅游产业同康养产业结合起来，发挥温泉资源优势，设

计养生温泉旅游项目，积极创建具有冰雪温泉特色的酒店，形成完整的产业链条。

围绕冰雪温泉旅游，可开发冰雪温泉与历史古迹、传统古村落、非物质文化遗产等旅游精品线路，让旅游者在体验温泉养生的同时，还可以回忆历史、记住乡愁。同时，在加大创意开发"冰雪温泉＋民俗""冰雪温泉＋庙会""冰雪温泉＋采摘""冰雪温泉＋体育"等产品、项目和节会活动的基础上，注重活动和产品的创新。

四、WT 策略

（一）合理利用资源，开发全季旅游

要突破单一季节文化旅游，从冰雪旅游链条向全季旅游链条拓展，打造四季有景、文体旅融合的高端精品旅游项目，实现旅游强区、旅游富民。培育一批文化特色鲜明的冰雪旅游线路和人民群众喜闻乐见、四季皆宜的冰雪旅游产品，增强冰雪旅游景区的可持续发展能力和竞争力。以冰雪为主导的景区、滑雪场可以结合已有资源和四季特征，开发适合不同季节的旅游产品内容，提升景区的吸引力和竞争力。挖掘反季节资源，拓展休闲度假、文化展示、民俗体验等功能，发展全季旅游项目。

加强冰雪运动与城市夜经济融合，结合冰雪赛事活动举办冰雪消费节、体验季、嘉年华活动，打造夜间冰雪旅游消费空间，推进都市时尚冰雪体验项目、冰雪嬉戏乐园的互联网移动端平台建设，培育消费新热点。

（二）加强文体旅融合，创新旅游产品

要做足辽宁冰雪文化消费文章，充分挖掘和利用好区域冰雪文化资源，完善跨区域冰雪消费链条，带动冰雪文化旅游发展。通过将冰雪资源与当地文化资源融合，形成各种独具特色的冰雪旅游产品。将自然雪景、雾凇景观、冰雕景观和特色冰雪赛事活动、冰雪节庆活动、地方美食等结合，形成

独特吸引力。

辽宁冰雪旅游景区在运营中，需要通过文化创新方式，深度挖掘景区文化内涵，不断开发具有本地特色、独创性的冰雪文化旅游产品，提升景区在冰雪旅游方面的竞争力。从长期来看，发展冰雪旅游还要进一步加强科技引领、加大文化创意的力度，还要发展夜间经济，培育冰雪资源富集区的文化和旅游消费场景。

丰富辽宁冰雪旅游产品和业态，加快发展冰雪夜间经济，鼓励延迟重点景区闭园时间。丰富乡村冰雪产品供给，将民族传统文化与冰雪运动相结合，打造雪乡、雪村等特色冰雪旅游地。全方位开发多业态融合的"冰雪＋"旅游，包括嬉冰玩雪休闲游、冰雪温泉养生游、冰凌穿越挑战游、冰雪研学体验游、民俗年俗文化游、冬捕冰钓趣味游等。辽宁全省多部门、多城市要共同发力，积极推进冰雪旅游与文化、温泉融合发展，不断满足市场需求。

（三）完善服务体系，提升市场竞争力

辽宁省要继续推出具有良好滑雪场地资源、能够满足游客康养度假和休闲娱乐需求的高品质滑雪旅游度假地。支持有条件的地区加大冰雪旅游目的地建设，提升产品服务水平，推动打造冰雪主题的 A 级旅游景区、旅游度假区，发挥冰雪资源优势打造特色精品。从旅游目的地建设和品牌培育的视角，加强文化引领和科技创新，发展智慧旅游，不断提升旅游治理水平和游客满意度。培育美食、美宿、美景等更多的"旅游＋"和"＋旅游"要素支撑体系，让海内外游客有可触达的消费场景和切实的旅游休闲获得感。既要有保障运动员训练和比赛所需要的专业装具和专业场地、商业性的冰雪休闲场馆和冰雪旅游项目，也要提升大众对冰雪休闲的参与感和满意度，为居民在冰上玩乐提供安全保障。

辽宁省还要在全省范围内建立健全冬季冰雪活动安全监管体系，完善行政执法监督机制。采取冬季旅游市场安全工作专项检查机制，保持滑雪场索道等特种设备良好安全运行状况。强化旅游景区最大承载量管理，控制游客量和高峰时段总量，制定完善游客疏散和调流方案以及特种设备事故应急处理预案，并定期进行应急演练，确保游客旅行活动安全有序。开展大型冰雪旅游项目、冰雪赛事基地建设气候可行性论证，推进特色冰雪气候国家气候标志评定，加强冬季灾害天气监测预报预警，做好冰雪旅游区域以及道路交通气象服务，加强雨雪湿滑天气交通监管。加强食品卫生监管，确保食品卫生安全。加强冰雪游乐项目安全风险防范和避险逃生知识宣传，提升游客安全意识和遇险自救互救能力。

第七章

辽宁冰雪运动与区域旅游融合发展研究

面对着迅猛发展的冰雪产业实践，目前冰雪运动与冰雪旅游产业融合的理论研究均尚处于初级阶段。如何促进冰雪运动与冰雪旅游的深度融合，已成为眼下亟须探究的重要课题。

第一节　冰雪运动与区域旅游融合发展的理论框架

一、研究背景

产业融合是指不同产业之间相互交叉渗透重构，逐渐形成新产业的过程，是产业发展的必然规律。产业融合已成世界经济发展大势所趋，不同产业间交叉、渗透现象屡见不鲜。冰雪运动与旅游产业具有天然关联性，融合发展趋势逐渐加强，相互渗透重构已成必然。冰雪体育与冰雪旅游融合发展是通过冰雪体育产业与冰雪旅游产业间的渗透、交叉和重构，激发原产业链转型升级，触发产业功能、形态、组织方式的深刻变革。

中共中央办公厅、国务院办公厅印发的《关于以 2022 年北京冬奥会为契机大力发展冰雪运动的意见》中提出，加快发展冰雪健身休闲产业，推动冰雪旅游产业发展，促进冰雪产业与相关产业深度融合，提供多样化产品和服务。然而，冰雪运动与区域旅游融合的具体实践和理论研究均尚处于初级阶段。冰雪运动与区域旅游之间的融合突破亟须解答"融合的条件是什么？""融合的效果怎么样？""怎样进一步深度融合？"等一系列问题。

我国东北地区大陆性季风气候特点突出，冬季形成独特的北国冰雪风光，是我国冰雪资源最为富集的地区之一。依靠地理优势与气候特点，东北地区发展冰雪产业的自然资源优势较为明显。这里积冰雪期长，冰雪资源分布广泛，雪质好，是我国冰雪产业发展最早的地区之一。目前，东北地区已具备较高的冰雪旅游知名度，长期以来成为我国冰雪运动与冰雪旅游的主要目的地，吸引了大量消费者。近年来，东北地区着力发展冰雪产业，有效拉动地方经济整体跃升，成为新的经济增长点。国务院印发的《"十四五"旅游业发展规划》中明确指出，东北地区大力发展寒地冰雪、生态旅游等特色产业，打造具有国际影响力的冰雪旅游带。因此，本章在系统梳理相关理论与文献的基础上，以东北地区为例，通过分析冰雪运动与区域旅游融合的条件，测评两者融合的效果，并通过比较辽宁与黑龙江、吉林两省的差异，提出进一步深度融合发展的优化建议。

二、相关研究评述

（一）研究现状

现阶段，学术界关于冰雪产业的研究热点主要集中于冰雪旅游、冰雪体育、冰雪文化等方面，但有关冰雪体育与冰雪旅游融合发展的研究尚不多见。

国外学者对冰雪运动与区域旅游融合发展的相关研究主要集中于滑雪产业发展、滑雪旅游市场开发及滑雪旅游产品创新等方面，聚焦滑雪旅游产业与环境的互动关系、滑雪旅游市场发展、滑雪旅游者的意愿及滑雪旅游对区域经济影响等方面，注重实地调查和个案研究，辅以计量经济和数理统计等研究方法。李约瑟（2005）研究了加拿大惠斯勒山滑雪区冰雪运动与区域旅游融合发展方向。泽姆拉（2008）探讨了波兰竞争性滑雪旅游市场开发合作关系的建立。道森（2013）指出，滑雪市场、社区和个人应共同参与管理部门应对气候变化的风险管理。

国内学者对冰雪运动与区域旅游融合发展的相关研究聚焦于冰雪体育产业发展模式、策略及其对区域经济的影响，以及冰雪体育人才的培养、冰雪体育产业链结构等方面。张欣（2014）使用钻石理论模型分析了黑龙江省冰雪旅游产业融合，并提出了相关对策。史瑞应（2017）采用逻辑分析法研究了冰雪产业与旅游产业的共同特点及产业融合的基本要素，提出了融合发展的模式。杨春梅（2018）运用熵权法和耦合法研究了哈尔滨冰雪旅游经济与城市旅游环境的耦合程度。李在军（2019）采用文献法分析了冰雪产业与旅游产业融合的动力机制，提出技术、产品、企业、市场等融合路径。常晓铭（2020）采用文献和综合分析方法，提出北京冬奥会推动我国"一带一路"沿线冰雪旅游产业融合发展的路径。车雯（2021）运用文献法与逻辑分析法，提出我国冰雪体育产业"多链"融合路径。李在军（2021）采用文献研究法，运用自组织理论分析了中国冰雪旅游产业融合发展原理，提出冰雪旅游产业融合发展的 4 条推进路径。

（二）研究述评

通过对相关文献梳理发现，目前的研究成果中尚有诸多不足：①报道性文章比重大，权威期刊上相关论文少，现有的研究成果呈现出研究内容的高度重复性；②视野较窄，鲜有对冰雪运动与区域旅游的融合条件和效果的深入研究；③方法单一，以定性描述为主，缺乏定量或实证分析，理论深度不足。鉴于此，本章借鉴相关学科的理论与方法，注重定性与定量相结合，以东北地区为例，对冰雪运动与区域旅游的融合条件与程度进行系统研究，进而探索冰雪运动与区域旅游深度融合高质量发展的路径与方法。

三、理论分析框架

产业融合是指不同产业间的传统边界趋于模糊甚至消失的现象（于刃刚

等，2006）。随着需求的不断变化和创新的不断涌现，在政策、经济、社会及技术等条件因素的不断促进下，产业间相互协作，依据相同或相近的演进路径，最终形成新兴产业或业态创新。同样，冰雪运动与区域旅游融合发展应符合一般产业融合所具备的共性特征，即以冰雪场地为核心、以冰雪运动与区域旅游产业为主导，通过供需、合作、互补等形式而演化成的新兴产业或业态。据此，冰雪运动与区域旅游的产业融合是指随着消费者需求的改变，在政策、经济、社会及技术等因素的促进下，冰雪运动与区域旅游相互协作，最终形成冰雪体育旅游这一新型业态的过程。冰雪运动与区域旅游产业融合的结果满足了冰雪市场的有效需求，节省了相关企业与机构的投入成本，可获得"1＋1＞2"的协同效应。冰雪运动与区域旅游产业融合发展的理论分析框架见图7－1。

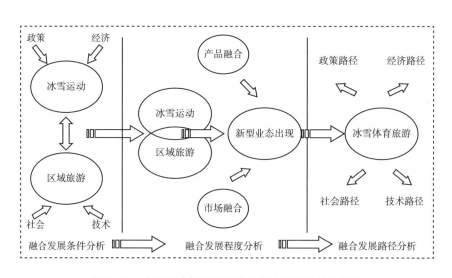

图7－1　冰雪运动与区域旅游融合发展理论分析框架

该理论分析框架包含"融合发展条件分析""融合发展程度分析""融合发展路径分析"三个部分，旨在研究冰雪运动与区域旅游产业"融合的条件是什么？""融合的效果怎么样？""怎样进一步深度融合？"等一系列问题。其中，冰雪运动与区域旅游产业融合发展所涉及的条件因素主要包括政策、经济、社会及技术等几个方面。这些条件因素对冰雪运动与区域旅游产业融合起到了促进或阻碍的作用，如果区域政策、经济、社会及技术等条件愈发成熟，那么两者融合的程度会加深，反之则会削弱两者的融合程度。本章在分析冰雪运动与区域旅游产业融合发展条件的基础上，从"产品融合"与"市场融合"两个维度评估冰雪运动与区域旅游产业融合发展的程度，并依据评估结果验证两者融合发展的条件因素，找出现存的短板，从而探索出冰雪运动与区域旅游产业深度融合发展的路径。

本章根据前述的理论分析框架，在文献分析与实地调研的基础上，采用PEST分析法与赫芬达尔—赫希曼指数法相结合的研究方法，实现定性定量分析相结合，构建冰雪运动与区域旅游产业融合发展分析模型，并以东北地区为例，通过系统研究冰雪运动与区域旅游产业融合的条件因素，测评两者之间的融合效果，并通过比较辽宁省与黑龙江、吉林两省的差异，从而提出进一步深度融合发展的优化建议。

第二节　冰雪运动与区域旅游融合发展的环境分析

采用现代管理学中分析战略和环境的方法——PEST分析法，分析政治（politics）、经济（economy）、社会（society）与技术（technology）等方面因素，从全局上审视东北三省冰雪体育与冰雪旅游融合发展的宏观环境，评判各要素对两者融合发展的影响，进而提出优化路径，以期为冰雪体育与冰雪旅游的深度融合发展提供参考。

PEST分析法即宏观环境分析法，能够客观分析、评价产业融合态势与优势，优化资金、资源及人力配置等，避免无序竞争或重复建设与投资（幸岭，2014）。

采用该方法对冰雪运动与区域旅游融合发展的条件因素进行分析，能够预测产业发展趋势，有效配置资源，为促进产业融合发展提供理论支持。本书从政治、经济、社会及技术四个方面系统分析东北地区冰雪运动与区域旅游融合发展所涉及的条件因素，结合文献资料、政策方法及调研数据，采用

PEST 分析法研究东北三省冰雪运动与区域旅游融合的条件因素。

一、政策环境分析

2015 年，北京获得 2022 年冬奥会举办权。为实现"带动三亿人参与冰雪运动"的目标，2016 年以来，国家及东北三省陆续颁布系列冰雪体育与旅游产业融合发展的支持政策（见表 7 - 1），提出"推动冰雪旅游产业发展，促进冰雪产业与相关产业深度融合""支持东北三省等地区大力发展寒地冰雪经济"等，推动了冰雪运动与区域旅游的融合发展。其中，国家层面出台涉及冰雪产业的政策 8 项，东北三省出台 11 项，内容涵盖冰雪消费、冰雪运动、冰雪装备、冰雪旅游、国民健康、群众体育、场地设施、青少年冰雪参与等。在国家及各省相关部门的政策支持下，东北地区冰雪运动与区域旅游的融合发展形成了良好的政策环境，冰雪体育与冰雪旅游融合发展的合力逐渐形成。

表 7 - 1　　　近年来我国及东北三省颁布的冰雪体育与冰雪旅游融合发展相关政策

序号	发布机构	发布时间	政策名称
1	国务院	2016 年	关于进一步扩大旅游文化体育健康养老教育培训等领域消费的意见
2	国务院	2019 年	关于促进全民健身和体育消费推动体育产业高质量发展的意见
3	国务院	2019 年	关于以 2022 年北京冬奥会为契机大力发展冰雪运动的意见
4	文化和旅游部	2018 年	关于做好冬季旅游产品供给工作的通知
5	文化和旅游部	2021 年	冰雪旅游发展行动计划（2021—2023 年）
6	国家体育总局	2016 年	冰雪运动发展规划（2016—2025 年）
7	国家体育总局	2016 年	群众冬季运动推广普及计划（2016—2020 年）
8	国家体育总局	2018 年	"带动三亿人参与冰雪运动"实施纲要（2018—2022 年）
9	辽宁省	2017 年	进一步扩大旅游文化体育健康养老教育培训等领域消费实施方案
10	辽宁省	2019 年	关于推进辽宁省冰雪经济发展的实施方案
11	辽宁省	2020 年	关于加快推进冰雪运动发展的实施意见
12	吉林省	2016 年	关于做大做强冰雪产业的实施意见

序号	发布机构	发布时间	政策名称
13	吉林省	2017 年	关于进一步扩大旅游文化体育健康养老教育培训等领域消费的实施意见
14	吉林省	2019 年	关于以 2022 年北京冬奥会为契机大力发展冰雪运动和冰雪经济的实施意见
15	吉林省	2021 年	吉林省冰雪产业高质量发展规划（2021—2035 年）
16	黑龙江省	2017 年	关于进一步扩大旅游文化体育健康养老教育培训等领域消费的实施意见
17	黑龙江省	2017 年	关于加快我省冰雪旅游产业发展的实施意见
18	黑龙江省	2019 年	关于进一步加快冬季旅游发展的指导意见
19	黑龙江省	2020 年	黑龙江省冰雪旅游产业发展规划（2020—2030 年）

通过比较研究发现，东北三省发布的支持冰雪产业发展政策有所差别。例如，黑龙江和吉林率先发布了本省的"冰雪产业发展规划"，而辽宁省则尚未发布。此外，黑龙江和吉林还通过发放冰雪消费补贴等方法促进本省冰雪产业的发展。例如，2020 年，哈尔滨市发放了 4 800 万元冰雪文旅消费补贴；2021 年，吉林省发放了 1 000 万元冰雪消费补贴。

二、经济环境分析

伴随政策红利不断释放，我国冰雪旅游投资呈现出大众化、规模化、多元化等特征。中国旅游研究院发布的《中国冰雪旅游发展报告（2022）》测算数据显示，当前冰雪旅游投资依然火热，同时更加理性，正从单纯的规模扩张向提质扩容的内涵式发展转变。在重大项目领域，2018～2020 年，我国冰雪旅游重资产投资项目总投资规模近 9 000 亿元，2021 年新增重资产项目投资总额约 900 亿元，东北地区为投资热点。冰雪旅游投资主要集中于城市基础设施和冰雪旅游商业项目等。其中，基础设施包括高铁、高速公路等道路系统以及机场改造、旅游厕所、游客服务中心等；商业项目投资以度假综合体为主，约占 45%，东北地区为投资热点。近年来，新兴冰雪旅游目的地成为重点投资区域，从投资额度分布来看，吉林、湖北、广东位列前三位。现阶段，吉林省冰雪旅游投资领先其他两省。

同时，我国冰雪旅游消费一侧也呈现出喜人的变化。中国旅游研究院发布的《中国冰雪旅游消费大数据报告（2022）》显示，在北京冬奥会、冬残奥会等影响下，全国冰雪休闲旅游人数从 2016—2017 冰雪季的 1.7 亿人次增加至 2020—2021 冰雪季的 2.54 亿人次，2021—2022 冰雪季达到 3.44 亿人次，冰雪休闲旅游收入从 2016—2017 冰雪季的 2 700 亿元增加到 2021—2022 冰雪季的 4 740 亿元。

近年来，东北地区冰雪旅游收入呈逐年递增趋势，且维持快速增长势头，见图 7 - 2。其中，辽宁省冰雪旅游收入略高于其他两省，吉林省冰雪旅游收入增速较快，与其他两省的差距逐渐缩小。

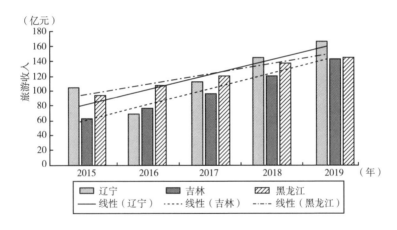

图 7 - 2　东北三省春节黄金周旅游收入统计

资料来源：笔者根据辽宁省、吉林省、黑龙江省文化和旅游厅官方网站数据整理。

三、社会环境分析

冰雪旅游已成为新民俗，冰雪旅游消费日趋常态化。根据《中国冰雪旅游发展报告（2020）》，我国冰雪旅游呈人数快速增长、消费明显升级的趋势，61.5% 的人有冰雪旅游的经历。中国旅游研究院相关问卷调研显示，55% 参与调查的消费者有意愿进行长距离冰雪旅游，82%的游客有意愿进行短距离冰雪休闲旅游活动，有53%以上消费者会选择维持往年消费水平或者增加预算。

近年来，东北地区参与冰雪旅游与冰雪运动的人次呈逐年递增趋势。在冰雪旅游方面，辽宁省接待人次明显多于其他两省，且增速较快，见图7-3。而在冰雪运动方面，黑龙江省与吉林省的滑雪游客数量明显多于辽宁省，其中，吉林省滑雪游客数量增速较快，并在2019年超越黑龙江省，跃居东北三省首位，见图7-4。

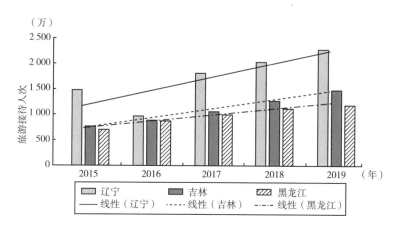

图7-3　东北三省春节黄金周旅游接待人次统计

资料来源：笔者根据辽宁省、吉林省、黑龙江省文化和旅游厅官方网站数据整理。

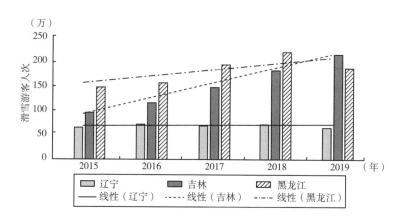

图7-4　东北三省滑雪场接待人次统计

资料来源：2016～2019年历年的《中国滑雪产业白皮书》。

同时，东北地区作为少数民族分布相对集中的区域，浓郁的民族风情形成了本区独特的人文旅游资源。经过长期发展，东北地区少数民族形成了众多的冰雪民俗体育项目及节庆，见表7-2。风格特色鲜明的民间冰雪文化体育活动为区域冰雪运动与旅游融合发展奠定了坚实的社会基础，开拓了广泛的发展空间。

表7-2　　　　东北地区少数民族冰雪民俗体育项目及节庆一览表

民族	冰雪民俗体育项目	冬季节庆
满族	滑冰车、抽冰嘎、拉爬犁、冰上石球、雪地走、赛威呼、角觝等	颁金节、走百病、二月二等
蒙古族	雪地搏克、雪地射箭、雪地赛马等	白节、拜火节、麦德尔节、燃灯节等
锡伯族	蹬冰滑子、撑冰车、打滑溜、欻嘎拉哈等	抹黑节等
达斡尔族	打冰嘶溜、肯古楞、凿冰捕鱼、传统狩猎等	阿聂节、千灯节等
鄂伦春族	赛狗爬犁、雪板行走、原始狩猎等	送火神、抹黑节、伊萨仁等

四、技术环境分析

从全国范围看，东北地区冰雪运动设施配备具有较大优势。2022年公布的首批12家国家级滑雪旅游度假地中，东北三省共入选4家，分别是辽宁宽甸天桥沟、吉林丰满松花湖、吉林抚松长白山、黑龙江亚布力。截至2019年，东北三省共有滑雪场207家。如图7-5所示，其中，黑龙江124家，全国排名第一；吉林45家，全国排名第六；辽宁38家，全国排名第九。在滑雪场质量方面辽宁短板明显，缺少如黑龙江亚布力、吉林长白山等大型的、能够举办国内外重大赛事或度假式、目的地式的滑雪场。

滑雪场垂直落差是衡量山地资源规模的重要指标。黑龙江亚布力和吉林北大壶两个滑雪场的垂直落差均超过800米，其中，亚布力滑雪场是我国唯一举办过亚洲冬季运动会的滑雪场。同时，上述两家雪场及辽宁棋盘山滑雪场等均为综合型滑雪场，设有滑雪、雪板、雪圈、雪地摩托、雪橇和其他娱乐设备等，融冰雪运动与旅游为一体。

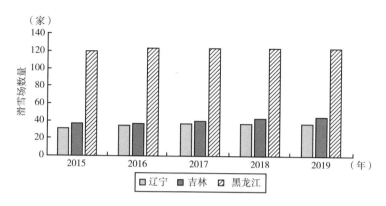

图 7 - 5　东北三省滑雪场数量统计

资料来源：2016～2019 年历年的《中国滑雪产业白皮书》。

架空索道数量同样为衡量滑雪场规模的重要指标。截至 2019 年，国内滑雪场中已投入运营的架空索道共 261 条，分布于全国 22 个省、自治区、直辖市的 155 家雪场。其中，黑龙江、吉林、辽宁分别以 40 条、39 条、19 条位列全国第二名、第三名、第四名，如图 7 - 6 所示。在配备了架空索道的雪场中，脱挂式架空索道的数量是雪场规模和效率的集中展示。在国内现有的 60 条滑雪用途脱挂式架空索道中，吉林 19 条，分布于 6 家雪场；黑龙江 7 条，分布于 3 家雪场；辽宁空缺。

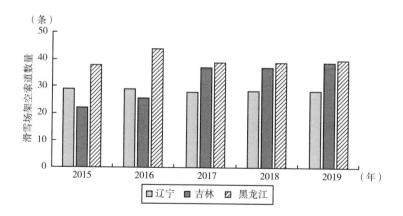

图 7 - 6　东北三省滑雪场架空索道数量统计

资料来源：2016～2019 年历年的《中国滑雪产业白皮书》。

近年来，东北地区加大航空、铁路、公路等交通设施建设，住宿设施、通信设备等相关设施逐步完善，可满足冰雪运动与区域旅游融合发展的需求。寒地高铁建设犹如"加速器"，为区域冰雪产业发展注入新活力，沈阳、长春、哈尔滨等区域中心城市间高铁交通便捷，形成"城际旅游圈"。

由上述分析可知，长期以来，黑龙江省滑雪场数量保持全国第一，而吉林省的滑雪场数量及架空索道数量也位居全国前列，冰雪运动设施设备较为完善。相比之下，辽宁省的冰雪运动设施短板较为明显，缺少国际标准化滑雪场、冰场制备和高端装备的核心技术；缺少一站式服务龙头企业，现有龙头企业竞争力不强。

五、优化路径

（一）政策路径

虽然促进东北地区冰雪产业发展的政策较多，但由于冰雪体育与冰雪旅游相融合的复杂性，以及冰雪文化氛围营造、产品创新、市场培育、资源可持续利用等挑战，冰雪政策的兼容性尚有不足，亟须多部门协调应对。因此，今后应抓紧冰雪政策整合创新，促进辽宁冰雪产业由政策红利转向市场红利。一是比对已颁布的相关政策，加强对实施效果的监督，开展第三方评估，查找破除阻碍冰雪经济发展的因素。二是协调区域沟通，在"十四五"规划中突出区域部门间的合作，提升产品创新和供应能力，整体优化东北地区冰雪产业布局。三是实施激励政策，鼓励相关企业拓展市场，吸引游客。四是加快发展冰雪装备产业，鼓励产学研协同创新，政府专项拨款支持企业创新。五是颁布财税支持政策，鼓励采购国产装备。六是实施辽宁冰雪惠民政策，采取发放消费券等方式，激活冰雪旅游，促进冰雪消费。

（二）经济路径

1. 明确发展方向

在深入挖掘冰雪文化内涵的基础上，大力促进东北地区冰雪体育与冰雪旅游的产品融合。突破省际区域限制，着眼于东北地区整体格局，制订总体发展规划，从供给侧结构性改革角度着手，形成冰雪文化体育旅游产品差异化开发，见表7-3。

表7-3　　　　东北三省冰雪文化体育旅游产品发展方向

省份	优势	发展方向
辽宁	气温较高，冰雪旅游"不冻手"	冰雪户外运动、滑雪课堂、研学旅行、亲子游等
	拥有丰富的温泉资源，"冰雪＋温泉"优势明显	冰雪温泉体验、冰雪温泉养生等
	文化底蕴深厚，世界遗产众多	凝练历史、工业、海洋、民俗等文化精髓，开发文化特色鲜明的冰雪文化体育旅游产品
吉林	拥有长白山等极品冰雪资源	开发高端滑雪康体健身产品，打造"世界粉雪基地"；利用长白山4~5月冰雪不化的气候特点，开展反季滑雪旅游
	优势在于"雪"，滑雪和雾凇品牌优势明显	凭借雾凇资源创新研发冰雪文化体育旅游产品，塑造国际知名冰雪奇观
	历史文化、民族风情、汽车文化、影视文化等文化优势	利用蒙古族查干湖冬捕与朝鲜族冰雪节庆等民俗资源，开发文化底蕴深厚的冰雪文化体育旅游产品
黑龙江	雪期长、山地多，具备开发大型雪场的优势	滑雪健身度假类产品，森林冰雪观光类产品等
	优势在于"冰"，具有冰雕和哈尔滨冰雪节的品牌优势	冰雪乐园休闲游类产品，冰雕、雪雕、冰灯等
	异国风情、民族风情、红色旅游等文化优势	将特有的地方民俗特色以及边境的异国文化融入冰雪文化体育旅游开发

2. 树立品牌形象

文化在冰雪产业发展中的位置举足轻重，将文化深度挖掘，可成为塑造冰雪文化体育旅游形象的突破口。应从冰雪文化传承、民俗展示、艺术呈现等方面完成由文化理论性向实践性的转换，塑造提升区域总体形象。其中，辽宁省应积极打造"冰雪运动初学者天堂"这一品牌形象，凭借区域冰雪文化优势及丰富的温泉资源，传承满族冰雪文化传统，塑造冰雪文化体育旅游的文化品牌。吉林省应突出"世界粉雪基地"的品牌形象，凭借鲜蒙文化、汽车文化、影视文化等优势，提升滑雪和雾凇两大冰雪文化体育旅游品牌。黑龙江省应巩固"国际冰雪旅游度假胜地"的品牌形象，凭借哈尔滨国际冰雪节及民族风情、红色旅游等独特文化，成为吸引力更强的冰雪文化体育旅游品牌；同时，借鉴瑞士、日本等国发展经验，树立"四季旅游"的品牌形象，加强宣传，及时发布东北地区冰雪文化体育旅游推荐地。

3. 构筑产品体系

在明确发展方向和品牌形象的基础上，牢牢把握消费者冰雪旅游需求，大力挖掘整合资源，不断研发新产品、新功能、新业态。从原来单一的冰雪体育及旅游产品，转向发展体育、节庆、研学、民俗、生态、文博、购物等新型业态，构筑完整的东北地区冰雪文化体育旅游产品体系，见表7-4。

表7-4　　　　　　　东北地区冰雪文化体育旅游产品体系

类型	可利用资源	开发思路
体育旅游	各地滑雪场、滑冰场等	滑冰、滑雪、冰球、冰壶、拉力赛等赛事；冰上龙舟、雪地摩托、冰橇、冰帆、冰上垂钓、冬泳、雪地足球等活动
观光旅游	冰雪风光、冰雕艺术、冰雪嘉年华等	观雾凇、观极光、赏林海雪原、冰雕展、冰灯展、雪雕展、观赏冬捕等
节庆旅游	传统节庆、各地特色节庆等	美食节、购物节、艺术节、影视节、狂欢节、室内娱乐、光影秀、文创产品开发等
研学旅游	博物馆、科技馆、爱国主义教育基地等	红色旅游、爱国主义教育、文博旅游、冬令营、亲子游等
民俗旅游	冰雪民俗、关东民俗、少数民族民俗等	美食品尝、主题民宿、旅游演艺、逛庙会、闹花灯、雪地秧歌、冰雪婚礼、冬季狩猎等
生态旅游	自然保护区、国家森林公园、生态农庄等	冬令营、科普教育、森林康养、温泉康养、冬季观鸟等

4. 加强宣传推广

积极利用旅游发展专项资金，拓展旅游信息渠道。区域各省对本地区的冰雪文化体育旅游活动进行系统推广，扩大影响力。注重线上线下互动，线上活动要充分利用新媒体、融媒体提升传播效果；线下宣传推广体现真情实感，不断加大宣传推广力度。持续在央视及各大卫视以及各大城市机场、高铁站、地铁、商圈等开展东北地区冰雪文化体育旅游整体形象和重点品牌推广。借助微博、微信、抖音等平台，让旅游者更加直观了解产品信息，提升东北地区冰雪文化体育旅游产品的知名度。

游客群体的年轻化要求景区必须及时调整营销策略，以年轻人更乐于使用的媒体方式将有效信息传递给目标顾客。抖音、微信、微博等新媒体营销方式正成为旅游景区冰雪旅游营销创新的重要方向。同时，邀请新媒体平台达人、旅游关键意见领袖（KOL）等团队到景区体验冰雪之旅，借他们的直播或小视频宣传景区，打造景区自有抖音、微信公众号、微博号等也是景区利用新媒体营销的重要方式。

可借助冬奥效应，推广"冬季到东北来玩雪""大东北，雪在烧"等宣传语。借助沈阳清文化国际旅游节、沈阳国际音乐烟花节、大连国际马拉松、大连国际沙滩文化节、长春消夏节、长春净月潭国际森林马拉松、长白山消夏节、长白山红叶旅游节、哈尔滨之夏国际啤酒节、哈尔滨之夏音乐会、五大连池饮水节、伊春国际森林生态旅游节、佳木斯三江国际旅游节、大兴安岭漠河北极光节、绥化河灯节等东北地区春、夏、秋季节庆及赛事活动的影响力，进行反季宣传。加大节假日期间推广力度，利用东北名人效应，拍摄宣传片，增加可信度，吸引游客关注。

此外，还要加强与周边地区及南方各省市开展合作，统筹整合资源，进行旅游产品的互推与促销。利用昆明国际旅交会等资源，开展域外旅游推介会等活动。东北地区各省市应结合各自特色开展域外宣传活动，包括对口交流城市的合作推广等。冰雪文化体育旅游宣传不应仅限于国内，更应该推广到海外，如日、韩、俄、东南亚等国家和地区，以实现东北地区冰雪文化体育旅游的国际化，让东北地区冰雪文化体育旅游市场不"冷"。

在冰雪季大规模提供低价航空产品及捆绑打包产品，一方面可促进冰雪文化体育旅游发展，另一方面也可拓展新市场。在冰雪季增开旅游专列，对冬季票价实行优惠政策。同时，可通过设置门票增值套餐，提高冰雪文化体育旅游效益。在冰雪体育旅游地和冰雪观赏旅游地之间展开合作，制作联票、发放赠票，提升市场占有率。值得注意的是，实施惠民措施的前提是冰雪文化体育旅游产品质量得到充分保障。

（三）社会路径

1. 融入体育文化

冰雪体育文化作为一种特定的文化现象，具有其独特的内涵与特性。要对东北地区"冰嬉"文化进行深入挖掘，促进冰雪体育在东北地区冰雪旅游中得以全面展示与诠释。实施文体旅融合，突出区域体育文化特色，设计开发具有冰雪文化内核的体育旅游产品；进一步提升辽宁"万人上冰雪"，吉林"全民上冰雪"，黑龙江"百万青少年上冰雪"等各省冰雪体育文化系列活动。

创新设计冰上垂钓、冰凌穿越、冰上龙舟、攀冰等一系列冬季体育旅游业态，更新冰雪体育运动项目，承办冬季体育赛事。利用黑龙江的中国冰盘国际公开赛、国际冰雪汽车挑战赛、冬季铁人三项世界杯、国际冰球友谊赛、国际速度滑冰马拉松、国际雪山穿越赛等；吉林的国际雪联高山滑雪积分赛、国际越野滑雪职业巡回赛、国际冬季龙舟赛、国际冬泳邀请赛等；辽宁国际滑雪邀请赛、国际冰龙舟大赛、国际冬泳节等国际知名赛事，创新设计冰雪旅游产品，吸引更多的海内外体育爱好者。

2. 融进地域文化

发挥东北地区历史、民族、红色、工业、农业、民俗等文化优势，讲好东北故事。积极发挥各省博物馆、展览馆、艺术团体的潜力，创新开发旅游表演、室内娱乐、光影表演等文化创意产品。引导社会组织积极开展表演艺术项目，当地人文魅力，充分展示当地的人文魅力。

与东北各地方高校合作，充分挖掘区域历史文化内涵，创新设计体现地方风格的文创产品，如"满族剪纸""蒙古刀""麦秸画""鱼皮衣""螺钿漆器"等，体现了当地的民俗风情。利用东北地区极具特色的"赶大集""庙会""办年货""传统工艺品大展销"等冬季展销活动，激发二次消费潜力。

3. 融合节庆文化

通过创办特色节庆，促进东北地区冰雪体育与冰雪旅游的融合。将东北地区的年俗文化与冰雪旅游相融合，在东北各地冬季节庆活动期间，结合地方文化元素制作冰雕花灯，开展民间体育运动体验、地方文化展示、烟花表演及美食体验等活动。

在继续办好"沈阳国际冰雪节""长春冰雪旅游节""哈尔滨国际冰雪节"等老字号冰雪节的基础上，创新策划新型冰雪文化体育旅游节庆。东北各省份冰雪节庆要突出自身特色，凸显地域风格与人文魅力。

（四）技术路径

一是加快推进冰雪产业现代化，充分尊重现代冰雪产业发展规律，发挥科技、时尚、文化等要素在冰雪体育与冰雪旅游融合中的作用。二是发挥冰雪旅游示范区的带动作用，促进冰雪旅游与科技协同发展。三是以大数据、人工智能、移动互联、云计算、物联网、区块链、虚拟现实、纳米材料装备等技术为支撑，大力培育冰雪产业链条，提升冰雪旅游的国际吸引力和价值链优势。四是充分发挥东北地区产学研制的优势，进一步优化整合，构建东北冰雪旅游人才和装备研发制造基地。

加强冰雪旅游行业数字化建设，进一步提高冰雪旅游行业在线化率，依托数字技术从供需两端赋能冰雪旅游发展。在供给侧，通过"线上预约平台＋智能终端设备＋数字管理系统"加快景区数字化能力建设；在需求侧，实现冰雪旅游景区同在线平台在数据、资源等层面共建共享，利用团购、直播、预售等方式开展一系列创新性营销。

旅游景区利用虚拟现实（VR）、增强现实（AR）、全息技术等现代数字技术，与冰雪内容相结合，创造出全新的数字冰雪体验产品，为游客奉献高品质的冰雪旅游体验产品。利用数字技术建立全流程、高质量的服务链，通过完善网络预约平台、智能导览、智慧讲解等数字内容不断优化游客的景区体验。

第三节　冰雪运动与区域旅游融合发展的测度

一、研究方法

常用的产业融合度测算方法包括 AHP—模糊综合评价、相关系数、熵指数、赫芬达尔指数和贡献度测量，其中赫芬达尔指数法应用范围更广，实用性更强（刘祥恒，2016）。赫芬达尔—赫希曼指数法简称赫芬达尔指数法（HHI），HHI 值为融合系数，用于判断产业中技术融合程度，公式为：

$$HHI = \sum_{i=1}^{n} (Xi/X)^2 \qquad (7-1)$$

X 代表所测量产业某一指标的总量，Xi 代表产业中每个企业在相关指标测算中的量，i 代表企业数目。该指数测算结果范围为 0 – 1，结果越接近 0，表明产业整体融合度高；结果越接近 1，表明产业整体融合度低（刘祥恒，2016）。当某产业处完全垄断时，$HHI=1$，反之当产业内竞争较为激烈时 HHI 的值趋向于 0。

以往的研究通常将 HHI 值分为 0.2～0.36，0.36～0.52，0.52～0.68，0.68～0.84，0.84～1.00 等 5 个区间，代表融合度依次为：高、中高、中、中低、低。显而易见，其区间临界值重合且缺失 <0.2 的区间，导致融合度分组混乱。因此，本研究在借鉴以往研究的基础上，在保持 5 个分布区间的原则下，剔除原有区间临界值的重合部分，对 HHI 值区间重新划分，如表 7 – 5 所示。

表 7 – 5　　　　　　　　　　　　　　*HHI* 值区间划分

HHI 值区间	0.01 ~ 0.35	0.36 ~ 0.51	0.52 ~ 0.67	0.68 ~ 0.84	0.85 ~ 1.00
融合度	高度融合	中高度融合	中度融合	中低度融合	低度融合

HHI 对于产业融合度的测量较为全面，由于其在测算中涵盖了产业内的所有企业，能够反映产业整体倾向于垄断或竞争。该方法应用范围广，数据易获取，处理较便捷，利于测评产业融合发展中业务、产品、市场等融合程度，操作性与普适性较强。本研究采用赫芬达尔—赫希曼指数法测算东北地区冰雪运动与区域旅游的融合程度。

二、数据来源

从地理空间来看，东北地区包括辽宁、吉林、黑龙江三省及内蒙古东五盟，为方便统计分析，本研究只选取东北三省的相关数据进行测算。需要说明的是，由于 2020 年的统计数据波动较大，难以反映冰雪产业发展的一般规律，为确保研究结果的客观性与可比性，本研究选取东北三省的同时期（2015 ~ 2019 年）截面数据进行测度。

本研究涉及的数据源自 2016 ~ 2018 年历年的《中国旅游年鉴》和 2019 年的《中国文化和旅游年鉴》、2016 ~ 2019 年历年的《中国滑雪产业白皮书》、2018 ~ 2023 年历年的《中国冰雪旅游发展报告》等，以及辽宁省、吉林省、黑龙江省文化和旅游厅官方网站数据。基于定量研究所需，对指标数据统一量化处理。

三、研究过程

依据冰雪运动与区域旅游融合发展的理论分析框架，从产品融合与市场融合两个角度衡量东北地区冰雪运动与区域旅游的融合程度。

（一）冰雪运动与区域旅游产品融合度测算

本研究对东北三省 2015 ~ 2019 年滑雪场与 A 级景区数量使用赫芬达尔—

赫希曼指数法分析测算，结果见表7-6。

表7-6　　　　　东北三省冰雪运动与区域旅游产品融合度一览表

省份	年度	滑雪场与A级景区数量 （家）	滑雪场数量 （家）	A级景区数量 （家）	HHI	融合度
辽宁	2019	552	38	514	0.87	低度
	2018	492	38	454	0.86	低度
	2017	491	37	454	0.86	低度
	2016	368	35	333	0.83	中低度
	2015	318	31	287	0.82	中低度
吉林	2019	276	45	231	0.73	中低度
	2018	287	43	244	0.75	中低度
	2017	279	41	238	0.75	中低度
	2016	254	38	216	0.75	中低度
	2015	279	37	242	0.77	中低度
黑龙江	2019	574	124	450	0.66	中度
	2018	575	124	451	0.66	中度
	2017	534	124	410	0.64	中度
	2016	519	122	397	0.64	中度
	2015	550	120	430	0.66	中度

资料来源：2019年的《中国文化和旅游年鉴》、2016～2018年历年的《中国旅游统计年鉴》、2016～2019年历年的《中国滑雪产业白皮书》。

经计算，辽宁省冰雪运动与区域旅游产品融合度 HHI 值分别在0.82～0.87，2015～2016年冰雪运动与区域旅游产品融合度为中低度，2017～2019年则为低度，且有逐渐降低的趋势。吉林省冰雪运动与区域旅游产品融合度 HHI 值在0.73～0.77，2015～2019年的融合度均为中低度，且有逐渐升高的趋势。黑龙江省冰雪运动与区域旅游产品融合度 HHI 值分别在0.64～0.66，2015～2019年的融合度均为中度，5年间 HHI 值变化不大。

总体来看，东北三省冰雪运动与区域旅游产品的整体融合度不高，见图7-7。除黑龙江省5年间融合度均为中度外，辽宁、吉林两省融合度较低。从发展趋势来看，吉林省呈现融合度逐渐上升趋势，说明其近年来冰雪运动与区域旅游产品趋于融合发展态势；而辽宁省的融合度则有不断降低趋势，冰雪运动与区域旅游有待于进一步深度融合。

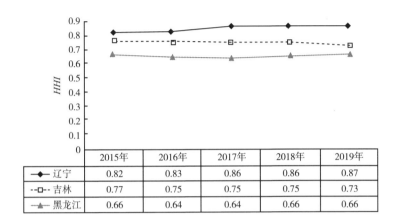

	2015年	2016年	2017年	2018年	2019年
◆ 辽宁	0.82	0.83	0.86	0.86	0.87
-□- 吉林	0.77	0.75	0.75	0.75	0.73
▲ 黑龙江	0.66	0.64	0.64	0.66	0.66

图 7 - 7　东北三省冰雪运动与区域旅游产品融合度

（二）冰雪运动与区域旅游市场融合度测算

根据辽宁、吉林、黑龙江省文化和旅游厅官方网站公布数据以及 2016 ~ 2019 年历年《中国滑雪产业白皮书》的统计数据，为避免重复计算，在春节黄金周旅游人次统计中扣除在此期间的滑雪接待人次，对东北三省 2015 ~ 2019 年春节黄金周旅游与滑雪接待人次使用赫芬达尔—赫希曼指数法分析测算，见表 7 - 7。

表 7 - 7　　东北三省冰雪运动与区域旅游市场融合度一览表

省份	年度	春节黄金周旅游与滑雪接待人次（万）	春节黄金周滑雪接待人次（万）	春节黄金周旅游人次（万）	HHI	融合度
辽宁	2019	2 211	67	2 144	0.94	低度
	2018	1 959	73	1 886	0.93	低度
	2017	1 753	69	1 684	0.92	低度
	2016	908.1	72	836.1	0.85	低度
	2015	1 413.4	65	1 348.4	0.91	低度

省份	年度	春节黄金周旅游与滑雪接待人次（万）	春节黄金周滑雪接待人次（万）	春节黄金周旅游人次（万）	*HHI*	融合度
吉林	2019	1 256.51	215	1 041.51	0.72	中低度
	2018	1 078.84	184	894.84	0.72	中低度
	2017	920.99	147	773.99	0.73	中低度
	2016	771.77	118	653.77	0.74	中低度
	2015	674.89	96	578.89	0.76	中低度
黑龙江	2019	1 014.04	186	828.04	0.70	中低度
	2018	901.67	221	680.67	0.63	中度
	2017	813.49	196	617.49	0.63	中度
	2016	743.14	158	585.14	0.67	中度
	2015	537.96	149	388.96	0.60	中度

资料来源：辽宁、吉林、黑龙江省文化和旅游厅官方网站公布数据以及 2016～2019 年历年的《中国滑雪产业白皮书》。

经计算，黑龙江省冰雪运动与区域旅游市场融合度 *HHI* 值在 0.6～0.7，除 2019 年的融合度为中低度外，2016～2018 年的融合度均为中度，是东北三省中冰雪运动与区域旅游市场融合度最高的省份。吉林省冰雪运动与区域旅游市场融合度 *HHI* 值在 0.72～0.76，2015～2019 年的融合度均为中低度，5 年间 *HHI* 值变化不大，且有逐渐降低趋势，2019 年的融合度已接近黑龙江省。辽宁省冰雪运动与区域旅游市场融合度 *HHI* 值在 0.85～0.94，2015～2019 年冰雪运动与区域旅游市场融合度均为低度，且有逐渐降低趋势，为东北三省中冰雪运动与区域旅游市场融合度最低的省份。

总体来看，东北三省冰雪运动与区域旅游市场的整体融合度不高，见图 7-8。除黑龙江省 2016～2018 年的融合度为中度外，东北三省多年间冰雪运动与区域旅游市场融合度均为中低度或低度，冰雪运动与区域旅游亟须进一步深度融合。相比较而言，黑龙江省冰雪运动与区域旅游市场融合度高于其他两省，辽宁省的融合度一直较低。从发展趋势来看，吉林省的融合度呈现逐渐升高态势，2019 年与长期以来融合度最高的黑龙江省旗鼓相当。

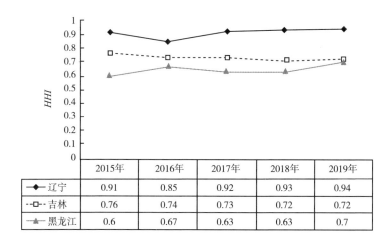

	2015年	2016年	2017年	2018年	2019年
辽宁	0.91	0.85	0.92	0.93	0.94
吉林	0.76	0.74	0.73	0.72	0.72
黑龙江	0.6	0.67	0.63	0.63	0.7

图 7 - 8　东北三省冰雪运动与区域旅游市场融合度

四、研究结果

东北地区冰雪运动与区域旅游融合发展的政策条件逐步形成，黑龙江和吉林的政策支持力度更大。东北地区冰雪产业投资规模化、多元化，吉林冰雪旅游投资处于领先；辽宁冰雪旅游收入较高，吉林增速较快。辽宁冰雪旅游接待人次较多，黑龙江与吉林的滑雪游客数量占比较高。东北地区冰雪运动设施优势明显，黑龙江滑雪场数量全国第一，吉林滑雪场及架空索道数量位居全国前列，辽宁的冰雪运动设施短板较为明显。

政策、经济、社会以及技术等条件因素对冰雪运动与区域旅游的融合程度产生影响，但条件因素对冰雪运动与区域旅游融合程度的影响作用具有一定的滞后性。产品融合度方面，辽宁、吉林两省冰雪运动与区域旅游的产品融合度较低；吉林呈现逐渐升高态势，辽宁则不断降低。市场融合度方面，黑龙江融合度较高，辽宁融合度较低；吉林呈现逐渐升高态势。

五、结果分析

辽宁冰雪旅游接待人次较多，而冰雪运动参与者数量却较少，导致冰雪运动与区域旅游融合度较低,且具有不断降低的趋势,说明辽宁现阶段冰雪运动产业亟须大力发展。产生这一结果的原因主要在于,辽宁的政策支持力度有待加强,冰雪旅游投资尚需加大,冰雪运动设施亟待完善。黑龙江冰雪运动与区域旅游的融合度较高,吉林则呈现出融合度逐渐升高的趋势,主要原因在于两省冰雪产业发展方面的政策支持力度更大,冰雪运动设施优势明显,冰雪运动参与者的数量较多。同时,吉林冰雪旅游投资力度更大。

上述分析同时也验证了政策、经济、社会以及技术等条件因素对冰雪运动与区域旅游的融合程度产生了明显的影响。然而,现阶段东北三省冰雪运动与区域旅游在产品与市场等方面的整体融合度不高,说明上述条件因素对冰雪运动与区域旅游融合程度的影响作用具有一定的滞后性。

六、对策建议

根据冰雪运动与区域旅游融合的条件因素及融合度分析结果找出区域现存的主要短板,并由此探寻促进东北三省冰雪运动与区域旅游深度融合发展的对策建议。

(一)加快冰雪政策的集成创新

虽然促进冰雪产业发展的政策较多,但由于冰雪运动与区域旅游融合发展的复杂性,东北地区还存在冰雪文化氛围营造、市场培育、产品创新、资源可持续利用等挑战,存在冰雪政策兼容性不足的问题,需多部门协调解决,推动冰雪经济由政策红利转向市场红利。因此,一是要对照已出台政策,强化执行效果督导,引入第三方评估,查找破除冰雪经济痛点;二是要突破省际限制,着眼东北整体格局,制定总体发展规划,形成冰雪旅游产品差异化开发;三是要实施更加优惠的激励政策,鼓励相关企业机构开拓市场,吸引客源。辽宁省应加强冰雪政策的支持力度。

（二）不断促进冰雪消费大众化

冰雪运动与区域旅游融合发展的目标是满足人民群众对于美好生活的向往。东北地区应积极承办高水平冰雪赛事，广泛开展各类群众冰雪活动，既要建设好高端滑雪度假品牌，还要利用城市公园、景区、乡村等空间开发更多大众化品牌，提高价格惠民性。降低冰雪运动门票、器械、穿戴设备等经济成本及交通不便导致的时间成本，让冰雪以更亲民的方式为大众接受。辽宁省与黑龙江省应进一步加大冰雪旅游投资力度，吉林省与黑龙江省应增加冰雪旅游接待人次，辽宁省应增加滑雪游客数量。

（三）持续推进冰雪产业现代化

东北地区应遵循冰雪产业发展规律，以大数据、人工智能、移动互联、云计算、物联网、区块链、现代仿生技术、纳米材料装备等为支撑，不断推进冰雪运动设施建设，积极促进冰雪运动与区域旅游深度融合发展。辽宁省应进一步建设大型滑雪场并增加架空索道数量，尽快补齐冰雪运动设施设备短板。

（四）深化冰雪文化体育旅游融合

发挥东北地区的历史、民族、农业、工业、红色、民俗等文化优势，进一步优化冰雪产业供给，讲好东北故事。深入挖掘"冰嬉"文化内涵，大力促进冰雪文化体育旅游深度融合。在充分把握市场需求的基础上，整合优势资源，开发新产品、新功能、新业态，构筑冰雪文化体育旅游产品体系。提升辽宁"万人上冰雪"、吉林"全民上冰雪"、黑龙江"百万青少年上冰雪"等冰雪体育文化系列活动。通过创新冰雪旅游业态，更新冰雪运动项目，承办冬季体育赛事，创办特色节庆等，促进区域冰雪运动与区域旅游深度融合发展，建设世界级冰雪旅游带。

第八章

辽宁冰雪旅游发展路径研究

　　根据冰雪旅游发展SWOT分析以及冰雪运动与区域旅游融合发展研究的结果可知，辽宁省在区位交通、资源环境及人文历史等方面具备开发优势，具备打造冰雪运动培训基地及休闲康养度假区的理想环境。然而，其现有的冰雪旅游产品特色不突出，服务体系不完善，旅游宣传有待加强。同时，辽宁冰雪运动设施短板较为明显，缺少国际标准化滑雪场、冰场制备和高端装备的核心技术；缺少一站式服务龙头企业，现有龙头企业竞争力不强。此外，辽宁省冰雪运动与区域旅游的融合程度不高，政策支持力度有待加强，冰雪旅游投资尚需扩大，冰雪运动设施亟待完善。

　　因此，辽宁省应紧紧抓住冰雪旅游的发展机遇，积极发挥自身优势，努力应对劣势和挑战。同时，借鉴国内外先进经验，结合文体旅融合的发展要求，不断丰富辽宁冰雪旅游有效供给，优化辽宁冰雪旅游发展路径。围绕冰雪旅游发展机遇，辽宁省应加大政策支持，制定冰雪旅游发展规划，描绘冰雪旅游蓝图；壮大市场主体，加大冰雪旅游项目建设力度；丰富冰雪旅游产品体系，开发冰雪旅游线路；延长产业链条，引导各方力量融入冰雪旅游发展；加强旅游宣传，大力推广冰雪产品；健全服务体系，提升服务质量；实施保障措施，完善运营机制，努力打造驰名东北亚的高品质冰雪体验度假地。

第一节　加强政府引导，明确发展方向

相较于其他旅游业态，冰雪旅游的外部性更强。依赖外部需求刺激的旅游行为，往往伴随着供给不足、价格高企、品质下降等问题。因此，不能简单认为旅游业市场化程度较高，就忽视政府作用。相反，应积极强化政府在冰雪旅游发展中的主体作用，依循经济学原理正视外部需求的弊端，对冰雪旅游投资和建设给予引导和支持，加快旅游供给侧结构性改革。德国慕尼黑、我国哈尔滨等城市的冰雪旅游产业之所以能够蓬勃发展，政府的重视与支持有着不可忽视的作用。辽宁省行政管理部门应以此为鉴，优化营商环境，完善配套政策，做好政策、规划、标准引导，深入贯彻《辽宁省冰雪经济高质量发展实施方案》，明确本省及各市冰雪旅游的发展方向。

一、积极引导冰雪旅游发展方向

一方面，政府应积极引导冰雪旅游的发展方向，结合辽宁冬季气温更适宜户外运动的优势，以及规模大品质高的温泉资源禀赋，引导冰雪活动突出"暖"字，着重在"暖"字上做文章。同时，积极发挥辽宁省多为低山丘陵的地理环境优势，大力拓展冰雪运动初学者市场，打造"冰雪运动初学者天堂"，以"发现辽宁之美，感受辽宁之好，我在辽宁等你"的旅游宣传为引领，以"激情冰雪、浪漫温泉、相约辽宁"为主题，以"嬉冰雪、泡温泉、到辽宁、过大年"为载体，集中展示辽宁冰雪旅游各项活动。

另一方面，辽宁省各市应围绕冰雪旅游主题，明确自身的发展方向，见表8-1。各地通过开展具有地方特色的冰雪旅游系列主题活动，进一步丰富本省冰雪旅游主题内涵，为广大游客和当地居民提供丰富多样的冰雪旅游供给。

表8-1 辽宁省部分城市冰雪旅游发展方向

城市	冰雪旅游主题	发展方向
沈阳	满韵清风，冰雪盛京	举办中国沈阳国际旅游节冬季游、冰雪嘉年华等活动
大连	冬季盛宴，相约大连	开展冬季"3S"旅游（温泉、运动、购物）等活动
抚顺	满族老家过大年	开展雪野、雪乡穿越，"林海雪原"探秘，雪地登山等活动
本溪	激情冰雪、浪漫温泉、畅享美食、相约本溪	围绕冰雪旅游、冰雪文化、冰雪运动，突出对冰雪的体验与互动
丹东	鸭绿江畔，美丽丹东——过大年	开展游边境、滑冰雪、泡温泉、吃海鲜等系列活动
营口	很暖很鲜在营口	推出冬季泡温泉暖体、戏冰雪暖身、过大年暖心、品海鲜果鲜等旅游产品
盘锦	盘锦冰凌穿越	打造冰上钓蟹、苇海迷宫、踏冰探海、赏海上冰排以及滑冰车、打冰嘎、溜冰刀等冬季体育项目
葫芦岛	关东民俗雪乡	开展洗兴城温泉、逛山庄雪乡、览古城余韵、悟明性之道、听灵山禅音等活动

同时，辽宁各地行政管理部门要不断加大对冰雪旅游发展的支持力度、带动当地经济社会发展。要以冰雪旅游品牌创建为引领，走大众化、品质化、现代化、可持续化发展道路，实现冰雪旅游与冰雪文化、冰雪运动、冰雪装备、冰雪创意等融合发展，将冰雪旅游培育为"冰天雪地也是金山银山"的示范产业。

二、优化全省冰雪旅游空间布局

按照全省冰雪经济发展的空间布局，突出做强沈阳、抚顺两个冰雪产业核心区，将沈阳市、抚顺市分别作为"双核"中的冰上、雪上产业核心区。积极支持抚顺市特别是新宾县发挥区位、自然环境和山体资源优势，建成若干专业经典、科技先进、绿色低碳、可承接世界级赛事的滑雪项目场地，完善滑雪场配套服务设施，打造国际一流的滑雪运动胜地，成为引领全省雪上产业发展的"极核"，发展滑雪运动、滑雪旅游、滑雪赛事、滑雪装备制造等产业，形成辽宁雪上产业核心区。

依托辽中南城市群，发展壮大大连—营口—鞍山—辽阳—本溪"辽中南冰雪温泉精品旅游带"。打造沈阳都市圈冰雪装备产业协作区、辽东冰雪运动旅游产业引领区、辽西冰雪民俗文化产业创意区。重点建设辽东冰雪运动旅游产业引领区，以辽东绿色经济区为核心，依托辽东地区天然山地丘陵地势，推进现有滑雪场基础设施提档升级，统筹规划建设滑雪运动旅游度假综合体，协同打造辽东冰雪产业引领区，加大与吉林长白山国际冰雪旅游度假区协同联动，加快融入国家北方冰雪运动总体发展战略布局。积极推进冰雪户外运动小镇、室内冰雪体验综合体等多点建设。围绕加快发展冰雪装备制造产业、推广普及冰雪体育运动、完善冰雪人才教育培训体系、丰富壮大冰雪旅游产业等，把辽宁省的冰雪比较优势转变为发展优势。

第二节　引育市场主体，壮大龙头企业

文化和旅游部、国家发展改革委和国家体育总局共同研究印发的《冰雪旅游发展行动计划（2021—2023年)》指出，推动冰雪主题旅游度假区和景区建设。深化供给侧结构性改革，支持各地建设一批交通便利、基础设施完善、冰雪景观独特、产品服务优质、冰雪风情浓郁的冰雪主题省级旅游度假区。建设一批冰雪主题A级旅游景区，引导以冰雪旅游为主的度假区和A级旅游景区探索发展夏季服务业态。鼓励冰雪资源富集、基础设施和公共服务完善、冰雪产品和服务一流的地方打造冰雪主题的国家级和世界级旅游度假区和景区，促进境外旅游消费回流，推动构建新发展格局。

一、引育冰雪产业市场主体

健全冰雪旅游、冰雪体育、冰雪装备、冰雪教育培训全产业链，编制

《辽宁冰雪产业招商目录及招商地图》，推进冰雪项目产业链精准招商。积极组织参加国内外冰雪旅游产业项目招商活动，发挥各级社会组织平台作用，引进冰雪旅游战略投资者，不断完善辽宁省冰雪旅游产业链，围绕"强龙头、补链条、建集群"开展有针对性的冰雪旅游产业招商，实现全省冰雪旅游产业集聚发展。积极引入国内外高端冰雪旅游产业集团，发展自身特色旅游项目，避免同质化中低端旅游产品。加强与国内外冰雪龙头企业和冰雪教培机构对接，培育发展若干具有较高知名度和影响力、市场竞争力较强的冰雪企业。加强冰雪旅游资本市场运作，培育壮大辽宁省冰雪旅游产业市场主体，打造产业领军企业和骨干龙头企业。支持世界 500 强企业、"中国旅游集团 20 强"企业以及上市企业来辽宁投资发展冰雪产业。支持国有企业和国有资本积极参与冰雪经济布局，引导各类中小微企业、俱乐部向"专精特新"方向发展，强化特色经营、特色产品和特色服务，推动建立冰雪科技、冰雪文化前沿阵地和研发制造高地，促进冰雪经济主体多元化发展。

二、建设冰雪旅游景区和度假区

培育一批辽宁冰雪旅游龙头企业在全国范围内迅速成长，以提升本省中小企业的竞争力。支持全省各市建设一批交通便利、基础设施完善、冰雪景观独特、产品服务优质、冰雪风情浓郁的冰雪旅游景区和度假区。重点建设辽宁东部山区国际标准滑雪度假区，融入冰雪抗联路、满族冰雪过大年等文化元素，激活研学度假、生态休闲、民族特色文化体验等资源，打造东北亚知名的"冰雪度假区"。引导培育沈阳怪坡、锦州东方华地城、葫芦岛葫芦古镇、凌源热水汤等建设冰雪温泉主题旅游景区。推动大连安波、抚顺清原、本溪胡堡村、阜新黄家沟打造新型冰雪旅游文娱度假区。

三、创建国家级和省级滑雪旅游度假地

积极支持新设立冰雪文化、冰雪体育、冰雪旅游、冰雪度假、冰雪装备

等冰雪产业企业。推动辽宁冰雪旅游提质升级，探索开发"全时＋全季＋全龄"沉浸式旅游度假产品，创建国家级和省级滑雪旅游度假地。持续开展省级、国家级滑雪旅游度假地创建工作，积极创建国家级冰雪旅游度假区，以国家冰雪旅游度假区标准为指引，指导开展创建准备工作。重点建设如沈阳棋盘山、本溪花溪沐、丹东天桥沟、辽阳弓长岭等融冰雪运动休闲、冰雪温泉养生、冰雪观光体验、冰雪民俗史迹于一体的滑雪度假地。全力打造东北亚冰雪旅游主要目的地，促进境内外旅游消费回流，推动构建新发展格局。依托辽东特有山地丘陵地貌，发展乡村冰雪旅游，打造鞍山千山、本溪天著、营口何家沟、阜新黄家沟等一批冰雪目的地，支持铁岭龙虎山冰雪大世界嘉年华建设。

第三节　构筑产品体系，优化冬游线路

旅游经济和旅游市场的发展取决于居民消费、就业等因素，目前居民收入仍保持稳定增长，未来的 5 年甚至更长一段时间里，旅游企业所面对的游客对旅游产品的需求将消费升级，因此冰雪旅游产品也要升级。游客首先要通过冰雪活动有所收获，其次要有更好的感知和体验，最后要价格和价值匹配。从中长期来看，消费习惯、消费内容、价值观以及科技创新的因素是影响旅游市场的核心竞争因素。

一、构筑冰雪产品体系

辽宁省应在充分了解旅游者当前冰雪旅游需求的基础之上，按照"冰天雪地也是金山银山"的理念，深度挖掘并整合优势旅游资源，系统研究模式创新与科学定位，积极开发新产品、新功能、新业态、新模式。辽宁冰雪旅游相关企业等要紧盯市场需求，通过融合创新，将冰雪旅游资源转化为契合市场需求的旅游产品。从原来的单一的温泉冰雪产品，转向发展文博、体

育、研学、民俗、节庆、生态、康养等新型业态，构筑产品体系，丰富冰雪旅游产品有效供给。

依托本省气候条件、生态环境、人文历史等优质资源，深度挖掘传统旅游资源的现代功能，创新产品形态、功能和体验设计，开发具有浓郁地方特色和季节特征的冰雪旅游、体育旅游、温泉旅游、节庆旅游、研学旅游、民俗旅游、生态旅游、文博旅游、购物旅游等冰雪旅游产品。在业态组织、展示形态、体验方式等方面进行再提升、再创造，丰富辽宁省的冰雪旅游产品体系，见表8-2。

表8-2　　　　　　　　　辽宁省冰雪旅游产品体系

类型	可利用资源	开发思路
冰雪体验旅游	各地冰雪嘉年华、冰雪风光、冰雕艺术等	冬令营；亲子游；拓展训练；冰雕展、冰灯展；攀冰、冰上龙舟、冰上帆船、冰上垂钓、苇海迷宫、踏冰探海等
冰雪体育旅游	沈阳棋盘山滑雪场、营口何家沟滑雪场、大连林海滑雪场、鞍山千山滑雪场、丹东天桥沟滑雪场、室内滑冰场等	冰雪运动；体育赛事；滑雪课堂；冰凌穿越；雪地登山；冬泳；冰帆、冰上龙舟、滑冰车、打冰嘎、溜冰刀等
冰雪温泉旅游	鞍山汤岗子温泉、辽阳弓长岭温泉、营口熊岳温泉、大连安波温泉、丹东五龙背温泉等	休闲度假；康养旅游；温泉娱乐；温泉文化体验；美食体验等
冰雪节庆旅游	冬季传统节庆、沈阳棋盘山国际冰雪节、大连国际温泉滑雪节、鞍山激光冰雪旅游节、抚顺冰雪旅游节等	民俗体验；体育赛事；光影秀；美食体验；狂欢节；音乐节；旅游文创产品开发等
冰雪研学旅游	关向应纪念馆、毛泽东像章陈列馆、日俄监狱旧址博物馆等	红色旅游；冬令营；科普教育；爱国主义教育；旅游文创产品开发等
冰雪民俗旅游	冰雪民俗、关东民俗、满族民俗、朝鲜族民俗、蒙古族民俗等	逛庙会；闹花灯；冬捕；雪地秧歌；民宿体验；美食体验；民间艺术体验；旅游演艺产品开发；文创产品开发等
冰雪生态旅游	自然保护区、国家森林公园、生态农庄等	冬令营；亲子游；科普教育；雪野穿越；林海探秘；冬季观鸟等
冰雪文博旅游	博物馆、展览馆、影剧院、艺术馆、图书馆、科技馆等	研学旅游；科普教育；亲子游；旅游文创产品开发等

类型	可利用资源	开发思路
冰雪购物旅游	春节大集、庙会、各大商场年终促销活动等	旅游演艺、室内娱乐、光影秀；旅游文创产品开发等

二、优化冬季旅游线路

文化和旅游部、国家发展改革委和国家体育总局共同研究印发的《冰雪旅游发展行动计划（2021—2023 年）》指出，支持冰雪旅游线路和基地建设。鼓励各地结合自身冰雪旅游资源，推出一批兼具民俗风情和冰雪文化特色的冰雪旅游主题精品线路，建设一批融滑雪、登山、徒步、自驾、露营、非遗体验、冰雪文化展示等多种文化和旅游活动为一体的高品质、复合型冰雪旅游基地。

辽宁省应围绕"嬉冰雪、泡温泉、到辽宁、过大年"品牌的创新，通过挖掘冰雪和温泉等特色内涵，围绕主题，设计推出辽宁冰雪旅游精品线路，形成覆盖全省全域、具有国际吸引力的冰雪旅游线路体系。策划推出沈阳、抚顺、营口、盘锦、锦州多地启动，大连、葫芦岛、辽阳、铁岭四城聚力，沈大六市、辽东、沈阳经济区八市、辽西五市、沿海六市五条冬季精品线路，冰雪温泉体验、冰雪温泉观光、冰雪温泉度假、冰雪温泉养生、冰雪温泉民俗五大类特色主题，以冰雪风光、冰雕艺术、冰雪运动、冰雪民俗、温泉美食、温泉养生、温泉娱乐、温泉文化、逛庙会、过大年等十大系列主题产品，进一步满足和引领旅游者多样化需求，重点推出冬季高铁休闲度假游线路和产品，见表 8 - 3。

表 8 - 3 　　　　　　　　辽宁省冬季高铁休闲度假游线路

站点	城市	旅游产品
1	大连	体验丰富多彩的冬季"3S"（温泉、运动、购物）旅游产品
2	丹东	观赏冬季虎山长城和鸭绿江断桥，体验冬季中朝两国边境风情

续表

站点	城市	旅游产品
3	本溪	嬉冰雪，泡温泉，体验冰葡萄采摘
4	沈阳	观赏世界遗产"一宫两陵"及历史文化皇家巡演，体验满族冬捕民俗活动
5	抚顺	体验满族年节民俗活动，体验各具特色的滑雪体育项目和浪漫冰雪温泉
6	铁岭	观赏东北最大莲花湖花灯会和独具特色的铁岭二人转表演

集中打造一批跨区域冰雪线路，推出一批兼具民俗风情和冰雪文化特色的冰雪旅游主题精品线路。推出冰雪文化体验线路、"一宫三陵"文化线路、"探访辽河"文化体验旅游线路、"弘扬抗联抗战精神"林海穿越线路、"文明的脊梁"辽宁长城文化线路、"新中国工业摇篮"工业旅游线路、"抗美援朝"红色旅游线路、"滨海海冰大道"自驾游精品线路、"红海滩中国最北海岸线"冰凌穿越挑战线路。沿线推出冰雪游玩、温泉养生、民俗文化、赶集过年、雪乡摄影等活动，成为吸引国内外游客重要载体。结束美丽辽宁的冰雪、温泉和过大年之旅后，还可以继续乘高铁前往吉林和黑龙江体验精彩不断的东北冰雪之旅。

三、依托科技创新产品

以数字创新提升游客冰雪旅游体验。《中共中央关于制定国民经济和社会发展第十四个五年规划和二〇三五年远景目标的建议》中，明确提出要打造数字中国，推进数字产业化和产业数字化。数字旅游正成为景区发展的新蓝海。旅游景区利用虚拟现实（VR）、增强现实（AR）、全息技术等现代数字技术，与冰雪内容相结合，创造出全新的数字冰雪体验产品，为游客奉献了高品质的冰雪旅游体验产品。例如，湖南石牛寨旅游景区打造了 VR 奇幻冰雪节，用 VR 技术、7D 特效设备为游客营造出了高沉浸感的虚拟冰雪体验。北奥集团等多个企业联合打造的"VR 冰雪科技体验馆"，依托 VR 技术，打造了 VR 冰雪赛场、VR 勇闯雪山、VR 自由滑雪、VR 飞雪过山车、VR 极限滑雪等深度体验型冰雪旅游产品，让数字技术更好地为游客的体验服务，极大地提高了游客的冰雪体验度和参与度。同时，景区利用数字技术建立全流程、高质量的服务链，通过完善网络预约平台、智能导览、智慧讲解等数字内容不断优化游客的景区体验。

辽宁省应借鉴上述冰雪旅游目的地的发展经验，鼓励冰雪企业加大研发投入，提高关键技术和产品的自主创新能力。支持高等学校、科研院所和高新技术企业协同创新，根据不同人群需求，推进研发多样化、适应性强的冰雪器材装备。鼓励冰雪科技企业建设"孵化器"，推动冰雪装备研发、应急救援、检验检测等冰雪科技创新平台建设。支持5G、大数据、云计算、区块链、人工智能、VR/AR等技术在冰雪文化、冰雪旅游、冰雪体育、冰雪装备、冰雪教育等领域应用。

第四节　实施文体旅融合，突出地域特色

冰雪旅游想要保持热度，就需要对产品不断地进行挖掘和创新，探究其地域文化内涵，以文化创新提升冰雪旅游地的吸引力。冰雪旅游地在运营中需要通过文化创新方式，深度挖掘景区文化内涵，不断开发具有本地特色、独创性的冰雪文化旅游产品，提升旅游地在冰雪旅游方面的竞争力。

例如，新疆喀纳斯不仅开发了神秘民族图瓦人的民俗之旅，恢复了图瓦人的毛皮滑雪传统，让游客体验毛皮滑雪板等，还设计了跳雪体验、泼雪狂欢、古老毛皮雪板制作等项目，让游客可以获得与众不同的冰雪体验。同时，将冰雪与游戏相结合，开发冰雪旅游产品和冰雪文创产品，也是部分景区正在以文化创意不断开拓的方向。黑龙江哈尔滨冰雪大世界与《王者荣耀》合作，用冰雪重现王者峡谷地图与人气英雄，以游戏IP与传统冰雪艺术相结合，在跨界融合的同时，也为游客和游戏爱好者们提供了独一无二的冰雪游戏体验。

因此，辽宁省冰雪旅游发展要结合"文体旅融合"的趋势，突出文化内核，把开发重点聚焦于对当地富有特色的民俗文化资源的深度挖掘和展示，

打造包括民俗节庆旅游、博物馆、艺术馆等室内旅游及旅游演艺项目在内的"文化主线",辅之以食、住、行、游、购、娱等传统元素,在业态组织、展示形态、体验方式等方面进行再提升、再创造,通过文化和旅游的深度融合突出本省冰雪旅游产品特色,保障旅游产品供给的多样性。

一、融进冰雪文化

冰雪旅游是冰雪旅游的主旋律,而冰雪旅游的主要特色就是挖掘并融进冰雪文化,可通过对辽宁地区历史上著名的冰雪文化——"冰嬉"进行深入挖掘,从而促进冰雪运动、冰雪活动、冰雪亲近等在辽宁冰雪旅游中得以全面展示和诠释。

深入挖掘辽宁各地传统冰雪文化资源,加强冰雪文化相关非物质文化遗产保护和利用,充分发挥非物质文化遗产项目和传承人作用,丰富冰雪旅游文化元素。在冰雪旅游地厚植文化基因,以辽东(抚顺)和燕北边塞(朝阳)两个省级文化生态保护区为重点,扶持保护区内蒙古族元夕跑冰、乌兰河项敖包节、支冰车子、单腿驴、支冰排等群众参与度高、具有地域民族特色的非遗嬉冰项目。鼓励各地开发冰雪主题的乡村民宿产品,开展滑雪橇、滑爬犁、看冰灯、打陀螺、冰钓、冬捕等民俗冰雪娱乐活动,为当地冰雪旅游发展增添新的文化内涵。

实施文体旅融合,突出地域冰雪文化特色,鼓励特色民俗旅游资源与传统冰雪旅游产品的开发相结合,对接旅游需求,合理规划辽宁冰雪旅游产品的开发方向,设计开发出更多具有冰雪文化内核的旅游产品。积极策划举办辽宁"万人上冰雪""冰雪嘉年华""百万烟花秀",以及抚顺的"满族冰雪文化节"、大连的攀冰、锦州的冰上龙舟、冰上帆船、盘锦的冰凌穿越等系列活动。支持创作生产冰雪主题的文艺演出展览、冰雕雪雕、群众摄影、数字文化等。

二、融入地域文化

地域文化包括生产文化、生活文化和娱乐文化等，地域作为生活空间、生产场域和生态地景，既包括自然生态、地理景观、风土民俗、民间工艺、历史传说和人文遗迹等主体性旅游资源，也包括居家住宿、餐饮美食和车船交通等辅助性旅游资源。只有立足市场，充分利用辽宁地域文化特征，打出辽宁省冰雪旅游的文化品牌，设计独特的、极具文化特色的冰雪旅游产品，才能成功吸引旅游者。

积极发挥辽宁省独具魅力的红山文化、宗教文化、工业文化、海洋文化、民俗文化、体育文化等地域文化优势，推动冰雪旅游与地域文化融合，提升冰雪旅游产品文化含量，讲好辽宁故事。大力挖掘博物馆、艺术展览馆、文艺剧团的潜能，精心研发能够充分体现辽宁本土文化特色的旅游演艺、室内娱乐、光影秀等创意型新产品。鼓励各社会团体积极发展演艺项目，展示辽宁当地的特有文化，如"冰上芭蕾""雪地秧歌""皮影戏"以及"雪地灯光秀"等，办好鞍山激光冰雪旅游节等特色活动。鼓励具备条件的旅游景区举办群众性特色冰雪活动，支持各地办好冰雪旅游节庆活动。

利用"传统工艺品大展销"等冬季展销活动，与辽宁省内各大高校展开合作，创新设计出蕴含辽宁地域文化特色的冰雪旅游文创产品，如"满族剪纸"等，体现当地的地域文化，满足游客的好奇心与求知欲，激发游客二次消费潜力。

三、融合年俗文化

冬季是我国传统节日最为集中的季节，一年中最具特色的民俗大都集中在春节期间，这些重要的时间节点和传统节日是进行主题性、节庆性、民俗性、传统性等旅游产品开发的重要契机。因此，应系统梳理这些重要的时间节点和传统节日资源，通过科学策划，开发成系列主题节庆产品体系。同时，应依托体验风俗民情制造亮点，挖掘民俗内涵，打造年俗文化，以年俗节庆活动吸引消费者。

营造浓厚春节氛围，是冰雪旅游一个重要特点。为充分体现辽宁地方特色旅游，可利用我国传统节庆文化资源，丰富节假日冰雪活动，建立以"大众冰雪季"等品牌活动为主线，以冰雪旅游节、冰雪文化节、冰雪嘉年华、欢乐冰雪季、冰雪马拉松等一系列冬季旅游节庆活动为支撑的"辽宁冰雪文化旅游季"。将辽宁地区的年俗文化与冰雪旅游互相融合，积极开发和组织群众喜闻乐见的迎新春、庆佳节、展民俗、享欢乐的冬季节庆民俗旅游主题活动，把"赶春节大集"变成游客的购物节，把"迎接新年第一缕阳光"转化为旅游者的祈福节，把正月十五、二月二开发成具有民族风情和民俗特色的狂欢节、音乐节。

辽宁全省各地应围绕"年俗文化"的主题，集中推出冰雪温泉、花灯庙会、民俗文化、乡村赶集等主题活动和冰雪旅游主题线路。在加大创意开发"冰雪温泉＋民俗""冰雪温泉＋庙会""冰雪温泉＋采摘""冰雪温泉＋体育"等产品、项目和节会活动的基础上，注重活动和产品创新。例如，可在沈阳盛京灯会、大连的烟花爆竹迎春会、抚顺的满族村落过大年等节庆活动期间，根据当地特色文化元素制作冰雕和彩灯，开展文化展示、旅游演艺、烟花表演及美食体验等活动。

第五节　延长产业链条，创新旅游业态

产业联动、融合发展是时代发展的必然要求，特别是在冰雪旅游的发展中，辽宁省应促进一二三产业协同发展，积极扶持冰雪旅游关联产业发展，形成以"冰雪运动、温泉康养、民俗文化"为重点项目支撑，市场活力得到充分释放、基础设施基本完善、产业体系较为完备的冰雪旅游产业发展格局，不断扩大冬季消费，努力推动冰雪旅游强省建设。同时，要完善冰雪旅游产业体系。冰雪产业不仅仅是运动场馆，还需要规划产业链上游的教育、

研发、创新、策划、咨询、设计、投资、装备制造，以及产业链下游的场馆运营、赛事管理、推广、销售、企业形象建设、公共关系等环节。咖啡馆、餐馆、酒店、民宿、购物店、旅游厕所等接待设施也有待丰富供给。

因此，辽宁省要大力推进"冰雪旅游＋"产业，深度融合农业、工业、商贸、文化、教育、科技、信息、体育、康养、环境等产业，进一步调整发展模式，建成以冰雪旅游产业为核心的冰雪旅游全产业链条，不断创新旅游业态。其中，与农业、工业、体育、教育、康养等进行结合将是未来辽宁省冰雪旅游发展的重要方向。

一、冰雪旅游＋农业

将辽宁省的冰雪旅游产业同农业发展结合起来，以"满族农庄过大年""住民宿、过大年""采樱桃、过大年""品海鲜、过大年"等多个主题，全面展现辽宁乡村冰雪旅游的温度、温暖和温馨。以冰雪旅游创新理念为引领，建设乡土文化氛围浓郁的乡村特色农产品贸易集市，开发推出县乡村的农家赶大集、购年货等购物产品线路，鼓励各地开发冰雪主题的乡村民宿产品。

辽宁应积极开发利用各乡村地区的特产，开展别具特色冬季乡村节庆，如盘锦的冬季稻草艺术节、锦州的碱地柿子采摘节、辽阳的现代农业园冬季赏花节等。游客们可在冬季欣赏稻田、花卉艺术，采摘柿子、香蕉、火龙果、木瓜等水果，满足多元化的旅游需求。同时，深入挖掘乡村地区独特的民俗、特产、风貌资源，融入文化创意设计，设计包装辽宁本地特色农业休闲产品和乡村旅游商品，创新研发辽宁冰雪乡村旅游特色伴手礼。

二、冰雪旅游＋工业

冰雪旅游和冰雪运动是一种可以常态化和可持续性的生活方式，应充分发挥东北老工业基地的雄厚基础，把辽宁省建成冰雪装备研发和制造基地，重点建设冰雪装备制造产业园区，积极引进行业知名龙头企业，加快打造冰雪器材辽宁品牌，对供给雪场的设备加大研发力度，延长辽宁冰雪产业链条。同时，将辽宁省的冰雪旅游产业同工业发展结合起来，凭借辽宁"共和国长子"的辉煌工业发展史，设计开发出极具创意与地方风格的工业旅游项目，如铁岭蒸汽机车节等。

依托强大国内外冰雪旅游消费市场，搭建产需对接平台，支持冰雪装备器材制造企业、科研院所、高校等与滑雪场、度假区等联合开发推广一批安全可靠、先进适用、物美质优的冰雪场地设备设施、运动装备器材、维修维护装置、应急救援装备，培育一批具有较高知名度和影响力的冰雪装备器材制造企业。重点支持辽宁特色冰雪装备中心、抚顺冰雪装备产业园、阜新高端除冰雪装备产业基地建设。

三、冰雪旅游 + 体育

党的二十大报告明确指出，广泛开展全民健身活动，加强青少年体育工作，促进群众体育和竞技体育全面发展，加快建设体育强国。文化和旅游部、国家发展改革委和国家体育总局共同研究印发的《冰雪旅游发展行动计划（2021—2023 年）》指出，发挥冰雪赛事带动作用，以 2022 年北京冬奥会为契机，大力拓展冰雪竞赛表演市场，依托滑冰、冰球、冰壶和滑雪等观赏性强的冰雪运动品牌赛事，推动冰球职业联赛，引导培育冰雪运动商业表演项目，打造冰雪赛事旅游目的地，以高水平冰雪赛事和群众性冰雪赛事活动带动，扩大冰雪赛事旅游参与人口。

根据国民冰雪运动意识逐渐增强的趋势，将辽宁省的冰雪旅游产业同体育运动结合起来，积极打造冰雪运动培训基地，创新设计出冰凌穿越、冰上垂钓、冰上龙舟、攀冰等一系列冬季体育旅游业态，开设冬季体育运动项目，积极承办各类冬季体育赛事，让人们旅游的同时也达到强身健体的效果。例如，利用国际冬泳节创新设计冰雪旅游产品，将冬泳节打造成品牌赛事，吸引更多的冰雪体育爱好者参加。

积极承办国际国内有影响力赛事，申办 2027 年全国冬季运动会、亚洲冬季运动会、世界大学生冬季运动会等大型冰雪赛事。对举办国际、国内大型冰雪赛事活动，可以通过"一事一议"方式确定补助标准。建立青少年冰雪赛事体系，支持举办辽宁省青少年冬季运动会。做好辽宁省全民冰雪运动会、辽宁大众速度滑冰邀请赛、大众高山滑雪挑战系列赛、全国大众媒体人滑雪挑战赛、辽阳弓长岭国际滑雪邀请赛等赛事活动，打造辽宁冰上龙舟邀请赛、全国冰上帆船邀请赛、辽宁省民族特色冰雪运动会等特色品牌赛事活动。将冰车、冰陀螺、单腿驴、脚滑子等冰上运动项目培育成新型滑冰比赛项目，打造具有自主知识产权的冰嬉赛事。支持开展雪橇大赛、雪地足球、冰钓、攀冰攀岩等冰雪运动休闲类趣味赛事及冰锥冰车、冰上爬犁等民族风情冰上运动。

四、冰雪旅游 + 教育

将辽宁省的冰雪旅游产业同研学产业结合起来，利用辽宁省内各大博物馆、展览馆、影剧院、艺术馆、图书馆、科技馆等文化场馆，积极开展冬季研学旅行。同时，利用辽宁广布的低山丘陵地貌与适宜户外运动的冬季气温，开设一系列主题特色鲜明的滑雪场所，以少年儿童喜爱的动画片及电视剧为主题打造冰雪亲子游，吸引更多的亲子游客。

在全省各地大力推广青少年冬季冰雪运动，推进冰雪运动进校园，在冬季开展冰雪运动项目学习；鼓励大中小学积极与冰雪场馆或冰雪运动俱乐部建立合作，开展冰雪运动项目学习。各地可以政府购买服务方式，支持学校与社会机构合作开展冰雪运动，推动冰雪研学旅行和冬令营发展。

实施"百万青少年冰雪计划"和"校园冰雪计划"，以大中小学校为主阵地，支持自浇冰场或与滑雪场、冰雪培训机构等其他体育社会力量开展深度合作，推进冰雪运动课程作为体育课必修内容。开展越野滑雪、高山滑雪、室内外滑冰等冰雪运动以及轮滑、旱地冰球、陆地冰壶等冰雪运动替代项目，推进"四季冰雪"运动进校园，发挥辽宁省残疾人冰雪运动特色学校示范作用，引领带动残疾青少年参与冰雪运动。定期选派冰雪专业人才进校园，积极举办轮滑大赛、滑冰滑雪比赛等各级各类青少年冰雪赛事。

五、冰雪旅游 + 康养

将辽宁省的冰雪旅游产业同康养产业结合起来，发挥温泉资源优势，设计养生温泉旅游项目，让游客根据自身体质选择，达到调养身体的功效。积极创建具有冰雪温泉特色的酒店，使冰雪旅游的意义得到最大化的体现，形成完整的产业链条，使得辽宁地区冰雪旅游产业达到高收益、高水平、高规格的标准。

积极促进辽宁温泉产业与冰雪旅游产业融合，依托大连、营口、鞍山、本溪、丹东、辽阳等地现有的温泉滑雪场，推进大丹本鞍营冰雪旅游大环线建设，加强温泉旅游产品深度开发、差异开发和精品开发，打造扬名东北、叫响全国的辽宁特色"滑雪 + 温泉"休闲带。引导温泉旅游企业开发微度假、私密性度假产品，全面推进"温泉 + 冰雪旅游"融合发展。

同时，充分利用辽宁地方特色美食的吸引力，开展冬季美食进补项目。开发如人参鸡汤、海鲜火锅、海鲜粥羹等本土特色饮食，驱寒暖胃，并创新冬季美食的烹制，增强游客的视觉观感体验；开发冬季养生药膳，使游客健康和味蕾达到双重满足，大力发展康养旅游，让游客获得优质旅游体验。

第六节 加大宣传力度，推广冰雪产品

文化和旅游部、国家发展改革委和国家体育总局共同研究印发的《冰雪旅游发展行动计划（2021—2023 年）》指出，培育冰雪旅游消费理念。鼓励各级各类媒体加强对冰雪旅游、冰雪运动健康知识和赛事活动的宣传，开展宣传、展览等冰雪文化活动，发展"大众"冰雪运动，推动具备条件的旅游景区举办群众性特色冰雪体育活动，满足群众冰雪健身需求，引导人民群众

养成参与冰雪运动的习惯。抓住冬奥会、全国冬运会以及各冰雪单项赛事的契机，支持形式多样的冰雪主题文艺创作，推广冰雪文化，培育并扩大冰雪旅游消费人口，树立正确的冰雪旅游消费观。因此，辽宁省要面向国际和国内两个市场，培育塑造冰雪旅游品牌。应用新技术手段，加强对冰雪旅游、冰雪文化和冰雪运动的宣传和展示，打造一批知名冰雪旅游品牌，形成浓厚的冰雪旅游文化氛围，引导人民群众积极参与冰雪旅游活动。

一、定位目标市场

辽宁冰雪旅游目标市场定位不可盲目求高、求大，针对目前本省冰雪旅游供需现状及未来发展，可以划分为三大目标市场。

一级市场：省内客源市场，主要是省内各市的冰雪旅游者及冰雪运动爱好者。

二级市场：外省客源市场，主要是南方各省市的冰雪旅游者，以及环渤海、京津冀一带的冰雪旅游者。

三级市场：海外客源市场。辽宁冰雪旅游对日本、韩国等亚洲国家的吸引力较大，而且一衣带水，距离较近，日本、韩国经济较为发达，有大量的冰雪旅游爱好者。因此，辽宁省冰雪旅游应以日本、韩国作为海外一级市场，俄罗斯、东南亚、中亚、西亚等国家和地区为海外二级市场。

二、树立品牌形象

面向三大目标市场，统筹辽宁冰雪旅游形象策划和品牌建设，打响"冬日暖雪，温泉冰雪，运动天堂"辽宁特色冰雪 IP。辽宁各地滑雪场的地貌特点是险坡较少，尤其适合初中级滑雪者，在较为平坦以及倾斜度较大的山坡分别修建宽阔的雪道，恰好符合初学者和具有一定水平的人的不同需求，较温暖的冬季气候，更使得滑雪者有较长滑雪时间。因此，辽宁应积极打造"冰雪运动初学者天堂"这一品牌形象。

辽宁应充分利用冰雪文化资源的比较优势，传承区域冰雪运动文化的传统，打造辽宁冰雪旅游的文化品牌。树立和宣传"沈阳冰嬉之都""大连滨海滑雪浪漫城市""锦州冰帆之都""丹东边境冰雪城""鞍山（营口、辽阳）温泉滑雪休闲城""抚顺（本溪）滑雪度假生态城"等城市品牌形象。办好"沈阳国际冰雪旅游节""大连国际温泉滑雪节""鞍山滑雪冬令营""抚顺满族农庄过大年"等节庆活动，设立各具特色的城市"冰雪日"。支持举办行业示范突出、国内影响广泛的冰雪节庆活动、冰雪产业博览会。推进冰雪文化产品创新发展，建设国际知名冰雪旅游博览会，鼓励社会力量举办冰雪旅游活动。全省各市要突出本地特色，推出红色旅游、冰雪旅游、乡村旅游、体育旅游、康养度假、民俗旅游等系列具有地方特色的旅游精品线路。

不仅如此，还可以借鉴瑞士、日本等国的经验，树立"四季旅游"的品牌形象，积极开展四季旅游品牌宣传。加强冰雪题材文艺作品创作，制作冰雪风光宣传片，举办国内外宣传推介活动，集中展示辽宁秀美的冰雪资源风貌和关东民俗文化。及时发布辽宁冰雪旅游好去处，包括辽宁全省14个城市的冰雪游玩好去处、温泉养生好去处、民俗文化好去处、赶集过年好去处、美食购物好去处、传统冬捕好去处、冰雪运动好去处、冬景摄影好去处八大系列辽宁冰雪旅游好去处。

三、拓展推广渠道

辽宁省要加大冰雪旅游产品的宣传力度，积极利用旅游发展专项资金，积极拓展旅游信息渠道，开展本省冰雪旅游活动宣传，推动宣传扩面升温。借助各类宣传媒体平台，加大冰雪旅游、冰雪文化、运动竞技、赛事活动、温泉康养等宣传推广，不断拓展旅游经济圈拉动地方经济。将"旅游＋"与"网络＋"相融合，扩大信息覆盖面，努力解决冰雪旅游信息不对称问题，让更多的人了解辽宁冰雪旅游产品特色。全省各市应系统推广本地区的冰雪旅游活动，扩大影响力。注重线上线下互动，线上活动要充分利用新媒体、融媒体提升传播效果；线下宣传推广体现真实真情，不断扩大宣传推广影响力。

持续在央视及各大卫视，各大城市的机场、高铁站、地铁、商圈等开展辽宁冰雪旅游整体形象和重点品牌推广活动。同时，开展以互联网技术为支撑的互动推广与营销，依托携程、去哪儿、驴妈妈、途牛、马蜂窝等各大旅游门户网站平台进行推介，积极展现辽宁冬季的美丽景色及特色旅游产品。大力发展"互联网＋冰雪旅游"，推动冰雪旅游与大数据、物联网、云计算、5G 等新技术结合，支持电子商务平台建设，优化信息咨询、线路设计、交通集散、赛事订票，创新商业模式，提升管理水平，提高服务质量。加强媒体推介，搭建"拥抱自然　畅游辽宁"冬季旅游宣介推广平台，将每年的 1 月打造成集冰雪赛事、节庆会展、演艺冬捕、赏冰嬉雪、美食购物等于一体的"中国辽宁黄金冰雪月"，吸引国内外"冰朋雪友"汇聚辽宁，放大辽宁冰雪美誉度和知名度，助推辽宁冰雪旅游发展，促进冰雪旅游消费。

对冬季大型赛事的承接可以吸引广大冰雪体育爱好者的关注，提升区域冰雪旅游的知名度。借助后冬奥时代全民冰雪热情，利用 2027 年全国冬运会和冰雪单项赛事有利时机，积极开展冰雪旅游宣传。同时，可借助沈阳国际音乐烟花节、沈阳清文化国际旅游节、大连国际马拉松、大连国际沙滩文化节等辽宁省春、夏、秋季的节庆活动影响力，进行反季节宣传。此外，要注重节假日期间的产品推广，积极利用名人效应，聘请当红明星担任辽宁省冰雪旅游宣传大使，拍摄宣传片，增加可信度，吸引游客前来体验。

同时，还要加强与国际友好城市、各冰雪运动强国、国内冰雪强省（市）交流与合作，加强与周边地区及南方各省市开展合作，统筹整合利用资源，进行旅游产品的互推与促销。以打造东北亚旅游休闲目的地为目标，深化东北亚区域旅游合作交流，合作推广东北亚旅游线路，提升区域旅游品牌整体形象。利用昆明国际旅交会等资源，开展域外旅游推介会等活动。强化京津冀及环渤海区域旅游合作交流，打造京津冀旅游共享圈。扩大与江苏等长三角、珠三角等地区的旅游合作交流，唱响"辽宁滑雪不冻手，冰朋雪友跟我走"主题。

辽宁省各市应结合冰雪旅游各自特色开展域外宣传推广活动，包括对口交流城市的合作推广。此外，冰雪旅游宣传推广不应仅限于我国，更应该推广到国外，如日本、韩国、东南亚等国家和地区，以卓越的产品、合理的价格、优质的服务吸引更多的海外游客冬季来辽宁旅游。深入发展并巩固以日本、韩国、俄罗斯为依托的东北亚市场，以国际友好城市为支点向其他地区拓展实现辽宁省冰雪旅游的国际化，以特色的产品、优质的服务吸引更多的海外游客来本省旅游，让辽宁的冰雪旅游市场不"冷"。

以营销创新提升辽宁冰雪旅游关注度，充分借助微博、微信、App、短视频等媒体推广手段，融合 IP、跨界等元素，让旅游者更直观了解产品信息，提升辽宁省冰雪旅游产品的知名度。游客群体的年轻化要求旅游地必须要及时调整营销策略，以年轻人更乐于利用的媒体方式将有效信息传递给目标顾客。可通过抖音、微信、微博等新媒体平台发起话题，让用户以冰雪相关元素为主题，拍摄抖音视频，并定位旅游地，引发点赞量高的视频作者可免费获得门票、温泉、住宿等各种奖励。同时，打造旅游地自有抖音号、微信公众号、微博号等也是旅游地利用新媒体营销的重要方式。

四、实施惠民措施

冰雪旅游发展的目的是满足人民群众对于美好生活的向往。未来，辽宁全省不仅要建设好高端滑雪度假品牌，还要广泛利用城市公园、景区、乡村等场所，更多开发大众化品牌项目，提高价格惠民性。降低冰雪运动的门票、器械、穿戴设备等的经济成本以及交通不便产生的时间成本，让冰雪以更亲民的方式为大众所接受。积极推动符合条件的冰雪场地向社会免费或低收费开放。支持全省各地举办冰雪文化旅游消费季、消费月等活动，采取发放政府消费券等方式对冰雪旅游景区给予惠民门票补贴，打造城市冰雪名片。

随着时代的不断发展，旅游市场已趋向于以散客为主体，冰雪旅游产品的定价应作出相应调整。适当的优惠促销活动能提升游客的承受能力。应积极推出价廉物美的冰雪旅游产品，加大冰雪旅游惠民措施、优惠政策实施力度。在冬季大规模提供客源地和目的地之间的低价航空产品以及捆绑打包产品，一方面可以促进冰雪旅游，另一方面也能一定程度上开辟新的细分市场。由于辽宁冰雪旅游业的发展正处于成长阶段，因此可采用低价指导策略。制定最接近百姓的心理价位，能被大多数市民接受，保证游客数量最大，带动相关产业的发展。因此，辽宁可以在旅游淡季增开目的地与客源地之间的旅游专列，对冬季票价实行优惠政策。

辽宁省旅游行政管理部门应对各冰雪旅游场所的价格实行低价指导性策略。可以制定冬季门票优惠套餐，通过各种门票增值套餐，提高冰雪季的收入。门票套餐有很多种，一般有家庭票、淡旺季套票、捆绑套票、增值门票等套餐，在套餐影响下增加旅游人次，也可以做到各个旅游地资源互补，让各自优势得以发挥，最终实现共赢。例如，以冰雪运动运动为主题的景区与以景观观赏为主题的景区之间可展开合作制作联票、发放赠票活动，提高双方的市场占有率。需要注意的是，实行低价售票形式的前提是旅游质量得到充分保障，不能在低质量的前提下进行。

鼓励各地创新举措，促进冰雪旅游消费，落实带薪休假，扩大节假日消费，探索设立各具特色的地方"冰雪日"。支持国家体育消费试点城市、国家文化和旅游消费试点城市、示范城市建设，推进冰雪旅游消费机制创新、政策创新、模式创新，便利支付手段，支持企业发展完善线上预订、网络支付，发挥示范带动作用，提升冰雪旅游供给体系对旅游需求的适配性。

五、普及冰雪运动

要以"三亿人参与冰雪运动"为目标引领，因地因条件制宜，在场地建设、活动组织、教育培训过程中充分考虑群众需求，激发全民参与冰雪运动热情，让群众更深入参与到冰雪运动中。在全省范围内开展群众喜闻乐见的冰雪系列活动，积极引导社会力量举办业余冰雪赛事，形成市场主导、协会引领、群众参与的冰雪运动发展格局。推动冰雪运动进机关、进校园、进部队、进厂矿、进乡村、进社区、进家庭、进公园、进商业场所等活动。鼓励全省各市因地制宜举办"冰雪嘉年华""万人上冰雪""冰雪运动会"等嬉雪滑雪、雪地足球、雪地赛车、攀冰攀岩、冰上龙舟、冰上帆船、冬泳等全年龄段群众冰雪运动，免费发放冰雪公益体验券，带动更多市民零距离接触冰雪运动。开展冰雪运动讲座，鼓励各地挖掘、整理民族特色冰雪体育活动，打造具有历史传承、地域特色和民族风情的冰雪体育传统项目。

普及冰雪运动，需要把辽宁在冰雪体育教育培训方面的传统优势发挥出来。作为有着得天独厚气候优势和冰雪资源的辽宁省而言，冰雪运动项目开展得早、人才培养得早、市场开发得早。在这些传统优势基础上，需要继续强化培育科学系统的冰雪体育教育培训体系，进一步壮大冰雪体育人才队伍。

普及冰雪运动，需要在场地设施建设上进一步提高性价比。冰雪运动能否普及，关键看它能不能成为人们生活休闲的日常消费选项。吸引更多的消费者更经常性地参与冰雪运动，先要有完善的基础设施条件，包括便利的交通、高质量的生活配套服务、现代化运动设施等。但同时要认识到，设施设备若一味追求高端就意味着高消费，可能会让普通消费者望而却步。因此，场馆设施的建设应多元化，对消费者进行细分：既要有针对高端旅游者的度假型冰雪项目，也要针对普通消费者和大众旅游者的练习型、体验型廉价体验项目。要有计划建设一批公共滑冰馆、室外滑冰场和滑雪场等冰雪运动场地，同时结合现有体育场馆设施，建设一批综合性冰雪运动中心。鼓励全省各地利用公园、城市广场等公共用地，因地制宜建设可移动冰雪场地，为巩固"三亿人参与冰雪运动"目标的提供硬件保障。

第七节　健全服务体系，提升服务质量

一、完善冰雪旅游服务设施建设

辽宁省要完善冰雪旅游基础设施，加快交通信息的网络化、数据化，实现智慧出行。构建航空运输服务网络，增强沈阳、大连机场辐射带动作用，

推进桓仁机场前期工作，加密应季冰雪旅游重点客源地航线航班，增加境外航线航班。推进铁路互联互通，加快沈白高铁建设，开展沈辽鞍、沈铁、沈本、沈抚等城际铁路前期研究，推进沈阳地铁等城市轨道交通建设，推动沈阳地铁9号线向沈抚示范区延伸。推动京哈高速缓中至盘锦段改扩建、本桓（宽）、凌绥等高速公路项目建设，推进国省干线公路升级改造。建立可支撑冰雪经济高效运行的智慧交通系统，加快停车场数字化改造升级，建立智慧停车平台、汽车房车共享租赁平台。鼓励全省各地加强冰雪旅游交通基础设施建设，完善冰雪旅游公共交通服务，推动滑雪板等体育器材装备的公路、铁路、水运、民航便利化运输。推动国家级、省级冰雪旅游风景道与服务体系建设。支持围绕冰雪旅游目的地打造自驾游营地。推进高速公路和普通国省道旅游公路服务区建设，健全国省干线公路、通景公路沿线加油站、公路养护站、观景台、旅游厕所等服务设施，优化景区旅游线路游览标识和旅游咨询服务系统建设，将日韩英等语言全面导入标识体系。加快推进沈阳、抚顺、丹东、本溪、大连等重点冰雪旅游景区"零换乘"综合枢纽中心建设。

加强冰雪旅游项目建设，合理扩大滑雪场规模，积极建设能够举办国内外赛事的大型滑雪场。完善冰雪旅游地的服务设施及功能，增加雪场索道数量，减少游客等待时间，不断优化冰雪旅游服务体系。支持抚顺岗山建设落差800米及以上高山滑雪场，推进滑雪场对标国际一流滑雪场设计建设，优化高山滑雪、单板滑雪、越野滑雪、跳台滑雪及冬季两项项目训练路线，提供竞训服务产品，打造国家雪上运动综合培训中心。支持沈阳建设可承办大型冰雪运动会的冰上运动中心，包括大道速滑馆、短道速滑馆等。扩大与国际一流冰雪运动专业机构、协会、联盟合作，建设职业资格认证基地。加快重点雪场提档升级，鼓励沈阳东北亚、丹东天桥沟、本溪花溪沐云山、营口何家沟、辽阳弓长岭、阜新黄家沟等滑雪场完善场地、升级和扩展配套服务设施，打造滑雪初学者训练营地。鼓励城区常住人口超过50万的城市根据实际建设公共滑冰场馆，每个县（区）至少建成1个室外（内）滑冰场。丰富冰雪运动场地类型，鼓励在公园、校园、广场、社区等场所，建设可拆装冰雪场地、仿真冰雪场地设施。利用本省地形特点，以当前年轻群体喜爱的单板滑雪运动为突破口，创新建设一批丘陵地貌与城市空间交融的全生态单板公园。

完善冰雪旅游服务设施配套，延长购物、餐饮、住宿、娱乐等场所的冬季营业时间，为旅游者提供方便舒适的消费环境，促进辽宁省冬季"夜经济"发展。为提升旅游质量，辽宁省应强化政府在冰雪旅游发展中的主体作用，对冰雪旅游的发展给予引导和支持，加快冰雪旅游供给侧结构性改革。

二、培养引进冰雪旅游专业人才

积极培养和引进冰雪旅游专业人才，加强从业人员专业培训，保证服务质量。服务水平是旅游者认识一个旅游目的地最直接的方式，好的服务水平不仅要求有良好的服务态度，还需要好的专业技能。因此，辽宁省要加强旅游从业人员的素质教育，规范从业行为，加强冰雪旅游专业人才的培养和引进。加强专业人员的培养，尤其是具有一定危险性的冰雪旅游项目，积极培养和引进专业教练及陪练人员，根据项目的特点进行专业指导。不仅要在进入相关工作岗位前进行严格考核，在进入工作岗位后也要不定时地对员工进行培训，不断提升服务人员的综合素质，保证工作人员的服务质量，促进冰雪旅游服务质量全面提升，确保游客的人身安全，使游客安心、放心、舒心。杜绝产生冰雪季临时雇佣现象，大力提升冰雪旅游从业者薪资待遇，加强行业稳定性。

加大人才培育力度，鼓励有条件的地区建设冰雪旅游院系，培养冰雪旅游专业人才。大力发展冰雪职业教育，支持职业院校根据地域特点、产业发展规划，开设冰雪运动相关专业，支持沈阳体育学院和辽宁冰雪产业学院等专业职业院校开设滑雪场设计建造、冰雪赛事、滑雪技术、设施设备维护保养使用、雪场应急救援等专业课程，培养市场急需的复合型冰雪运动管理及服务类人才。深化冰雪产教融合，创新冰雪人才校企合作培养模式，支持冰雪经济相关学科产学研实践，注重培养冰雪产业急需的高素质复合型技术技能人才。

鼓励相关行业人才参与冰雪旅游的发展，培养复合型冰雪旅游人才。充分利用多样化教育资源开展冰雪人才培养和培训，鼓励体育、教育、滑雪协会等专业行业服务机构提供专业培训和技术指导，为广大民众参与冰雪运动创造便利条件；鼓励冰雪产业企业与高等院校、科研院所合作建立实训基地。支持冰雪专业教练员、运动员、社会体育指导员投身冰雪旅游，完善以各级各类体校、体育学院为主，以大中小学校和社会机构为辅的人才培养体系。鼓励有条件的地方试点建设冰雪旅游学校，加强冰雪项目社会体育指导员队伍建设。依托全省各市滑冰、滑雪、冰球、花滑等冰雪运动队，实施冰雪运动竞技后备人才千人培养计划。持续加强冰雪运动优秀运动员、教练员、高级管理人员、高端技术和营销等高层次人才引进。帮助新引进的高层次冰雪产业复合型人才解决社会保险、医疗保险等问题，按照相关规定落实子女入学政策，符合要求的给予购置、租赁办公及居住用房补贴。

建设国家冰雪人才培养基地。利用辽宁拥有全国最多的滑雪世界冠军的独特优势，加强与冰雪经济发达国家、城市及知名体育院校人才教育交流合作，建立全民滑雪技术培训体系，叫响"冬季到辽宁来滑雪"培训品牌。建设国家青少年冰雪运动胜地。积极创建冰雪特色学校，创新青少年冰雪赛事活动；组织开展各年龄段青少年冰雪赛事和冬令营活动，适时举办全省青少年冬季运动会；建立学校冰雪赛事体系，积极组织参加国家青少年冰雪交流活动；建立健全省、市两级冰雪联赛制度，以竞赛促进青少年冰雪人才培育。

强化培育科学系统的冰雪体育教育培训体系，进一步壮大冰雪体育人才队伍。一是更大力度推进冰雪运动进校园，将冰雪运动项目列入中小学冬季体育课教学内容，以特色学校发展为基础，以学生广泛参与为目标，形成涵盖课堂教学、场地训练、师资培养、竞赛引领的完整冰雪体育教育发展模式。二是建立更科学的冰雪运动人才培养机制和选拔机制，促进冰雪体育人才代际传承，推动人才培养模式多元化。三是鼓励和支持冰雪竞赛表演、冰雪运动培训的社会化商业化运作，建立以群众喜闻乐见的冰雪运动活动为支撑的群众冰雪运动活动体系。开展参与度高、普及面广、影响力大、带动力强的冰雪运动品牌赛事和活动，发挥其对群众冰雪运动的引领、示范、带动作用。

三、健全安全应急和风险管理体系

完善安全监管制度，指导全省各地依照有关法律法规，明确各部门安全生产责任，建立健全政府、社会、企业、游客共同参与的风险管理体系，完善冰雪旅游安全应急预案和应急救援体系、高峰期大客流应对处置机制。冰雪旅游市场主体要严格落实安全防控工作要求，制定常态化安全防控工作方案，切实履行安全生产责任制，安全运营、诚信经营，加强对游客的安全提示和培训。

加强冰雪旅游项目设施安全防护等工作，相关管理部门定期对全省各冰雪场地救护设施及安全管理制度等进行检查，市场监管部门加强冰雪场地客运索道等特种设备安全监察。建立全省冰雪体育运动安全应急响应平台和快速救援机制，完善医疗应急救援和安全防控体系，制定冰雪场地安全应急预案，完善急救设施设备，健全救护人员、冰雪专业人员资质及安全保障制度，建立专业救援节点网络跨区域救援机制和户外运动探险救援救助机制。强化赛事活动安全管理，加强交通、消防、特种设备、地质灾害、气象灾害等重点领域的安全监管。健全安全风险监测、评估和预警制度，提升应急处置能力。

引导保险公司根据冰雪运动特点开发冰雪场地责任保险、滑雪人身意外伤害保险、冰雪场地设施财产保险等产品，鼓励具备条件的单位和个人购买与运动伤害有关的保险产品。鼓励保险机构推出全面的冰雪旅游保险服务，围绕场地责任、设施财产、人身意外等开发保险产品，鼓励市场主体和个人购买责任险及运动伤害、旅行救援类保险。引导保险机构加强事前风险管理，提供第三方安全评估、安全检查、安全培训等综合风险管理服务。建立健全志愿服务和救援体系，加强对游客的引导和安全宣传教育，大力普及冰雪运动安全知识，提升个人安全防范和风险规避能力。

第八节 实施保障措施，完善运营机制

一、加强组织实施

辽宁各地要加强组织领导，建立由文化和旅游、体育、发展改革、财政、教育、自然资源等相关部门参与的冰雪旅游协调机制，负责协调研究解决发展冰雪经济中的重点事项，加强沟通协调，密切协作配合，确保各项措施落到实处。全省各级各有关部门把加快发展冰雪经济作为重要工作来抓，密切配合、协调联动，研究制定各自领域加快冰雪经济高质量发展的行动计划和政策措施。

全省各市要科学制定实施方案，强化督导检查，严格绩效评估，支持本地冰雪企业尤其是龙头企业做好相关配套建设的服务保障工作，确保各项工作任务落到实处。各市应积极开展冰雪旅游资源调查，结合本地实际抓紧制定本地区冰雪旅游发展规划，因地制宜、优化配置，充分发挥冰雪旅游对地区经济社会发展的带动作用。

二、落实相关政策

辽宁各地要落实相关政策，推动优化冰雪运动用地政策，按照现行体育场馆房产税和城镇土地使用税优惠政策，冰雪场地的房产、土地符合体育场馆减免税条件的，可以享受房产税、城镇土地使用税优惠。鼓励通过谈判协商参与市场化交易等方式，确定冰雪运动使用电、气价格。

冰雪产业企业按国家规定享受相关税收优惠。社会资本参与政策允许的国有冰雪产业企业重组改革，可按国家规定享受相关税收优惠。对于新认定的省级以上冰雪领域重点实验室或冰雪专业技术创新中心等科技创新平台，符合条件的纳入现行科技创新相关政策的支持范围；对提供冰雪运动服务的社会组织，经认定取得非营利组织企业所得税免税优惠资格的，依法享受相关优惠政策；对被认定为高新技术企业的冰雪企业，减按优惠税率征收企业所得税。

加快标准化建设，发挥标准化工作对冰雪旅游市场发展的支撑作用，持续开展冰雪旅游器材装备、冰雪旅游设施设备、冰雪旅游场地建设、管理和服务等各方面标准的制修订工作，以标准引领冰雪旅游产品和服务质量不断提高。

三、完善投入机制

加强对冰雪旅游发展的资金支持，做好对全省冰雪旅游重点地区资金保障。支持地方财政资金投入冰雪旅游发展，将符合条件的冰雪旅游项目纳入地方政府债券支持范围。鼓励金融机构按照市场化原则对冰雪旅游企业提供金融支持，引导社会资本加大对冰雪旅游和相关产业投资力度。鼓励社会资本参与冰雪旅游场地设施、商业性冰雪旅游度假区、景区建设和旅游创意产品研发。

对重大基础设施和公共服务设施建设、主要产业园区和装备研发制造项目、训练比赛、人才培育和引进、成绩奖励等方面择优给予支持；积极申领国家转移支付专项资金并配套相应资金，扶持冰雪企业改造升级；引导社会资本投入，发挥财政资金杠杆撬动作用，通过政府引导基金等方式，引导和支持各类社会资本参与冰雪重大项目建设和赛事文化活动。

四、加强监督管理

加强对全省范围内的冰雪旅游度假区、景区监督管理，开展冰雪旅游满意度调查。强化冰雪运动场所安全管理和安全防控，对发生重大安全管理或市场秩序问题的地区和单位，依法依规给予通报、问责处理。加大冰雪旅游安全排查，提升酒店、旅行社、景区等涉旅企业的冰雪旅游服务质量。加大市场监管力度，严厉打击售假、宰客、霸市等违法欺客行为，为旅游者提供高质量的冰雪旅游体验。强化投诉处理和服务质量监督，查处各类违法违规行为，维护市场秩序和游客合法权益。加强冰雪旅游数据库建设，推动建立冰雪旅游数据工作机制，形成及时、全面、准确的冰雪旅游数据定期发布机制。

通过整合旅游、体育与法律专业人才及优质资源，构建"冰雪＋仲裁"协同发展格局，搭建冰雪旅游冰雪体育仲裁法律服务平台。针对冰雪旅游服务的不可存贮性、旅游过程的流动性和缔约形式的不规范性，进一步建立完善冰雪旅游纠纷仲裁解决机制，实现冰雪旅游仲裁快速立案、快速审理、快速裁决、快速执行、快速履行的目标，在冰雪体育知名教练员、裁判员、运动员中选拔既有理论知识又有实务经验的专业人士，组建纠纷化解专家库，维护冰雪旅游冰雪体育消费者合法权益，大力促进辽宁冰雪经济高质量发展。

| 第九章 |

辽宁冰雪旅游发展案例研究

第一节　沈阳市冰雪旅游发展研究

2018 年，文化和旅游部发布的《关于做好冬季旅游产品供给工作的通知》指出，丰富冬季旅游产品供给，满足广大人民群众不断增长的冬季旅游需求。根据亚洲数据集团院在 2022 中国国际服务贸易交易会上发布的《中国冰雪产业发展研究报告（2022）》，2021 年中国冰雪产业市场规模已达到 5 788 亿元，较 2020 年增长了 51.88%，以冰雪休闲旅游为核心的大众冰雪市场正在形成。本节内容以沈阳市为例，对区域冰雪旅游进行系统研究，以期为沈阳冰雪旅游的发展供给提供参考借鉴。

一、沈阳市冰雪旅游发展优势与现状

冰雪旅游能够让消费者获得刺激、愉悦的体验，能够让人放松心情并观赏到冰雪风光，诸多优势使其具备良好的发展前景，在我国许多城市发展已趋于成熟。沈阳市作为历史文化旅游名城，冰雪旅游在这里起步较晚，但发展速度十分可观，冰雪旅游日渐成为沈阳旅游的特色产品。

（一）沈阳市冰雪旅游发展优势

1. 冰雪旅游资源丰富

沈阳市冬季时间较长，拥有近 4 个月的漫长冰期，积雪期长、雪量大、雪质松软厚实，冰雪补给充足，开展冰雪旅游的条件得天独厚。同时，沈阳市的冬季气温相比黑龙江、吉林等省的各城市较高，有着较为适宜旅游者户外活动的室外温度，更容易被冬季户外活动爱好者和南方游客所接受，为发展冰雪旅游提供了优质的环境条件。此外，沈阳市面积达 1.3 万平方千米，地处辽河平原中心地带，地势平坦，东南部的诸多山地和丘陵可满足滑雪场的建设条件。

2. 冰雪旅游市场巨大

冬季滑雪项目充满趣味，能够给人们带来刺激体验，既能收获参与的快乐也能达到放松目的、充分释放压力，在世界各地备受推崇。在国际客源市场方面，沈阳作为历史文化名城，拥有盛京的美誉，距离日本、韩国、俄罗斯等国较近，能够吸引众多的海外游客。同时，由于我国南北方气候差异较大，南方游客更加向往接触北方的冰雪旅游，可形成庞大的客源。根据中国旅游研究院市场调查数据显示，冰雪旅游消费为国内旅游人均消费的 1.87 倍，内需拉动能力突出。由此可见，沈阳市的冰雪旅游市场发展具有较为广阔的前景。

3. 冰雪旅游设施齐全

沈阳市滑雪场地数量多，规模大，配套设施完善，交通便利，目前拥有棋盘山滑雪场、东北亚滑雪场、白清寨滑雪场以及怪坡滑雪场 4 个大型滑雪场，见表 9 - 1。

表 9 - 1   沈阳市主要滑雪场一览表

序号	名称	位置	特点
1	棋盘山滑雪场	沈阳棋盘山风景区	东北知名冰雪旅游胜地，坡度相比沈阳其他滑雪场更为平缓，吸引了众多滑雪初学者，尤其是儿童；同时设有 40 余项活动，丰富了游客的冰雪体验
2	东北亚滑雪场	沈阳国家森林公园	设立时间较早，知名度较高，拥有多样化的标准设施，适合承办国家级赛事；坡道较多，可为滑雪爱好者提供刺激体验；同时设置免费的戏雪项目
3	白清寨滑雪场	沈阳白清寨风景区	植被茂密，风光旖旎，交通便利，场地面积大，自由式滑雪国家队会定期到此训练，可吸引众多滑雪爱好者
4	怪坡滑雪场	沈北新区怪坡风景区	设施较新，配备空中技巧训练场地，能够满足游客的个性化需求；同时开设温泉洗浴场所，是一处休闲旅游胜地

4. 冰雪运动历史悠久

沈阳曾是我国清朝的都城，满族发展的历史轨迹遍布全市。北方寒冷而漫长的冬季，铸就了满族民众对冰雪固有的亲近，培育了满族人对冰雪的热爱与执着，基于冰雪而产生的"冰嬉"被确定为清朝的"国俗"。早在 17 世纪前期的后金时代，就出现了"冰嬉表演"，并逐渐演变为如今的"滑冰比赛"，而"拉爬犁、滑冰车、冰上石球"等均为满族民众喜爱的冰雪运动。浓厚的历史文化氛围为沈阳发展冰雪旅游奠定了基础。

（二）沈阳冰雪旅游发展现状

1. 冰雪旅游节庆丰富

1993 年，沈阳市在辽宁全省范围内率先举办了棋盘山冰雪节活动。现阶段，除了我国冬季特有的民俗节庆，沈阳市定期举办的大型冰雪旅游节庆活动主要包括棋盘山国际冰雪节、东北亚森林滑雪节、盛京灯会等。此外，沈阳市已有多个县区发展起独具特色的冬捕活动。例如，沈阳康平县举办的"大辽文化冬捕节"，展示冰镩破冰、马拉绞盘、人工穿网等古法捕鱼场景，每年有 10 余万人到此观赏、购物，激活了当地的冬季旅游。

2. 冰雪旅游项目众多

沈阳市各大滑雪场普遍开展娱乐性冰雪项目，如滑雪、滑冰、雪板、雪圈、冰车、冬泳、雪地摩托、冰陀螺、冰滑梯、冰上摩托、卡丁、爬犁、雪地滚球、驯鹿拉雪橇、雪雕、冰雕等，将体育运动与自然环境和旅游观光融为一体，不仅利于健身，而且能够吸引众多的冰雪旅游爱好者。这些充满冰雪元素的特色旅游项目让旅游目的形象更加饱满，富有特色，见表 9-2。

表 9-2　　　　　　　　　沈阳市主要冰雪旅游项目一览表

序号	项目名称	开放时间	门票价格	地址
1	棋盘山冰雪大世界	7：00-21：00	100 元	沈阳市棋盘山风景区
2	奥体中心冰雪大世界	9：30-21：00	128~158 元	沈阳市天坛南街
3	沈阳北陵公园冰雪世界	9：00-17：00	140~290 元	沈阳市皇姑区北陵公园
4	东陵荷花湖冰雪大世界	9：00-17：00	118~138 元	沈阳市东陵公园
5	沈阳乐雪王国冰雪嘉年华	10：00-20：30	58 元	沈阳市和平区南堤西路

资料来源：笔者根据各旅游区官方网站数据整理。

3. 冰雪旅游收入攀升

近年来，沈阳冰雪旅游市场持续升温，"冷资源"不断释放"热效应"，冰雪消费蓬勃发展。根据《中国冰雪旅游消费数据报告（2024）》，2023 年下半年冰雪季，沈阳市冰雪旅游消费规模增长明显，同比增长 186.8%，位居全国前二位，成为全国重要冰雪旅游目的地城市，充分显示出冰雪旅游的复苏韧性和增长确定性。

二、沈阳市冰雪旅游发展中现存的问题

虽然现阶段沈阳市冰雪旅游已取得初步成效，知名度得到提升，但是相比哈尔滨、长春等知名冰雪旅游城市仍有一定差距。本研究选取携程旅行网

中的统计数据进行分析，发现目前沈阳市冰雪旅游产品的评分大多在 4.4 ~ 4.6 分（满分 5 分），而哈尔滨和长春等城市的冰雪旅游产品评分则大多在 4.8 分以上。通过实地走访调研发现，沈阳市冰雪旅游发展中亟须解决的现存问题主要包括以下几个方面。

（一）文体旅融合不足，旅游产品缺乏创新

近年来，沈阳市冰雪旅游发展速度较快，冰雪旅游带来的经济效益也在逐年增加。然而，根据实地调查发现，以景区门票、餐饮、住宿、交通等基本旅游消费依然占据着区域冰雪旅游消费的主要组成部分，而文化娱乐消费、购物消费等所占比重较低，导致消费结构不均衡。产生这一现象的原因，主要包括以下两个方面。

1. 文体旅融合不足

现阶段，沈阳市冰雪旅游项目开发与地域文化结合程度不足，开发观念较为传统，创新元素不多。目前，沈阳市的冰雪旅游项目多为人工开发建造，对其背后的文化内涵挖掘尚处于浅层次阶段，未能将地方文化充分融合于冰雪旅游开发之中，盛京特色文化在冰雪旅游产品中体现不够充分。同时，由于沈阳冰雪旅游项目设置较为传统，导致游客的新奇感体验不足，缺少刺激与惊喜。此外，由于沈阳发展冰雪旅游时间较晚，相比于哈尔滨、长春等知名冰雪旅游城市，无论是知名度还是创新力方面都较为欠缺，冰雪旅游项目缺乏本地文化特色，冰雪节庆活动气氛未能得到充分烘托，导致其竞争力不足。

2. 产品较为雷同

相比于沈阳其他滑雪场，东北亚滑雪场和棋盘山滑雪场开发建设较早，但两个滑雪场的设施存在重复建设，拘泥于传统的雪景欣赏、滑雪、滑冰等形式，在娱乐项目开发方面缺乏新意。同时，白清寨滑雪场和怪坡滑雪场的开发建设较晚，虽然基础设施相比于其他滑雪场较为完善，但两者的项目设

置与外部整体形象设计都有许多相似之处，未能体现出各自的特色，使得旅游者容易产生审美疲劳之感，导致留不住游客或者很难再让游客故地重游。

（二）宣传形式单一，品牌效应亟须提升

首先，沈阳市冰雪旅游宣传重视程度不够，宣传投资力度不足，与哈尔滨等知名冰雪旅游城市差距明显。以哈尔滨为例，该市不仅在国内各大卫视黄金档频繁播出冰雪旅游宣传片，还将视线转向了国际。2018 年，哈尔滨市旅游委在比利时、芬兰等国举行了"中国—欧盟旅游年·哈尔滨冰雪旅游"推介会；同年，还前往深圳等地开展冰雪旅游推介会，为游客介绍当地丰富多彩的冰雪旅游产品。此外，哈尔滨还组织策划了一系列冰雪节庆活动，除了著名的"哈尔滨国际冰雪节"之外，还有"哈尔滨采冰节""哈尔滨松花江冰雪嘉年华"等众多节庆以推广哈尔滨冰雪旅游。

其次，沈阳市冰雪旅游宣传形式较为单一，没有充分利用高新技术进行多渠道的广泛宣传，使得消费者无法全方位了解本市冰雪旅游产品的特色，导致沈阳冰雪旅游的发展难以迎来质的飞跃。宣传手段过于简单，仅仅是通过广告、旅行社宣传，每个旅游产品或项目都在上演"一枝独秀"，而难以联合起来进行资源整合、优势互补。

最后，沈阳市冰雪旅游产品照搬哈尔滨等知名冰雪旅游城市的现象较为明显，未能形成自身独特的品牌文化，品牌效应亟须提升。其冰雪旅游品牌影响力只能吸引本省及周边游客，很难招徕到国内外大规模的游客群体。

（三）管理服务欠佳，从业者专业性不强

制约沈阳市冰雪旅游发展的另一个主要因素，是相关管理服务的不完善。经实地调研走访发现，其管理与服务的不完善具体表现在以下几个方面。

首先，就滑雪场而言，大多数滑雪场的门票设置不尽合理。门票费用往往仅包含滑雪项目，而入场后的戏雪项目仍需收取额外费用，并且费用较高，容易使消费者产生抵触心理。同时，滑雪和戏雪项目需要消耗较大体力，而滑雪场内却很少设置休息区和餐饮区，给游客的休息恢复带来不便。其次，就旅行社而言，当地相关部门的管理存在一定的不足，没有对冰雪旅游项目给出明确具体的收费标准，导致部分旅行社乱收费问题的出现。

旅游业属于典型的服务行业，服务质量的优劣直接影响着行业的竞争力。近年来，沈阳市冰雪旅游高速发展，而与之相悖的是，其服务质量的提升却无法跟上整体旅游发展的步伐。近年来，沈阳冰雪旅游的发展速度过快，尽管从事冰雪旅游行业的人员较多，但具备相关技能的专业人才却数量不足，从事一般服务工作的人员素质更是参差不齐。同时，滑雪场的工作人员流动性较大，专业人才流失严重，导致冰雪旅游从业人员整体上专业性不强，提供的服务质量较低，严重制约了区域冰雪旅游的发展。

三、沈阳市冰雪旅游发展路径研究

（一）促进文体旅融合，创新设计旅游产品

1. 加强文体旅融合

为缓解沈阳冰雪旅游发展中消费结构不均衡带来的不利影响，应积极调整和优化冰雪旅游消费结构，注重文体旅融合。文化与旅游融合发展，是一个以文化带动旅游发展、以旅游促进文化发展的过程，是一个优势互补、相得益彰、互惠共赢的过程。要积极发挥沈阳独具魅力的宫廷文化、工业文化、民俗文化、体育文化等方面的优势，推动冰雪旅游与地域文化充分融合，提升冰雪旅游产品的文化含量，讲好沈阳故事。在冰雪旅游开发中积极融入地域文化元素，开发独特的旅游资源，彰显沈阳地域文化魅力，发展特色冰雪旅游。

2. 创新设计产品

沈阳市应在充分把握旅游者当前冰雪旅游需求的基础上，按照"冰天雪地也是金山银山"的理念，深度挖掘整合优势旅游资源，系统研究模式创新

与科学定位，积极开发新产品、新功能、新业态、新模式，丰富沈阳市冰雪旅游产品体系，见表9-3。

表9-3 沈阳市冰雪旅游产品体系

类型	可利用资源	开发思路
冰雪观光游	冰雪嘉年华、冰雪风光、冰雕艺术等	冬令营；亲子游；冰雕展、冰灯展；旅游演艺产品开发等
冰雪体育游	室外滑雪场、室内溜冰场等	冰雪运动；体育赛事；雪地登山；冬泳；冰帆、冰上龙舟、滑冰车、打冰嘎、溜冰刀等
冰雪节庆游	冬季传统节庆、沈阳棋盘山国际冰雪节等	民俗体验；体育赛事；光影秀；美食体验；狂欢节；音乐节等
冰雪研学游	沈阳故宫、张氏帅府、"九·一八"历史博物、新乐遗址等	红色旅游；冬令营；科普教育；爱国主义教育；旅游文创产品开发等
冰雪民俗游	冰雪民俗、关东民俗、少数民族民俗等	逛庙会；闹花灯；冬捕；雪地秧歌；民宿体验；美食体验；民间艺术体验；旅游演艺产品开发；旅游文创产品开发等
冰雪生态游	自然保护区、国家森林公园、生态农庄等	冬令营；亲子游；科普教育；雪野穿越；林海探秘；冬季观鸟等
冰雪文博游	博物馆、展览馆、影剧院、艺术馆、图书馆、科技馆等	研学旅游；科普教育；亲子游；旅游文创产品开发等
冰雪购物游	春节大集、庙会、各大商场年终促销活动等	旅游演艺、室内娱乐；光影秀；旅游文创产品开发等

（二）丰富宣传方式，大力提升品牌效应

沈阳市应充分利用冰雪与文化资源的比较优势，传承满族冰雪运动文化传统，塑造沈阳冰雪旅游文化品牌，突出本地特色，推出体育旅游、乡村旅游、康养度假、民俗旅游等具有地方特色的旅游精品线路。不仅如此，还可以借鉴瑞士、日本等国的经验，树立"四季旅游"的品牌形象，积极开展四季旅游品牌宣传。加强与周边地区及南方各城市开展合作，进行旅游产品的互推与促销。创新设计旅游宣传语，例如"奉天冰雪节欢迎您""玩转沈阳冰雪，品味盛京文化"等，宣传沈阳城市文化，增强自身品牌效应。

沈阳可借助冬奥风宣传冰雪旅游，推出"冬奥在北京，冬旅在沈阳"等宣传语，不断拓展冰雪旅游经济圈拉动地方经济。对大型冰雪赛事的承接可吸引大量冰雪运动爱好者的关注，提升沈阳冰雪旅游的知名度。同时，可借助沈阳国际音乐烟花节、沈阳清文化国际旅游节等本市春、夏、秋季节庆活动的影响力，进行反季节宣传。此外，要积极利用名人效应，聘请当红明星担任沈阳冰雪旅游宣传大使，拍摄宣传片，增加可信度，吸引消费者。

（三）完善管理服务，培养引进专业人才

尽快完善沈阳市冰雪旅游行业的相关管理制度。首先，滑雪场应完善收费制度，根据行业标准合理制定各项娱乐项目的费用，并提前告知消费者相关信息，例如门票所包含的项目、戏雪项目所需费用、套票费用及所包含项目等。其次，雪场应设有充足的休息区和餐饮区，以方便消费者得到充分的休息并及时补充体力。建议将沈阳特色美食引入景区，以便消费者在游玩之余还能体验沈阳的美食文化。再次，在对旅行社管理方面，管理部门应尽快制定出台冰雪旅游项目收费标准细则，避免个别旅行社乱收费的现象出现。最后，管理部门还应加强对全市各冰雪旅游区的统一管理，稳定冰雪旅游市场秩序，对旅游文创产品依据其质量规定合理的价格区间，避免产生欺骗消费者的现象。

冰雪旅游的服务质量需要提高，而更需要提高的是从业者的技能与素养，这是沈阳冰雪旅游发展的重中之重。要加强专业人员的培养，尤其是具有一定危险性的冰雪旅游项目。应积极培养和引进专业教练及陪练人员，根据项目的特点进行专业指导。不仅要在进入相关工作岗位前进行严格考核，而且要在进入工作岗位后定期对员工进行培训，不断提升服务人员的综合素质，确保工作人员的服务质量，促进沈阳冰雪旅游服务质量的全面提升，确保游客的人身安全，使游客安心、放心、舒心。

四、棋盘山冰雪旅游产品营销对策研究

棋盘山是沈阳最大的自然风景区，由棋盘山、辉山、石人山、秀湖等组成。近年来，棋盘山景区冰雪旅游发展迅速，形成了雪雕观赏、高山滑雪和冰雪娱乐等多种特色冰雪旅游产品，吸引了大量冰雪游客，成为辽宁省首批省级滑雪旅游度假地。对棋盘山冰雪旅游产品的营销现状进行深入分析，能够为棋盘山景区的旅游发展提供参考与借鉴。

（一）棋盘山冰雪旅游产品营销现状

1. 棋盘山冰雪旅游发展概述

棋盘山冰雪大世界位于沈阳东北部的棋盘山景区，距市区约17千米，交通便利，是辽宁省第一家冰雪旅游目的地，每日接待能力在万人以上。棋盘山冰雪大世界占地约50万平方米，滑雪区总面积达13万平方米，建有不同坡度的滑雪道5条，其中包括1条长1 200米的高山滑雪道。滑雪场实现全魔毯覆盖，并建有吊椅索道直达山顶，每小时运力可达9 500人次。棋盘山冰雪大世界同时设有冰娱区和观赏区。冰娱区由秀湖天然水面打造而成，面积约30万平方米，活动项目达30余项。每逢冰雪季，与滑雪场比邻的5.04平方千米的秀湖会成为天然滑冰场，可开设各类冰上项目。目前，棋盘山冰雪大世界已成为项目丰富、设施完备的大型冰雪旅游胜地。现有雪地摩托车、雪上飞机、马爬犁、雪圈等30余项特色冰雪活动项目。经过多年的持续经营建设，沈阳棋盘山冰雪大世界已经成为具有较高海内外知名度的冰雪旅游品牌项目。

2. 棋盘山冰雪旅游营销现状

（1）实行差别定价方式。现阶段，棋盘山冰雪旅游项目主要采取差别定价的方式，在不同的营业时间段，对于不同的游客，采用差异化的定价方

式。目前，沈阳棋盘山冰雪旅游门票价格为20元，进入景区之后，到其他的景点需要额外收取费用，景区门票价格分为工作日价格以及周末价格，具体价格见表9-4。

表9-4　　　　　　　　　　　　棋盘山滑雪景区门票价格

项目	工作日价格（元）	周末价格（元）
2小时夜滑票（16：30-21：00）	80	90
不限时夜滑票（16：30-21：00）	100	120
午连夜滑雪票（14：30-21：00）	120	130
白天滑雪票（9：00-16：00）	150	180
全天滑雪票（9：00-21：00）	180	220
白天滑雪学生票（9：00-16：00）	130	160
全天滑雪学生票（9：00-21：00）	160	200

资料来源：沈阳棋盘山官方网站。

（2）以景区和旅行社售票为主的分销渠道。棋盘山冰雪旅游产品售票模式主要有两种，分为线上和线下，两者之间互相结合，形成混合式的分销渠道模式，具体包括网络销售、景区销售以及旅行社销售。通过实地走访调研发现，景区购票是传统购票形式，消费者对于这种购票方式比较习惯，大部分的游客还是选择到景区之后直接购票。而旅行社能够为游客更好地安排旅游线路，并且可以解决交通问题，对于游客来说非常方便，因此选择旅行社购票的游客也占据一定比例。选择互联网订票的游客较少，但是互联网购票方式在价格方面具有一定的优势，同时也比较便捷，因此在未来的发展会有较大的增长潜力。

（3）实施拉式为主的促销策略。现阶段，沈阳棋盘山冰雪大世界的促销策略主要以"拉式策略"为主，结合了新媒体广告以及传统广告，在一些传统节假日时期，会采取价格上的折扣，并开展相应的促销活动引起消费者的购买欲望，激发购买动机。棋盘山冰雪大世界景区借鉴了国外冰雪旅游企业的成功经验，并结合自身的实际情况策划实施销售方案，让旅游产品能够占领更多的市场。

（二）棋盘山冰雪旅游产品营销存在的问题

1. 缺少以人为本服务理念

从棋盘山冰雪大世界目前出现的投诉处理事件当中可以发现，大部分都是不满意工作人员的服务质量，比如工作人员不能及时提供服务，或者咨询一些问题时，态度比较差等。在实际的营销过程中，员工的营销意识以及服务意识都比较淡薄。大多数景区从业者认为营销工作应该是营销部门全权负责，和其他部门没有关系。还有一部分员工虽然具备一定的服务意识，但是自身服务技能还无法满足游客的实际要求。因此，在冰雪旅游产品营销过程中会出现游客不满意的情况。由于企业整体的营销意识水平不高，尚不能优化整合营销策略，因此实施的效果也不尽如人意。

2. 产品价格策略有待调整

由于棋盘山冰雪大世界滑雪区建造和维护的成本较高，滑雪区门票价格设置也较高。门票花销在消费者整体花销中占有的比例过大，而景区内的一些娱乐产品则还需要额外收取费用，导致游客花费再次增加，很多游客对这样的定价难以满意。景区内不管是滑冰项目还是滑雪项目都是单独定价，而在每个项目中还需要有设施、设备以及教练费用等，游客需要支付费用的次数过多，导致游客普遍对于景区产品价格制定的满意度较低。

3. 过于依赖传统分销渠道

现阶段，棋盘山冰雪大世界景区的购票方式主要包括线上和线下两种，线下购票可以在景区实施，也可以在旅行社购买，占比分别在35%以及40%左右，而线上购票的方式主要包括第三方平台和官方网站购票。目前，消费者采用互联网途径来购买门票的占比较少，大约在25%。

4. 产品促销方式较为单一

目前，棋盘山冰雪大世界的旅游产品促销方式较为单一，仅采用一般的

"拉式策略"，主要依赖于传统的广告宣传，或者在部分节假日时期采取价格折扣及举办主题活动的方式进行产品促销。然而，过度依赖于传统的广告促销形式，没有足够重视其他促销方式，导致景区失去了潜在的客源市场。偶尔的节假日价格优惠等促销方式也仅适合在短期促销中应用，不利于景区的长期稳定发展。

（三）棋盘山冰雪旅游产品营销对策研究

1. 增强以人为本服务理念

在冰雪旅游产品营销过程中，服务人员的工作态度举足轻重。因此，管理者应该积极开展面向景区的工作人员的岗前培训，增加从业者"以人为本"的服务理念，不断提升其服务能力。

在棋盘山冰雪旅游产品营销过程中，工作人员应该以顾客的需求为出发点，全心全意服务消费者，对于顾客的各种诉求，要积极给予满足。同时，景区各部门还需要协调一致，将更加优质的服务提供给消费者，让游客不仅能够愉悦身心，还可以对景区有很高的满意度。

2. 积极调整产品价格策略

旅游产品的定价策略要考虑不同的顾客和时间上的差别，不同的时间段中不同的顾客能够享受到的优惠价格也存在一定的差别。在这样的定价策略下，不仅能够吸引一些新游客参与到项目中，而且对重游者也有较强的吸引力。棋盘山冰雪大世界经过多年的发展，已取得了丰富的产品定价经验。然而，目前景区的产品定价方式会在一定程度上限制消费者的购买热情。为了能让产品的定价对于消费者有更高的吸引力，让消费者对于冰雪旅游项目组合营销的特点有更加深刻的感受，建议把冰雪与温泉项目组合在一起，推出套票等优惠活动。

同时，在棋盘山冰雪大世界景区内可以销售组合票和通票等，针对在校学生和老年人等群体，可以定期推出优惠活动。例如，春节和元宵节等节庆期间，可以销售双人优惠票或者是节日特价票。此外，还可以推出滑雪和雪圈套票以及滑雪滑冰套票等。

3. 不断拓展产品分销渠道

随着现代网络技术的持续创新，我国互联网营销也在不断的发展，线上售票的营销方式操作更加便捷，逐渐得到了广大消费者的青睐。因此，棋盘山冰雪大世界景区应该以顾客多元化的需求为导向，基于网络技术，不断创新拓展产品的分销渠道。

完善智慧传播推广体系，建立棋盘山冰雪大世界景区宣传营销数据库，利用大数据提升营销精准化水平，制定智慧化营销策略。通过网络技术与冰雪旅游产品融合形成新的旅游业态，联合携程、艺龙、途牛等线上文旅运营商，加强文旅产品的营销。借助微信、微博、小红书、马蜂窝、抖音、快手等新媒体，通过主流媒体及社会力量对景区进行多角度、全方位、立体化宣传推介。可在各大社交平台及论坛中发帖宣传，建立官方微博和微信公众号，拍摄景区短视频进行宣传，在短视频中更多地展示游客的体验以及游客在滑雪过程中的趣事，还可以采访部分游客，从而达到广告宣传的效果。

4. 创新旅游产品促销方式

在棋盘山冰雪大世界景区现有的"拉式策略"基础上引入"推式策略"，采用"推拉结合"创新旅游产品的促销方式。推式策略是指企业利用人员推销，以中间商为主要促销对象，把产品推入分销渠道，最终推向市场。近年来，我国冰雪旅游市场发展迅速，旅行社经营的冰雪旅游产品数量与日俱增。棋盘山冰雪大世界景区应充分利用旅行社资源，通过销售网点宣传旅游产品。

景区可采取"线上＋线下"的方式根据不同顾客、不同产品采用相应的推销方法。线上促销主要是针对年轻人偏好线上获取信息的特点，对网络购票制定一系列优惠措施，也更加方便快捷。而面向老年游客，则可以采用媒体促销方式，通过省市各级媒体进行广告投放，可以选择一些关注较多的民生新闻类栏目投放广告，在广告中体现出景区近期的活动以及优惠措施等，吸引更多游客的关注。

同时，继续扩大沈阳棋盘山国际冰雪节的影响力，保障节庆顺利推进，持续提升冰雪节举办水平，拓展影响范围。深化旅游市场联动合作，积极融入大东北区域合作，共同打造冰雪旅游精品线路，创建跨省区旅游品牌，推进区域内公共服务设施共享，助力东北地区冰雪旅游发展，联合开展国内外旅游促销活动。

第二节　大连市冰雪旅游发展研究

从 2015 年北京成功申办冬奥会至今，在"三亿人参与冰雪运动"战略目标的指引下，我国冰雪运动和冰雪旅游进入黄金发展期。通过建设一大批优质的冰雪场地设施，举办一系列丰富多彩的群众性冰雪赛事活动，人民群众参与热情持续高涨，"三亿人参与冰雪运动"从愿景变为现实。加快发展冰雪旅游，有利于大连市缓解旅游淡旺季差异，丰富旅游产品体系，进一步壮大旅游经济；落实创新驱动发展，发展新产业新业态，培育发展新动能；建设生态文明，保护生态环境等宏观政策和战略提供重要的理论支持和政策设计方案，具有一定的实践意义。本节内容基于这一背景，对大连市冰雪旅游发展进行系统研究，以期为补齐区域冰雪旅游产品的供给短板，满足广大人民群众不断增长的冰雪旅游需求提供参考与借鉴。

一、大连冰雪旅游发展现状

大连市地处辽东半岛南端，三面临海，四季分明，气候宜人，岸线漫长，岛屿众多，森林覆盖率高，人文景观独具特色。作为首批最佳旅游城市及旅游休闲示范城市，全市现有国家级风景名胜区 2 处、AAAAA 级景区 2 处、

AAAA 级景区 19 处、国家级自然保护区 4 处，国家级森林公园 9 处。区域文化积淀深厚，传统技艺精深，非物质文化遗产丰富，复州皮影戏、庄河剪纸为联合国教科文组织人类非遗代表作，金州龙舞等 5 个项目为国家级非遗。

大连作为著名的滨海旅游城市，拥有众多国家级旅游景区，深受旅游者喜爱，年接待游客量已超过 1 亿人次，每年旅游产业创收已达到大连城市经济生产总值的近 1/4。夏季迷人的海滨风光和热烈的节庆活动让大连成为一处享誉全国的避暑胜地，然而冬季的大连却少有人问津，大连冰雪旅游市场出现了明显的淡季。伴随着近年来全国冰雪旅游的发展热潮，大连市冰雪旅游产业也开始步入正轨。

（一）大连冰雪旅游资源分析

大连四季分明，冬季雪期可达 90 天左右，气温保持在 0℃左右，区域内山地较多，较为适宜滑雪运动的开展。2003 年，大连市第一座滑雪场在普兰店区安波镇建成并投入使用，正式打开大连冬季冰雪游市场。现阶段，大连市拥有滑雪场 7 家，嬉雪乐园 14 家，室内模拟滑雪场 3 家，滑冰场 4 家，四季旱雪场地 2 处。其中，包括老牌滑雪场安波温泉滑雪场、林海滑雪场，适合初学者的欢乐雪世界，被称为一站式温泉滑雪度假区的铭湖滑雪场等适合不同的人群休闲体验的滑雪场所。此外，全市还开设了多家室内滑冰场以满足冰雪运动爱好者的多样化需求。现阶段大连市主要冰雪旅游项目如表 9 - 5 所示。

表 9 - 5　　　　　　　　大连市主要冰雪旅游项目一览表

名称	开发时间	项目类型
安波滑雪场	2003 年	滑雪体验、温泉体验、冰雪观光
林海滑雪场	2008 年	滑雪体验、冰雪观光
欢乐雪世界	2014 年	滑雪体验、冰雪游戏体验
劳动公园滑雪场	2014 年	冰雪游戏体验、亲子互动
铭湖滑雪场	2015 年	滑雪体验、冰雪游戏体验

续表

名称	开发时间	项目类型
将军石海景滑雪场	2015 年	滑雪体验、冰雪观光
老虎滩极地嬉雪大世界	2015 年	冰雪游戏体验、亲子互动
大连蓝极冰溜冰场	2016 年	滑冰体验
大连百年港湾冠军冰场	2017 年	滑冰体验
陈露（大连）国际冰上中心	2017 年	滑冰体验
大连百斯德冰场	2017 年	滑冰体验
天门山攀冰公园	2019 年	攀冰体验、冰雪观光
塔河湾欢乐海岸冰雪乐园	2019 年	冰雪游戏体验、冰雪观光、亲子互动

同时，丰富的温泉资源和冬季海滨资源也是区域发展冰雪旅游的背景依托和自然优势。大连温泉产业发展具备一定的资源优势，全市目前已开发温泉资源 20 余处，待开发 40 余处，温泉项目达 100 多家，主要包括大连安波温泉、大连步云山温泉、大连龙门汤温泉、大连老铁山温泉等。

除了我国特有的民俗节庆，大连市在冬季的节庆活动还包括 11 月举办的大连国际冬泳节、1 月在普兰店安波举行的大连国际温泉滑雪节以及每年农历正月的大连烟花爆竹迎春会等。

近年来，大连市依托丰富的旅游资源、独特的地理区位等优势，形成了以滑雪场、戏雪乐园为主，多元式冰雪产品开发为辅助的发展经营模式，将传统旅游项目与冰雪运动融合，丰富了冰雪旅游业态，打造了大连独特的冰雪旅游形象，冰雪旅游的发展中初见成效。

（二）大连冰雪旅游市场分析

随着冬季来大连旅游的游客数量逐渐增加，"温泉＋"系列产品成为区域的冬季热卖产品。在大连冰雪旅游产业迅速发展的背后，有政策利好、庞大市场需求和冬奥会带来的契机。现阶段，大连冰雪旅游市场热点体现在冰雪温泉、民宿农庄、酒店饭店、户外运动、旅游综合体等旅游相关企业的客源增长和效益增收。尤其在冬季，大连冰雪旅游的需求量大幅提高，旅游业态丰富多彩，年味浓厚、体验多样，掀起了全市冰雪旅游的热潮。

从2015年开始，大连市冬季星级酒店入住率就达到了65%以上且逐年增加。在以冰雪旅游为主的冬季旅游的推动下，大连市淡季旅游开始出现"淡中有旺"的新局面，大连市春节黄金周旅游市场及冰雪旅游市场呈现出逐渐增长的趋势。在冰雪旅游项目的推动作用下，大连市的春节黄金周旅游市场及黄金周期间冰雪旅游市场亦呈现出逐年持续增长趋势。这为区域冰雪旅游的发展提供了庞大的市场流量，也为下一步营销宣传带来了坚实的群体基础，更加为冰雪旅游产品开发提供了可靠的资金保障。

（三）大连冰雪旅游产品分析

冰雪旅游产业是大连市旅游业新的经济增长点，也是值得开发的季节性旅游产品，冰雪体育运动与温泉文体旅融合是促进区域经济发展新方向。近年来，大连市在冰雪旅游开发上主推"3S"旅游产品，即"滑雪＋温泉＋购物"；在冰雪项目设施方面，进一步提高投入力度，加快完善基础设施建设，如室内外冰雪娱乐、休闲、运动场所（广场、公园、山体等），以及冰雪艺术展览、展示等的规划与开发。

从2007年开始，大连市连续举办了11届"国际温泉滑雪节"，推出了"万人上冰雪""大学生滑雪体验""冰雪嘉年华""少儿戏雪乐园"以及各种形式的滑雪比赛、滑雪表演、滑雪交流等活动。通过举办丰富多彩的冬季体育赛事活动，不断扩大和丰富体育消费市场供给，积极培育体育文化旅游领域的消费新热点，形成大连市冰雪体育新载体，为促进区域冰雪体育产业发展作出了重要贡献。

近年来，大连市充分发挥区域冬季冰雪资源和产品优势，推动冬季文体经济持续增长，连续四年以"文旅融合、激情冰雪、传承文化"为主题，举办大连市全民冰雪运动会。其中，天门山攀冰邀请赛、大连市大众高山滑雪锦标赛、大连市青少年高山滑雪"希望之星"赛、大连市高山滑雪猜时赛、大连市民趣味戏雪等赛事已成为广受大众喜爱的品牌运动赛事。

2022年，北京、张家口共同主办中国历史上第一次冬季奥运会，为冰雪旅游发展和项目开发带来新机遇，冬奥题材的旅游项目和产品备受关注。大连市充分利用北京—张家口冬奥会契机，积极推进冰雪体育旅游融合发展，加强冬季旅游项目建设和游客招徕。为迎接 2022 冬奥旅游年，大连市提早行动，利用地理和环境优势，挖掘入境游市场，积极招徕观众来连旅游，大力吸引参赛队来大连集训。围绕冰雪、温泉两大主题，丰富产品、开拓市场、吸引游客，举办了老少皆宜的冰雪赛事、冰雪嘉年华和亲子互动等活动，让游客提前感受冬奥氛围，实现体育、旅游双丰收。借助冬奥"冬风"，大连市冰雪体育产业快速发展壮大，"冰雪＋"产业链条带来的经济效益、生态效益、社会效益更加凸显。

（四）大连冰雪旅游发展 SWOT 分析

1. 优势分析

（1）资源环境优势。大连市位于北纬 38°43′～40°12′，濒临黄海、渤海，气候舒适，冬季最低气温在 -15℃左右，有"最温暖"东北城市之称。就大连市的地理形态而言，其中央高、东西两侧呈阶梯状的形式直插海滨，构成了丘陵山地地貌，有利于进行高山滑雪场的建设和溜冰场的架构。大连作为海滨城市，海岸线绵长，区域交通方便快捷，航空、海运、高铁等交通设施齐全。区域生态环境优越，有"浪漫之都"的美誉。

大连市温泉资源较为丰富。大连全市已开发的温泉资源主要包括大连安波温泉、大连步云山温泉、大连龙门汤温泉、大连老铁山温泉等。

（2）人文历史优势。大连地区战国时属燕国，秦汉时期属辽东郡辖区。汉代时，山东、河北一带移民迁徙于此，大连地区逐渐发展起来。唐朝初期，大连地区属安东都护府积利州辖区。辽代大连地区属东京辽阳府辖区，辽设苏州、复州，金改苏州为金州，元设金复州万户府，明设金州卫，清设金州厅。大连地区在魏晋时称三山，唐朝时称三山浦，明清时称三山海口、青泥洼口，沙俄侵占后曾称青泥洼，1899 年始称大连市。近代史上的大连，曾遭受沙皇俄国、日本帝国主义等列强长达近 50 年的殖民统治，但坚强勇敢的大连人民从未屈服，进行了艰苦卓绝的斗争。1945 年 8 月，大连从反法西斯战争胜利中获得解放，成立大连市政府；1950 年，更名为旅大市；1981年，经国务院批准再次改称大连市；1984 年，国务院批准大连为沿海开放城市；1985 年，大连市被国务院确定为计划单列市；1994 年被国家批准为副省级城市。浓厚的人文历史背景为区域冰雪旅游发展奠定了基础。

大连冬季的节庆繁多，例如 11 月的大连国际冬泳节、12 月的冬季购物节、农历正月的烟花爆竹迎春会等。此外，大连地方民俗文化浓郁，例如"复州双管乐""大连贝雕画""金州舞龙""长海号子"等众多非物质文化遗产别具特色。因此，从本地冬季节庆和民俗文化入手，可设计开发出具有地方特色的冰雪旅游产品。

（3）冰雪运动优势。作为我国知名的"体育之城"，地处北方的大连在冰雪体育竞技方面有着得天独厚的优势。虽然起步较晚，但近年来大连冰雪项目在竞技层面取得了不错的成绩，展现出巨大潜力和良好发展前景。目前，大连市拥有专业滑雪队伍 1 支，业余滑雪队伍 2 支。大连市滑雪协会成立于 2008 年 6 月，对本市大众滑雪运动的开展起到了极大的推动作用。自协会成立以来，先后开展多种形式的滑雪培训和大规模的大众滑雪比赛，极大地调动了广大群众参与滑雪运动的积极性。协会还成立了"大连市业余滑雪队"，在省级和国家级比赛中多次斩获优异成绩。

大连市冰球队代表辽宁省参加中国冰球协会举办的全国 U 系列青少年冰球锦标赛获得过季军，不同年龄段梯队参加省内比赛更是获得过多项冠军。大连市速滑代表队在第十一届、第十二届和第十三届省运会分别摘得 4 枚、3 枚和 5 枚金牌。在 2022 年举办的辽宁省第一届冬季运动会上，更是获得 17金 3 银 4 铜的优异成绩。大连市滑雪队连续 6 年获得省青少年冰雪锦标赛团体冠军（包括单双板），2018 年参加全国青少年滑雪积分赛，有 2 人获得其所在年龄组冠军、2 人获得季军。

目前，大连市共有冰雪专业类人才 700 余人，其中，国家级教练员 200余人，国家级冰雪特殊人才 12 人，有近 20 人直接参与了 2022 年冬奥会组委会工作。大连市现有冰球教练员 8 名，运动员 100 名，年龄在 5～15 岁，近年来向省队输送运动员 20 多人次；速度滑冰教练员 1 名，运动员 30 名，近年来向省级训练单位输送运动员 20 多人次；雪上项目有高级教练员（国家级以上）约 200 人、中级教练员（省级）约 110 人、初级（市级）教练员约 300 人，辽宁省注册运动员约 10 人，2020 年向国家输送运动员 6 人次（单板平行项目 1 人、单板自由式 1 人、双板跨界选项 4 人）。

2. 劣势分析

（1）冰雪旅游产品特色不鲜明。目前，大连市冰雪旅游产品呈现方式过于程式化，内容较为单一，有仿照其他地区冰雪旅游产品的迹象，未能较好融合本地自然景观与本土民俗文化，缺乏区域特色，未形成有影响力的冰雪旅游产品体系。现有的冰雪旅游产品缺少创意，无法给游客提供优质的旅游体验。文体旅融合度不高，产品特色不明显。现阶段，区域的冰雪旅游项目大多为人工开发建造，对其背后的文化挖掘尚处于浅层次的开发阶段，产品特色不突出。对于冰雪旅游往往只是简单地将夏季"3S"替换成冬季"3S"，即"滑雪＋温泉＋购物"，不仅缺乏地域特色，且活动内容单一乏味。大连市的冰雪节庆活动对于绝大多数的外地游客来说较为陌生，相比夏季丰富多彩的节庆活动，区域冬季节庆活动乏善可陈，且知名度较低。

（2）冰雪旅游服务质量待提升。北方冬季天气寒冷，时常下雪，导致路面结冰、雪面路滑等现象，会影响游客的出游计划，难以使游客获得优质的旅游体验。现阶段，大连市冰雪旅游基础设施建设不够完善，由于发展冰雪旅游的基础设施建设需要投入大量资金，投入的资金不足限制了冰雪旅游的发展。此外，冰雪旅游产品的安全得不到高度保障，旅游环境方面有待加强，无法使游客放心舒心。部分冰雪旅游项目从业人员专业技能不强，服务质量不达标，难以给游客带来满意的旅游体验。

（3）冰雪旅游品牌宣传需加强。现阶段，大连市冰雪旅游品牌的宣传力度不足，品牌知名度较低。大连冰雪旅游发展起步较晚，目前仍处于初级阶段，尚未形成知名品牌。同时，现有的冰雪旅游宣传手段过于简单，缺乏整体包装，未能充分利用区域优势及现代科技等进行多渠道的广泛宣传，大众无法全方位了解大连冰雪旅游的特色，导致区域冰雪旅游发展难以迎来质的飞跃。由于宣传不足，大连冰雪旅游品牌的影响力只能吸引本市及周边游客，很难招徕到国内外大规模游客群体，品牌效益不明显。

3. 机遇分析

（1）各级政府的大力支持。国家、省、市各级行政管理部门对冰雪旅游发展十分重视和支持。中共中央办公厅、国务院办公厅印发了《关于以2022年北京冬奥会为契机大力发展冰雪运动的意见》，国务院办公厅印发了《关于促进全民健身和体育消费推动体育产业高质量发展的意见》，文化和旅游部办公厅印发了《关于做好冬季旅游产品供给工作的通知》，辽宁省文化和旅游厅等14个部门联合制定了《关于推进辽宁省冰雪经济发展的实施方案》，大连市体育局、大连市发展改革委、大连市财政局、大连市自然资源局、大连市市场监督管理局等五部门印发了《关于推进国家体育消费试点城市建设　加快体育产业高质量发展的实施意见》，明确提出以振兴发展"三大球"产业、海洋体育产业和冰雪体育产业为重点，将冰雪体育产业作为重点领域。同时，大连市政府将冬季冰雪旅游作为冬季"3S"旅游（温泉、运动、购物）的重要标识，并号召通过冰雪旅游发展带动区域冰雪旅游发展。

（2）冰雪旅游的发展潜力。2022年北京冬奥会的成功举办，带来了中国冰雪经济的发展机遇，冰雪旅游热潮涌动。一项举世瞩目的国际性体育赛事可在很大程度上带动并引领大众性冰雪旅游，我国民众对冰雪的热情也是因为2022年冬奥会的成功举办而高涨。同时，随着国民收入的不断增长，闲暇时间的延长，旅游者对冰雪旅游的关注不断增加，冰雪旅游成为新选择。现阶段，我国很多地区开发了冬季冰雪和体育旅游，黑龙江、吉林、内蒙古、北京、河北、山西、陕西等省份开发出的冰雪旅游产品吸引了众多游客，有力推动了区域冰雪旅游产业的快速发展，经济效益不断增强，展现了冰雪旅游发展的巨大潜力。

与哈尔滨等久负盛名的冰雪旅游城市相比，大连市的冬季较为温暖，在这里开展冰雪旅游，既可以让游客们享受到冰雪环境，又不必忍受严寒。目前，大连市已建立了 10 余家滑雪场及戏雪乐园，同时还开设了多家室内滑冰场以满足游客的多样需求。此外，本市冬季还有大量的特色节庆活动。随着冬季来本市的游客数量逐渐增加，"温泉＋"系列产品成为冰雪旅游的热卖产品。在冬季"3S"（温泉、运动、购物）的推动下，冰雪旅游市场呈现出逐渐增长的趋势。大连市可以借鉴国内外著名冰雪旅游城市的发展经验，积极发挥后发优势，未来冰雪旅游发展潜力巨大。

4. 挑战分析

国内许多城市冬季发展已日臻成熟，例如，哈尔滨市早在 2012 年即举办了第三届亚洲冬季运动会，冬季运动会的成功举办吸引了大量的游客。山西省大同市则利用春节举办大同灯会，展现当地的节庆习俗，灯会中还举办了"同乐冰雪世界"等活动，让游客享受冰雪奇缘的景象。同时，大连周边城市冰雪旅游发展较为迅速，其产品丰富多彩，如沈阳棋盘山冰雪大世界、辽阳弓长岭滑雪产品、鞍山汤岗子温泉产品等，其冰雪旅游品牌形象已较为成熟，对于区域发展冰雪旅游形成了一定的挑战。

二、大连冰雪旅游发展中现存的问题

虽然大连市具备发展冰雪旅游的诸多优势，经济收益也在不断提升，但由于本市冰雪旅游发展的时间较短，在发展过程中还存在一系列问题，主要包括以下几个方面。

（一）冰雪旅游产品种类单一

现阶段，大连市在设计开发冰雪旅游产品过程中，冰雪旅游资源的利用率较低，未能突出产品的多元化与特色化，无法满足消费者多样化的旅游需求。冰雪旅游资源大多是浅层次的开发，没有注重对文旅背景的融合，因此不能突出大连的冰雪运动特色和地域优势，缺乏内涵挖掘与设计创意，一些景区点还存在建设雷同，盲目竞争的局面。类似的冰雪景观引发游客产生枯燥感，只重形式、不讲内容的旅游业态无法满足旅游者日益增长的多元化深层次需求。

目前，本市的冰雪旅游产品开发往往仅注重景点本身，粗放式开发、同质化景观阻碍了旅游产品创意化品牌化发展，对产品的延伸开发不够。通过对比发现，已经具备了一定市场基础的哈尔滨冰雪大世界主题冰雪旅游项目不断通过形式创新，策划制作了冰主题的灯光展示、雪文化主题游乐园、雾凇景观园、冰雪大舞台等多种形式的冰雪旅游项目。然而，大连市现阶段主要冰雪旅游产品仍然是比较基础的滑雪场、嬉雪乐园以及冬季节庆类旅游产品等，呈现出单一的表现形式，缺乏衍生的新型冰雪项目。每处景区仅能够提供一至两种的业态形式，未能实现冰雪旅游资源的综合价值开发。

（二）旅游服务设施不够完善

交通方面，于1972年建成通航的大连周水子国际机场距今已逾50年，已成为"城区内空港"，发展和运行与城市拓展矛盾突出，无法通过改扩建满足大连地区民航长远发展需要，严重制约城市发展。大连市内旅游交通体系主要体现为公路和水路，南部交通网络密集，北部稀疏，旅游开发不足，需要加强南北联动，提升东西沟通。住宿方面，本市的星级酒店结构有待调整，服务及消费形式老化，缺少创新。除了一些星级酒店，其他快捷酒店的配套设施尚不完备。全天前台的酒店不多，大部分酒店无法提供免费的停车场、Wi-Fi以及行李寄存服务。餐饮方面，虽然本市以海鲜闻名，但缺乏特色餐饮的开发及推广，体验形式较为单一。特别是冬季天气较冷，很多店铺都是较早关门打烊，无法为旅游者的旅游活动和美食体验提供便利。购物方面，超市、便利店等服务场所的营业时间通常不超过12小时。

同时，现有的冰雪旅游景区景点的基础设施不够完善，很多设施破旧却无人修缮，冰雪旅游产品的配套延伸活动也未能较好地匹配产品自身的发展，造成游客体验的不安全和不充分，例如，新建冰雪项目少、核心竞争弱、旅游投资低，对落后的冰雪旅游设施设备改造投入较少，用于传统冰雪旅游项目改造升级的投资不足。随着信息和网络建设的不断完善，越来越多的游客开始倾向于自由行和自助游，自由的时间安排和个性化的旅游路线让游客更加舒心。然而，现阶段本市的旅游接待方面仍以传统旅行社包价旅游形式为主，相比之下，散客旅游的接待服务水平明显不足。

（三）冰雪数字化进程较缓慢

目前，本市在冰雪旅游服务数字化及便民化方面，缺少线上智慧平台及线下旅游导引，导致冰雪旅游体验品质不高。智慧冰雪旅游硬件建设有待提升，平台设计人员与旅游专业人员沟通不足，数字化程度不高。很多冰雪旅游景区甚至没有设置官方网站或微信公众号，即便设有官网，其网站在线信息更新也不够及时，界面单调乏味，缺少吸引力。冰雪旅游营销信息滞后，旅游产品缺乏特色，旅游宣传界面不够友好。

此外，冰雪旅游景区缺乏智慧旅游服务平台的赋能，无法有效利用互联网平台进行实时景区环境分析数据，将景区周边环境和天气情况等进行整合并传达给游客，也是其缺乏服务性意识的重要表征。冰雪旅游景区内网络信号不好，影响旅游者体验。国际化酒店集团旗下酒店网站情况较好，而一些商务快捷酒店及民宿的智慧旅游程度则普遍处于较低水平。

（四）与文化产业融合度不足

旅游产品的热卖不仅是因为产品本身所具有的价值，还取决于产品被赋予的文化内涵。近年来，游客们不再满足于单纯的到此一游，更看重旅游产品背后的文化内涵，文体旅融合已是大势所趋。

目前，大连市冰雪旅游还未达到与当地文化产业充分融合，旅游产业融合程度不足，旅游产业链条有待延伸，旅游产业效益较低，文化内涵发掘不够，无法实现提质增效，推动区域经济发展。现阶段本市大量冰雪旅游产品缺乏特色，易于模仿，缺少过硬的拳头产品，区域整体冰雪旅游业态呈现出"有景区没景点，有景点没特点"的态势。文化价值挖掘不深，导致冰雪旅游项目缺乏文化的支撑，未能给游客留下较深的印象，可替代性太强。

（五）冰雪旅游营销力度不足

相比夏季大规模的旅游产品营销，大连市冬季旅游产品的宣传力度可谓是微不足道。不论是机场的广告位还是电视传媒，出现的绝大多数是夏季活动的宣传而非冬季的旅游产品，即使夏季旅游热门景区由于季节、气温等原因处于营业时长缩短甚至闭馆状态。由于宣传不足，冰雪旅游项目的品牌影响力只能吸引省内甚至本市的游客光顾，很难招徕到外省的大规模游客群体，品牌效益不明显。

虽然大连市在冬季策划组织了大连国际冬泳节、大连国际温泉滑雪节、大连烟花爆竹迎春会等节庆活动。然而，这些节庆活动对于绝大多数的外地游客来说较为陌生，相比夏季丰富多彩的节庆活动，本市冬季节庆活动乏善可陈，且知名度较低。

（六）冰雪旅游专业人才缺失

众所周知，旅游从业人员应该具备较强的综合能力素质要求，知识面要广、技能要熟练，而冰雪旅游产业的服务人员更加要求其专业性和综合素质。大连市近年来对冰雪旅游十分重视，冰雪产业发展迅速，但由于本市冰雪旅游发展时间较短，吸引到的专业人才较少，从业人员的专业素质和专业技能明显不足，与冰雪旅游发展成熟的城市相比有一定的差距。同时，为了在冬季增加经营收入，不少旅游企业聘请的都是临时工作人员，培训工作也未能及时跟上，员工对产品一知半解，无法给游客带来满意的体验。长期以来缺乏冰雪旅游专业人才，同时培训过程中也存在着重技能、轻素质的培养方式，缺少了人文素养和文明礼仪的训练，导致旅游专业的人才培养出现困境。

据了解，从事大连市冰雪旅游服务的专业人才缺失的主要原因有两方面。一方面，由于冬季过于寒冷，进行室外冰雪旅游服务存在一定难度，从事冰雪旅游行业的人员数量较少；另一方面，培训机制不完善，一些有意向的从业者由于没有正规的报名培训渠道而错失机会，从而出现人才流失的问题。

（七）冰雪旅游产业链延伸乏力

通过实地走访调研发现，目前大连市冰雪旅游企业经营者普遍缺乏开发、延伸产业链的意识。许多优秀的冰雪旅游产品在获得成功后未能及时进行后续全方位拓展，忽视了产业链的延伸，难以充分发挥冰雪旅游产业与相关产业间的协同效应。

现阶段，大连冰雪旅游产业融合发展过程中缺少对发展重点、特色亮点的规划设计，产业链延伸发展中缺少经营战略，品牌意识不足，从而导致冰雪旅游产品开发中缺乏鲜明的地方特色和品牌特色，更缺乏具备国际影响力的知名品牌。

三、国内外经验对大连开展冰雪旅游的启示

（一）完善管理服务，加强行业监管

德国慕尼黑、我国哈尔滨等城市的冰雪旅游产业之所以能够蓬勃发展，政府的重视与支持有着不可忽视的作用。大连市行政管理部门应以此为鉴，重视冰雪旅游发展，不断完善冰雪旅游管理服务体系。为提升旅游服务质量，在国外旅游淡季，有的地方政府会动员一些行业让渡一些服务供给，鼓励酒店把餐饮服务转包给当地社区，从而让更多人在旅游中受益。大连市也可以借鉴这一做法，强化政府在冰雪旅游发展中的主体作用，对冰雪旅游的发展给予引导和支持，加快冰雪旅游供给侧结构性改革。

同时，大连市还应加强冰雪旅游项目建设和设施安全防护工作；完善基础设施，加快交通信息的网络化、数据化，实现智慧出行；维持或延长购物、餐饮、住宿、娱乐等场所的营业时间，为旅游者提供方便舒适的消费环境，促进本市冬季夜经济发展。此外，加大冰雪旅游安全排查，提升酒店、旅行社、景区等涉旅企业的冰雪旅游服务质量。加大市场监管力度，严厉打击售假、宰客、霸市等违法欺客行为，为旅游者提供高质量的

冰雪旅游体验。

（二）完善服务设施，培养专业人才

大连当地冰雪旅游服务设施的匹配度仍有待完善与创新。吉林省长白山景区通过增设移动卫生间、打造温泉引水体系、架空式环保栈道等发挥环保理念和以游客便利为先的基础设施发展模式值得借鉴。因此，大连市也应该从游客体验入手，不断完善冰雪旅游项目的基础设施建设。

大连市要加强冰雪旅游从业人员的技能及素质教育，规范从业行为，加强冰雪旅游专业人才的培养和引进。不仅要在进入相关工作岗位前进行严格考核，而且要在进入工作岗位后不定时地对员工进行培训，保证工作人员的服务质量。

（三）实施文旅融合，突出地域特色

可以借鉴我国北方城市冰雪旅游发展的经验和优势之处，并结合自身的本土化特色进行改进，例如哈尔滨的冰雕节、多样滑雪项目等。此外，近年来流行的开江节、雾凇节等，都是主客共享的好项目。大连市可依据自身的地域特色和现有的冰雪旅游产品进行都市农业、赏冰滑雪等项目的创新开发，结合文旅深度融合发展的趋势，形成大连冰雪旅游发展的新亮点。例如，一些单调的雪上项目可以结合更多的元素丰富产品内涵，同时增强文化方面的建设，提升旅游的价值。

冰雪旅游想要保持热度，就需要对产品不断地进行挖掘和创新，探究其文化内涵。要大力发挥大连市独具魅力的海洋文化、历史文化、建筑文化、广场文化、服饰文化、足球文化等文化优势，推动冰雪旅游与文化融合，提升冰雪旅游产品文化含量，讲好大连故事。鼓励各社会团体积极发展演艺项目，展示大连当地的特有文化，如金州皮影戏、复州双管乐等。与各大高校展开合作，创新设计出特色文创产品，激发游客二次消费潜力。融合大连地域特色，如温泉边沿可以设计成沙滩状，体现大连的沙滩文化等，合理规划大连市冰雪旅游产品的开发方向。

（四）加大旅游宣传，树立品牌意识

提高城市知名度最直接的方式就是进行宣传，大连市要加大冰雪旅游产品的宣传力度，可借助大连国际马拉松、大连国际沙滩文化节等夏季节庆活动的影响力，进行反季节宣传。同时，对冬季大型赛事的承接可以吸引大量冰雪体育爱好者的关注，提升本市冰雪旅游的知名度。此外，可以将最具特色但不雷同的旅游产品进行合作营销，如"温泉＋滑雪"的康养旅游，"景区＋民俗"的休闲旅游，"文博＋购物"文化旅游等。此外，还可以与周边城市或南方旅游城市进行合作，进行旅游产品的互推和促销。

树立品牌意识，将大连市冰雪旅游产品进行整合，推出特色冬季旅游品牌，如"文化养生旅游"等，让游客更好地记住大连。同时，积极在电视网络等媒体上投放大连冰雪旅游的宣传片，依托综艺平台进行推广，发展冰雪旅游品牌，向外界积极展现大连冬季美景及特色冰雪旅游产品。不仅如此，还可以借鉴瑞士的经验，树立"四季旅游"的品牌形象，制作四季旅游宣传册进行推广。大连市的冰雪旅游宣传推广不应仅限于国内，更应该推广到国外，如日本、韩国、俄罗斯等地，以低廉的价格、优质的服务吸引更多的海外游客来大连旅游。

四、大连市冰雪旅游发展对策建议

根据冰雪旅游产品开发 SWOT 分析的结果，大连市在资源及环境方面具备开发优势，但现有的冰雪旅游产品特色不突出，服务设施不完善，应针对劣势和挑战进行系统分析，给出应对措施。同时，还应借鉴国内外先进经验，积极发挥自身优势，结合文体旅融合的发展要求，不断丰富大连市冰雪旅游有效供给。

（一）构建冰雪旅游产品体系

积极创新开发特色鲜明的冰雪旅游产品，有利于大连市实现文化旅游融

合，有利于推进区域旅游供给侧结构性改革，补齐冰雪旅游产品供给短板，缓解本地旅游淡旺季差异，丰富旅游产品体系，进一步壮大区域旅游经济。

在冰雪游、温泉游等现有产品基础上，精心研发能够充分体现本土文化特色的旅游演艺、室内娱乐、光影秀等创意型新产品，以及民俗、体育、康养、研学、农业等产业融合型产品，在业态组织、展示形态、体验方式等方面进行再提升、再创造，构建本市的冰雪旅游产品体系，见表9-6。

表9-6　　　　　　　　　　大连市冰雪旅游产品体系

类型	可利用资源	开发思路
滑雪旅游	安波滑雪场、林海滑雪场、铭湖滑雪场、欢乐雪世界、将军石海景滑雪场、天门山攀冰公园、塔河湾欢乐海岸冰雪乐园等	体育赛事；冬令营；滑雪课堂；亲子游；拓展训练；冰雕展、冰灯展等
温泉旅游	安波温泉、步云山温泉、龙门汤温泉、老铁山温泉、铭湖温泉、步云山温泉、世外俭汤等	休闲度假；康养旅游；温泉文化体验等
红色旅游	关向应纪念馆、毛泽东像章陈列馆、日俄监狱旧址博物馆、中共大连市工委旧址、大连中华工学会旧址、棒棰岛宾馆等	研学旅游；爱国主义教育；旅游文创产品开发等
生态旅游	老铁山自然保护区、西郊国家森林公园、金石滩地质公园、柏岚子及双岛湾湿地等	康养旅游；冬季观鸟；拓展训练；冬令营；科普教育等
乡村旅游	甘井子区红旗街道岔鞍村、旅顺口区水师营街道小南村、庄河市仙人洞镇马道口村等	乡村民宿体验；美食体验；民俗体验；民间艺术体验等
节庆旅游	温泉滑雪节、冬泳节、烟花爆竹迎春会、冰峪沟赏灯会等	体育赛事；光影秀；旅游文创产品开发等
民俗旅游	放海灯、赶庙会、高跷秧歌、皮影戏、剪纸、舞龙等	旅游演艺产品开发；旅游文创产品开发等
文博旅游	大连博物馆、旅顺博物馆、大连自然博物馆、金石滩地质博物馆、大连贝壳博物馆等	研学旅游；科普教育；旅游文创产品开发等

首先，根据大众冰雪运动需求逐渐增强的这一趋势，创新开发冬季体育运动项目，积极承办各类冰雪体育赛事，让游客在进行冰雪旅游的同时也达到强身健体的效果。例如，利用大连国际冬泳节创新设计冰雪旅游产品，将冬泳节打造成品牌赛事，吸引更多的冬季体育爱好者参加。

其次，规划建设一系列主题特色鲜明的滑雪场所，以儿童喜爱的卡通形象为主题打造冰雪亲子游，吸引更多的亲子游客。同时，可依托大连市内老虎滩海洋公园等知名景区，采取科技赋能旅游，运用 AR、VR、AI、5G 等数字科技技术，打造全新的冰雪旅游产品。例如，在海洋公园内可以开展嬉雪项目，打造 VR 沉浸式冬日亲海项目，策划组织南北极动物巡游表演，配合企鹅、驯鹿、北极熊等人偶表演，与游客互动。

最后，充分利用地方特色美食的吸引力，开发如海鲜火锅、海鲜粥羹等特色饮食，驱寒暖胃，创新冬季美食的烹制，增强游客的视觉观感体验，并邀请游客参与美食制作；开发冬季养生药膳，使游客的健康和味蕾达到双重满足，大力发展冬季康养旅游，让游客获得优质旅游体验。还可以策划组织冰雪美食节、开放式冬捕等，让游客充分体验冰雪旅游的乐趣。

（二）不断完善旅游服务设施

充分发挥财政资金引导作用，完善旅游公共设施，用好各类资金支持全市冰雪旅游基础设施建设。全面推进各类冰雪旅游景区基础设施提升改造，做好财政专项经费支持，完善公共服务设施，不断提高接待服务能力和服务水平。

增加日韩俄通航点和航班密度，发展国际—大连国际枢纽—中国其他地区的空中航线旅游框架。加快推进新机场建设，选址于金州湾东部海域，采取离岸填海建造"人工岛"为新机场提供建设用地，建成"世界最大离岸式人工岛机场"，成为大连东北亚国际航运中心、物流中心建设的重要支撑。完善旅游综合交通网络，构建"南北主导、两纵两横"的陆域旅游交通体系，依托道路交通网络，实现所有景点畅达目标；建设布局合理的城市旅游集散、咨询服务体系，完善旅游停车场配套建设。随着散客旅游、自驾游等旅游形式的日益增加，需要加快建设游客疏散通道，继续完善旅游通道交通体系建设，加强景区建设、提升旅游景点的可进入性，优化路网结构，真正实现游客"进得来，散得开"，全面推动大连市旅游空间格局的变更。

加快大连市重点雪场的提档升级，推动各个雪场的协调发展，建设全国一流的滑雪度假综合体，力争把大连市打造成为设施完备、服务优质的高端滑雪旅游大区。充分利用天然大连冰雪资源优势，增加冰雪旅游内容，将以冰雪旅游契机，丰富旅游文化内涵，发挥"冰雪＋海滨文化"的特色优势，深化游客对海滨文化的体验度。冰雪旅游景区不断完善旅游设施，在提升硬件设施的同时，提高服务水平，为吸引游客在冬季走出家门、走上冰雪提供便利条件。加强冰雪旅游项目建设和设施安全防护工作；完善基础设施，加快交通信息的网络化、数据化，实现智慧出行；延长餐饮、住宿、购物、娱乐等场所的营业时间，为游客提供方便舒适的消费环境，促进冬季"夜经济"发展。

优化冰雪旅游项目布局规划，精心设计各类不同主题的冰雪旅游线路，让游客出行更加便利，满足消费者的多样化需求，带动区域经济发展。规划设计时应充分考虑服务设施建设，完善自驾车配套服务，推进自驾车房车营地、安全救援、交通标识标牌、自驾车信息服务平台以及其他配套服务设施建设，完善加油站点和高速公路服务区的旅游服务功能，提升自驾游的便捷性和舒适性。

（三）大力强化冰雪科技赋能

1. 促进旅游产业数字化

借鉴杭州等地经验，运用数字技术，建设数字虚拟旅游景点，打造数字化转型示范旅游机构。推动智能停车场、智能酒店、智能餐厅、无人商店等无人化、非接触式公共服务配套设施普及与应用。推动冰雪旅游引导标识系统数字化与智能化改造升级，推动冰雪旅游场所部署自动扫码闸机、识别摄像头等智能传感设备，提升5G网络覆盖水平。

2. 开展"一部手机游大连"

完善冰雪景区数字化建设，开发"一部手机游大连"、大连旅游电子地图系统等移动端App。通过多终端、全平台提供全方位冰雪旅游信息整合服务。建设集旅游资源查询、形象展示、志愿服务、旅游投诉等于一体的智慧咨询服务中心。

3. 推进标准化建设

健全标准化协调机制，完善旅游标准体系，推进标准制修订工作。建设全域冰雪旅游智慧监测中心，开展基于 5G 的客流监测、视频监控、防灾预警、环境监测、旅游投诉监控、设施管理等于一体的智慧监测平台，以信息化推动行业治理现代化。

（四）提高与文化产业融合度

实施文体旅融合，突出地域特色，充分结合本市现有资源，以地方文化表达为特色，让游客留下深刻印象。鼓励特色民俗旅游资源与传统冰雪旅游产品的开发相结合，对接旅游需求，开发和打造更多具有文化内核的冰雪旅游产品。将区域民俗文化与冰雪旅游互相融合。例如，可在烟花爆竹迎春会期间，根据当地特色文化元素制作冰雕和彩灯，配合烟花表演。此外，还应大力挖掘博物馆、艺术展览馆、文艺剧团的潜能，精心研发能够充分体现本土文化特色的旅游演艺、室内娱乐、光影秀等创意型新产品。利用冬季购物节，创新设计开发冰雪旅游文创产品，体现当地的民俗风情，满足游客的好奇心，激发游客的出游欲望。

随着文化和旅游的深度融合，大连冰雪旅游产品应增添更多的本土文化元素，丰富产品文化内涵。在冰雪旅游产品的设计中更多地融入地方文化元素，彰显大连的民俗风貌和城市精神，拓展冰雪旅游的产业价值。例如，大连以足球著名，可以将足球元素融入到旅游产品的开发中。同时，以大连博物馆、旅顺博物馆、武术文化博物馆、贝壳博物馆等展览场馆为提升对象，新建特色主题博物馆，通过 5G、AR 等技术应用，增加展览的互动性，拓展学生冬令营线路。通过影像、图片、文字记载等多种形式挖掘、保存非遗资源，最大限度还原非遗文化；利用博物馆、文化馆等资源，向外展示非遗文化；设立相应体验展台，增加互动性；结合节庆活动，举办非遗展演活动等，体现区域特色文化。

以关东文化为底蕴、以海洋文化为支撑、以近代多元文化为亮点，规划特色旅游线路，打造具有独特历史教育意义和大连历史底蕴的都市文化体验游产品。依托文化遗产、文创园区等，打造文化旅游品牌，推进文化演艺、非物质文化遗产进旅游景区、旅游度假区、乡村旅游区等。依托美术馆、博物馆、展览馆、陈列馆、名人故居、特色建筑等重要场馆，打造都市文化风貌旅游景观。深度挖掘本市近代工业遗存和现代工业资源，着力建设以工业遗产、工业生产、工业游线为载体的工业旅游示范城市，展示大连工业文明和科技创新成果。推动机车厂、华润棒槌岛啤酒有限公司等搬迁腾退，将工业遗产打造为主题博物馆、工业遗产社区公园、文化创意园区、文化休闲街区等工业旅游示范点。

推广"冰雪旅游＋文化"，发展特色冰雪旅游目的地。以文化艺术融合为主要形式，结合相关冰雪旅游节，推广冰雪文艺演出、冰上舞蹈、冰上走秀、雪地秧歌等以冰雪为主题的文艺演出，发展冰雪演艺类活动；推广冰雪民俗游、冰雪购物游、冰雪冬捕游等旅游产品，发展冰雪体验旅游；突破传统的冰雪观光旅游，创新演绎发展冰雪体验。配合冰雪季，全市博物馆、书店、文化馆、展览馆等相应推出大连冰雪文化系列活动，丰富市民和游客冰雪季文化娱乐生活。

（五）强化冰雪旅游传播推广

1. 树立冰雪旅游品牌形象

结合大连地区冬季气温更加适宜户外运动的优势，以及区域地势坡度适宜学习冰雪运动的特点，统筹大连冰雪旅游形象策划和品牌建设，塑造"冰雪启蒙第一站"品牌形象。充分利用区域资源环境、人文历史以及冰雪运动的比较优势，打造大连冰雪旅游的特色品牌。树立和宣传"冰雪启蒙第一站""学滑雪，到大连""大连滨海滑雪浪漫城市"等城市品牌形象。借鉴瑞士、日本等国的经验，树立"全季旅游"的品牌形象，积极开展全季旅游品牌宣传。

2. 多种渠道推广旅游产品

可利用大连市信息产业的发展优势，积极开通旅游信息渠道，开展大连冰雪旅游产品的宣传，让更多人了解当地冰雪旅游产品特色，将"旅游＋"与"网络＋"相融合。积极在各大卫视投放本市冰雪旅游宣传片，依托网络平台进行推介，扩大信息覆盖面，努力解决冰雪旅游信息不对称问题。通过创建 App、播放短视频等形式，让旅游者更直观地了解产品信息。同时，要注重节假日期间的产品推广，积极利用名人效应，聘请当红明星担任本市冰雪旅游宣传大使，拍摄宣传片，增加可信度，吸引游客前来体验。加强与周边客源市场的交流合作，借助冬奥会宣传本市冰雪旅游，不断拓展冰雪旅游经济圈。深入发展并巩固以日本、韩国、俄罗斯为依托的东北亚市场，以国际友好城市为支点向其他地区拓展实现本市冰雪旅游的国际化，以特色的产品、优质的服务吸引更多的海外游客来本市旅游，让大连冰雪旅游市场不"冷"。

3. 加大冰雪旅游惠民措施

随着时代的不断发展，"跟团游"已不再是目前的主要趋势，旅游者更加追求自由、无拘束、无限制的旅游体验。现阶段，旅游市场已趋向于以散客为主体，冰雪旅游产品的定价应作出相应调整。除正常团价优惠外，适当的优惠促销活动能提升游客的承受能力。为满足自助游客的消费需求，应积极推出价廉物美的冰雪旅游产品，加大冰雪旅游惠民措施、优惠政策实施力度。

（六）培养引进冰雪旅游人才

加强冰雪旅游专业人员的培养，尤其是具有一定危险性的冰雪旅游项目，积极培养和引进专业教练及陪练人员，根据项目的特点进行专业指导。不断提升服务人员的综合素质，促进冰雪旅游服务质量全面提升，确保游客的人身安全，使游客安心、放心、舒心。

在人才的管理方面，为了提升大连冰雪旅游的人才数量和质量，除了完善自身的培训机制，注重对人文素质的培训外，还应在高校开设专业课程，实现专业和就业的对口。积极引进新鲜血液，与各大高校进行合作，在人才的选拔中应重视高校优秀的人才，并推出一系列优政措施，留住人才。依托学校的丰富资源，实现企校强强合作，不但促进了经济带动，还解决了学生就业困难的根本现状。

旅游业服务性强、应用性强，旅游业的本质决定了旅游人才必须同时具备理论研究与实践操作。旅游业需要复合型人才，可以讲理论、讲知识，也可以做业务操作、有服务意识。复合型人才必须要校企联合培养。因此，应该借助政府的政策支持，积极完善冰雪旅游专业人才培训机制，实现跨行业人才培养，为冰雪旅游的专业人才增加储备力量，同时还能促进各产业之间的融合，带动区域经济发展。结合冰雪旅游发展的特征进行革新，实现跨行业培养方式选拔综合性优秀人才。不断完善人才管理机制，将培养和上岗进行无缝对接，实现本市冰雪旅游专业人才队伍的高质量发展。

（七）不断延伸冰雪旅游产业链条

开展冰雪产业链提升行动，推进冰雪场地设施建设、冰雪场馆运营、冰雪装备制造、冰雪产品零售、冰雪培训等相关产业协同发展。延展冰雪旅游商品、冰雪运动装备品、冰雪培训、冰雪餐饮、冰雪住宿等产业链条，实现冰雪旅游产业全面发展。此外，通过扩大冰雪旅游服务及产品的消费类别，增强冰雪旅游消费黏性，防止产业链脆弱和断裂，提升自我修复能力。进一步强化融合引导，加快"冰雪＋"工程的实施效果，提升冰雪旅游与文化、体育及康养等产业深度融合，全面促进冰雪旅游消费的提质增容。

1. "冰雪旅游＋赛事"

普及发展大众冰雪运动，持续打造"全民冰雪运动会"和"百万市民上冰雪系列活动"两大平台，办好"大连国际温泉滑雪节"等冰雪体育活动，培育大连滑雪、滑冰锦标赛等本地特色冰雪赛事，巩固省大众高山滑雪赛分站赛、市大众高山滑雪精英猜时赛等传统滑雪赛事，支持因地制宜建设群众冰雪运动场地。积极拓展冰雪户外运动产品，包括专业户外运动、大众户外趣味运动，满足群众开展冰雪运动的需求，拉动经济增长，共同助推大连市冰雪旅游产业发展。

构建规模性冰雪旅游活动项目，打造一流冰雪旅游项目特色活动。依托安波滑雪场、林海滑雪场、欢乐雪世界和铭湖滑雪场等现有冰雪旅游资源，打造大连冬季旅游精品；统筹冰场资源，建设室内滑冰场，发展以冰上娱乐运动为主，竞技赛事项目为辅的冰上旅游产品体系，发展特色冰雪运动。重点推广"年度冰雪季"主题活动，培育举办大连全民冰雪运动会、大连天门山攀冰交流赛等品牌冰雪活动，开展市民冰雪运动体验日。持续开展"国际滑雪节""大众冰雪运动会"等丰富多彩的活动赛事，唤起广大市民积极参与冰雪运动的热情。进一步拓展冰雪项目赛事活动内容，助力冰雪旅游企业成长。

2. "冰雪旅游 + 节庆"

举办冰雪文化节、冰雪民俗旅游节、雪地音乐节等区域性冰雪节庆活动，打造冰雪演艺综合体，开发冰雪运动文化 IP。结合各区市县特色民俗打造国际冰雪旅游节、冰灯节、冰瀑节、冰挂节等系列节庆类冰雪活动，发展冰雪观光旅游。重点推广冬季节庆活动，包括大连（安波）国际温泉滑雪节、甘井子区冰雪温泉旅游文化节、天门山冰雪节、老虎滩极地冰雪节、冰雪嘉年华活动、温泉养生系列活动、将军石迎新春活动、金石滩新春花灯会、乡村采摘系列活动、民俗风情会系列活动，以及大连市域内各大景区春节惠民系列活动等。

3. "冰雪旅游 + 培训"

在冰雪项目的普及和发展上，继续推进冰雪进校园等活动，并在此过程中寻找有潜力的苗子进行重点培养。同时，还要联合社会力量共同组队参加专业赛事。在专业队方面，除了做好训练和参赛经验积累外，争取将更多、更优秀的运动员选送到高一级的专业队伍，力争培养有竞争力的运动员进入国家队，为国效力。另外，还要开辟旱地冰球、轮滑冰球，花滑队列滑、冰上啦啦操等表演和竞技兼具的新项目以及越野滑轮、业余冰壶等。实施冰雪运动进社区、进商场、进景区等活动，培训发展冰雪运动社会体育指导员，促进冰雪运动普及推广。

4. "冰雪旅游＋康养"

推出大连特有的"滑雪＋温泉"旅游系列产品，提高大连"冰雪＋温泉"品牌国际知名度；促进多业态融合，推出"冰雪旅游＋养生""冰雪旅游＋休闲""冰雪旅游＋美食"等系列产品，着力开发冰雪休闲度假、冰雪温泉养生、冰雪美食体验等多类型业态；发展综合性、家庭型的冰雪休闲活动；结合节庆活动，形成特色冰雪旅游康养产品。

5. "冰雪旅游＋乡村"

升级乡村冰雪旅游产品，发展生态观光、田园采摘、民俗创意等休闲农业项目，以特色主题乡村为依托，发展休闲农业产业经济。发挥瓦房店市、普兰店区、庄河市及长海县的生态资源优势，重点升级乡村观光、山海休闲度假旅游产品，推广冰雪节庆、冰雪运动、冰雪娱乐等产品。整合乡村周边等资源，复合式开发冰雪垂钓、冰雪温泉、冰雪休闲购物、民俗美食、木屋度假、冰雪民宿等冰雪乡村度假产品。

（八）共同构建协同应对体系

1. 政府行动与战略优化

指导落实国家、省、市出台的相关政策，为冰雪旅游企业减轻负担，优化冰雪旅游企业行政审批。减免缓缴税费、强化融资担保和金融服务、降低经营成本和加大企业绩效奖励补贴。研究制定更深层次的冰雪旅游业振兴发展政策，加大财政、金融、税费、用地、消费等方面支持力度。鼓励冰雪旅游业建立常态化"共享员工"机制。加强安全风险管控，健全安全预警、风险防范、应急管理、安全救援和安全信息共享制度，将突发性公共卫生事件应急管理纳入应急管理体系。突出抓好冰雪旅游安全生产，重点抓好节假日和重要活动期间的冰雪旅游安全检查及安全生产专项整治等行动。加强对重点冰雪旅游目的地和高风险冰雪旅游产品安全风险监测评估，对重大冰雪旅游安全隐患及时排查处置。

2. 行业行动与战略优化

打造冰雪旅游行业协会的专业化危机管理能力，强化行业协会在危机事件中的信息采集发布、政策协调、行为引导等方面的作用，进一步推动行业协会建立专业化的危机管理能力，以推动产业的可持续化发展。打造具有市场价值的行业性科技协作平台，助力相关科技的加速落地与产业转型升级，如打造无接触服务科技的集成应用平台等。

3. 企业行动与战略优化

鼓励冰雪旅游企业"抱团取暖，联合经营"，发挥冰雪旅游企业各自优势，共同在冰雪旅游领域开辟新的经营模式和经营渠道，做到人力资源互补、市场营销资源互助、信息资源共享的发展模式，联合抱团开疆拓土拓展业务，不断向规模化、创新化、高端化发展。

第三节　营口市冰雪旅游发展研究

中国旅游研究院发布的《中国冰雪旅游发展报告（2023）》测算数据显示，2021—2022冰雪季我国冰雪休闲旅游人数为3.44亿人次，是2016—2017冰雪季1.7亿人次的2倍多，冰雪休闲旅游收入从2016—2017冰雪季的2700亿元增加到2021—2022冰雪季的4740亿元，冰雪旅游实现了跨越式发展。营口市发展冰雪旅游拥有区位、资源等优势，然而目前区域冰雪旅游发展中尚存诸多不足，导致发展优势未能充分显现。在全国上下大力发展冰雪旅游的宏观背景下，营口市亟须抓住冰雪旅游的发展机遇，积极推动冰雪旅游高质量发展。本节内容聚焦于当前营口市冰雪旅游的发展现状，为区域冰雪旅游发展提供相关参考与借鉴。

一、营口市冰雪旅游发展优势

（一）区位优势

营口市位于辽宁省中部辽河东岸，属于温带大陆性季风气候，作为东北腹地最近的出海通道，拥有沿海综合型大港，交通便利。营口兰旗机场累计运输服务旅客超百万人次，旅客年均增长率达60%，累计开通航线19条，累计通航城市18座，是环渤海机场群重要组成部分、辽宁省重要支线运输机场。兰旗机场与哈大高铁、盘营高铁的交汇枢纽——营口东站相邻，营口作为沈大高速、奈曼—营口高速的重要枢纽，为东北部地区的发展发挥了显著的区位优势。区域海河交融，拥有丰富的生物资源和海洋资源，同时配搭滨海温泉群、传统民俗文化，宗教文化等资源，为营口市冰雪旅游的发展提供动力。

（二）资源优势

营口市冰雪旅游资源丰富，以冰雪、温泉、文化等共同形成区域冰雪旅游特色，具体冰雪旅游资源如表9-7所示。

表9-7 营口冰雪旅游资源一览表

资源类别	旅游资源
冰雪类	何家沟滑雪场、大石桥滑雪场、思拉堡虹溪谷滑雪场、鲅鱼圈红海河冰雪嘉年华、盖州冰雪奇缘游乐场等
温泉类	金泰城海滨温泉旅游区、虹溪谷温泉旅游区、思拉堡温泉小镇、熊岳天沐温泉旅游度假区等
民俗类	古城文化休闲体验、辽河老街观光冰雪节、辽河老街过大年、老街新春庙会、红旗大集等

目前，营口市冰雪旅游资源中的特色主要体现在温泉旅游资源方面，原因在于其温泉资源的多样性和领先性。首先，在多样性方面，营口温泉旅游景区、酒店数量众多，温泉景区为增强自身竞争力不断发掘自身独特潜在价值，本市温泉区各具特色，能够满足游客的多样化需求。其次，在领先性层面，营口市温泉以"三高"著称：一是水温高，最高可达84℃；二是矿物质含量高，最高可高达 1 076 毫克/升；三是日涌水量高，最高可达 10 000 吨。近年来，更是因为发现了富含锶的海底温泉，将营口市的温泉品质提升到了新的高度。

二、营口市冰雪旅游发展现状

目前，营口市冰雪旅游主要以温泉旅游为主，附加海鲜美食和民俗旅游文化产品。营口市冰雪旅游项目不断推陈出新，以"冰雪＋温泉"为特色的旅游项目吸引了众多国内外游客。现阶段，营口冰雪旅游产品主要划分为四个板块，即养生温泉、冰雪娱乐、民俗体验和美食体验，四个板块布局各具特色。

在养生温泉方面，营口市温泉区数量众多，各具特色。除温泉外还设有马场、酒庄、游艇、别墅球场等娱乐场所，形成娱乐养生为一体的综合旅游项目。

在冰雪娱乐方面，营口市目前拥有两家专业滑雪场及多家嬉雪乐园。其中，何家沟滑雪场除滑雪功能外还开设 CS 模拟战场、DIY 雪雕等娱乐活动，其冰雪娱乐项目综合娱乐、竞技、雕塑花灯鉴赏、文化休闲等多种元素。

在民俗体验方面，营口辽河老街通过对建筑、非遗、年货、冰雪文化节等的整合，展现了冬季营口独特是人文资源特色，营造本地新年氛围吸引游客。

在美食体验方面，主要通过营口菜系搭配当地海洋、特产等所打造的"鲜活营菜"，展现营口地方风味以及冬季养生饮食文化。

三、营口市冰雪旅游发展中存在的问题

(一) 旅游产品种类单一

目前，营口市滑雪场数量较少，且由于忽略产品特色的打造，导致当前本市滑雪旅游产品种类单一，滑雪场基础设施较为陈旧，导致游客在旅游过程中缺乏体验感。同时，在开发利用区域冰雪旅游资源时，缺乏针对当地文化资源的挖掘，未注重人文内涵的培植，导致文化氛围薄弱。营口市冰雪旅游产品与辽宁省其他城市相比缺乏自身特色。以沈阳市为例，沈阳市利用本土传统文化与区域冰雪资源进行整合开发吸引了大量游客，根据文化和旅游部数据中心发布的《中国冰雪旅游发展报告（2022）》显示，沈阳市位列"2022 年冰雪旅游十佳城市"第四位。而大连市则早在 2007 年就针对自身特色开发出"冰雪＋温泉"的冰雪旅游项目，形成了以滑雪场、戏雪乐园为主，多元式冰雪产品开发为辅助的发展经营模式，将传统旅游项目与冰雪运动融合，丰富了冰雪旅游业态，在游客数量和基础设施方面占据优势。由比较可知，营口市冰雪旅游产品种类相对单一，旅游竞争力较弱。

(二) 旅游宣传力度不足

现阶段，营口市冰雪旅游宣传渠道较为单一，且在内容和主题推广方面缺少特色。以 2021 年辽宁营口冬季旅游产品巡展季为例，冬季旅游推广主题为"很暖、很鲜、在营口"，将温泉、滑雪、滨海饮食文化作为营口冰雪旅游项目的卖点，与哈尔滨、沈阳、大连等城市相对比而言缺乏独特性。此外，现有的营销方式较为单一，缺失统一策划，未能利用好现代信息技术进行多渠道的宣传。冰雪旅游景区网站及微信公众号等建设不足，与旅行社合作推广工作不到位，导致本市冰雪旅游宣传和市场拓展步履维艰。因此，公众难以充分知晓营口市冰雪旅游产品的特色。冰雪旅游品牌在该区域的影响力只能吸引来自营口本市的游客，难以吸引外省市的大规模游客。

（三）旅游服务有待提升

经实地调研走访发现，营口市目前的冰雪旅游服务有待提升，主要体现以下几个方面：首先，营口市的一些冰雪旅游景区由于地理和环境的原因，可进入性较差，很多游客只能望而却步。其次，在停车场地方面，很多景区停车位紧缺，尤其在冰雪旅游旺季，游客多聚集于温泉、滑雪场等景区，并且随着自驾游人数的快速增长，容易出现交通阻塞、停车位不足等问题。再次，在从业人员方面，目前本市冰雪旅游从业者的专业技能及综合素质还有待提升。部分从业者专业水平不高，专业技能不足，尤其在滑雪场所亟须配备充足的具备冰雪专业知识与技能的从业人员。

四、营口市冰雪旅游发展对策研究

（一）创新设计旅游产品

1. 整合旅游资源

对营口市冰雪旅游相关资源进行整合，主要包括辽宁团山国家级海洋公园、何家沟滑雪场、大石桥滑雪场、思拉堡虹溪谷滑雪场、奕丰天沐温泉旅游度假区、盖州思拉堡虹溪谷温泉小镇、辽河老街新春庙会、红旗大集等。

同时，整合本市历史文化资源和宗教文化资源。营口地区在三国两晋南北朝时期先后由汉族、鲜卑族、高句丽等民族统治，历史文化遗存非常丰富，可以通过历史文化遗迹利用、冰雕文化节等形式呈现营口地方文化特色。对于本地宗教资源则可以通过冰雪节庙会等形式，将宗教文化与冰雪旅游进行整合。

2. 开发旅游项目

根据营口市冰雪旅游资源特点及游客心理需求，创新开发冰雪旅游项目。针对不同层次，不同需求的旅游者，高品位开发利用区域资源价值，发挥区域冰雪资源优势，通过本土文化元素的体现加深游客印象。

借鉴国内外优秀冰雪旅游城市发展经验，结合营口自身特色，优化冰雪旅游产品设计，体现产品文化内涵。重点推出冬季泡温泉暖体、戏冰雪暖身、过大年暖心、品海鲜果鲜等旅游产品。积极开发团山国家级海洋公园赏冰川、何家沟滑雪、思拉堡虹溪谷泡温泉、辽河老街逛庙会等系列特色项目。

3. 设计旅游线路

冰雪旅游的发展需要把握游客需求，深挖自身特色，设计冰雪旅游特色路线，串联旅游产品项目，以此推动区域冰雪旅游不断发展。

首先，营口市应积极参与建设大连—营口—鞍山—辽阳—本溪"辽中南冰雪温泉精品旅游带"，体现自身特色。其次，科学设计本市冰雪旅游路线，主要包括以下几个方面。

冰雪养生游：何家沟滑雪场/思拉堡虹溪谷滑雪场—思拉堡温泉小镇/金泰城海滨温泉旅游区/虹溪谷温泉旅游区/熊岳天沐温泉—营口虹溪谷鹿宴文化。

营口年味游：冰雪嘉年华/盖州冰雪奇缘游乐场—金泰城海滨温泉旅游区/虹溪谷温泉旅游区/思拉堡温泉小镇/熊岳天沐温泉—辽河老街观光冰雪节/辽河老街过大年/老街新春庙会。

文化体验旅：冰雪访古游、冰雪礼佛游等路线。

（二）大力加强旅游宣传

旅游宣传作为突出地区特色最为主要的途径，也是为景区引流的关键所在，其重要性不言而喻。因此，营口市应积极开展旅游营销传播，大力推广冰雪旅游产品。

首先，充分挖掘和分析大数据，明确目标群体及其市场潜力。一方面，与各大在线预订平台合作，通过预订数据掌握游客的冰雪消费偏好；另一方面，通过机场、火车站、码头、移动通信运营商的数据掌握旅游者的流动情况，为精准的网络营销提供基础条件。将"旅游＋"与"网络＋"相结合，拓展信息覆盖面，全力破解区域冰雪旅游信息不对称的问题。积极在各大卫视推出冰雪旅游宣传片，依托网络平台进行推广，通过创建 App、播放短视频等形式，让游客得以直观感受营口冬季的魅力。

其次，完善智慧传播推广体系。建立全市统一的宣传营销数据库，利用大数据提高营销精准化水平，制定智慧化营销策略。基于互联网、移动互联网、两微一端、短视频、VR 全景等新技术、新媒体、新渠道，建立全市冰雪旅游网络营销体系。完善自媒体营销矩阵，建立市、县、镇、企业自媒体联动机制，借力网络自媒体大 V，组建自媒体营销联盟。

（三）不断提升服务水平

一方面，不断完善营口市冰雪旅游景区的配套服务设施及功能，提高景区的可进入性，为游客出行提供便利。同时，合理增加景区停车位，尤其是在冰雪旅游旺季游客多聚集的温泉、滑雪场等景区，建设自驾车营地。

另一方面，积极培养引进冰雪旅游专业人才，加强从业人员培训，提高从业者的专业能力与综合素质，保证服务质量和服务水平。杜绝冰雪旅游旺季临时雇佣不经培训人员直接上岗的现象，提高从业者薪酬待遇，加强行业人员稳定性。

第四节　丹东天桥沟冰雪旅游发展研究

《辽宁省"十四五"文化和旅游发展规划》提出，"激发冰雪资源开发利用弹性，挖掘冰雪旅游文化内涵，推动冰雪旅游发展"。"十四五"时期，冰雪旅游产业将成为助推辽宁省经济社会发展的重要抓手。发展冰雪旅游是推进辽宁省经济社会高质量发展的创新手段，也是真正落实"冰天雪地也是金山银山"发展理念和"大力发展寒地冰雪经济"发展战略的重要举措。

近年来，文化和旅游部、国家体育总局不断扩大优质旅游产品供给，打造高水平的滑雪运动设施和高品质的旅游度假服务，分别于 2022 年和 2023

年认定推出 2 批共 19 家国家级滑雪旅游度假地。丹东天桥沟滑雪旅游度假地作为首批 12 家国家级滑雪旅游度假地中辽宁省唯一入选地，其冰雪旅游的发展对于拉动辽宁地区经济增长和满足人民冰雪旅游需求可谓举足轻重。本节基于文体旅融合的背景，以丹东天桥沟为例，对国家级滑雪旅游度假地进行系统研究，探索冰雪旅游的高质量发展路径。

一、丹东天桥沟冰雪旅游发展条件分析

（一）区位环境分析

丹东市位于辽宁省东南部鸭绿江西北岸，是中国最大的边境城市。天桥沟森林公园位于丹东市宽甸满族自治县双山子镇，是国家 AAAA 级旅游景区、省级旅游度假区。公园地处长白山脉老岭支脉，与滑雪胜地阿尔卑斯山同处于"北纬41°世界黄金滑雪带"上，雪季长达 120 天，降雪量充沛，平均温度为 −5℃ 至 4℃。

天桥沟地区有着得天独厚的地理环境和气候条件，峰峦叠起的长白山脉屏障了西伯利亚寒流，北黄海海域持续输送湿润的空气，使得这里冬季雪量充沛，并确保区域雪质松软清洁，自然粉雪资源极为丰富。天桥沟滑雪旅游度假地的雪场建造在背阴沟谷之中，规避了阳光直射，保持了雪质松软，并延长了雪期。

（二）旅游资源分析

丹东市作为我国最大的边境城市和著名旅游城市，拥有较为丰富的旅游资源，包括春季的河口桃花、夏季的鸭绿江边、秋季的蒲石河畔，以及冬季的天桥沟滑雪旅游度假地等。

1. 自然旅游资源

天桥沟森林公园占地面积 4 000 多公顷，森林覆盖率高达 96%。最高

峰海拔 1 205 米，平均海拔 600 米。自然分布的植物有 1 100 余种，野生动物 160 多种。森林资源极其丰富，负氧离子含量高达 60 000 个/立方米。天桥沟的枫叶，因种类丰富色彩斑斓、观赏范围广、观赏周期长等特点，被《中国旅行家》杂志评选为"中国枫叶最红最艳的地方"。天桥沟森林公园现有天宫景区、莲花峰景区、玉泉顶景区、晓月峰景区、栈道溪谷景区五大游览区域，共 125 个景点。其中，以莲花映日、天桥霁月、鹰岩积雪、天潭垂钓、层林红枫、双松飞瀑、晓月鸣禽、云海观涛"天桥八景"最为著名。

2. 人文旅游资源

天桥沟是我国东北地区第一个红色革命政权——四平乡政府旧址所在地，也是东北抗日名将杨靖宇将军带领抗联战士浴血奋战过的地方。史料显示，抗日英雄杨靖宇将军曾先后率领东北抗联等抗日武装，多次进出天桥沟一带，在深山里创建密营和游击根据地，开展艰苦卓绝的抗日斗争。天桥沟区域内有着保存规模最大、最为完整的东北抗日联军遗址，保有东北抗日联军遗址 20 多处以及许多珍贵的文物资料等。

（三）旅游市场分析

天桥沟滑雪旅游度假地位于辽中南城市群中的丹东市宽甸满族自治县境内，距宽甸县城 59 公里，距丹东市 159 公里，位于沈阳、大连两座客源城市之间，距沈阳市 220 公里，距大连市 430 公里，西与本溪县毗邻，北与桓仁县接壤。

随着 2022 年北京冬奥会的成功举办，天桥沟冰雪旅游市场发展更加迅速。通过实地调研发现，现有冰雪旅游人群主要为中青年游客居多，其中青年学生人数占比较高。通过深入访谈得知，一般前往天桥沟进行冰雪旅游的消费者多为自驾游游客，旅游时间在 3 天至 7 天不等，天桥沟滑雪旅游度假地吸引他们的主要原因在于其专业性的雪道以及其作为辽宁省首批且唯一入选国家级滑雪旅游度假地的冰雪旅游区。

二、丹东天桥沟冰雪旅游发展现状分析

（一）旅游资源开发分析

1. 冰雪旅游产品

文化和旅游部、国家发展改革委、国家体育总局联合印发的《冰雪旅游发展行动计划（2021—2023 年)》中指出，加大冰雪旅游产品供给，推动冰雪旅游高质量发展，更好满足人民群众冰雪旅游消费需求，助力构建新发展格局。近年来，天桥沟滑雪旅游度假地结合自身特色，已建设成集专业性、趣味性、文化性等多元一体的综合性冰雪旅游度假区。天桥沟积极开发利用森林公园的优势资源，建立"林海雪原穿越之旅"天桥沟基地，以红色抗联文化和东北民俗文化为主背景，通过乘坐马爬犁或者徒步穿林海跨雪原等形式，游览红色文化景点，体味英雄们的烽火岁月，欣赏东北美丽的白桦林。结合天桥沟本身所拥有的独特优势，打造出文化与冰雪融合后的新型旅游活动，以天桥沟内的红色资源为基础，开展林海雪原项目，寻找抗联踪迹，重走抗联路，体验革命前辈的艰辛历程。此外，度假地还开设了戏雪区，开发了穿越林海雪原、冰雪大世界、马拉雪橇、雪圈、滑冰场、雪地摩托以及东北抗联红色游、房车露营游、野山参文化游等 40 余种冰雪旅游项目，集趣味性、娱乐性于一体，可满足不同群体的需求，给游客带来多样化的冰雪体验。

同时，天桥沟滑雪旅游度假地还积极开展各类冰雪体育赛事及节庆活动。度假地连续多年举办辽宁省大众滑雪比赛、辽宁省冬季旅游启动仪式、天桥沟枫叶节、天桥沟冰雪旅游节等活动。自 2022 年 1 月开始，丹东天桥沟举行多次大型冰雪体育赛事，包括丹东市首届"天桥沟杯"儿童青少年滑雪锦标赛、"参仙源杯"大众滑雪系列赛、辽宁青少年高山滑雪锦标赛等。其中，辽宁青少年高山滑雪锦标赛是辽宁省内青少年最高级别的滑雪赛事，也是丹东地区首次承办的最高级别的专业滑雪赛事。担任本次大赛的裁判队伍阵容强大，共计 47 人，其中有 2 人为国际级裁判，有 18 人担任过北京冬

奥会裁判工作。此外，"浪漫之周"天桥沟比基尼滑雪狂欢节活动已连续举办4届，吸引了大量雪友前来参加，颇受欢迎。

2. 冰雪旅游设施

自2009年开发建设以来，天桥沟滑雪旅游度假地建成了辽宁省规模最大的滑雪场，核心区面积达26.9平方公里，雪道总面积达1 800亩。为满足不同水平的滑雪爱好者，天桥沟滑雪场共设有6条雪道，分为高、中、初3个级别，并实现专业雪道和大众雪道、单板雪道和双板雪道分设。其中，高级雪道海拔1 100米，最大落差515米，坡度52.5°；全长2.2公里的中级雪道是辽宁省内最长的中级道，被业内专家誉为"黄金雪道"。滑雪场二期工程中，雪道建设将增至16条，雪道总长度将达到30公里。天桥沟滑雪旅游度假地的滑雪场地不仅品质一流，而且其配套设施也较为完善。雪场规划面积达13万平方米，引进了国际先进的造雪及压雪设备，配备了索道、魔毯、压雪车、雪炮、雪枪等，滑雪器材配备比例协调，为雪场硬件设施提供了保障，也为游客带来更为舒适的滑雪体验。

坐落于滑雪场谷底中心的雪具大厅共三层，集雪具租赁、休息区、寄存区、餐饮区等于一体，功能齐全，具有地方特色，能同时接纳2 000余人，可为游客提供滑雪配套服务。依山傍水仁立于天潭湖畔的枫叶饭店，占地面积达5 000平方米，可为游客提供住宿餐饮等服务。此外，天桥沟滑雪旅游度假地还建有大量特色民宿，能够较好地满足游客多样化的住宿需求。度假地核心区内实现智慧旅游全覆盖，监控指挥中心运转高效，电动汽车充电桩数量充足，旅游厕所全部达到AA以上标准；综合防灾、应急救援、防范公共卫生及公共突发事件体系完备高效。

（二）旅游市场开发分析

天桥沟滑雪旅游度假地长期以来积极传播冰雪文化，培养冰雪爱好者数万人，发展滑雪俱乐部数十家，覆盖辽宁11个市、省外以及日韩朝等国的国际游客。随着度假地知名度的不断提高，越来越多的滑雪爱好者前来天桥沟体验冰雪。自天桥沟滑雪旅游度假地建成开放以来，已累计接待中外游客200万人次以上，其中雪季游客量超过30万人次。

三、丹东天桥沟冰雪旅游发展中存在的问题

基于研究所需，实地调研走访了天桥沟滑雪旅游度假地，调查了度假地现阶段的发展状况，并与相关人员进行了访谈。通过实地调研走访发现，目前天桥沟滑雪旅游度假地的冰雪旅游发展中尚存以下问题。

（一）冰雪旅游产品结构单一

天桥沟滑雪旅游度假地作为首批国家级滑雪旅游度假地主要的冰雪旅游产品为雪上竞技项目如单板滑雪、双板滑雪等；举办的相关赛事如"参仙源杯"大众滑雪比赛、辽宁省青少年滑雪锦标赛等。然而，天桥沟冰雪旅游产品体系的构建尚不完善，地方文化内涵挖掘不够深入，旅游产品缺乏与当地文化的深度融合，导致产品缺乏文化内涵，进而难以形成具有知名度和吸引力的旅游品牌。

作为同一批次入选国家首批滑雪旅游度假地的北京延庆海陀滑雪旅游度假地积极挖掘利用北京冬奥文化，已经打造出冰雪旅游小镇、冬季冰雪乐园等大型旅游项目。相比较而言，天桥沟现有的冰雪旅游产品仍以竞技类与赛事类产品为主，这在一定程度上限制了旅游度假地的综合性和多元化发展。作为国家级滑雪旅游度假地，天桥沟并未能充分结合自身独有优势打造多元化的冰雪旅游项目吸引游客，在同级竞争中处于劣势。

此外，与东北其他冰雪旅游度假区相比，天桥沟冰雪旅游产品缺乏独特性和创新性，同质化程度较高，存在模仿其他地区冰雪旅游产品的情况，难以吸引更多游客。单一的旅游产品容易造成游客的审美疲劳，进而在游客心目中的吸引力逐渐降低，进而难以形成具有知名度和吸引力的旅游品牌。与此同时，天桥沟的节庆类、观光类冰雪旅游活动目前仍处于初步阶段，本身自然环境条件优越的天桥沟并未充分运用其独有的冬季景观开发形成旅游产

品。现有的这种仅凭滑雪项目吸引游客的方式导致目前天桥沟滑雪旅游度假地的影响力在全国同级别滑雪旅游度假地中处于劣势，即使在辽宁本省游客心目中也非第一选择。

（二）冰雪旅游宣传有待提升

相比较而言，天桥沟滑雪旅游度假地的旅游品牌不响，与其他国家级滑雪旅游度假地如北京延庆海陀、吉林抚松长白山、黑龙江亚布力、四川大邑西岭雪山、新疆阿勒泰等地相比仍存在较大的差距，知名度尚未打开。本区旅游主题形象不突出，特色不鲜明，产品识别度、知名度不高，高级别媒体平台上推广欠缺，市场感召力不强。

由于缺少专业策划，天桥沟滑雪旅游度假地的品牌形象尚停留在较浅层级和固有印象之中。冰雪旅游宣传口号亟须完善，精准营销、要素营销、目的地营销有待加强，形象营销比重较大，而内涵性营销策划不够。作为同批次入选的河北崇礼滑雪旅游度假地已经在上海开展张家口崇礼冬奥旅游推介会，积极宣传推广崇礼冰雪旅游品牌及相关产品，拓展长三角游客市场，推动京张体育文化旅游带建设。然而，天桥沟滑雪旅游度假地至今并未开展类似的大型宣传活动以推广本地冰雪品牌及相关产品。

现阶段，天桥沟滑雪旅游度假地的冰雪旅游宣传营销模式相对陈旧，方式不统一，渠道、模式创意性不强，营销推广策划能力仍需大力提升。本区媒体宣传和市场营销尚处于较低水平，在目前的天桥沟冰雪旅游宣传过程中，更多利用传统媒介，并且吸引的游客往往局限于辽宁省内甚至仅是丹东市内的游客。通过新媒体平台进行宣传吸引省外乃至国外游客的效果较差，全媒体宣传、大活动引领、走出去推广的力度不够。在新媒体和市级以上大型媒体投放较少，运用网红直播、抖音、微信视频等新媒介宣传的传播流量不高、形式不够丰富，整体效果不佳。

（三）相关产业融合程度不足

通过实地走访调研发现，目前天桥沟滑雪旅游度假地缺乏开发、延伸产业链的意识，冰雪旅游产业与相关产业间的协同效应不强。区域冰雪旅游资源利用方式落后，经营业态陈旧，产品服务仅以冰雪场馆运营、冰雪旅游为主，市场化配置效率较低。

现阶段，天桥沟冰雪旅游产业链发展过程中出现普遍撒网、盲目跟风等问题，产品同质化现象严重，产业链条延伸不足，产品结构单一。同时，天桥沟冰雪旅游产业链延伸发展中缺少经营战略，缺少对本地特色文化的挖掘，缺乏鲜明的地方特色和品牌特色。

目前，天桥沟冰雪旅游的经营方式并未能够拉动其他相关产业融合，难以形成多方共赢的旅游发展模式。天桥沟位于宽甸满族自治县内，当地极具特色的满族风情文化优势以及天桥沟森林公园的自然资源优势并未能与天桥沟冰雪旅游的发展充分融合，发展模式较为单一。

（四）专业人才队伍建设滞后

冰雪旅游的发展需要大量专业人才的支撑，包括滑雪教练、滑冰教练、场地管理人员、经营管理人员以及其他冰雪旅游相关产业人才等。现阶段，天桥沟滑雪旅游度假地在专业人才方面存在短缺，通过实地走访调研及访谈得知，目前度假地从业人员中临时聘请的兼职者较多，其工作时间为冬季的一月至三月。不少冰雪旅游工作人员培训未能及时跟上，导致服务质量不达标，从业人员的素质技能与冰雪旅游发展较成熟的地区相比具有一定的差距。

度假地雇佣的服务人员多为本地村民，普遍存在专业技能不足等现象。此外，由于多数服务人员为冰雪季临时雇佣，过后即被辞退，员工薪资较低、稳定性较差，导致从业人员工作态度消极，服务责任心淡泊。由于天桥沟滑雪旅游度假地的服务人员素质和专业水平不高，从而导致度假地存在服务质量不规范、游客不满意等问题。因此，缺乏具有较高专业素养的冰雪旅游人才队伍是天桥沟滑雪旅游度假地面临的亟须解决的现实问题。

四、丹东天桥沟冰雪旅游发展对策研究

现阶段，冰雪旅游在我国发展方兴未艾，借助 2022 年北京冬奥会成功

召开的"东风"，全国各地纷纷投入到冰雪旅游发展之中，冰雪旅游产业正成为新时代我国众多地区的战略性支柱产业。天桥沟滑雪旅游度假地的发展可以积极借鉴国内外冰雪旅游度假地的成功案例，总结其发展经验并结合自身特色，为天桥沟冰雪旅游的发展提供更多选择，将天桥沟滑雪旅游度假地建设成为国内外知名的冰雪旅游度假胜地。

（一）完善冰雪旅游产品体系

1. 创新设计冰雪旅游产品

发展天桥沟冰雪旅游要从产品创新出发，设计出具有自身特色的旅游产品，通过开展丰富多彩的冰雪旅游活动，吸引更多的外来游客。通过完善度假地的设施建设，配备更多娱乐性、观赏性冰雪旅游设施让度假地的冰雪旅游活动更加丰富，让游客体验到天桥沟冰雪旅游的独有魅力。同为国家级滑雪旅游度假地的河北崇礼滑雪旅游度假地在每个雪季前都对雪道进行改造，打造全新的滑雪公园，为滑雪爱好者增加更多的娱雪乐趣。同时，崇礼还推出冰雪主题活动，汇集音乐、戏剧、绘画、电影、摄影及各种特色展览等形式，满足消费者多样化需求。因此，天桥沟可结合自身优势开展特色冰雪体验活动，提高游客的冰雪体验乐趣。

天桥沟滑雪旅游度假地应深挖冰雪旅游发展潜力，强化冰雪旅游产品供给，积极开展风光欣赏游、休闲娱乐游、民俗体验游、运动健身游、探险挑战游等冰雪旅游体验活动。通过业态创新、场景创造等，实现轻度参与和重度体验有机结合，积极引导人民群众将对冰雪运动的激情转化为参与冰雪休闲活动的热情，将群众性冰雪运动转化为群众性冰雪消费，不断拓展冰雪旅游市场基础。与此同时，开发特色鲜明的冰雪旅游文创产品，实现"吃住行娱购游"六位一体的旅游综合效应，促进冰雪旅游产业化发展。

此外，天桥沟冰雪旅游场馆的经营集中在冬季，势必会造成人力资源和场馆设施的闲置浪费，四季运营应成为冰雪旅游场馆可持续发展的重要选择。因此，可以立足区域旅游发展实践，借鉴国际成功模式，开展春季踏青团建、夏季避暑度假、秋季观景摄影等季节性产品，举办赛事节事活动，开展研学旅行教育、休闲露营度假等活动，打造"冬季冰雪＋夏季度假＋春秋宜游"的四季经营格局。

2. 合理规划冰雪旅游线路

在强化冰雪旅游产品供给的基础上，还应针对不同类型的游客群体合理规划设计不同的冰雪旅游线路，以供消费者自由选择。例如，河北崇礼滑雪旅游度假地借助京张体育文化旅游带建设的契机，设计推出了以冰雪激情、历史文化、人文研学等为主题的旅游线路，实现京张两地景区的有机串联。

天桥沟滑雪旅游度假地可结合自身特色，规划设计具有地域风格的旅游线路。例如，针对亲子游游客可以设计推出冰雪娱乐活动与林海雪原红色旅游之行，针对老年游客则可与周边的五龙背温泉共同设计推出"冰雪＋温泉＋康养"的路线选择。合理规划冰雪旅游线路能让天桥沟滑雪旅游度假地的旅游产品更加丰富，并更具吸引力，让全国各地、不同年龄层次的游客在天桥沟赏雪、戏雪、玩雪、滑雪中享受冰雪乐趣。

3. 全面推进冰雪文旅融合

充分挖掘宽甸满族自治县乃至丹东市的冰雪文化资源，为发展天桥沟冰雪旅游打下坚实基础。对与冰雪有关的特色文化事项进行收集、整理、研究，如冰雪节日、冰雪民俗、冰雪服饰、冰雪传说故事、冰雪雕塑、冰雪建筑、冰雪崇拜、冰雪饮食等，重视冰雪资源的文化属性，赋予冰雪旅游以独特的地域文化内涵。

利用好宽甸满族自治县的民族文化优势，将发展冰雪旅游与保护传承民族文化结合起来，促进民族间交往交流交融，推动新时代民族团结进步事业高质量发展。充分利用好满族丰富的冰雪文化遗产，如滑冰、冰陀螺、冰蹴球、滑冰车、抽冰嘎、拉爬犁、冰上石球、雪地走、赛威呼、角骶等满族传统冰雪运动，以及颁金节、走百病、二月二等民族特色节庆，促进民族文化、冰雪资源与现代旅游业融合发展，保护和传承中华优秀传统文化。

由于天桥沟地理位置及区域交通等原因，在天桥沟滑雪旅游度假地进行冰雪旅游活动时游客大多会选择在当地进行食宿。因此，天桥沟在食宿方面可设计制作具有当地本土特色的风味美食，如铁锅炖、水馅包子、吊炉饼、烤苞米、炸蚕蛹等，丹东著名的海鲜产品黄蚬子、虾爬子等，以及闻名全国的丹东草莓等。通过各种特色饮食让游客对天桥沟的印象更为深刻，同时也推动游客对于丹东一带的众多景区产生兴趣。

在文创产品方面，可根据天桥沟地区自身特色设计制作出相关系列冰雪文创产品。探索冰雪文创品牌，创立"天桥沟冰雪礼物"体系，打造特色冰雪旅游文创产品。天桥沟地区的秋季尤以枫叶著名，区域满族文化底蕴深厚，可结合自然与人文等多方面地域特色设计制作出专属于天桥沟滑雪旅游度假地的文创产品。通过不断推出充满新意的冰雪文创产品对天桥沟冰雪旅游进行全方面展示，将丹东、宽甸、天桥沟独有的特色展现在游客面前，吸引游客深入体验。

（二）提升冰雪旅游宣传力度

1. 加强冰雪旅游品牌塑造

提升天桥沟冰雪旅游综合竞争力，积极参评国内外知名冰雪旅游度假地排行，争创冰雪旅游品牌。在冰雪旅游的主题下，充实旅游品牌内涵，创建独特的品牌形象与品牌价值，提升度假地的知名度。塑造具有独特品牌、氛围的度假地整体形象，在突出滑雪度假地旅游形象方面着力彰显个性，构建冰雪旅游度假氛围，强化区域文化气息。叫响度假地名片，引入国内外知名冰雪赛事活动，挖掘区域自身文化特质，推广天桥沟冰雪文化，做大本土节庆活动，通过可视、可听、有形、有声、有色的节庆活动，产生光环效应，大力推广天桥沟滑雪旅游度假地的旅游形象。

建立以文字、图片、音频、视频等构成的天桥沟滑雪旅游度假地旅游形象标识系统。在丹东市的重要旅游节点、门户地区及交通枢纽地等，建设符合天桥沟冰雪气质、独特形象的地标性建筑、雕塑、景观等，将冰雪元素全面植入丹东城市建设，实现区域旅游形象全面提升。精准定位品牌形象，推出类似于"满韵冰雪地 丹东天桥沟"这样特色明显、融合度高、朗朗上口的点位宣传口号。加大在新媒体和省级以上权威媒体的宣传力度，充分利用辽宁省文旅宣传矩阵，全面提升媒体宣传层级和影响力。

大力推广区域冰雪运动文化，普及冰雪运动知识，讲好天桥沟"冰雪故事"。编发冰雪运动普及读本、冰雪运动知识手册及冰雪运动防护手册等，开设冰雪运动节目和专栏。培育和打造一批冰雪文化 IP，鼓励创作生产系列衍生品。加强冰雪非遗文化的保护和利用。

2. 拓展冰雪旅游宣传渠道

创新宣传方式，拓宽营销渠道，实现以"新媒体渠道为主导，传统营销渠道为补充"的全媒体营销模式。完善智慧传播推广体系，建立统一的宣传营销数据库，利用大数据提高营销精准化水平，制定智慧化营销策略。基于互联网、两微一端、短视频、VR 全景等新技术、新媒体、新渠道，建立冰雪旅游网络营销体系。完善自媒体营销矩阵，建立市、县、镇、企业自媒体联动机制，借力网络自媒体，组建自媒体营销联盟。

利用互联网大数据收集并整理游客出行数据、旅游偏好，对丹东天桥沟冰雪旅游市场进行细分、精准定位，从而进行差异性营销宣传。在天桥沟冰雪季来临之前通过多方渠道进行扩散与宣传。提升营销推广策划能力，创新旅游形象表达。通过网络技术与文体旅融合形成新型冰雪旅游组织形态，借助携程、艺龙、途牛等线上旅游运营商，加强旅游产品营销。

拍摄相关旅游宣传片，全方位展示天桥沟的特有景致，并邀请如王濛、武大靖等知名冰雪运动员为度假地代言，开展相关系列宣传报道。通过名人效应吸引国内外游客关注天桥沟冰雪旅游，通过区域特色吸引更多的游客前来游览体验。同时，旅游宣传片可通过剪辑等方法以片段式的形式播出，借助微信、微博、小红书、马蜂窝、抖音、快手等新媒体平台，通过主流媒体及社会力量对天桥沟冰雪旅游进行多角度、全方位、立体化的宣传推介，吸引冰雪运动爱好者特别是年轻游客关注天桥沟滑雪旅游度假。

随着互联网的发展和手机的普及，各类短视频 App 和微博微信等几乎成了人人都使用的软件。在短视频方面，抖音的用户基数尤其巨大，刷抖音成了许多人打发闲暇时间的主要活动。鉴于此，天桥沟滑雪旅游度假地可以创建冰雪旅游相关 App，运用其精准传播的特性，满足需要获取冰雪旅游相关信息的用户。这里以国家体育总局冬季运动管理中心的官方 App "中国冰雪" 为例，其以图文、视频等形式及时传播国内外冰雪竞技体育赛事信息、冰雪运动知识、群众冰雪活动信息等资讯，将竞技运动与大众冰雪运动联结起来，增加消费者对冰雪项目的了解从而参与到冰雪运动中来。天桥沟滑雪旅游度假地也应该抓住流量市场，在冰雪季来临之前通过短视频、直播等方式向游客们展示天桥沟的专业设施以及区域特色，通过在受众心中构建起独树一帜的度假地形象吸引游客前来深度体验。邀请全国知名的体育类及旅游类等博主进行相关视频直播互动，通过粉丝效应吸引游客前来天桥沟体验冰雪魅力。同时，在冰雪旅游的过程中可以开启直播等方式让受众身临其境感受到天桥沟冰雪旅游带来的乐趣，让受众在观看过程中产生对天桥沟滑雪旅游度假地的向往，并通过直播不定时发放相关福利吸引全国范围的游客到来，以达到"线上种草，线下打卡"的效果。

天桥沟滑雪旅游度假地可借鉴黑龙江省哈尔滨冰雪大世界与热门手游《王者荣耀》协作的方法，将热门游戏中的相关元素符号与传统冰雕工艺重组，让冰雪艺术展现出新的魅力。天桥沟可以与热门 IP 进行联动，创新设计冰雪文创产品，吸引不同年龄段的游客前来打卡体验。

3. 开展冰雪旅游节庆活动

天桥沟滑雪旅游度假地作为辽宁省内唯一入选国家滑雪旅游度假地的冰雪旅游地，其知名度却略逊于久负盛名的沈阳棋盘山、辽阳弓长岭等地区。因此，可通过举办具有自身特色的节庆活动以增强旅游吸引力，如河北崇礼的国际冰雪节等。天桥沟滑雪旅游度假地应积极开展特色冰雪节庆活动，在持续办好天桥沟冰雪旅游节、天桥沟冰雪文化节、天桥沟枫叶节、天桥沟比基尼滑雪狂欢节等系列节庆活动的基础上，创新举办"枫·雪"天桥沟冰雪嘉年华活动。根据参与人群的特点，策划不同类型的冰雪活动。例如，针对儿童和家庭，可组织雪地滑梯、雪人制作、亲子冰雪活动等；针对青年游客，可组织冰上拔河、冰上龙舟、冰雪运动会等；针对冰雪爱好者和专业人士，可组织冰雕、雪雕比赛和冰雪摄影等。为了让更多的旅游者了解和参与冰雪嘉年华活动，可通过各种宣传渠道进行积极推广。例如，在社交媒体平台上发布活动信息、与客源地的旅游机构合作、邀请冰雪运动知名人士进行现场表演等。

天桥沟滑雪旅游度假地的节庆活动应常态化，持续打造区域春、夏、秋、冬四季活动差异品牌，扩大主题节事国际影响力。不断提升系列节庆活动的举办水平，扩大影响范围。开展国家重大节事实时造势推广活动，扩大天桥沟滑雪旅游度假地的国内外影响力。

4. 深化冰雪旅游市场联动

北京冬奥会成功举办以来，北京和张家口两市持续推动资源共享、产业共促、品牌共建，以各种联合推广活动作为抓手，不断叫响京张体育文化旅游带品牌。因此，天桥沟冰雪旅游宣传可借鉴京张经验，与周边知名冰雪旅游地联合互动，借力宣传，争取更大的市场知名度。

积极融入大东北冰雪旅游区域合作，联合黑龙江亚布力、吉林丰满松花湖、吉林抚松长白山、吉林永吉北大湖、吉林东昌万峰、内蒙古扎兰屯、内蒙古喀喇沁美林谷、内蒙古牙克石等国家级滑雪旅游度假地，共同打造大东北冰雪旅游带，创建跨省区冰雪旅游品牌，助力东北全域冰雪旅游发展。共享促销渠道资源，联合开展国内外文旅促销活动。加强与冰雪旅游线路策划、包装、推广等专业机构的有效合作，支持与全国范围内的"国家级滑雪旅游度假地"开展互动交流。

要不断扩大国际冰雪旅游市场开发合作。深耕日本、韩国、俄罗斯等核心客源市场，对接东北亚旅游精品线路；开拓欧美、东南亚市场，加强旅游宣介和特色品牌推广，提升旅游景点、旅游产品、交通运输、住宿餐饮等国际化多元化服务水平。组建天桥沟冰雪旅游形象大使队伍，邀请在辽宁的留学生、外籍人士、国际游客、企事业单位的海外合作机构，辽宁籍海外留学生、境外商会等常驻海外的辽宁力量为天桥沟冰雪旅游国际形象代言。在东南亚等国家和地区设立天桥沟冰雪旅游推广中心，针对新兴市场实施定向营销推广。做好国际宣传，打响天桥沟冰雪旅游知名度，将天桥沟滑雪旅游度假地打造成东北亚著名的冰雪旅游胜地，吸引世界各地的游客前来体验冰雪。

（三）延长冰雪旅游产业链条

天桥沟在深度开发冰雪旅游、休闲、度假等业态的基础上，可延长冰雪旅游产业链条，加强与文化、体育、农业、工业、商贸、康养、教育、地产、会展、节事、演艺等产业的深度融合。冰雪旅游高质量发展需要建筑业、装备业、服务业等产业链条的有效衔接和深度融合。要坚持绿色发展的理念和因地制宜的原则，加快推进冰雪文化和旅游深度融合发展，加强冰雪旅游产业与关联产业的联动融合发展，打造天桥沟冰雪旅游休闲度假产业链、冰雪旅游装备产业链等。

1. 冰雪旅游与体育赛事融合

近年来，同为国家级滑雪旅游度假地的河北崇礼连续举办了国际雪联高山滑雪积分赛、远东杯、自由式滑雪空中技巧世界杯、单板滑雪 U 型场地技巧世界杯、单板滑雪坡面障碍技巧等国际知名滑雪赛事，并举办了斯巴达勇士赛、168 超级越野赛等夏季运动赛事。冬季滑雪节期间，崇礼每雪季开展体育、旅游、文化等各类赛事活动 130 余项；户外运动节期间，每年举办各类赛事和群众体育活动近 120 项，丰富了四季旅游产品，聚集了四季旅游人气，初步形成了全域布局、全季覆盖、全民参与的体育旅游氛围。

天桥沟滑雪旅游度假地可以从中汲取经验，作为拥有专业雪道的冰雪旅游度假地，可以充分发挥此项优势，引入更多具有专业性、较大影响力的国内外品牌赛事，通过冰雪旅游与冰雪体育赛事活动的融合，吸引广大冰雪运动爱好者和游客。一方面，要持续打造"辽宁省大众滑雪系列赛"和"辽宁省青少年高山滑雪锦标赛"两大赛事平台，办好"'天桥沟杯'儿童青少年滑雪锦标赛"等冰雪体育活动，提高办赛和参与水平。另一方面，要突出品牌效应，围绕天桥沟国家级滑雪旅游度假地的建设，不断普及发展大众冰雪运动，突出地域特色、行业特点和人群特性，大力开展滑冰、滑雪、户外骑行等赛事活动，持续扩大基层群众参与真冰、真雪运动的人数。重点推广"天桥沟冰雪旅游节""天桥沟冰雪文化节"等主题活动，培育举办"丹东全民冰雪运动会"等品牌冰雪活动，开展"市民冰雪运动体验日"，唤起广大市民的热情。进一步拓展冰雪项目赛事活动内容，助力冰雪体育企业快速成长。

2. 冰雪旅游与乡村振兴融合

天桥沟滑雪旅游度假地坐落于丹东宽甸满族自治县内，区域保有宽甸县独特的乡村地域特色。冰雪运动在为冬季乡村旅游增添人气与活力的同时，也在悄然改变着周边村庄居民的生活，给村民创造了就业机会，为乡村振兴注入了新活力。天桥沟应在大力推广普及群众性冰雪运动的基础上，打造"冰雪＋乡村民俗文化"的发展模式，依托滑雪旅游度假地，激活当地的乡村旅游资源，将周边众多美景、美食、文化、民俗串联起来，形成冬季旅游新名片，全力推动乡村旅游升级。

在开展冰雪旅游同时积极与宽甸县的乡村旅游进行联动，推进乡村旅游、民宿、农家乐等产业的发展，使冰雪"冷资源"产生"热效应"，助力乡村振兴、推动共同富裕。在天桥沟滑雪旅游度假地内可以播放更多有关宽甸当地独有的地方特产、特色美食的宣传片，以激发游客对于乡村旅游的向往，让游客们在冰雪旅游之余能进入宽甸县的乡村体验当地的风土人情。将区域冰雪旅游度假同农业发展结合起来，以"满族农庄""住民宿""品美食"等多个主题，积极开发利用本省乡村地区特产，开展冬季乡村节庆，可在冬季欣赏稻田、花卉艺术，采摘大棚水果等，全面展现新时期乡村冰雪旅游度假的特色。

3. 冰雪旅游与森林康养融合

天桥沟滑雪旅游度假地位于天桥沟森林公园内，区域森林资源极其丰富，负氧离子含量高达 60 000 个/立方米。天桥沟在发展冰雪旅游的同时，可与森林康养产业相结合，创新推出天桥沟特有的"滑雪＋森林"运动康养旅游系列产品，提高天桥沟滑雪旅游度假地的品牌知名度。同时，依托周边的五龙背等地热资源，持续发展"滑雪＋温泉"康养旅游，设计"冰雪＋康养"类旅游项目，达到冬季健身的功效。

创新推出天桥沟特有的"滑雪＋森林＋温泉"运动康养旅游系列产品，提高天桥沟滑雪旅游度假地品牌知名度；促进多业态融合，推出"冰雪旅游＋养生""冰雪旅游＋休闲""冰雪旅游＋美食"等系列产品，着力开发冰雪森林康养、冰雪休闲度假、冰雪温泉养生、冰雪美食体验等多类型业态；发展综合性、家庭型的冰雪休闲活动；结合节庆活动，形成特色冰雪运动康养旅游产品。积极发展"冰雪旅游＋中医药"健康旅游，持续发展"冰雪旅游＋温泉"康养旅游，依托五龙背等地热资源，建设集休闲度假、中医理疗、保健养生于一体的冰雪温泉养生旅游地。大力发展"冰雪体育＋郊野休闲"康养旅游，依托森林、山地、湖泊等生态旅游资源，配套高规格、低密度休闲度假设施，发展冰雪郊野休闲康养旅游。

4. 冰雪旅游与研学旅行融合

随着 2022 年北京冬奥会的成功举办，苏翊鸣等年轻运动员在世界顶级冰雪运动赛事中的优异表现以及冰雪运动自身的独特体验感，让越来越多的年轻人爱上了滑雪，爱上了冰雪旅游。鉴于此，天桥沟在发展冰雪旅游的同时，可与研学产业结合起来，利用滑雪旅游度假地的自然环境与适宜户外运动的冬季气温，开设一系列主题特色鲜明的滑雪场所，开展冬季研学旅行。同时，以少年儿童喜爱的动漫元素为主题，创新开发冰雪亲子游。

开发此类研学旅行，能在丰富学生见闻及增长知识的同时，锻炼学生的体魄、磨炼意志，激发学生们对于冰雪运动的热爱，并将体育昂扬斗志、团结一致、努力拼搏的精神充分发扬。在研学旅行过后可积极举办各类活动，邀请学生们分享研学旅行过后的种种感悟与思考，在冰雪旅游的同时寓教于乐，让学生们更多地学习到冰雪运动知识，掌握冰雪运动技巧，并能够积极与周边人群分享交流，扩大天桥沟滑雪旅游度假地的知名度，提升"口碑效应"。

从娃娃抓起，是冰雪运动普及的发力点。天桥沟滑雪旅游度假地可与周边的中小学校合作，走进校园开展冰雪公益讲座，探索与学校共同组建冰雪运动队伍，选派专业教练入校指导，将孩子们的体育课"搬"到滑雪场上，巩固"带动三亿人参与冰雪运动"的成果。

同时，以红色冰雪研学旅行为主题，大力开发特色研学线路。作为红色旅游资源丰富的旅游地，天桥沟可将红色冰雪研学旅行作为切入点，开展走抗联路、吃抗联饭等系列活动，向学生讲解曾发生在天桥沟一带的东北抗联的英雄事迹，让学生们深入了解抗联历史，接受红色教育。

（四）培养引进冰雪旅游人才

1. 大力培养冰雪旅游人才

冰雪旅游产业服务性强、应用性强，冰雪旅游的本质决定了冰雪旅游人才必须同时具备理论研究与实践操作。冰雪旅游产业需要复合型人才，可以讲理论、讲知识，也可以做业务操作、有服务意识，而复合型人才必须要校企联合培养。因此，要强化冰雪旅游人才培养机制建设。丹东市政府、天桥沟滑雪旅游度假地、旅游及体育专业高等院校、冰雪专业培训机构等应联合建立培养人才合作机制，完善冰雪旅游后备人才培养体系。一方面，高校要对冰雪旅游专业人才培养体系进行理论设计与研究，利用高校教学资源开设冰雪旅游专业课程，系统培养学生专业知识；另一方面，企业应选派行业专家定期进入校园为学生授课，传授冰雪旅游管理服务中的实操技能，并积极选拔优秀毕业生入职滑雪旅游度假地。

2. 积极引进冰雪旅游人才

在大力培养冰雪旅游人才的同时，天桥沟滑雪旅游度假地还应积极引进懂冰雪、懂旅游、懂运动、懂经营的高端人才。同时，丹东市政府也应出台相应政策，不断强化引进人才机制建设，为人才引进提供财政补贴，从而吸引更多的冰雪旅游专业人才。同时，可以通过提高待遇、提供良好的职业发展机会等措施，确保留住冰雪专业人才。

为了持续保障天桥沟滑雪旅游度假地的人才供给，还要因地制宜、按需所取及时补充新生力量。可以通过职业教育、高校教学或学徒制等形式，实现从"输血"到"造血"的转变。同时，天桥沟滑雪旅游度假地还应加强服务人员的培训和管理，通过组织行业内部的技术交流、经验分享等活动，培养更多优秀的专业人才，提高其服务水平和专业素质，确保游客能够在此体验到高质量的专业服务。守正创新，精业笃行，扎实推进天桥沟冰雪旅游的可持续发展。

辽宁省冰雪旅游满意度问卷调查

您好！感谢您在百忙之中参与本次调查。本次问卷调查需要收集您对辽宁省冰雪旅游的感受和评价，请您根据实际情况和真实感受填写。调查结果仅用于分析研究，您的信息会按《统计法》严格保密，谢谢您的合作！

1. 您的年龄：

A. 18 岁以下　　　B. 18～35 岁　　　C. 36～60 岁　　　D. 60 岁以上

2. 您的受教育程度：

A. 高中及以下　　　　　　　　B. 大专

C. 本科　　　　　　　　　　　D. 研究生及以上

3. 您的月收入：

A. 3 000 元以下　　　　　　　B. 3 000～5 000 元

C. 5 001～1 万元　　　　　　　D. 1 万元以上

4. 您年均参加冰雪旅游的频率：

A. 不足 1 次　　　B. 1～2 次　　　C. 3～4 次　　　D. 5 次及以上

5. 您能接受连续在户外参加冰雪旅游的时间：

A. 1 小时以内　　　B. 1～2 小时　　　C. 3～4 小时　　　D. 5 小时及以上

6. 您能接受的冰雪旅游最高费用：

A. 100 元以下　　　　　　　　B. 100～500 元

C. 501～1 000 元   D. 1 001～3 000 元

E. 3 000 元以上

7. 您对冰雪旅游相关知识的掌握程度：

A. 一点不了解   B. 知道一些   C. 基本掌握   D. 完全掌握

8. 您参加冰雪旅游的主要目的（多选）：

A. 放松身心   B. 锻炼身体   C. 亲近自然   D. 体验新奇

E. 增进感情   F. 其他

9. 您选择冰雪旅游目的地考虑的主要因素（多选）：

A. 价格   B. 知名度   C. 自然风光   D. 项目设计

E. 交通   F. 冰雪运动设施

G. 配套服务和设施   H. 气温

10. 您主要想了解的冰雪旅游信息（多选）：

A. 景区   B. 餐饮   C. 住宿   D. 交通

E. 娱乐   F. 购物

11. 您最喜欢的冰雪旅游项目是：

A. 冰雪节庆（民俗、演艺等）

B. 冰雪运动（滑雪、滑冰等）

C. 冰雪娱乐（冰滑梯、雪地摩托、打雪仗等）

D. 冰雪观光（冰雕、雪雕、雾凇等）

E. 冰雪生活体验（温泉、美食等）

12. 您对冰雪旅游目的地的设施有哪些要求（多选）：

A. 交通是否便捷   B. 游览景观是否迷人

C. 卫生环境是否达标   D. 娱乐项目是否丰富

E. 餐饮条件是否干净   F. 住宿条件是否舒适

G. 周围环境是否安全   H. 特产价格是否昂贵

I. 无线网络是否畅通   J. 地图与标识牌是否清晰

13. 您对冰雪运动场所的偏好是：

A. 大型冰雪场   B. 中小型冰雪场

C. 简易冰雪场 　　　　　　　　　D. 天然环境

14. 您在冰雪旅游中的购物偏好是：

A. 旅游纪念品 　　　　　　　　　B. 非遗艺术品

C. 当地特产 　　　　　　　　　　D. 日常生活用品

E. 时尚新产品

15. 您认为目前辽宁冰雪旅游发展中存在的主要问题是（多选）：

A. 特色不突出

B. 交通等基础设施不完善

C. 宣传力度低

D. 项目吸引力不足

E. 冰雪运动设施落后

F. 住宿、餐饮、购物、娱乐等配套设施落后

G. 旅游接待服务水平不高

16. 您对辽宁冰雪旅游宣传的评价是：

A. 非常满意　　　B. 满意　　　　C. 一般　　　　D. 不太满意

E. 非常不满意

17. 您对辽宁冰雪旅游交通等基础设施的评价是：

A. 非常满意　　　B. 满意　　　　C. 一般　　　　D. 不太满意

E. 非常不满意

18. 您对辽宁冰雪旅游项目吸引力的评价是：

A. 非常满意　　　B. 满意　　　　C. 一般　　　　D. 不太满意

E. 非常不满意

19. 您对辽宁冰雪运动设施的评价是：

A. 非常满意　　　B. 满意　　　　C. 一般　　　　D. 不太满意

E. 非常不满意

20. 您对辽宁冰雪旅游住宿、餐饮、购物、娱乐等配套设施的评价是：

A. 非常满意　　　B. 满意　　　　C. 一般　　　　D. 不太满意

E. 非常不满意

21. 您对辽宁冰雪旅游产品文化特色展示的评价是：

A. 非常满意   B. 满意   C. 一般   D. 不太满意

E. 非常不满意

22. 您对在辽宁冰雪旅游中接触到的人员服务的评价是：

A. 非常满意   B. 满意   C. 一般   D. 不太满意

E. 非常不满意

23. 您对辽宁冰雪旅游性价比的评价是：

A. 非常满意   B. 满意   C. 一般   D. 不太满意

E. 非常不满意

24. 您对辽宁冰雪旅游中环境保护的评价是：

A. 非常满意   B. 满意   C. 一般   D. 不太满意

E. 非常不满意

25. 您对辽宁冰雪旅游体验的总体评价是：

A. 非常满意   B. 满意   C. 一般   D. 不太满意

E. 非常不满意

首批国家级滑雪旅游度假地名录

　　2022 年 1 月 26 日，文化和旅游部、国家体育总局联合公布了首批国家级滑雪旅游度假地名单。① 北京延庆海陀、河北涞源、河北崇礼、内蒙古扎兰屯、辽宁宽甸天桥沟、吉林丰满松花湖、吉林抚松长白山、黑龙江亚布力、四川大邑西岭雪山、陕西太白鳌山、新疆乌鲁木齐南山和新疆阿勒泰 12 家滑雪旅游度假地被认定为首批国家级滑雪旅游度假地。笔者根据各滑雪旅游度假地官方网站及所在地文旅局官方网站公布资料进行整理后，在本书对首批国家级滑雪旅游度假地进行介绍。

一、北京延庆海陀

　　北京延庆海陀是一个以滑雪为主，兼具山地运动、户外运动、康养度假、娱乐休闲功能的国家级滑雪旅游度假地。"延庆奥林匹克园区"以延庆赛区核心区所在地海陀山为基础，作为体育遗产持续发挥作用，建设以滑雪为主，兼具山地运动、户外运动、康养度假、娱乐休闲功能的国际滑雪度假旅游胜地。该度假地共有酒店客房 975 间，涵盖从青年旅社到豪华酒店的各等级住宿空间。

---

① 王珂，郑海鸥. 首批国家级滑雪旅游度假地名单公布［N］. 人民日报，2022 – 01 – 27（6）.

北京延庆海陀滑雪旅游度假地围绕以国家高山滑雪中心和大众雪场为主的冰雪与山地户外运动区，重点开展户外徒步等运动项目和高山花海、高山秋千等休闲娱乐项目；打造以延庆冬奥村和西大庄科村为主的品质度假生活区，向游客提供各类住宿服务。

国家高山滑雪中心"雪飞燕"在保留举办国际高水平高山滑雪比赛功能、满足专业运动员训练的前提下，适度改造为高山滑雪训练基地、滑雪学校等，建立多维度滑雪训练、教学体系。国家雪车雪橇中心"雪游龙"继续作为比赛场地，用于承接和举办各类高级别赛事，同时为国家队提供专业的训练场地，依托已建成的冬奥会高山滑雪赛道、训练道、技术道路以及与冬奥村相连接的回村雪道为大众滑雪爱好者提供优质场地。

北京延庆海陀滑雪旅游度假地分为三大主题区域：以国家高山滑雪中心和大众雪场的山地资源为主体的冰雪和山地户外运动核心区，推出丰富多彩的四季山地运动与休闲活动，给游客带来深度户外体验；以山地新闻中心等场馆设施为主体的室内休闲娱乐区，打造"体育＋休闲"体验场景，包括雪车雪橇体验，室内趣味运动中心、山谷艺术展示中心等空间；以延庆冬奥村和西大庄科村等为主体的品质度假生活区，为游客提供带有延庆当地民俗特色、配套丰富的住宿选择。

二、河北涞源

涞源县位于京津冀中部核心功能区的河北省保定市，张石、荣乌、涞曲3条高速公路在县城交汇，拥有5个高速出入口。涞源县地处寒暑交界的北纬39°，属全山区县，境内群山起伏，沟谷纵横。县域内平均海拔800米至1 200米，处于亚高原地区。全县山场面积20.33万公顷，海拔1 000米以上的山峰78座，1 500米以上的山峰32座，2 000米以上的山峰5座，很多山势适合冰雪运动发展。冬季平均气温零下－15～－10℃，拥有开展体育训练、发展冰雪产业得天独厚的条件。

涞源县委、县政府谋定而后动，通过国家高山跳台滑雪训练科研基地项目及高标准建设的冰雪运动场馆，承接各项赛事活动，逐渐形成了"冰雪＋体育赛事"产业链，吸引国内外多支专业团队到涞源集训，涞源的知名度、美誉度不断攀升。涞源国家跳台滑雪训练科研基地项目位于河北省涞源县，是 2022 年北京冬奥会三大国家级冰雪运动训练基地之一。

近年来，涞源县持续发力，持续放大"旅游＋"效应，通过完善冰雪产业战略规划，延伸产业链条，将七山、白石山、华中 3 家体旅企业"打捆"宣传，抱团发展，带活整个涞源的酒店、餐饮等相关服务业，打好旅游、体育运动、文化、休闲康养组合拳，促进多产融合，带动县域经济发展。有"凉城""泉城"之誉的涞源，在夏季旅游业蓬勃发展的基础上，近年来大力发展冰雪旅游，旅游业四季"四轮驱动"局面逐渐形成。充分发挥七山滑雪度假区带动作用，涞源县"连珠成串"，推动七山滑雪度假区与相邻的白石山景区、华中小镇统筹发展，丰富冰雪旅游产品和线路，并将这三家企业"打捆"宣传，努力打响"登白石奇山、滑优质粉雪、泡矿质温泉"的冰雪旅游招牌。这三家企业联合推出了"一卡通"，游客在任意一家购卡，都可持卡在三家企业下属旅游机构消费。此外，它们还两两联合，推出了"滑雪＋温泉""登山＋温泉"等产品。该县促进冰雪与旅游、文化、健康、会展等相关产业有机融合，盘活全县酒店、餐饮等相关服务业，不断提升冰雪产业的带动引领力，持续放大"旅游＋"效应，打好旅游、体育运动、文化、休闲康养等组合拳，促进多产融合；着眼于全面完善旅游业态，丰富旅游内涵，大力招商引资，集中打造了白石山温泉度假区、白石山舍、七山滑雪度假区等一批旅游新业态项目，全力构建"吃、住、行、游、购、娱"要素完备的旅游产业链，形成集避暑休闲、农业体验、疗养度假、健身养老、商务会展于一体的功能完善的区域性旅游产业集群，为发展全县域旅游打下坚实的基础。

三、河北崇礼

崇礼国家级滑雪旅游度假地位于河北省张家口市崇礼区东南部，总面积 40.5 平方千米，已建成万龙滑雪场（国家 AAAA 级旅游景区）、密苑云顶乐园、太舞滑雪场、长城岭滑雪场、富龙滑雪场、多乐美地、翠云山银河七大滑雪场，并建有太舞四季小镇（国家 AAAA 级旅游景区）以及太子城国际冰雪小镇，成为国内最大的高端滑雪集聚区。度假区以滑雪场和山地森林为载体，以冰雪资源和山地气候资源为主题特色，形成了滑雪场、度假小镇、山地、村落、森林、城市为一体的景观环境，同时具备足够聚集发展休闲度假产业的空间。区域内山地、森林、草甸、冰雪、村庄、历史遗迹等自然与人文资源组合良好，且文化资源呈现多元性特征。动感滑雪、山地运动、亲子娱乐、精品住宿、森林康养、自然观光、节庆赛事、特色美食与购物等度假产品丰富，积极带动周边旅游等相关产业的迅速发展。

凭借优质的冰雪资源、良好的生态环境以及适宜避暑度假的山地气候，崇礼开发建设以滑雪运动为核心，山地运动、避暑度假、康体疗养、娱乐休闲为重要辅助的综合性山地冰雪旅游度假区。目前，度假区内滑雪场已建成雪道 169 条，长 162 千米，各类缆车索道 67 条，长 44.5 千米。其中，15 条雪道通过国际雪联认证，承办多项国际国内高端滑雪赛事。云顶、太舞、万龙、富龙四家雪场连续两年入围"中国滑雪场十强"。作为北京 2022 年冬奥会雪上项目举办地之一，崇礼抢抓机遇，大力发展以冬季滑雪、夏季户外为主导的体育休闲产业，在打造国际知名的冰雪运动和冰雪旅游胜地、国家冰雪运动推广普及中心的同时，持续提升冰雪旅游优势地位，连续举办国际知名滑雪赛事。崇礼连续举办了国际雪联高山滑雪积分赛、远东杯、自由式滑雪空中技巧世界杯、单板滑雪 U 型场地技巧世界杯、单板滑雪坡面障碍技巧等国际知名滑雪赛事。崇礼度假区内部包含北京冬奥会雪上项目场馆，承担北京冬奥会雪上 2 大项 6 分项 50 小项的比赛项目。

近年来，崇礼集中精力做好冰雪文章，不断完善基础设施和冰雪服务体系，全力打造国际知名冰雪运动和冰雪旅游胜地。

四、内蒙古扎兰屯

扎兰屯市位于内蒙古自治区东北部呼伦贝尔市南端、大兴安岭东南麓，全市面积 1.69 万平方千米。这里背倚大兴安岭，面眺松嫩平原，气候温和宜人，被称为"北国江南，塞外苏杭"。这里先后被评为国家级风景名胜区、中国优秀旅游城市、全国休闲农业与乡村旅游示范县、"中国天然氧吧"城市，也是内蒙古自治区全力打造的重点休闲度假旅游景区。

扎兰屯滑雪旅游度假地位于扎兰屯市区西北 8 千米处，距扎兰屯成吉思汗民航机场 25 千米，绥满高速、301 国道等贯穿周边，属于中温带大陆性半湿润气候区，四季分明，冬季平均气温 −12℃，平均积雪初日为 10 月 26 日，积雪终日为 4 月 11 日，平均积雪 168 天，有效滑雪期可达 130 天。存雪期长达 5 个月以上，非常适宜开展冬季户外运动。山体海拔 728 米，核心区 25 平方千米，滑雪占地面积 102 公顷。这里雪情好、雪期长，是国内重要的滑雪训练基地和优秀的滑雪场之一。本着"生态优先、绿色发展"的规划原则，扎兰屯滑雪旅游度假地整体打造了 115 平方千米的扎兰屯生态旅游度假区规划，核心区内拥有 1 家国家 AAA 级景区、2 家自治区五星级乡村旅游接待户，设有呼伦贝尔市综合教育实训基地，十四冬赛事运动员公寓、体能训练馆、媒体中心，金龙山温泉酒店，是扎兰屯生态旅游业度假区重要的组成部分。

扎兰屯滑雪旅游度假地户外与室内休闲活动类型多样，品质优良，度假休闲氛围浓厚，地方文化特色鲜明，集合了关东文化、中东铁路文化、北欧风情，高品质的代表性活动达 20 项以上，特色竞赛、文化演艺、运动健身、户外体验异彩纷呈，为不同年龄、不同类型的游客提供针对性服务；利用自然生态资源打造四季旅游产品，冬季开展滑雪、温泉、雪地摩托、冰雪乐园，夏季开展登山、宿营、漂流、森林音乐节、山地自行车等项目，体育比赛、滑雪培训、研学拓展、乡村旅游、户外休闲相得益彰，形成"春赏花、夏漂流、秋采摘、冬滑雪"的四季产品。

五、辽宁宽甸天桥沟

天桥沟滑雪旅游度假地位于辽宁省丹东市宽甸满族自治县境内的国家

AAAA 级旅游景区、省级旅游度假区天桥沟森林公园内，地处长白山老岭支脉，位于北纬41°的"世界黄金滑雪带"之上，与著名的滑雪胜地阿尔卑斯山处于同一纬度。这里有着得天独厚的自然条件，峰峦叠起的长白山脉，抵御了西伯利亚寒流，北黄海海域持续输送湿润的空气，使得这里冬季雪量充沛，温度保持在 −5℃ ~4℃，雪季长达 120 天。这里雪期长、雪量大、雪型美、雪质纯，可形成滑雪爱好者最钟爱的粉雪，雪景千姿百态，是赏雪、品雪、滑雪的理想之地，具备举办部分国际及全国滑雪赛事的条件。良好的生态环境和气候条件，确保这里雪质松软清洁，形成粉雪，每年第一次造雪完毕后不再补雪。

自 2009 年开发建设以来，天桥沟滑雪旅游度假地坚持绿色低碳发展理念，严格执行国土空间规划和环境保护措施，累计投资 12 亿元，建成辽宁省规模最大的滑雪旅游度假地。度假地核心区面积 26.9 平方千米，滑雪场设有六条雪道，分为高、中、初三个级别，雪道总面积 1 800 亩。高级雪道海拔 1 100 米，雪道坡度达 52.5°，最大落差 515 米，给滑雪者带来惊险刺激、风驰电掣的快感。2 200 米的中级雪道被专家赞誉为"黄金雪道"，并实现专业雪道和大众雪道、单板雪道和双板雪道分设。滑雪场配套索道、魔毯、压雪车、雪炮、雪枪等 60 余台套，滑雪器材配备比例协调；雪具大厅坐落于滑雪场谷底中心，功能齐全，具有地方特色；设有滑雪学校且滑雪指导员数量充足；开设戏雪区、马拉雪橇、雪圈、滑冰场等项目，集趣味性、娱乐性于一体，给游人带来多元化的滑雪体验；开发穿越林海雪原、冰雪大世界、雪地摩托以及东北抗联红色游、房车露营游、野山参文化游等 40 余种室内外休闲旅游项目，可满足不同群体需求；提供各类主题酒店、特色民宿等接待设施；开通景区直达道路，与丹东、沈阳等核心旅游客源市场距离适中；核心区内实现智慧旅游全覆盖，监控指挥中心运转高效，电动汽车充电桩数量充足，旅游厕所全部达到 AA 级以上标准；综合防灾、应急救援、防范公共卫生及公共突发事件体系完备高效。

度假地连续多年举办辽宁省大众滑雪比赛、辽宁省冬季旅游启动仪式、天桥沟枫叶节、天桥沟冰雪旅游节、天桥沟冰雪文化节等活动。随着度假区知名度的提高，越来越多的滑雪爱好者前来体验。此外，天桥沟滑雪旅游度假地依托得天独厚的冰雪资源，持续发展"冰雪＋"产业。

六、吉林丰满松花湖

丰满松花湖滑雪旅游度假地坐落于"雾凇之都，滑雪天堂"冰雪名城吉林省吉林市松花湖畔。松花湖位于吉林市主城区东南 14 千米，是 1937 年拦截松花江建设丰满水电站叠坝形成的人工河谷型水库，为吉林省最大的湖泊，东北地区最大的人工湖，国家级重点风景名胜区，国家 AAAA 级旅游景区，全国文明风景旅游区示范点。万科松花湖度假区位于松花湖畔、大青山北麓，这里山高林密，风速适中，雪质丰厚，雪期长、雪量大。冬季平均气温为 –9.7℃，年平均雪期 150 余天，积雪厚度可达 1 米左右。每年 11 月中旬至次年 3 月底为滑雪期，长达 5 个月，此期间正是进行冰雪旅游的最佳时期；而夏季温热多雨，水利资源丰富。滑雪场海拔 935 米，最高山体落差605 米，具有可同时满足国际赛事、户外运动和家庭度假需求的独特地形。

松花湖度假区拥有 170 万平方米的雪道面积，单体雪道面积全国第一，拥有国内最长的高山初级雪道，是国内唯一兼具大型目的地滑雪度假区和距离大城市最近的滑雪场，为国家级 AAAA 级景区，国家级滑雪度假地、国家级体育产业示范单位、国家级夜经济示范单位，距吉林市主城区仅 15 千米。松花湖度假区精心建造了 37 条优质雪道，总长 41 千米，5 条国际雪联认证雪道，6 条进口高速缆车、8 条魔毯，每小时运力达 22 000 人次，滑雪面积达 175 公顷，能同时满足 10 000 人滑雪，是中国滑雪面积最大的滑雪度假区。万科松花湖滑雪场规划的主要特征是把整个山体划分为三个主要区块，即家庭度假区、竞赛区和挑战区。雪场内特别设计了 4∶4∶2 的初、中、高级雪道比例，雪场高级雪道 A2、A5 已经通过国际雪联认证，可满足国际大赛高山大回转的比赛需求，同时雪场还提供越野滑雪和跳台等场地。传统雪道基础上，度假区还引进了 FUNPARK，主要包括两部分：娱乐型滑雪地形公园，旨在为大众雪友推广地形公园的玩法，儿童、初学者、发烧友及高级玩家均可找到适合的线路及玩法；专业赛事滑雪地形公园，符合全球顶级赛事要求的专业化赛道，可承办国际赛事并满足专业队训练需求。娱雪乐园是专门为儿童开设的雪上娱乐项目专属活动区，娱乐项目主要包括雪圈、雪地摩托车、雪爬犁等。在滑雪教学体系内针对儿童提供定制教学及装备，在娱乐的同时也保证了安全。

松花湖度假区是以冰雪运动、山地度假为品牌，集山地度假、高山滑雪、赛事训练、户外运动、餐饮住宿、会展购物、教育营地、休闲娱乐等功能于一体的旅游目的地综合度假区。度假区以"家庭"为主题打造家庭友好型度假区，开展春季户外踏青、夏季游青山花海、秋季登高赏红叶、冬季雾凇滑粉雪的四季项目，打造中国北方最具吸引力的山地度假目的地。雾凇作为吉林市冬季旅游的特色景观，万科松花湖将其"复制"到大青山的山顶，打造成为地标景点。吉林ONE山顶餐厅，位于海拔935米的大青山山顶，占据松花湖畔制高点，可360°俯瞰吉林市全景。集就餐、观光、体验度假、商务会议、沙龙活动于一体。松花湖风景区在东西两岸各自修建了疗养区，万科松花湖度假区充分利用风景区的水资源以及其山、林自然资源，每年以"家庭"为主题开展户外踏青、游船避暑、登高赏叶、热气球等主题活动，力求实现全年运营。

七、吉林抚松长白山

吉林抚松长白山滑雪旅游度假地，即长白山万达国际度假区，位于吉林省东南部白山市抚松县，处于北纬42°的黄金滑雪纬度带。长白山是欧亚大陆东缘的最高山系，也是我国自然生态系统保存最为完整的地区之一，冰雪旅游资源得天独厚，与欧洲的阿尔卑斯山脉和北美的落基山脉同处于"冰雪黄金纬度带"，并称世界三大粉雪基地。长白山地区属于温带大陆性山地气候，冬季漫长且寒冷，冷空气活动频繁，东海暖湿气流进入陆地的迎风坡降雪多，加之纬度与海拔较高，积雪可较长时间保存，自然气候方面非常利于发展冰雪旅游，有利于开展滑雪运动。区域受海洋性气流影响与冬季来自西伯利亚的寒流影响，冬季降雪量十分丰富，雪期可以从每年的十一月到次年四月，最长可达到六个月以上，这使得当地的冬季积雪很厚，深度最高可以达到一米以上，因而成为滑雪者的聚集地。雪季平均气温为－12℃，温度适宜，雪期长、雪质好，滑雪时候舒适感极强。雪以粉雪为主，与法国、意大利等滑雪运动较为发达的国家雪场相近，雪质适宜发展滑雪项目。另外，长白山地区以山地地形为主，自然坡度也有利于滑雪场建设。我国第一届全国滑雪运动会就在长白山地区的通化市举办，冰雪项目历史悠久，现已融入当地居民生活。同时，长白山地区还拥有独一无二的自然林海雪原风光，具有其他雪场难以模仿的特性。此外，长白山是一座休眠火山，长白山的温泉属于自溢温泉，水温高达 82.3℃，富含硫、氢、钙、镁等物质，对健康十分有益。

万达长白山国际度假区配套设施非常齐全。建设有大型滑雪场和小镇、果松、凯越三处滑雪服务中心，服务中心设施设备先进优良，面积达到了 10 000 平方米以上，并配备有雪具店、雪具维修中心、餐饮服务中心、儿童看护设施的多种服务设施，并且可以为滑雪运动爱好者提供雪具租赁、餐饮服务、摄影服务、体育咨询、体育培训等多元化的滑雪运动与旅游休闲服务。同时，配备九家国际品牌酒店，从准四星级至超五星级共有 3 200 余套客房，加之度假别墅和公寓，以及区外周边的万达悦华 loft 温泉酒店，可容纳近万人同时度假。长白山万达国际度假区于 2015 年被原国家旅游局评为首批首席国家级旅游度假区。2017 年被原国家旅游局授予中国旅游产业杰出贡献奖；2021 年被国家文旅部和体育总局联合授予首批国家级滑雪旅游度假地；连续多年获得冬季运动领先品牌雪场 TOP10 并挂牌成为冬季奥运六大项目备训基地。

为加快打造长白山世界级冰雪旅游目的地，2006 年起，长白山管委会已经连续举办了十几届长白山雪文化旅游节，当地经常举办各类冬季冰雪特色活动，如"全民上冰雪"活动，世界单板滑雪香蕉公开赛，雪山之王滑雪巡回赛等。十几年间，长白山冰雪旅游产品不断丰富，冰雪产业链条不断完善，冰雪经济不断壮大，冰雪品牌的知名度与影响力得到了全面提升。长白山充分利用优质火山自溢温泉的优势，打造以天池、冰雪、温泉为核心吸引力的多业态旅游产品，树立"冬季到长白山赏雪、滑雪、泡温泉"的国际品牌旅游目的地形象；加强"景区＋城区"融合互动，更加注重产品设计和资源整合、内容包装，举办了环长白山冰雪汽车拉力赛、长白山冰上丝绸之路论坛、中国长白山国际林海雪地马拉松节等活动，并推出"观天池、玩滑雪、赏雪雕、游小镇、泡温泉、品美食"系列冰雪旅游产品。

八、黑龙江亚布力

亚布力滑雪旅游度假地位于黑龙江省哈尔滨市尚志市亚布力镇东南25千米处，地处哈尔滨、牡丹江两大城市圈核心交汇处，西距省城哈尔滨市193千米，东距黑龙江省牡丹江市160千米，距中国雪乡84千米，距哈尔滨太平国际机场、牡丹江海浪机场均在2小时车程辐射圈内，高铁、高速、旅游公路纵横交错，全国首列冰雪主题专列直达亚布力度假区。1897年，中东铁路修建时，筑路的沙俄工头经常在这里发现成片成片的苹果树，于是将此地用俄语命名为"亚不洛尼"，即"苹果园"的意思，口语音转为"亚布力"，沿用至今。这里的滑雪场由长白山山脉张广才岭的三座山峰组成，即海拔1 374.8米的主峰大锅盔、1 255.3米的二锅盔、1 000米的三锅盔。亚布力有着丰富的"绿水青山"资源，被誉为"森林博物馆，天然大氧吧"。这里自然景观奇丽，生态环境优良，是休闲度假、避暑养生、健康运动、体验探险、研学旅行、徒步观光的好地方。这里雪的硬度和厚度适宜，雪期从11月上旬到次年的4月，长达150多天。

亚布力滑雪旅游度假区是中国第一家国际滑雪学校诞生之地，是成就众多冰雪运动世界冠军的"冠军摇篮"，是我国大众旅游滑雪的肇兴之地。度假区具有独特的资源禀赋，冰雪季长达170天，拥有国内规模最大、连续落差最大、雪道最长、缆车最多的雪道网络。亚布力滑雪旅游度假区内有8家滑雪场，其中5S级滑雪场两家，即黑龙江亚布力滑雪场与亚布力阳光度假村滑雪场。亚布力滑雪旅游度假区服务项目和设施齐备齐全，拥有优质雪道

50 条，雪道总长度 88.8 千米，其中最长的雪道长达 5 000 多米，雪道最大落差 912 米，造雪面积达 225 万平方米，拥有被国际雪联认证的高山滑雪、越野滑雪、自由式空中技巧、冬季两项、U 型池、跳台等场地，达到承办国际 A 级比赛标准，可同时容纳 1.5 万人滑雪。亚布力阳光滑雪场有全长 2 680 米、落差 540 米、42 个弯道的超级滑道。单条雪道最长达 5 千米，高山竞技雪道最大落差 912 米，休闲旅游雪道最大落差 600 米，景区内总床位数达 5 000 多个，堪称国内规模、连续落差、雪道长度、设计设施体验之最。这里还有"一卡在手，畅滑三山"的顶级滑雪体验。区域内总床位数达 5 000 多个，建有水上乐园、熊猫馆、森林温泉馆、徒步公园、山地自行车公园、世界第一滑道等大型游乐设施。

亚布力阳光滑雪度假村深耕黑龙江冰雪产业四十载，是中国大众旅游滑雪的发祥地、中国第一家国际滑雪学校诞生之所，也是成就众多冰雪运动健儿的"冠军摇篮"，拥有国内最大的滑雪训练基地。亚布力地中海俱乐部度假村，着力打出夏季避暑招牌，通过开发"活力山林""小小探索家夏令营"，以及户外骑行，徒步等丰富夏季内容，不断探索全季运营模式。

九、四川大邑西岭雪山

西岭雪山位于四川省成都市大邑县境内，属世界自然遗产、大熊猫栖息地、国家 AAAA 级旅游景区、国家重点风景名胜区、国家体育旅游示范基地，因唐代大诗人杜甫的千古绝句"窗含西岭千秋雪，门泊东吴万里船"而得名。西岭雪山的主峰大雪山终年积雪不化，在阳光照射下，洁白晶莹，银光灿烂，秀美壮观。诗人杜甫盛赞此景，写下了"窗含西岭千秋雪，门泊东吴万里船"的绝句。西岭雪山的原始森林覆盖率达 90%，植物种类多达 3 000 余种。

西岭雪山滑雪旅游度假地年平均降雪量约 80 厘米，雪季平均气温不低于 −6℃，是全国最温暖的滑雪场。西岭雪山滑雪场作为中国距离千万级人口城市最近的雪山滑雪场，是我国西南地区市场最好、规模最大、设施最齐全的综合性滑雪场所。西岭雪山滑雪场位于西岭雪山后山半坡，占地面积约7平方公里。滑雪场所处海拔高度为2 200米左右，雪季为12月中下旬至次年三月底，年积雪期达四个月之久，积雪厚度达60厘米以上，冬季平均气温不低于-6℃。因所处纬度、气候以及滑雪资源与阿尔卑斯山近似，享有"东方阿尔卑斯"的美誉，是我国南方及西部地区总体规模最大、设施最完备的天然滑雪场。1999年，西岭雪山滑雪场开始试营业，当年景区接待游客6万人，营业收入为600万元。

根据山形和坡度，西岭雪山滑雪旅游度假地建有5条雪道，其中高级雪道2条、中级雪道1条、初级雪道3条、儿童专用雪道1条，1号滑雪道（初级）中有面积约为30 000平方米的单板公园，设有4组5米人跳台、1组小跳台、1组波浪道、5个道具，是西南地区面积最大、专业性最强的单板公园。目前，滑雪场设有魔毯2条，滑雪专用索道2条，可同时容纳2 300人滑雪，还配有2 500余套高品质的世界级名牌雪具供滑雪爱好者使用。同时，滑雪场还配有进口雪地摩托，进口压雪机，移动造雪机，以及世界顶级的地下管网造雪系统。

除了服务设施及旅游项目外，西岭雪山滑雪旅游度假地还引入了国际先进的滑雪课程，着力打造西南地区最专业的滑雪教育基地。西岭雪山景区设置了许多免费的"冰雪"服务——西岭雪山滑雪学校推出的"免费滑雪教学"特色服务，是全国唯一一家推出滑雪免费公开课的滑雪学校。此外，度假地推出了"夜游西岭"活动，西岭雪山滑雪学校还持续推出"免费滑雪教学"特色服务，初学者现场报名就可跟着专业滑雪教练学习。

十、陕西太白鳌山

陕西太白鳌山滑雪旅游度假地位于陕西省宝鸡市太白县，坐落于秦岭第二主峰鳌山北麓，最高海拔2 600米。太白鳌山地处秦岭西部，北连秦川，南通巴蜀，为川陕之要冲，地理位置优越。距离宝鸡市64千米，距离西安市180千米，距离咸阳国际机场130千米，距离汉中市166千米，区位优势突出，5 小时交通圈覆盖人口高达 7 000 多万，各地游客均可快速到达。

太白鳌山滑雪旅游度假地是一个以滑雪及山地户外为主题，避暑度假养老为支撑，集滑雪运动、户外营地、休闲度假、生态旅游等于一体的综合性山地运动旅游休闲度假区，曾举办过全国越野滑雪 U18 精英赛、陕西第五届滑雪大会等大型体育赛事，凭借良好的环境和雪道设施吸引了众多游客和滑雪爱好者，是我国纬度最低的大型高山滑雪场之一。鳌山滑雪场雪道雪道落差 810 米，造雪面积 35 万平方米，压雪车 4 台，造雪机及摇臂 86 台。目前已投用初、中、高各级雪道 18 条，属全国前列，总长 20 千米，面积 83 公顷，魔毯 4 条，高速缆车 2 条。中期规划雪道数量 23 条，缆车 4 条。是 2022 滑雪场联盟里最靠南的大型专业雪场，雪季温度维持在 −8℃ 左右，1 月的夜场滑行也非常舒适。雪场雪上初级设施、娱乐设施丰富，现有雪上项目 11 项、初级雪道 2 条，成人、儿童均可在此找到玩雪乐趣，可满足初学者与专业人群的需求。滑雪服务大厅建筑面积达 28 000 平方米，共 4 层 12 个大分区，是集成了服务中心、滑雪租赁与存储、商铺销售、餐饮美食、会议接待、儿童娱乐、VIP 会所、办公等多功能一体的超大型雪具大厅。入驻商户共计 32 家，最大瞬时接待量为 12 000 人。同时，配备优质住宿服务，云端森林酒店海拔 1 800 米，与雪场百步之遥，可实现出门就滑雪的最终需求；石头小筑——传统秦岭特色民宿，配有私人起居室、后院观景台、厨房，冬季可滑雪赏雪、夏季可观光休闲。

根据滑雪技术中的初、中、高等级将滑雪课程划分为多个部分，已形成系统完善的教学体系，对不同技术需求的学员实行针对性教学。教学能力广受雪友好评与认可，是行业内备受信赖的滑雪教学团队。太白鳌山滑雪场特别为宝鸡市中小学生配备了 1 000 套滑雪装备，开设了 2.4 万平方米的专用雪道，超过 1.2 万名中小学生在这里体验了滑雪课。

近年来，陕西太白鳌山滑雪旅游度假地一方面加大投入，引进世界专业冰雪设备及系统，满足滑雪爱好者度假需求；另一方面安排管理层赴各地学习先进经验，开展业务交流。同时，其利用冬季旅游高峰期，向游客反季推广度假地其余三季的山地度假休闲项目。

十一、新疆乌鲁木齐南山

新疆乌鲁木齐南山滑雪旅游度假地位于北天山支脉喀拉乌成山北麓，主要景点集中分布在前山带多条纵向平行沟谷中，自西向东有菊花台、西白杨沟、东白杨沟、苜蓿台子、照壁山等，总面积120平方千米。乌鲁木齐南山风景区得天独厚的自然生态环境以及冬暖夏凉的气候特征，与阿尔卑斯山、落基山等国际著名的休闲度假区的自然风光、气候环境类似，是国内少有的避暑、滑雪绝佳潜力区。乌鲁木齐南山冰雪旅游资源丰富、区位优势明显、交通便利、温度适宜，雪季时间长，有SSSSS级滑雪场2家，SSS级滑雪场2家，S级滑雪场1家；AAAAA级景区1个、AAAA级景区2个、AAA级景区3个；国家级冬运会场馆1座；冰雪特色小镇1座。此外，还有16条串联景区和乡村的精品徒步线路，4条自驾游线路和4条夜间休闲旅游线路，含生态观光、休闲度假、康体养生、运动体验、田园采摘、星空露营、研学参观等多种旅游业态。

新疆丝绸之路国际度假区位于乌鲁木齐南山，是新疆5家SSSSS级滑雪场之一，距乌鲁木齐城南38千米处的国家森林公园南山水西沟镇平西梁景区，全程一级公路交通十分便利。丝绸之路国际滑雪场地处天山北坡逆温带生态谷地，海拔1 800米~2 500米，占地12平方千米，是目前国内三大滑雪场之一，可同时容纳一万人滑雪，建有初、中、高级雪道8条，并拥有西北地区唯一直达原始森林的专用滑雪及观光缆车3条；配有2条舒适魔毯的儿童和成人滑雪教学区，1 100米的四人滑雪观光缆车直达2 280米的山顶；连续19年来累计投入17亿元，已建成面积为120万平方米雪道，缆车综合运力达每小时1.2万人次，是集滑雪、温泉、美食小镇、主题乐园、度假酒店为一体的大型综合四季度假区。

作为目前国内综合设施最齐全的滑雪场之一，新疆丝绸之路国际度假区一直强化"度假式滑雪"服务理念。目前，度假区有双板滑雪、单板滑雪、滑雪圈、雪地自行车、短道速滑、花样滑冰、冰球、冰雪马拉松、休闲温泉等数十种滑雪旅游和休闲娱乐活动项目，可以满足不同人群、不同时段度假需求。为了更好地服务雪友，丝绸之路度假区延伸出许多周边服务，配套建设了美食城，还推出了汤泉、影院、剧场等。

　　近年来，乌鲁木齐南山滑雪旅游度假地依托专业团队设计推广冰雪旅游整体形象，重点打造"心宿南山"品牌。大力普及群众性冰雪运动，降低参与冰雪休闲和冰雪旅游的"门槛"，培育本地冰雪旅游基础市场。同时，加大丝绸之路冰雪风情节的宣传力度，积极承办国家级冰雪赛事，努力打造冰雪旅游活动、冰雪赛事品牌。

十二、新疆阿勒泰

　　新疆阿勒泰滑雪旅游度假地是国内优质的天然滑雪区域之一，位于新疆北部阿尔泰山中段南缘的阿勒泰地区，是人类滑雪的重要起源地之一，也是中国雪都、国家重要的生态功能区。阿勒泰位于北纬 45°～47°的世界滑雪黄金线上，积雪厚度在 1 米以上，全年的降雪期在 179～180 天，积雪期达到 150～180 天，是中国最优质的天然滑雪胜地。阿勒泰地区旅游资源独特，绵延千里的阿尔泰山和额尔齐斯河流域分布着冰川河流、森林草原、湖泊湿地、地质奇观、大漠戈壁等诸多高品质旅游资源 200 多处。在这里，有喀纳斯、可可托海和白沙湖 3 个国家 AAAAA 级景区，有 SSSSS 级滑雪场 1 家、世界地质公园 1 个、国家地质公园 1 个、国家级自然保护区 3 个、国家湿地公园 8 个、国家森林公园 4 个。由于位于世界滑雪黄金纬度，阿勒泰冰雪文化源远流长，是享誉世界冰雪运动界的"人类滑雪起源地"，也是新疆确定的冬季冰雪旅游经济发展核心区。在这里，春季积雪消融、山花烂漫，夏季流水潺潺、草木葱翠，秋季层林尽染、五彩缤纷，冬季白雪皑皑、景色优美，四季变换，享有"净土喀纳斯、雪都阿勒泰"之美誉。

　　近年来，阿勒泰先后开发 10 家滑雪场，其中包括落差 1 200 米、最长雪道达 9 千米的可可托海国际滑雪场，以及落差 450 米的建在城市中的滑雪场——阿勒泰市江吉山滑雪场。距离阿勒泰市区 25 千米的阿勒泰山野雪公园存雪期有 8 个月之久，降雪量 2～3 米，而且是滑雪专业人士最喜欢的粉雪，在这里可以乘坐雪猫车在阿尔泰山深处"流浪"，寻找最好的山头滑雪，也可以乘坐直升机到人迹罕至的山头滑野雪。目前，阿勒泰正在建设的禾木吉克普林滑雪场是全国唯一可以通过直升机运送的滑雪场，落差达到 1 450 米。同时，阿勒泰市内公交车、出租车设置雪具存放点。市内还有 7 个商旅综合体、9 条美食街区、6 个夜市，各种精品酒店、民宿近百家。

距离阿勒泰市区仅 1 600 米的将军山滑雪场，是全国少有的城市 SSSSS 级滑雪场之一。新疆阿勒泰将军山国际滑雪度假区是全国唯一与城市相连的高山滑雪场，拥有 27 条滑雪道，有效雪期长达 150～170 天，年平均降雪深度 1～1.5 米，具备雪质好、气温适宜、无风等优势。阿勒泰将军山国际滑雪度假区依托得天独厚的区位优势和旅游资源，持续完善基础设施，8 条缆车运力达每小时 1.5 万人次，每日最高游客接待量 2 万人次。同时，阿勒泰将军山国际滑雪度假区不断丰富旅游产品。

近年来，依托丰富的冰雪旅游资源，阿勒泰着力开发滑雪、玩雪、赏雪等冬季游产品，带动形成了冰雪运动、装备制造、产业服务于一体的冰雪产业链。阿勒泰作为人类滑雪起源地，无疑是座冰雪圣城，每到冬季，阿勒泰就会有各种各样的冰雪盛会，阿勒泰的两大雪场也会迎来最热闹的季节。

第二批国家级滑雪旅游度假地名录

2023 年 1 月 18 日，文化和旅游部、国家体育总局联合公布了第二批国家级滑雪旅游度假地名单。① 河北滦平金山岭、内蒙古喀喇沁美林谷、内蒙古牙克石、吉林永吉北大湖、吉林东昌万峰、河南栾川伏牛山和新疆富蕴可可托海 7 家滑雪旅游度假地被认定为第二批国家级滑雪旅游度假地。笔者根据各滑雪旅游度假地官方网站及所在地文旅局官方网站公布资料进行整理后，在本书对第二批国家级滑雪旅游度假地进行介绍。

一、河北滦平金山岭

金山岭滑雪旅游度假地坐落于河北省承德市滦平县长山峪镇东营子村、黄木局子村，以长城关口名称命名，其所在的山脉主峰最高海拔 1 750 米，是京承高速沿线的最高点。金山岭滑雪场毗邻白草洼国家森林公园，与北京密云区接壤，距首都机场 130 千米，西距金山岭长城 10 千米，东距承德 60 千米。昔日层峦叠嶂、出行不便的偏僻之地，如今已是环京地区落差最大的滑雪场之一。作为著名避暑胜地的承德，受独特山地地形和气候影响，在冬

---

① 文化和旅游部 体育总局关于公布第二批国家级滑雪旅游度假地名单的公告 ［EB/OL］. https：// www. gov. cn/zhengce/zhengceku/2023－03/04/content_5744500. htm.

季开展滑雪运动具有得天独厚的优势。得天独厚的地理优势，使得这里冬季平均气温 -7℃，最冷月平均气温 -12℃，平均风速 2.2 米/秒，温度与风力为雪场锦上添花，存雪期可达四个多月，无风畅滑成为其最大亮点。

金山岭银河滑雪场是度假地的重要组成部分，主雪场由设计过 5 届冬奥会比赛场地及多个滑雪旅游度假区的加拿大 Ecosign 公司规划设计，雪道最大落差可达 600 米，规划建设 31 条雪道，总长度约 30 公里，雪道总面积约 102 万平方米，平均坡角 22.8°，具备专业赛事条件，是少有的稀缺型专业滑雪地。雪场规划有雪具大厅、雪场酒店、山顶餐厅以及 7 条国际国内先进索道，可同时满足 1.2 万人滑雪、嬉雪，可承揽国内滑雪重大赛事。目前，雪场已实现一期 12 条雪道（初级 2 条，中级 5 条，高级 5 条）、2 条索道、4 条魔毯投入运营，造雪面积 37 万平方米，雪具大厅、山顶餐厅投入使用，其中雪具大厅日接待能力可达 2 000 人。

雪场餐厅以多种特色菜、中西式简餐、甜品、小吃为主，配以咖啡、奶制品等饮品，用餐便捷及时，品种丰富。银河全日制餐厅位于游客服务中心三层，提供中西式快餐，以及川菜、本地菜等特色菜。翡翠山顶餐厅位于金山岭滑雪场峰顶，以中西式简餐、甜品、小吃为主，配以咖啡、奶制品等高热量的饮品；用餐便捷，品种丰富。雪寓酒店适合亲朋好友一起度假入住，家居风格精致温馨，装饰装潢简约大气、舒适实用，公寓式酒店给客人宾至如归的体验。在原雪寓酒店基础上，新开放集旅游休闲、会议培训于一体的云璟金山岭酒店，位于游客服务中心，酒店整体风格别具特色，推开门即是雪山，配以标准设施和星级酒店服务，享受"滑进滑出"的便捷体验。

二、内蒙古喀喇沁美林谷

美林谷滑雪旅游度假地位于承德市以北内蒙古赤峰市喀喇沁旗美林镇境内，距赤峰市区 110 千米，坐落于宁城县、河北隆化县、围场县交汇之处，海拔 1 800 多米。美林谷是清朝皇家林苑"木兰围场"的一部分，地处燕山北麓旺业甸国家森林公园腹地，拥有亚洲极为稀缺的亚高原地貌，是东北植物群落向华北植物群落过渡的重要地带，谷内山势绵延不绝，峰峦叠嶂，远山如线，悬于天际。稀缺的亚高山湿地生态结构孕育了谷内覆盖率高达98%的天然次生林以及丰润的天然泉流，汇集成锡伯河之源。美林谷凭借其自成一体的小气候、丰富的森林植被以及独特的雪山地形，为雪场提供了充足的天然雪资源，为优质的雪道奠定了地形基础。

　　美林谷滑雪旅游度假地占地128平方千米，核心区33.8平方千米，呈"一环三区五基地"空间布局，是集滑雪运动、休闲度假、森林康养、山地运动、乡村旅游和康体健身于一体的文旅体产业融合发展集聚区。其中，美林谷滑雪场为自治区级旅游度假区、国家AAAA级景区，是中国人民解放军八一雪上运动大队训练基地、全国十四冬高山滑雪项目比赛区、北京冬奥会高山滑雪国家队训练基地，可满足儿童滑雪、大众滑雪和高山滑雪等多种消费需求。同时，辐射带动周边山戎部落景区、亚太森林组织多功能体验基地等景区旅游和乡村旅游，是蒙冀辽三省交汇处重要的滑雪旅游目的地，已成为内蒙古东部地区冰雪经济的领头雁。

　　美林谷滑雪旅游度假地集滑雪、高尔夫、星级度假酒店、狩猎场、自然景区观光、私人牧场等于一体，以打造"欧式滑雪小镇"为开发理念，由法国知名设计团队规划，利用优越的地貌基础，设计出许多亚洲雪场非常稀缺的、充满多样性以及娱乐性的雪道，成为国际雪联认证的高标准滑雪场。旅游项目分为滑雪场、度假酒店等，整个雪道工程预计分三期开发完成，全部建成后雪道总长度达到70千米以上。其中，一期项目于2009年12月25日开业并投入运营。雪场同时开设有雪地摩托、雪上飞碟、观光缆车、雪圈、雪橇、雪地自行车、雪雕景观、滑冰、热气球、篝火晚会、冰上曲棍球等多种滑雪娱乐项目。除了普通的初、中、高级雪道分类外，还设计有caving道、mogo道、单板公园、双板公园以及专门为滑雪发烧友开辟的野雪道。野雪道保留了美林谷变化丰富、坡道迂回的雪山地形原貌，滑雪者可以随心所欲地在丛林中自由穿行，谷内群山环绕，成为滑雪场减缓风力的天然屏障，极大地提高了滑雪运动的舒适性。

三、内蒙古牙克石

牙克石市位于呼伦贝尔市中部、大兴安岭中脊中段西坡，属于寒温带大陆性季风气候，夏季温凉短促、无霜期 90 天，冬季平均气温 -24.1℃，年严寒日有 109.9 天，极端最低气温 -50.2℃，冰封期 6 个月，冰层厚 3 ~ 4 米。冬季雪量丰沛、存雪期长，积雪期超过 6 个半月，年平均积雪深度 6 厘米，冬季平均积雪深度 16.8 厘米。积雪日数 151 天，其中冬季积雪日数达到 89.9 天，位居全国之首，比北极村还多两天。牙克石特殊的地理位置、自然资源和气候条件，为打造"冰雪之都"奠定了得天独厚的条件。

牙克石滑雪旅游度假地年平均积雪期达 183 天，雪量充沛，积雪厚度可达 1 米，是我国冰雪资源最丰富的地区之一。得天独厚的冰雪资源加上高坡低谷起伏迂回的地势，形成了极为少见的天然滑雪场地。牙克石滑雪旅游度假地核心区面积 132 平方千米，有滑雪场 4 个，其中高山滑雪场 2 个、越野滑雪场 2 个、雪道 8 条，雪道总面积 250 公顷，是国内少有的冬可滑雪、夏可滑轮，高山与越野滑雪兼具的综合性滑雪旅游度假地。牙克石滑雪旅游度假地内有 AAA 级景区、AA 级景区各 1 个，特色民宿 20 家、3 星级酒店 2 个，品牌酒店 7 个，马术俱乐部 2 个，自治区级汽车营地 1 个。该度假地还打造了多功能雪上运动基地，在此可深度体验冬滑雪、夏滑轮的乐趣。此外，度假地还开通观光旅游大巴车，为游客提供便捷出行服务，并在各重点区域均配备了无障碍设施。

位于牙克石市东南郊的凤凰山滑雪场，是第十四届全国冬季运动会"冬季两项"和"越野滑雪"两个项目的比赛场地，拥有中国唯一的蝴蝶型滑雪赛道，是内蒙古自治区规模最大、雪道种类最齐全、雪上运动项目最丰富、滑雪期最长的天然滑雪场，滑雪场拥有初、中、高级雪道 7 条，总长度 5 753 米，雪道落差最大达 400 米，最大坡度 45°，平均坡度 28°，冬季积雪厚度在 50 厘米以上，最深处可达 1 米以上，雪质优良。凤凰山滑雪场主要由滑雪场别墅群、滑雪服务中心、商务会议中心、跑马场、凤凰湖等组成。

滑雪场既有适合滑雪高手肆意驰骋、展示自己的陡峭雪峰，又有能让老人、孩子轻松惬意体验滑雪乐趣的初级平缓雪道。游客还能体验最具北国特色的滑雪圈、冰滑梯、打雪仗、赏雪景、观冰雕、抽陀螺等，马拉爬犁、驯鹿爬犁则更能使人贴近自然，体验人与动物之间的和谐与融洽。

牙克石市深挖冰雪文化内涵，打造冰雪文化名片，将冰雪资源和蒙古民族、民俗文化相融合，开展独具特色的冰雪文化活动。在每年举办的中国冰雪那达慕凤凰山开雪活动上，马术表演惊险刺激，民族风情歌舞表演精彩纷呈，民族文化产品展示琳琅满目，一系列丰富多彩的活动集中展示了独特的冰雪资源和历史文化，在发展冰雪文化的同时充分融合了少数民族传统民族元素。

深研"冰雪＋"产业融合，打造冰雪品牌，紧紧围绕"冰天雪地""林海雪原"两大特色，打造4个滑雪场，修建5个人工湖。近年来，利用中国冰雪之都、避暑旅游样本城市、国家森林康养基地等金字招牌，推行休闲、娱乐、健身的生活方式，促进体育与旅游深度融合，着力满足广大群众文体需求。着眼于四季旅游、全域旅游，注重发挥冰天雪地优势，推动牙克石旅游高质量发展。成功举办国际马术星级耐力赛、全国夏季越野滑雪挑战赛等系列活动，同时，通过油菜花旅游季、森林旅游美食节、雪雕邀请赛、反季滑雪节、冰雪日等品牌旅游活动，打响牙克石旅游品牌。推进试乘试驾、研学旅行及汽车测试与冰雪旅游融合发展，在埃特姆"凌驾冰雪"等高端试乘试驾基础上，建设了冰峰冰雪试乘试驾基地，让游客切实体会到了汽车测试和冰雪驾驶的乐趣。

四、吉林永吉北大湖

吉林北大湖滑雪旅游度假地位于吉林省吉林市北大湖开发区，距吉林市区53千米，交通便利。北大湖滑雪旅游度假地地处北纬42°～44°，属于世界滑雪黄金纬度带，与美国科罗拉多州滑雪区和欧洲阿尔卑斯山滑雪区处于同一维度区域。滑雪场地处长白山余脉，主峰海拔高于1 400米，9座次峰海拔高度均超过 1 200 米，区域山体最大落差为 875 米，属三面环山的"鱼骨"山形地貌，是我国重要的滑雪运动基地和滑雪旅游中心。这里山坡平缓，冬季避风好，有着得天独厚的自然优势，可以满足高山滑雪、越野滑雪等多种雪上项目场地要求，被滑雪爱好者誉为"滑雪天堂"。北大湖滑雪旅游度假地冬季平均气温 -13℃，降雪量丰富，雪质优良，雪季较长，积雪期可达 150 天，因其雪道好、积雪深、雪期长，且雪质干爽，近乎粉状，足可媲美阿尔卑斯高山粉雪，故被称为"粉雪天堂"，素有"北美的山体、日本的降雪量、欧洲的阳光"的盛誉；又因周围以群山闻名，有 6 处泉水常年流涌，非雪季时主峰形成放射性水源，符合人工造雪的条件；自 1995 年至今，在北大湖滑雪场不断发展壮大的前景下，承办了各类大型赛事，2019 年被国家体育总局评为首个冰雪旅游类"国家体育产业示范单位"，是 2022 北京冬奥会和冬残奥会培训基地。

北大湖滑雪旅游度假地是集旅游观光、休闲度假、竞赛训练、会议服务于一体的国际级滑雪度假区。2022—2023 冰雪季，北大湖滑雪场雪道长度由 48 千米增加至 61 千米，雪道面积由 126 公顷增加至 180 公顷，高速缆车由 6 条增设至 10 条，最大运载能力由每小时 1.9 万人次增加至每小时 2.4 万人次。2023 年底前施工完成后，北大湖滑雪场雪道将从 27 条增加至 64 条，雪道面积由 180 公顷增加至 239 公顷，高速缆车增至 14 条，运载能力达到每小时 2.6 万人次，将成为亚洲规模最大的滑雪度假区。

北大湖滑雪旅游度假地目前拥有 5 家星级酒店，并引入酒店管理公司对酒店进行管理，其中包含：复兴集团旗下的法国地中海俱乐部酒店集团来经营北大湖地中海俱乐部 5 星级酒店，北大湖地中海酒店有客房数 176 间、床位数总计 484 张，地中海凭借其自有高端顾客渠道每年会为度假区贡献 3 500 万元左右的营业收入；洲际酒店集团来经营北大湖洲际假日 4 星级酒店，北大湖洲际假日酒店有客房数 255 间、床位数总计 544 张。为便利游客出行，北大湖滑雪旅游度假地在龙嘉机场设置了游客服务中心，并在度假地内设置滑雪综合服务中心、北美时光滑雪服务中心、山湖居滑雪服务中心，构建多点位便捷式服务体系，吸引目标客户。

北大湖滑雪旅游度假地目前除酒店外，还拥有奥体服务中心，篮球馆、健身会所、蒙古包餐饮区、房车基地、停车场等相关旅游配套设施；同时有度假小镇、地中海二期、冬奥村等酒店公寓在建中。北大湖度假综合体商街引入了众多国际一线雪具品牌入驻，打造滑雪爱好者的购物之都。此外，该度假地还打造了儿童娱雪乐园，包括小型雪圈道、旋转飞碟、悠波球、雪地小摩托等娱乐项目，让亲子家庭在冰雪乐园中畅意游玩。

五、吉林东昌万峰

吉林东昌万峰滑雪旅游度假地位于吉林省通化市东昌区金厂镇，与世界滑雪胜地阿尔卑斯山脉在同一纬度带，雪季可达150多天，自然条件优越，降雪量大，具备雪期长、雪质好、风速小、静风率高（历年平均为44.1%）、气候温和等特点，十分适宜冰雪运动。

通化市是一座冰雪资源良好、冰雪运动历史悠久的城市，被誉为"中国滑雪之乡"，前三届全国滑雪大赛就在这里举行。通化万峰滑雪场是在新中国第一座高山滑雪场基础上新建的一座综合型雪场。通化滑雪场1959年由国家体委、吉林省政府批准建设。60多年来，通化滑雪场共举办过全国性滑雪比赛18次，省级滑雪比赛30次，培养了全国冠军运动员100多人，代表通化市参赛的运动员在全国各项滑雪比赛中共获金牌200多枚，诞生了新中国第一个滑雪冠军（单兆鉴先生）。

通化万峰滑雪场占地面积4平方千米，雪道面积达117万平方米，垂直落差达560米，部分雪道具备举办国家级体育赛事的能力和标准。滑雪场建设高中低雪道33条，雪道总长度31千米，能满足不同游客和滑雪爱好者的需求。雪场配备高速拖挂缆车5条、魔毯6条、总运力达14 000人次/小时，滑雪季可接待游客50万~60万人次，可以实现全年运营的缆车观光体验。雪场配有5台冬奥会同款压雪机和110台国际顶尖造雪设备，每小时出雪量达2 000立方米。东昌万峰滑雪旅游度假地拥有万峰瑞士酒店、万峰阳光客栈等6家酒店，可提供一站式的滑雪服务，让雪友拥有完美滑雪体验。

通化冰雪产业示范新城配套设施持续完善，滑冰馆、射击馆、冬季竞训基地、城市旅游服务中心等配套设施相继建成并投入使用，已具备承办28项国际标准滑雪赛事的能力。目前，通化市已培育出通化万峰滑雪度假区、佟佳江旅游度假区、通化县康养谷旅游度假区、柳河县青龙山滑雪场等冰雪运动、旅游目的地。

近年来，通化市持续擦亮"新中国滑雪摇篮""吉林冰雪地标"两张名片，推动冰雪运动发展。积极组织开展全省范围的大众冰雪活动，2022—2023赛季全国高山滑雪青少年锦标赛已成功举办，"重走抗联路——雪地越野赛"和"辉南雪地马拉松"、双板回转艺术家技术滑雪比赛等地域冰雪赛事将陆续开赛。普及冰雪运动，面向全市滑雪、滑冰爱好者，在通化市滑冰馆举办滑冰公益教学活动，同步在上龙头雪村举办滑雪公益教学活动。

六、河南栾川伏牛山

河南栾川伏牛山滑雪旅游度假地位于洛阳市栾川县城西18千米处的石庙镇杨树坪村，距洛阳市120千米，栾川县城18千米。伏牛山是河南省平均海拔最高、分布面积最大的著名山脉，也是河南省森林面积最大、覆盖率最高、蓄积量最大、动植物种类最丰富的山区，其东西绵延400千米，素称"八百里伏牛山"。

伏牛山滑雪旅游度假地位于栾川县伏牛山老界岭北麓，最高海拔2 200米，由一环形山脊向坡下延伸出三道山梁和四条较为宽阔的山沟构成，最后汇集于坡底一个开阔的地带，地形条件非常适宜于开展四季滑雪和春夏秋水上、草上运动。尤其冬季，夜间零度以下低温天气超过120天，既保证了冬季滑雪经营期，又保证了高标准滑雪场的雪质。区域良好的森林植被和丰富的地表水，使这里的气候温凉湿润，景色宜人，周围紧邻北国第一洞——鸡冠洞、黄密寺、蟠桃山等景区，成为一处避暑观光的度假胜地。

伏牛山滑雪旅游度假地海拔1 700米，规划面积21平方千米，是中原地区建场早、海拔高、滑道长、设施先进、雪道种类齐全、娱乐项目丰富，服务功能完善的四季滑雪度假乐园，集户外冬季滑雪、四季室内滑雪、体育竞赛训练等功能于一体，被称为"中原第一滑雪场"，是河南省唯一的冬奥会夏训基地，被评为"中国滑雪30强"。伏牛山滑雪旅游度假地主要由四季滑雪馆、室外滑雪区、湖滨观光区、高山观光区和冰雪文化生态园区构成，是集户外滑雪、室内滑雪、滑冰、高山观光、休闲度假等于一体的四季旅游胜地。冬季户外滑雪面积达15万平方米，设有滑雪练习道、初级道、中级道、高级道、单板公园等，累计长度15千米。高品质滑道为满足不同水平滑雪者的需求，这里设置了初级、中级、高级滑雪道各1条，其长度分别为1.2千米、1.5千米和2.5千米，以及滑雪表演道1条，滑雪观赏道1条。近年来，为满足滑雪爱好者的不同需求，伏牛山滑雪旅游度假地引进了国际先进的造雪设备及管理模式，其规模与专业水准居业界领先地位。伏牛山室内滑雪馆建筑面积近8 000平方米，滑雪道长200米、宽60米，室内温度常年保持在-2℃以下，能同时容纳300人滑雪。

伏牛山滑雪旅游度假地分布着高山花岗岩峰林、高山草甸、高山湖泊、千亩橡树林，设置了高空缆车、德国管轨滑道、军事拓展、草地卡丁车、帐篷露营、亲子童话梦幻乐园等观光、娱乐、休闲、度假项目。同时，这里也是中原地区少有的滑雪运动区、游客观赏区、休闲娱乐区、食宿接待区均在海拔1 750米以上的滑雪度假区，夏季平均气温不超过19℃，被誉为"中原地区避暑胜地"，先后被评为"伏牛山世界地质公园""国家AAAA旅游景区"。

七、新疆富蕴可可托海

可可托海蒙古语意为"蓝色的河湾"，哈萨克语意是"绿色丛林"，蓝绿相称，映出这片土地的美丽。由于特殊的地质构造、风雨侵蚀和流水切割，可可托海形成许多深沟峡谷，成为集山景、水景、草原、奇石、温泉等奇观于一体的自然景观区。峡谷河流、山石林地、寒极湖泊集于阿尔泰山一隅，既具北方之雄奇，又显南方之婉约。阿勒泰地区富蕴县可可托海风景区占地面积 788 平方千米，主要由有"世界地震博物馆"之称的卡拉先格尔地震断裂带、"北国江南"之誉的可可苏里风景区、"中国第二寒极"伊雷木湖、著名的额尔齐斯大峡谷组成，集优美峡谷河源风光、沼泽湿地景观、寒极湖泊、独特地貌等自然景色于一体，融合草原游牧文化、西域民族风情、地域特色民俗等人文景观，是以观光旅游、休闲度假、特种旅游（徒步、摄影等）、科学考察等为主要特色的国家 AAAAA 级旅游景区、国际原生态旅游景区。

可可托海滑雪旅游度假地以新疆维吾尔自治区东北部富蕴县可可托海镇为中心，位于可可托海镇正东方，距可可托海镇约 18 千米。可可托海国际滑雪场山体最高海拔 3 041 米，雪道区域最低海拔为 1 821.437 米。因地形优越，存雪期长，雪期可长达 7 个月。天然降雪量大，积雪厚度达 1.5 ~ 2 米，不需要人工降雪，雪季平均气温不低于 - 6℃。可可托海滑雪旅游度假地最大海拔落差可达 1 219 米，每年雪季可达 7 个月，全年降雪期 210 天，在滑雪爱好者心中，这里"开得最早、关得最晚""雪道雪质'天花板'级别""是每年都要来打卡的'神仙雪场'"。

可可托海国际滑雪场具有"雪期长、雪质优、落差大、雪道多、风力小、体感佳"六大特点，是一家集滑雪、竞技、承办国内和国际比赛为一体的国际滑雪场。可可托海国际滑雪场主要分为高山竞赛区、大众滑雪区、技巧区、北欧训练中心、野雪区。雪道面积 195 万平方米，野雪面积 592 万平方米，规划雪道总长 58 千米。雪场规划雪道涵盖初、中、高各级雪道共计 44 条，含连接道 7 条、初级道 2 条、初中级雪道 1 条、中级道 8 条、高级道 26 条。滑雪场大承载力为 2.3 万人，规划雪道总长 58 千米，其中 1 号雪道大落差为 900 米、宽 52 米，可延伸至 4.5 千米（居全国、全疆雪道之首），还设有可滑行 9 千米的雪道"宝石大道"、坡度陡峭的黑钻道等。雪场盘山公路可兼顾为初、中级雪道，高点为海拔 3 100 米，低海拔为 1 900 米，大落差为 1 200 米，可滑行长度为 9.5 千米左右。

2021 年，可可托海国际滑雪场被体育总局、文化和旅游部认定为国家体育旅游示范基地。2021 年以来，富蕴县相继承办第十五届新疆冬季旅游产业交易博览会，举办了冰雪风情节、可可托海寻宝节、金山马王挑战赛、中国青少年滑雪大奖赛等节庆活动和国内赛事，度假地影响力进一步扩大。除发展冬季冰雪旅游外，度假地还积极探索四季旅游发展，在可可托海国家矿山公园、滨河景区、可可苏里花海湿地公园等景点举办各具特色的活动，深受游客的喜爱。

参考文献

[1] 敖长林，李凤佼，许荔珊，孙宝生．基于网络文本挖掘的冰雪旅游形象感知研究——以哈尔滨市为例［J］．数学的实践与认识，2020，50（1）：44 – 54．

[2] 白慧敏．辽宁省冰雪旅游发展现状及开发策略初探［J］．辽宁林业科技，2017（3）：62 – 63 + 66．

[3] 白凯，马耀峰．旅游者购物偏好行为研究——以西安入境旅游者为例［J］．旅游学刊，2007（11）：52 – 57．

[4] 常理，柳洁．南方引燃"冰雪热"要烧几把火［N］．经济日报，2022 – 01 – 20（9）．

[5] 常晓铭，刘卫国．"一带一路"背景下北京冬奥会推动我国冰雪旅游产业融合发展研究［J］．北京体育大学学报，2020，43（7）：86 – 96．

[6] 车雯，张瑞林，王先亮．中国冰雪体育产业"多链"融合的内在逻辑、适宜性框架与路径［J］．首都体育学院学报，2021，33（1）：90 – 95 + 110．

[7] 陈灿，黄璜．休闲农业与乡村旅游［M］．长沙：湖南科学技术出版社，2018：16．

[8] 陈珂．三部委联合印发《冰雪旅游发展行动计划（2021—2023年)》——打造一批高品质冰雪主题旅游度假区［J］．中国会展（中国会

议），2021（4）：26－29.

[9] 陈鹏，阳艺武，黄彩虹．"北冰南展"背景下湖北冰雪运动发展现实与优化策略［J］．湖北体育科技，2022，41（7）：579－583＋621.

[10] 陈思宇．京津冀冰雪旅游生态化发展的框架构建与路径选择［J］．北京体育大学学报，2018，41（10）：32－38.

[11] 陈翔雨，徐诗怡，唐承财，等．冰雪旅游地游客满意度评价及提升模式（英文）［J］．Journal of Resources and Ecology，2022，13（4）：635－645.

[12] 陈玉萍，刘嘉毅，郭修金．基于网络关注度的中国冰雪旅游产业发展启示［J］．天津体育学院学报，2020，35（5）：519－524.

[13] 陈哲．冬季旅游产品开发研究——以浙江临安为例［J］．城市旅游规划，2015：158－162.

[14] 程万军，李波，梁陈，王世君．黑龙江冰雪旅游特色小镇的创新发展［J］．当代体育科技，2019，9（36）：246＋248.

[15] "带动三亿人参与冰雪运动"实施纲要（2018—2022年）［J］．冰雪体育创新研究，2020（3）：14－16.

[16] 邓兰，刘旭玲，高超，等．冰雪旅游游客满意度影响因素及提升策略研究——以乌鲁木齐市为例［J］．兰州财经大学学报，2021，37（6）：111－120.

[17] 董锁成，李宇，厉静文，夏冰．中国大冰雪旅游发展模式研究［J］．中国生态旅游，2021，11（6）：829－845.

[18] 杜庆臻．黑龙江省滑雪旅游开发构想［J］．学习与探索，1999（4）：22－28.

[19] 范丹丹．新疆冰雪旅游发展SWOT分析及对策研究［J］．辽宁体育科技，2019，41（3）：23－26.

[20] 范周．文旅融合的理论与实践［J］．人民论坛·学术前沿，2019（11）：43－49.

[21] 冯波．"互联网＋"视域下的黑龙江省冰雪旅游营销策略研究［J］．才智，2019（14）：231.

［22］冯烽. 北京冬奥会背景下中国冰雪经济高质量发展的推进策略［J］. 当代经济管理，2022，44（3）：41 – 47.

［23］冯学钢. 反季旅游常态化［J］. 旅游学刊，2015，30（2）：5 – 7.

［24］冯芷菁，王纯阳. 旅游产品创新、旅游地形象、感知价值与旅游地品牌资产的关系［J］. 五邑大学学报（社会科学版），2020，22（1）：60 – 64 + 94 – 95.

［25］付冰，徐畅. 大连温泉旅游发展浅议［J］. 合作经济与科技，2016（3）：32 – 33.

［26］付铁山，杨传鑫. 日本乡村滑雪场市场开发模式及其启示［J］. 体育文化导刊，2014（3）：130 – 133.

［27］高寰宇，曹连众，高圆媛. 我国冰雪产业链内容要素与优化路径研究［J］. 沈阳体育学院学报，2022，41（4）：1 – 7.

［28］高明. 多方发力改善冬季旅游"不平衡不充分"［N］. 中国旅游报，2018 – 12 – 05（3）.

［29］高子钧，李佳阳，王玲. 冬奥会背景下沈阳冰雪旅游发展规划及策略研究［J］. 美与时代（城市版），2020（3）：106 – 107.

［30］葛敬炳，陆林. 延边冰雪旅游资源现状及其开发研究［J］. 安徽师范大学学报（自然科学版），2006（2）：189 – 192.

［31］龚勤林. 论产业链构建与城乡统筹发展［J］. 经济学家，2004（3）：121 – 123.

［32］郭妍菲，李晓东. 新疆冰雪旅游发展的 SWOT 分析及开发策略研究［J］. 干旱区资源与环境，2009，23（6）：187 – 191.

［33］国务院办公厅关于促进全民健身和体育消费推动体育产业高质量发展的意见［J］. 中华人民共和国国务院公报，2019（27）：8 – 12.

［34］国务院关于印发"十四五"旅游业发展规划的通知［J］. 中华人民共和国国务院公报，2022（5）：28 – 46.

［35］韩元军. 开辟冰雪旅游新境界［N］. 经济日报，2022 – 02 – 07（9）.

［36］郝晶晶，齐晓明，张素丽，侯晓莹. 内蒙古冰雪旅游资源及其利

用研究 [J]. 干旱区资源与环境, 2017, 31 (9): 201 - 207.

[37] 郝思佳, 王恒. 文旅融合背景下营口市冬季旅游发展现状及对策研究 [J]. 现代商贸工业, 2020, 41 (34): 14 - 16.

[38] 何胜保. 北京冬奥会张家口赛区冰雪旅游开发的昂普 (RMP) 模型分析 [J]. 山东体育学院学报, 2020, 36 (5): 37 - 46.

[39] 贺锴, 使涌涛. 打造中国第一灯会——大同塑造冬季旅游品牌之观察 [J]. 聚焦, 2017 (5): 17 - 19.

[40] 贺子轩, 王庆生. 基于文旅融合视角的我国东北三省冰雪旅游开发策略 [J]. 渤海大学学报 (哲学社会科学版), 2020, 42 (3): 87 - 90 +98.

[41] 胡培兆. 有效供给论 [M]. 北京: 经济科学出版社, 2004: 331 - 371.

[42] 黄锐, 谢朝武, 方雪. 中国冰雪旅游安全事故结构特征及引致因素 [J]. 华侨大学学报 (哲学社会科学版), 2021 (6): 43 - 57.

[43] 黄永林. 文旅融合发展的文化阐释与旅游实践 [J]. 人民论坛·学术前沿, 2019 (11): 16 - 23.

[44] 黄兆媛, 臧德喜, 蒋艳杰. "外来因子" 激活中国冰雪旅游产业的分析与探究 [J]. 沈阳体育学院学报, 2010, 29 (2): 22 - 24.

[45] 季景盛, 王诚民, 王天毅. 齐齐哈尔市 "互联网 + 冰雪旅游" 营销现状及对策研究 [J]. 理论观察, 2018 (7): 72 - 74.

[46] 蒋依依, 张月, 高洁, 张佑印, 方琰. 中国冰雪资源高质量开发: 理论审视、实践转向与挑战应对 [J]. 自然资源学报, 2022, 37 (9): 2334 - 2347.

[47] 李安娜. 北京 2022 年冬奥会背景下我国冰雪产业链现代化: 机遇、挑战与路径 [J]. 沈阳体育学院学报, 2022, 41 (1): 25 - 32.

[48] 李玙. 冰雪冷资源成为旅游热经济 [N]. 中国文化报, 2020 - 01 - 10 (7).

[49] 李村. 黑龙江省冰雪旅游与国外冰雪旅游发展之比较 [J]. 科技创新导报, 2011 (13): 245.

［50］李京律，马江涛，李树旺，等．北京冬奥语境下大众冰雪运动参与动机、运动投入、参与满意度与持续参与意图的关系［J］．成都体育学院学报，2020，46（6）：74－79．

［51］李克良，王紫娟，牛冠迪，张瑶．黑龙江省冰雪旅游产业发展现状、现实困境及解决路径［J］．冰雪运动，2021，43（5）：80－84．

［52］李瑞凤，吕君．内蒙古冰雪旅游发展研究［J］．内蒙古财经大学学报，2022，20（3）：105－107．

［53］李松梅．区域滑雪经济可持续发展的模式及对策研究［J］．冰雪运动，2012，34（3）：6．

［54］李天池．哈尔滨十余部门联手维护冬季旅游市场秩序［N］．黑龙江日报，2018－11－05（6）．

［55］李卫星，孙威．欧洲滑雪体育旅游的起源、现状和发展趋势研究［J］．北京体育大学学报，2013，36（1）：30－35＋45．

［56］李晓玲．黑龙江省冰雪旅游资源及其特征［J］．冰雪运动，2004，2（3）：35．

［57］李昕，李晴．旅游心理学基础［M］．北京：清华大学出版社，2006．

［58］李岫儒，柴娇．冰雪体育文化传播的意义及路径［J］．体育文化导刊，2019（8）：43－47＋53．

［59］李燕领，王家宏．基于产业链的我国体育产业整合模式及策略研究［J］．武汉体育学院学报，2016，50（9）：27－33＋39．

［60］李毅，翟羽丽，邹向东．对大兴安岭林区发展滑雪旅游的几点建议［J］．林业科技情报，2000（3）：63－65．

［61］李毅军．黑龙江省冰雪旅游竞争力分析［J］．哈尔滨体育学院学报，2008，26（6）：132－133＋136．

［62］李瑛．旅游目的地游客满意度及影响因子分析——以西安地区国内市场为例［J］．旅游学刊，2008（4）：43－48．

［63］李颖，王伟佳．大连市冬季冰雪旅游市场 SWOT 分析与建议［J］．

冰雪运动, 2018, 41 (4)：88-92.

[64] 李玉新, 高学民. 我国滑雪旅游产业发展战略分析 [J]. 体育文化导刊, 2010 (2)：57-59+85.

[65] 李渊, 郑伟民, 王德. 景区旅游者空间行为研究综述 [J]. 旅游学刊, 2018, 33 (4)：103-112.

[66] 李在军, 崔亚芹. 中国冰雪旅游产业融合发展的机制与推进路径研究 [J]. 首都体育学院学报, 2021, 33 (3)：299-307.

[67] 李在军. 冰雪产业与旅游产业融合发展的动力机制与实现路径探析 [J]. 中国体育科技, 2019, 55 (7)：56-62+80.

[68] 李子彪, 王思惟, 高光琪. 高质量发展背景下中国冰雪体育产业链的整合模式及对策 [J]. 当代经济管理, 2022, 44 (12)：63-72.

[69] 连新秀. 黑龙江省冰雪旅游业发展路径探析 [J]. 哈尔滨体育学院学报, 2020, 38 (3)：40-45.

[70] 梁欣. 穿越大辽 体验冬捕——记第四届康平卧龙湖大辽文化冬捕节 [J]. 辽宁经济, 2016 (1)：74-75.

[71] 辽宁省人民政府办公厅关于加快推进冰雪运动发展的实施意见 [J]. 辽宁省人民政府公报, 2020 (11)：24-28.

[72] 辽宁省人民政府办公厅. 关于印发辽宁省进一步扩大旅游文化体育健康养老教育培训等领域消费实施方案的通知 [J]. 辽宁省人民政府公报, 2017 (22)：29-36+48.

[73] 辽宁推出特色冬季旅游活动促进冰雪经济发展 [EB/OL]. https：//www. cnr. cn/ln/jrln/20191129/t20191129_524877579. shtml.

[74] 林志刚, 李杉杉, 吴玲敏. 2022年北京冬奥会推动京津冀冰雪旅游公共服务协同发展策略研究 [J]. 中国体育科技, 2021, 57 (9)：20-28.

[75] 林子程. 北方地区冰雪体育旅游营销现状及未来发展策略研究 [J]. 营销界, 2019 (47)：169-170.

[76] 刘宝铎. 基于冬奥背景的张家口冰雪旅游产业发展及政策研究

［D］．石家庄：河北师范大学，2021．

［77］刘贵富，赵英才．产业链：内涵、特性及其表现形式［J］．财经理论与实践，2006（3）：114－117．

［78］刘花香．"冰天雪地也是金山银山"：冰雪旅游的"哈尔滨模式"研究［J］．中国旅游评论，2020（1）：54－64．

［79］刘华芝．辽宁省发展冰雪体育旅游的 SWOT 分析［J］．经济研究导刊，2010（28）：154－155．

［80］刘立军，韩春艳，刘晋．中国冰雪体育旅游研究现状述评［J］．冰雪运动，2015，37（5）：66－70．

［81］刘璐．黑龙江省冰雪旅游产业政策实施问题及对策研究［D］．哈尔滨：哈尔滨商业大学，2019．

［82］刘珊杉，王恒．冰雪旅游偏好与开发导向研究——以辽宁省为例［J］．市场周刊，2023，36（6）：81－84＋128．

［83］刘玮，王乐，张世钰．农村紧急医疗救援的公众满意度及影响因素分析——基于 Logistic－ISM 模型［J］．调研世界，2018（9）：59－65．

［84］刘文佳．哈尔滨市冰雪旅游文化品牌经营研究［J］．冰雪运动，2017，39（2）：82－84．

［85］刘祥恒．中国旅游产业融合度实证研究［J］．当代经济管理，2016，38（3）：55－61．

［86］卢胜亚．哈尔滨市冰雪旅游产业营销策略研究［D］．哈尔滨：哈尔滨商业大学，2019．

［87］逯明智，谭虹，闫杰．辽宁省温泉滑雪旅游开发现状与发展对策［J］．冰雪运动，2012，34（1）：87－91．

［88］吕博，张博．东北地区冰雪旅游资源整合开发研究［J］．冰雪运动，2017，39（2）：75－77．

［89］吕博，张博．哈尔滨冰雪旅游产业发展现状与完善策略［J］．冰雪运动，2017，39（3）：89－91．

［90］栾聪伶，王恒．棋盘山冰雪旅游产品营销现状及对策研究［J］．

现代商贸工业，2021，42（2）：19－21.

［91］马培艳，张瑞林，陈圆．产业链现代化背景下我国体育产业链治理的理论要素、实践困境与优化路径［J］．上海体育学院学报，2022，46（3）：95－104.

［92］马振涛．加大政策激励支持力度　护航冬季旅游健康发展［N］．中国旅游报，2018－11－23（3）.

［93］迈克尔·利兹，彼得·冯·阿尔门．体育经济学［M］．北京：清华大学出版社，2003.

［94］孟爱云．东北区域冰雪旅游资源整合开发探讨［J］．学术交流，2009（3）：115－119.

［95］苗彩霞．旅游直播的推广策略研究［D］．长春：长春工业大学，2019.

［96］牛冠迪．产业集聚视域下黑龙江省冰雪体育旅游产业发展对策研究［D］．哈尔滨：哈尔滨体育学院，2022.

［97］彭迪，连洪业．促进东北地区冰雪旅游品牌资源可持续发展的策略研究［J］．中国学校体育（高等教育），2017，4（1）：19－23＋28.

［98］蒲玉宾，姜娟，胡雁．辽宁满族文化特色冰雪体育旅游产品设计［J］．搏击（武术科学），2013，10（11）：82－84.

［99］钱海燕，赵书虹．旅游业态与旅游产品的概念内涵及关联研究［J］．旅游研究，2022，14（1）：88－98.

［100］邱云涛，王菲．北京冬奥会视野下冰雪旅游发展研究［J］．冰雪运动，2018，40（1）：93－97.

［101］任小敏，王焕．冰雪体育旅游研究现状及趋势——基于科学知识图谱的可视化分析［J］．运动，2016（23）：142－143.

［102］邵桂华，王晨曦．新发展格局下体育产业链现代化发展：问题论域、动力机制与实践路径［J］．沈阳体育学院学报，2022，41（4）：111－117.

［103］施冰兵，王诚民，姚大为．"互联网＋"视域下齐齐哈尔市冰雪旅游营销策略研究［J］．高师理科学刊，2017，37（12）：59－62.

［104］石振武，袁甜甜．以房养老需求意愿及影响因素研究——基于有序 Logistic 模型［J］．调研世界，2016（7）：47－52．

［105］史瑞应．冰雪产业与旅游产业融合发展模式的研究［C］．中国体育科学学会、河北省体育局、河北省张家口市崇礼区人民政府．2017 科技冬奥论坛暨体育科技产品展示会论文摘要汇编．北京：中国体育科学学会，2017：97－99．

［106］舒丽，张凯，王小秋，陈浩，陶玉流．基于百度指数的我国体育旅游网络关注度研究［J］．北京体育大学学报，2020，43（6）：110－122．

［107］孙慧杰，张津京．欧洲滑雪小镇发展实践与启示——以法国、瑞士、挪威小镇为例［J］．城市发展研究，2019，26（5）：1－3＋9．

［108］唐承财，肖小月，韩莹，等．中国典型冰雪旅游地开发模式及优化路径［J］．自然资源学报，2022，37（9）：2348－2366．

［109］唐承财，肖小月，秦珊．中国冰雪旅游研究：内涵辨析、脉络梳理与体系构建［J］．地理研究，2023，42（2）：332－351．

［110］唐凡，杨建平，贺青山，等．目的地属性对冰川旅游游客满意度的影响：基于非对称影响分析［J］．干旱区资源与环境，2021，35（11）：200－208．

［111］田琦．冬奥背景下崇礼推广冰雪运动的新媒体策略研究［D］．北京：北京体育大学，2020．

［112］唐云松．滑雪度假区环境保护研究［J］．体育文化导刊，2009（11）：33－37．

［113］王储，把多勋，马斌斌，等．2022 年北京冬奥会背景下西北五省区冰雪旅游目的地协同发展研究——基于时空差异视角［J］．新疆大学学报（哲学社会科学版），2022，50（3）：9－17．

［114］王储，卢长宝，把多勋，马斌斌，秦泽青．中国代表性滑雪场网络关注度时空演变及影响因素［J］．自然资源学报，2022，37（9）：2367－2386．

［115］王德刚．加快供给侧结构性改革　丰富冬季旅游产品供给［N］．

中国旅游报，2018 - 11 - 14（3）．

［116］王飞．2022年冬奥会背景下我国滑雪产业升级的内在需求判断［J］．山东体育学院学报，2019，35（2）：6．

［117］王国权，王欣，王金伟，等．冬奥会背景下城市居民滑雪旅游行为意向的影响机制——基于北京市的实证研究［J］．干旱区资源与环境，2022，36（5）：178 - 185．

［118］王恒，曹煜．优质旅游背景下冬季旅游产品创新研究——以大连市为例［J］．大连干部学刊，2020，36（5）：45 - 48．

［119］王恒，丁勇男．基于国内外经验的冬季旅游发展研究——以大连市为例［J］．绥化学院学报，2020，40（6）：40 - 42．

［120］王恒，宿伟玲．冰雪旅游满意度影响因素与提升策略研究［J］．西南民族大学学报（人文社会科学版），2023，44（4）：37 - 44．

［121］王恒，宿伟玲．冰雪运动与区域旅游融合发展的条件、测度及路径——以东北地区为例［J］．价格理论与实践，2023（2）：192 - 196 + 204．

［122］王恒，赵文．旅顺口区近代历史文化旅游资源开发对策研究［J］．吉林工商学院学报，2014（2）：71 - 74．

［123］王恒．冰雪体育旅游的人民性与现代化发展研究——以辽宁省为例［C］．2021中国旅游科学年会论文集：新发展格局中的旅游和旅游业新发展格局，2021：723 - 734．

［124］王恒．基于PEST分析的冰雪体育与冬季旅游融合发展研究——以东北地区为例［J］．江西科技师范大学学报，2022（1）：74 - 81．

［125］王恒．历史文化名城创建的现实困境与对策研究——以旅顺口区为例［J］．国土与自然资源研究，2014（5）：86 - 88．

［126］王恒．文化旅游偏好影响要素与优化导向——基于离散选择模型［J］．社会科学家，2022（1）：42 - 51．

［127］王恒．文旅融合背景下冰雪旅游发展路径研究——以沈阳市为例［J］．地域文化研究，2020（5）：102 - 107 + 155．

［128］王恒．文旅融合背景下冬季旅游产品有效供给研究——以大连市为

例［C］．2020 中国旅游科学年会论文集 旅游业高质量发展，2020：236 – 246.

［129］王恒．文旅融合背景下辽宁冰雪体育旅游发展路径研究［J］．辽宁行政学院学报，2021（1）：77 – 83.

［130］王恒．我国冰雪旅游研究的进展与启示［J］．江西科技师范大学学报，2023（1）：63 – 72.

［131］王红霞，陈炜．近年来学术界关于旅游偏好的研究综述［J］．中南林业科技大学学报（社会科学版），2012，6（2）：48 – 50.

［132］王建，朱张倩．冰雪产业发展现状及趋势研究——基于知识图谱的可视化分析［J］．赤峰学院学报（自然科学版），2017，33（17）：115 – 117.

［133］王玲．国内外冰雪旅游开发与研究述评［J］．生态经济，2010（03）：66 – 69 + 127.

［134］王奇．东北地区冰雪旅游业发展的新格局及路径探索［J］．经济纵横，2022（8）：83 – 87.

［135］王笑梅．助力北京冬奥 玩冰嬉雪火爆［N］．辽宁日报，2022 – 02 – 07（3）.

［136］王鑫．哈尔滨冬季旅游营销策略研究［D］．哈尔滨：东北林业大学，2009：7.

［137］王雪梅．万龙滑雪场营销策略研究——基于我国冰雪旅游进入爆发式增长的时代背景［J］．当代体育科技，2019，9（20）：228 – 231 + 233.

［138］王云霞，李国平．产业链现状研究综述［J］．工业技术经济，2006（10）：59 – 63.

［139］魏建璞．甘州区冬季旅游业发展现状及对策［J］．发展论坛，2016（2）：29 – 30.

［140］文化和旅游部办公厅．关于做好冬季旅游产品供给工作的通知［R］．北京：文化和旅游部办公厅，2018.

［141］吴必虎．区域旅游规划原理［M］．北京：中国旅游出版社．2001：155.

［142］吴德强．辽宁温泉旅游资源评价与开发对策研究［D］．大连：

大连海事大学，2018.

[143] 吴金明，邵昶. 产业链形成机制研究——"4 + 4 + 4"模型 [J]. 中国工业经济，2006（4）：36 - 43.

[144] 吴军霞，李静. 北京冬奥会背景下张家口地区冰雪旅游品牌提升路径研究 [J]. 体育文化导刊，2021（6）：13 - 18 + 54.

[145] 吴玲敏，任保国，和立新，冯海涛，林志刚. 北京冬奥会推动京津冀冰雪旅游发展效应及协同推进策略研究 [J]. 北京体育大学学报，2019，42（1）：50 - 59.

[146] 伍斌. 中国滑雪产业白皮书（2019 年度报告）[R]. 北京：亚泰雪地产业论坛，2020.

[147] 武传玺. 互联网 + 冰雪体育旅游的营销模式与发展路径 [J]. 体育文化导刊，2017（5）：121 - 125.

[148] 席亚凤，姜广义. 我国冰雪体育旅游发展现状的研究综述 [J]. 当代体育科技，2016，6（20）：106 - 107.

[149] 向勇. 创意旅游：地方创生视野下的文旅融合 [J]. 人民论坛·学术前沿，2019（11）：64 - 70.

[150] 肖丽琼，周诗雨. "冬奥风"吹热湖北冰雪经济 [N]. 湖北日报，2021 - 12 - 06（7）.

[151] 谢小方. 七彩蓝田休闲农业园体验式美食旅游产品开发研究 [D]. 福州：闽江学院，2021.

[152] 邢权兴，孙虎，管滨，等. 基于模糊综合评价法的西安市免费公园游客满意度评价 [J]. 资源科学，2014，36（8）：1645 - 1651.

[153] 幸岭，蒋素梅. 基于 PEST 分析法的云南旅游产业发展驱动力研究 [J]. 学术探索，2014（5）：71 - 75.

[154] 徐虹，秦达郅. 旅游经济学 [M]. 第四版. 天津：南开大学出版社，2016：64.

[155] 徐静，王安茹，田淑慧. 冰雪旅游目的地的游客选择意愿及影响因素研究——基于扎根理论的质性分析 [J]. 价格理论与实践，2021（3）：

118－121＋167.

［156］徐淑梅．哈尔滨市创建世界冰雪旅游名城对策研究［J］．旅游科学，2008，22（1）：75－77.

［157］徐欣荟，王恒．文旅融合背景下大连市冰雪旅游发展对策研究［J］．今日财富，2020（17）：148－149＋152.

［158］许云彤．延边州冬季旅游产品开发研究［D］．延吉：延边大学，2013：11.

［159］杨春梅，李威，郑继兴．冰雪旅游经济与城市旅游环境耦合协调度研究［J］．企业经济，2018（1）：179－184.

［160］杨春梅，赵宝福．基于数据包络分析的中国冰雪旅游产业效率分析［J］．干旱区资源与环境，2014，28（1）：169－174.

［161］杨春梅，赵原，徐西帅，李威．基于网络文本数据分析的冰雪旅游游客满意度研究——以哈尔滨为例［J］．企业经济，2022，41（3）：133－140.

［162］杨友宝，曹吕苗，李琪．基于百度指数的长沙市居民游憩活动行为时空演变特征研究［J］．资源开发与市场，2021，37（2）：221－227.

［163］叶茂盛，周丹，张伟，伊诺，邱招义．法国滑雪场发展历程与启示研究［J］．沈阳体育学院学报，2018，37（5）：35－41.

［164］游旭群，杨杏．旅游心理学［M］．上海：华东师范大学出版社，2003.

［165］于璐．葫芦岛——兴城滨海旅游一体化发展研究［D］．沈阳：沈阳建筑大学，2018.

［166］于秋时．吉林省冰雪旅游产业升级发展对策研究［J］．现代交际，2019（18）：54－55.

［167］于刃刚，李玉红，麻卫华，等．产业融合论［M］．北京：人民出版社，2006.

［168］郁从喜，陆林．国外近年来游客旅游偏好研究综述及启示［J］．安徽师范大学学报（自然科学版），2008，31（6）：590－595.

［169］郁义鸿．产业链类型与产业链效率基准［J］．经济与管理研究，2005（11）：25－30．

［170］郁义鸿．产业链类型与产业链效率基准［J］．经济与管理研究，2005（11）：25－30．

［171］翟哲，阚军常，王飞．产业经济学视域下我国滑雪产业研究综述与启示［J］．沈阳体育学院学报，2020，39（4）：95－105．

［172］张爱真．基于 SD 的黑龙江省冰雪旅游市场信息分析与预测［D］．哈尔滨：黑龙江大学，2019．

［173］张德成．浅谈滑雪旅游与人类文化［J］．冰雪运动，2002（1）：78－80．

［174］张广瑞．冬季旅游季节性难题亟待破解［N］．中国旅游报，2018－12－05（3）．

［175］张晗，李平．冬奥会背景下河北冰雪经济可持续发展的策略选择［J］．商业经济，2021（3）：51－53．

［176］张丽梅．旅游文化产业视域下冰雪旅游与文化融合研究［J］．学术交流，2013（10）：106－109．

［177］张其仔．产业链供应链现代化新进展、新挑战、新路径［J］．山东大学学报（哲学社会科学版），2022（1）：131－140．

［178］张善斌，朱宝峰，董欣．我国滑雪休闲度假旅游发展研究［J］．体育文化导刊，2018（9）：65－69＋89．

［179］张小锋，工菁彤．冰雪旅游与文化产业耦合的财税激励政策效应分析［J］．会计之友，2022（6）：70－77．

［180］张欣，杨荣荣．产业融合与黑龙江省冰雪旅游产业竞争力提升［J］．中国商贸，2014（15）：187－189．

［181］张雪莹，张正勇，刘琳．新疆冰雪旅游资源适宜性评价研究［J］．地球信息科学学报，2018，20（11）：1604－1612．

［182］中共中央办公厅，国务院办公厅．关于以 2022 年北京冬奥会为契机大力发展冰雪运动的意见［J］．中华人民共和国国务院公报，2019

（11）：19 – 21.

[183] 中共中央办公厅，国务院办公厅印发．关于以 2022 年北京冬奥会为契机大力发展冰雪运动的意见 [J]．中华人民共和国国务院公报，2019（11）：19 – 21.

[184] 中国旅游研究院，携程旅行网大数据联合实验室．中国冰雪旅游消费大数据报告（2019）[R]．北京：中国旅游研究院，2019.

[185] 中国社会科学院工业经济研究所课题组，曲永义．产业链链长的理论内涵及其功能实现 [J]．中国工业经济，2022（7）：5 – 24.

[186] 仲红梅．上海白领旅游消费偏好研究 [D]．上海：华东师范大学，2005.

[187] 周海琴．我国冰雪体育旅游产业开发现状及发展策略——评《中国冰雪旅游业发展模式研究》[J]．水利水电技术，2020，51（7）：206 – 207.

[188] 周新生．产业链与产业链打造 [J]．广东社会科学，2006（4）：30 – 36.

[189] 朱吕兵，李悦铮，王恒．辽宁省冰雪旅游深度开发策略探究 [J]．云南地理环境研究，2011，23（4）：42 – 47.

[190] 朱乾宇，司庆扬，周振．基于有序 Logit 模型的农村人口自愿转移意愿研究——三峡生态屏障区的实证分析 [J]．经济理论与经济管理，2012（11）：104 – 112.

[191] 朱晓柯，杨学磊，薛亚硕，王颜齐．冰雪旅游游客满意度感知及提升策略研究——以哈尔滨市冰雪旅游为例 [J]．干旱区资源与环境，2018，32（4）：189 – 195.

[192] 庄艳华．我国冰雪文化普及的理论之维与实现路径 [J]．体育与科学，2018，39（5）：109 – 114.

[193] Alikara B，Raffacle Z. Competitive factors of the agro – food E – commerce [J]. Journal of Food Products Marketing，2011，17（2）：241 – 260.

[194] Attri R，Dev N，Sharma V. Interpretive Structural Modelling（ISM）approach：An overview [J]. Research Journal of Management Sciences，2013，

2 (2): 3 - 8.

［195］Cristobal E. Perceived e-service quality (PeSQ): Measurement validation and effects on consumer satisfaction and web site loyalty ［J］. Managing Service Quality, 2007, 79 (3): 317 - 340.

［196］Danaher P J, Haddrell V. A comparison of question scales used for measuring customer satisfaction ［J］. International Journal of Service Industry Management, 1996, 7 (4): 4 - 26.

［197］Dawson J, Scott D. Managing for climate change in the alpine ski sector ［J］. Tourism Management, 2013, 35 (4): 244 - 254.

［198］Eid R, El - Gohary H. The Role of Islamic Religiosity on the Relationship between Perceived Value and Tourist Satisfaction ［J］. Tourism Management, 2015, 46: 477 - 488.

［199］Geoffrey I. Crouch, Jordan J. Louviere. A Review of Choice Modeling Research in Tourism, Hospitality, and Leisure ［J］. Tourism Analysis, 2000 (5): 97 - 104.

［200］Hallmann K, Sabine Müller, Feiler S, et al. Suppliers' perception of destination competitiveness in a winter sport resort ［J］. Tourism Review, 2012, 67 (2): 13 - 21.

［201］Joppe, Elliot, Durand. From ski market to ski traveller: A multidimensional segmentation approach ［J］. Anatolia, 2013, 24 (1): 40 - 51.

［202］Lasanta T, Laguna M, Sergio M. Do Tourism - based Ski Resorts Contribute to the Homogeneous Development of the Mediterranean Mountains? A Case Study in the Spanish Pyrenees ［J］. Tourism Management, 2007, 28 (1): 1326 - 1339.

［203］Lin H H, Wang Y S. An examination of the determinants of customer loyalty in mobile commerce contexts ［J］. Information & Management, 2006, 43 (3): 271 - 282.

［204］Marco P, David G, Susanne K, et al. Winter tourism, climate change, and snowmaking in the Swiss Alps: Tourists' attitudes and regional economic impacts [J]. Mountain Research and Development, 2011, 31 (4): 357 –362.

[205] Martin F, Xiang L. Sensitivity of winter tourism to temperature increases over the last decades [J]. Professional Geographer, 2018, 71 (4): 174 –183.

[206] Martin F. A hedonic price model for ski lift tickets [J]. Tourism Management, 2008, 29 (6): 1172 –1184.

[207] Mulvey J. The marketing trends of ski resorts in the wake of climate change [J]. St: John Fisher College Fisher Digital Publications, 2018 (4): 31 –43.

[208] Needham M D, Rollins R B. Interest group standards for recreation and tourism impacts at ski areas in the summer [J]. Tourism Management, 2005, 26 (1): 1 –13.

[209] Oliver R L. A cognitive model of the antecedents and consequences of satisfaction decisions [J]. Journal of Marketing Research, 1980, 17 (4): 460 –469.

[210] Pizama A, Neumann Y, Reichel A. Dimension of tourist satisfaction with a destination area [J]. Annals of Tourism Research, 1978, 5 (3): 314 –322.

[211] Rutty M, Scott D, Steiger R, et al. Weather Risk Management at the Olympic Winter Games [J]. Current Issues in Tourism, 2014 (2): 1 –13.

[212] Scott D, Steiger R, Rutty M, et al. The Future of the Olympic Winter Games in an Era of Climate Change [J]. Current Issues in Tourism, 2014 (2): 15 –16.

[213] Williams P, Fidgeon P R. Addressing participation constraint: A case study of potential skiers [J]. Tourism Management, 2000, 21 (2): 379 –393.

[214] Zemla M. Failures in Building Partnership for Success in the Competitive Market: The Case of Polish Ski Resorts [J]. Managing Global Transitions, 2008, 6 (4): 421 –444.

后　记

千百年来，国人就有入冬赏雪的传统，"忽如一夜春风来，千树万树梨花开"渲染出了冰雪景观的浪漫色彩；而"窗含西岭千秋雪，门泊东吴万里船"则塑造出了时空交错的深远意境。在欣赏的基础上，中国人对冰雪赋予了特殊的情感。在国人的观念中，冰是坚韧的象征，晶莹剔透的"冰"象征着光明磊落的心性，如王昌龄的"洛阳亲友如相问，一片冰心在玉壶"道出了"清如玉壶冰"的心志和忠贞高尚的品格；而雪则是纯净、祥和、静谧的代表，纯净的"雪"时常激发诗人煮雪烹茶的雅兴，"吹灯窗更明，月照一天雪""白雪却嫌春色晚，故穿庭树作飞花"等佳作表达了先人追求与自然和谐相融的意境。中国人的冰雪情缘丰富而又美好，雅兴之外甚至寄托了"北国风光，千里冰封，万里雪飘"这般豪迈的家国情怀。

生在四季分明的国度，春赏花、冬赏雪自古以来就是国人的寻常生活。诗意些的，如踏雪寻梅之余，相邀"晚来天欲雪，能饮一杯无"。即便是寻常人家的孩子也要堆堆雪人、打打雪仗、溜溜冰什么的，否则又哪里来的冬天记忆呢？随着全面小康社会的到来，我国经济进入中速度、高质量和协调发展的新常态，越来越多的人开始追求旅游、休闲、运动和文化等非生产活动，开始关注生活的品质。冰雪世界中的"诗与远方"

也不再只停留于国人的思想之中，而是真真正正地成为国民消费结构中的重要部分。2022 年，全面小康社会遇见了冬奥会，全面拉开了冰雪旅游的时代帷幕。如今，冰雪旅游让寒冷成为了一种产业资源，让千里冰封、万里雪飘的天寒地冻成为了一种旅游场景，让美丽风景转换成为美好生活。

本书是我撰写的第三部著作，前两部分别为 2016 年出版的《国家海洋公园的理论探索与实践》以及 2020 年出版的《旅顺口全域旅游发展研究》。第一本书源自我的博士论文，第二本书来自我对家乡旅游多年来的研究沉淀。而对冰雪旅游的研究兴趣则始于我在 2019 年主持的 1 项辽宁省社会科学规划基金项目"文旅融合背景下提升辽宁冬季旅游有效供给研究"。其后，我相继主持研究了有关"冬季旅游""淡季旅游""冰雪旅游""体育旅游"等方面的各级课题 7 项，并于 2023 年获批国家社会科学基金年度项目"冰雪文化体育旅游深度融合发展助推新时代东北振兴研究"，累计发表相关系列学术论文 20 余篇，积累了一定的研究经验。

2022 年，一届"真正无与伦比"的体育盛会——北京冬奥会的成功举办为推动我国冰雪旅游的发展注入了强大的动力，也促使我萌发了开展冰雪旅游系统研究的想法。结合几年来的研究成果，经过两年多的持续写作，终于成稿。本书参考了国内外大量学术文献和研究资料，在此向相关专家和学者表达诚挚的谢意。另外，真诚感谢诸多业界同仁，他们的研究与实践使我受益匪浅，也促成了此次研究的顺利进行，期望有更多的学者能够加入冰雪旅游的研究，为拓展这一研究领域的广度与深度贡献力量。

感谢所在单位大连大学领导、同事们长期以来对我的关怀与帮助，特别感谢经济管理学院（旅游学院）宿伟玲院长、郑岩副院长对本书出版的大力支持。

撰稿过程中，更是离不开家人的支持与鼓励，没有他们在背后的默默付出，我便无法安心进行学术研究与创作，他们的爱为我增添了前行的无穷动力。

　　本书的出版也得到了经济科学出版社的大力支持，编辑老师们付出了辛勤的劳动，认真负责的态度让人感动，再次表示真挚的感谢。

　　由于撰写时间和水平的限制，书中不足之处在所难免，恳请读者批评指正。

　　冰雪旅游是大众旅游中最具潜力的新兴领域，也是文体旅融合发展的新动能。相信有了国民大众的广泛参与，有了市场主体的创业创新，定会有更多人走向冰天雪地，实现属于每个人的美丽中国冰雪梦！

王　恒

2024 年 2 月